青青山上松

神木重要人物辑略（1620-1978）

赵 雄◎著

中国文史出版社

编委会

———————————————————————————

CONTENT

目　录

推荐序

文/范林虎

　　陕北神木，天高地旷，历史久远，俊才星驰，人文荟萃。境内的石峁遗址是我国新石器时期最大的城市遗址，史前英雄人物在此创造过辉煌，可惜事迹遥远，难以求证。有史以来，本地长期处于中原政权的边陲，民族之间纷争杀伐不断，数千年间竟没有遗存下任何文史典籍，先贤故实多被历史的尘埃湮没，即便妇孺皆知之北宋杨家将，神木作为其籍贯地也因缺乏相关文献资料记载而一度饱受质疑。

　　清道光年廿一年（1841），神木知县萧山王致云首次刊行《神木县志》，大致厘清了神木的人文历史，并对本地俊彦人杰予以记载。1990年，杨和春主编《神木县志》，又收录现当代本籍优秀人物，但囿于当时条件，对一些重要人物的记述不够系统全面，有的传略过于简单，有的史实还存在谬误，故读志时常有遗珠之憾。

　　敝乡赵雄，毕业于吉林大学法学院，是一名才华横溢的年轻诗人，从事文史资料工作以来，秉持礼敬乡贤的态度，凭借渊博的学识和典雅的文字，旁引曲证，辑佚考订，废寝忘食，历时五年，写成《青青山上松：神木重要人物辑略（1620—1978）》一书。

　　尊师高云霄先生，任职神木市政协主席以来，高度重视文史资料的征集出版工作，几年来挂图作战，《青青山上松》一书的出版即其丰硕成果之一。相信该书的发行，在神木文化史上，将具有标杆意义与引领作用。展卷览读，我们不仅可以领略历史上家乡骄子的神韵风采，还可以进一步坚定文化自信，增强传承发展本土文化的责任感。

　　该书言辞简练，富有学术性，有些内容虽已注释，可能对普通读者仍有理解上的困难。但是，如果我们抱着与作者一样的钻研态度，那么阅读的过程即文化熏陶的过程，亦不难体会其中之乐。我先睹为快，不揣冒昧，有感而发，是为序。

赵总兵/
一个家族的传奇与史实

我家祖上，在陕北一带，原本是颇富声闻的世家望族，可惜，后来出了一些不肖子孙，家道就日渐衰败了。

盗墓风波

20世纪90年代，陕北地区盗墓活动猖獗。我们村几乎每家每户都有参与。这让少年的我无比坚信一件事，这个世界上根本就没有鬼。要不然，他们怎么敢坏人穴葬，掘人尸骨呢？鲁迅先生踢鬼的故事，我在课堂上对同学们讲过，鬼在这个世界上是不存在的，鲁迅先生踢的就是这些盗墓贼。

我对盗墓工具犹有记忆，铁锹当然必不可少，还有一种细长细长的铁钎子发挥着特别的作用，可以准确探测地下是否有墓葬所在。我们村这些人整天起早贪黑，然而几乎没有挖出什么像样的宝物，到手的只是一些残缺不全的护心镜儿、碎瓷破瓦，以及其他一些废铜烂铁。

正当赵姓村民胡挖乱刨别人家的坟穴时，我们柏林堡（图1-1）赵总兵的墓被人偷盗了[1-2]。这件石破天惊的大事，在我们那一道川，传扬得尽人皆知。邻近几个村的赵总兵之后商议决定：每家每户派人，轮流值日照看祖坟。

这么做意欲何为呢？无非是做个样子给人看，我们不是没有人，不是那么好欺负的。再者，尽管总兵墓已经被洗劫得所剩无几，但是失之东隅，也可能收之桑榆，或许还能拣到一些好东西呢。

传说，赵总兵作战英勇，几度出生入死。一次，落进敌人的包围圈，力尽关山未解围，身陷贼手。残暴的敌人先是削去他的右手臂，他仍誓死不屈，终被砍走了脑袋。当朝皇帝为表彰他的忠勇，特敕为英雄残缺不全的尸首，吹铸了银胳膊和紫金头颅一并安葬。

村人下到墓室，仔仔细细搜遍了各个角落，终究一无所获。凌乱的作案现场，仅有几柄生锈的宝剑，至于传说中的宝贝则消失得无影无踪。软链壶、玉腰带、夜明珠等等几乎所有的宝物，统统都被人家盗光了。我奶奶前去照看过，且有幸下到墓室，仅是撕扯过一块丝绸回来。

经公报案后，我方代表和盗墓者在中途进行了私了。狡猾的盗墓贼声称，那些陪葬品并不像我们想象的那么多，就几件，也不值多少钱，何况已经卖给文物贩子，不可能再给返回来了。要物渺无希望，那总该有销赃所得吧。盗墓人总共赔偿了两千八百块钱，除了请阴阳先生重新安顿毁乱的祖茔，我们每人最终只分得两三块钱。

这场浩大的盗墓风波渐渐平息了。然而，总是心有不甘，那么珍重的东西让外人占尽了便宜，早知如此，何苦去挖别人的坟呢！守着

图1-1-1 柏林堡废城鸟瞰 大雄/摄影

图1-1-2 柏林堡废城城墙一角 大雄/摄影

宝山不知宝，大家又气愤又懊悔又惋惜。

总兵墓可以被人洗劫一空，他的声名却任凭谁也抢不走。盗墓事件，使得他的英雄事迹又热议传诵一时。我们作为总兵的后人，无形中滋生起些许的自豪感和荣耀感，不知不觉中会流露出一种阿Q精神。

总兵长总兵短，听到了厌烦，别人就有心调侃嘲讽，在酒场上，劝酒都会说，总兵的后人，酒量哪会小，你则好好喝你的吧。这样合伙起来，往往把坛场上个别姓赵的灌得烂醉如泥。

我家的玉桌子

我小学时，村里大人常问："你们念的书里，有没有咱的赵总兵？"当时我以为，赵总兵就是一个人名，以为盖天下就这么一位总兵。领到《可爱的神木》一书，我满心欢喜，试图在这本记载了不少神木历代名人的书里，找到大人们声口相传的赵总兵。这么一来，我也好在同学们面前炫耀："看，这本书里，有我们的赵总兵。"我以最快的速度一字没落地通读了全书，真是奇怪，什么破书呀，怎么没我们的赵总兵，倒有一位郝总兵呢。

转而，我又怀疑赵总兵，他肯定不算个什么大人物，就是大，肯定也没有郝总兵大，要不然为什么有人家而偏偏就没他呢。我似乎知道了一个秘密，觉得赵总兵是被夸大了，他可能根本就不是什么惊天动地的人物，绝对算不上英雄，而只是一个僭越者，对于那些安在他名下的荣耀，他实际上承担不起。不管怎么说，我决定为他守住这个秘密，好像他依然是顶天立地的男子汉。为此，好长时间，我没在同学面前提及这个人。

从前，我们有几捆家谱和诗书，都在"文化大革命"中毁于一旦。不然，总兵的事情会一清二楚。唯一可以寄予希望的墓碑，早已七零八落，无缘一见。据说，二十世纪五六十年代，柏林堡村民将这些石碑，以及墓地上的其他石料纷纷拆卸，用来建造粮仓和厕所。没有纸笔之证，无法征之于史，不论说得天花乱坠，赵总兵依然只是一个名不见经传的传说。

足令我们感到实实在在自豪的是，除了赵总兵的天地正气，我们赵家还有十二张从他手上继承下来的玉桌子。其中，一张最大最好的就在我家，这张玉桌子让我家有点儿与众不同。

赵总兵留传下来的东西，用我妈的话说，那都是先人以命挣来的。当然，还有玉穿衣镜儿、玉烟嘴、玉碗、玉筷子等物件。然而，最耀眼的还要数玉桌子，特别是我家的玉桌子。其余的，我见过，都不如我家的气派。我父亲短命而亡，母亲一人拉扯我们姊妹仨，生计日见窘迫，几近揭不开锅。不知内情的人，觉得母亲故意装弄穷酸。他们以为，赵总兵留传下来的家当，好一点儿的家私全在我家。

我家的玉桌子，最初摆在曾祖父家的屋子里。曾祖父，小名根角儿，官名赵文艺，是远近闻名的写家，知文弄墨，受人尊敬。他写的地契，我初习大字，曾引为范本。曾祖父他爹，赵万元，是一位山头上讲情说理的能人，手头宽裕，供曾祖父念了几年私塾，走南闯北，不论到哪里，都会带着他的宝贝儿子——我的曾祖父。别人请他评判事理，他只说，曾祖父作纸笔。曾祖父一味得宠，养成一副少爷的行事作派，衣来伸手，饭来张口，好吃懒做，寡言少语，脾气不小。在婚后，又做上了国民党的保长，一切家务，全由曾祖母操持。曾祖母是典型的旧社会女性，面对丈夫责难，骂不还口，打不还手。

曾祖父、曾祖母，在20世纪90年代初尚在人世，曾祖父走得要比曾祖母早一些。我对曾祖母记忆深远，她一辈子坚持裹脚，走路颤颤巍巍，是一位少见的节俭可爱的老太太，头发花白而卷曲，在阳光的照耀下，秃顶暴露得十分明显。她在做饭之前，总要洗一洗手，方式颇为讲究。每一次都是嘴里预先噙一口水，然后慢慢松嘴，两手合拢，接住，搓几下就算完事。大姑姑因此嘲笑她"假干净，尿洗锅"。

这并不影响我对曾祖母的好感。我最喜欢带着小伙伴们往她家跑，趁她不注意，拿棍子乱捅几下屋檐下面的马蜂窝，然后，我们一哄而散，远远站着，等待受到侵犯的马蜂骚乱平息，再看曾祖母出门摇曳着小脚走在院子中央，咕咕囔囔训斥我们。顽劣如我，专门和她对着干，乐此不疲，引为快事。

曾祖母也有让人讨厌的地方。我和堂弟同庚，约略比他大一个月，两三岁时，均由曾祖母照看。我总是欺负堂弟，不是咬了他的手，就是抓破他的脸，他竞不上我，经常吃亏受气。曾祖母给大伯大妈打不了交代，无奈之下想得了一个馊主意。每当我和堂弟撕扯着扭打得不可开交，她就将烫过的平时藏起来的一颗黑魆魆的羊头，突然拿到我眼前，吓得我哇哇大哭，掉头就跑。

陕北俗语说，偏大的向小的，苦命的二小子。我父亲行二，却格外得宠。曾祖母就偏心我父亲，好长时间都在帮我爸妈抚养年幼的我和弟弟。有点儿好吃的东西，她自己舍不得吃，都要留给我的父亲。

父亲极孝顺，常给上了年纪的曾祖母担水劈柴。逢年过节，坚持叫她和我们一起吃饭。曾祖母拒绝，以自己年纪大了为由，邋里邋遢，又跑肚[3]，小脚也不便，就一个人待着吧。父亲不依，说，娘娘[4]，你走不动，我背你；你跑肚，我们给你把尿盆备好，你在孙子家，就如在你自家一样。曾祖母终于同意，为了预防跑肚，她说什么都不肯多吃，整整一夜坐在锅头熬年，等到雄鸡一唱就忙着走了。

曾祖父手上开过旅舍。南来北往的驴马驼队投店住宿的很多。趁我家人不着意，这些赶牲灵的，就拿刀子抠走镶嵌在我家玉桌子周边的那些小黄玉。时常日久，原本完好的玉桌子，日见短缺残败。尽管如此，这张檀木玉桌子，仍然十分气派。2017年8月，我去国家历史博物馆参观，见其中明清家具展厅中的类似陈设品竟无有企及者。它的桌腿和桌面下的横档乌黑发亮，桌面中央是带着纹理的一块大玉石，大玉石四周是以金丝镶嵌的莛叶形状的小黄玉。

我记得，桌面上那块大玉石留给我的感觉，光而不耀，莹润沁凉，和周边那些小黄玉的触感全然不同，可惜的是，这块大玉石中间有几条裂缝。宁为玉碎，不为瓦全。即便如此，我仍感动于它的质感与品性。

不独我家玉桌子这样，其余的中间的玉石也没有一块完整。同治年间，回军打家劫舍，掳掠不便心有不甘，索性就将每一张玉桌子上的玉石都敲击出了裂缝。

一度时期，这张玉桌子是我的书桌。后来，觉得它太高，又碍事，我的写字台改在了母亲的缝纫机上。陕北农村人习惯站着或圪蹴着吃饭[5]，即便是来了客人，也只是在炕上摆一张小方桌进行宴饮招待。玉桌子高大笨重，在乡下难以派上用场，被冷落再正常不过了，最后就被放进仓库，充当粮食架子，堆放玉米袋，此后，好长时间无人在意。

我上大一，寒假回家，忽然想起玉桌子，却被母亲告知，就在这年初冬卖掉了。那一年冬天，来过几批收购古董的文物贩子，村里的几张玉桌子先后都被买走了。迫于经济压力，我家的玉桌子也让母亲一千多块钱给贱卖了。我埋怨母亲有眼不识金镶玉，这样的传家宝，见证了多少赵氏家族的悲喜哀乐，怎能如此随意就变卖了呢。真让人体会到些许"金玉满堂，莫之能守"的不幸而哀伤的况味。

依然是传说

总兵吾家事，人传世上名。[6]总兵墓被贼人所盗，他的遗产也被不成器的后人低价出售，唯有那些传奇故事，还在滚滚红尘中生生不息地流传。后人不济事，只能夸祖宗。总兵之后，几百年间，我们这一支赵家再也没有出类拔萃之流。好像一点点皇气，真如外人所说，全让总兵给拔光了。也有族人惋惜："唉，都是后人不争气，破坏了老坟上的风水。"

原本柏林堡赵总兵的墓地高墙环绕，牌楼林立，长满森森柏树，其中十二棵最为苗壮，围粗足够两人合抱。清末民初，族里出了一些败家子，抽洋烟成瘾，无以生计，变卖家财，最后竟打起祖坟上的主意，将那生长几百上千年的柏树尽行砍伐，做成躺柜、箱子等各种生活用具，甚至棺材。

人在少年，对破坏风水之说将信将疑，对总兵在天有灵却略无怀疑。天道好还，报应不爽。偷盗总兵陵墓的人，没出几年，一次上山务农，被龙抓[7]了。雷电天气在陕北夏季并不稀奇，路畔河沿常见有被天火劈成两半儿的树木，但要说活生生的人被击死，却极少听说。就算雷电伤人，何以如此小概率事件，偏偏发生在此人头上。而且，还是这个盗墓人，听说，他的一个儿子发疯，儿媳也跟着发疯，另外一个儿子横死，一个孙子也早夭。离奇的是，所有这些血淋淋的家庭悲剧，均发生在盗墓之后。现在想来，这真是总兵的在天之灵所为吗？既然能惩罚盗他陵宇的贼人，看样子却一点儿也不能保佑后嗣福禄绵延，而是任凭子孙式微家门枯槁。

大名鼎鼎的赵总兵，世世代代，均以官职称呼，数百载而下，随着村里比较熟悉掌故的老人相继离世，已经无人能确切地知道这些威名显赫的先人的名讳字号。我的书一天一天念得多了起来，知道要想在史书中查到其人其事，先得知道其人名姓。我问了许多村里族人，他们多是以不确定的语气说，好像是赵国男吧。于是，我在念书求学期间格外留意史料，希望钩沉到先贤的陈年旧事，结果却失望得很，总是一再地徒劳无功。如此也让我觉得，这总兵之事到底是民间野史稗吏的杂闻异录，不足为信，既不入流，也不入正统，进不了官修正史。《可爱的神木》略而不载，就是《明朝榆林总兵》[8]这样的专著，亦付之阙如。

纵然如此，并不影响族人谈论赵总兵的热情。攀龙附凤，拉亲带故，历来是中国人的癖性。一位爷爷辈分的邻居，三番五次鼓动我致信同姓的陕西省委书记，以便攀附权重位高的宗亲。我问他，你怎么肯定我们是一家？他没有丝毫迟疑，便给出了理由：一、西安有皇帝赐给我们赵家的田地。二、这位赵姓省委书记即西安人。我表面上应承着，心却觉得他痴人说梦，实在迂腐可笑。

偏偏这事我不信似乎还不行。另外一位，年龄和上面这位相仿的族里的爷爷，甚是言之凿凿，说我大父的父亲，也即我的高祖，他们的爷爷，曾去西安和包头收过租子。我家祖上，不仅在西安有田宅，在包头也有不动产。⁹我想不通的是，既然在偌大的繁华市井有家产，为什么我们还要蜗居在这穷乡僻壤。

不论我怎么敷衍，他们都对我抱有极大的信心与希望，以为我这个摇笔杆子的在不久的将来一定会做大官发猛财。所谓"一人得道，鸡犬升天"，拉扯帮扶一把身处水深火热之中的大家，至少，用他们的话说，不至于被别人冷落和欺负。他们天真地以为我必定会出人头地。因为，既然是总兵的后代，怎么可能会永远这样默默无闻，躬身于草莽田垄之间呢！几百年都没出什么人物了，就是轮也该轮到了！

我好像娘生就的读书种子，常记着母亲的教诲：不要往人多的地方钻。既没有扑烂脑袋去争名夺利，也没有钻营练达人情世故，唯愿做一条嗜啃书本的蠹虫，远离烟火红尘，甘坐冷板凳，独守亘古如斯的寂寞，而终于辜负了他们殷切的期待，做起了无聊的空头文学家。这自然让他们有些失望。纵是百无一用的书生，其他本事没有，我却偶尔狂狷恣肆。所谓十有九人堪白眼，我不会取容当世，也不会以似有还无的先人而自豪。

奈何人类寻根溯本的天性如此，想知自己从哪里来，要往哪里去。何况，有光耀门楣的列祖先宗，亦非可耻之事。所以，参加工作后，每当翻阅乡邦文献资料，我一仍如前地特别留意，看有无赵总兵的志述。

县志中的记载

终于，在道光《神木县志》中找到了相关记载，入志九位赵姓先贤，六位是要枪弄棒的武人，最后一位是一名私塾先生。这位不受束脩的西席夫子赵宗普，无官无禄，他的记载对我来说却异常重要。就是他直接串联起了赵总兵，柏林堡以及我们邱家园则村的赵姓村民[10]。

赵宗普，邑增生。家柏林堡，都督一麟之裔。为人宽厚廉静，与人不较，堡城地僻，少师儒，自立家塾，令村乡子弟就学，不受修脯，每多成就。[11]

县志对赵宗普的记述有两个明确的信息点值得注意：一是赵宗普家居柏林堡，二是他的祖上是赵一麟。我家祖坟就在柏林堡，那里埋着我们英勇的总兵。[12]邱家园则坟葬得最远的是我的高祖，我们由柏林堡迁出，至我不过五代，若一代以25年计，则不过125年时间，徙居邱家园则村当在同治回乱以后。

赵一麟（图1-2）何人也？据县志：

赵一麟，都督国之子。由世职，任神木营参将，升榆林总兵，将拜命，值闯逆之变，挈眷行至榆林遂家驿，遇贼，突入营中，被执，勒降不从，榜掠备至，濒死，骂不绝口，阖门殉节者，十八人。国朝定鼎，表其忠，于榆阳桥立碑，上镌"两守孤城，千秋忠勇"八字。赠荣禄大夫，祀乡贤。[13]

检索《明实录》：

图1-2-1 赵一麟画像／高继军提供（本书历史人物画像均由高继军提供，特此说明，不再一一标注）

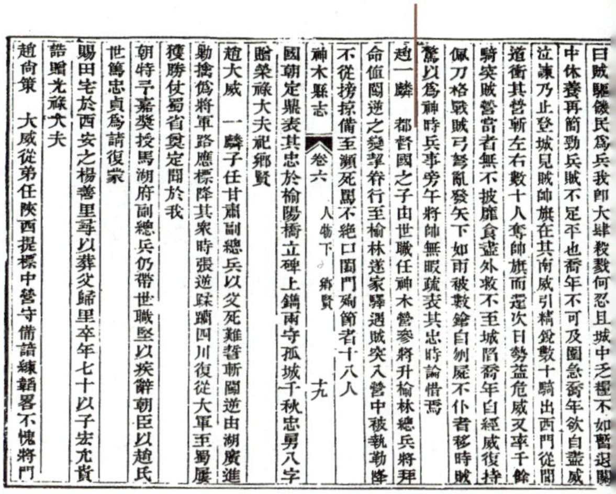

图1-2-2 道光《神木县志》对赵一麟的记载

　　天启三年（1623）四月庚申朔孟夏，升……延绥柏林堡守备赵一麟为宁夏领军游击。[14]

　　赵一麟可能世居柏林堡，也可能世代在此为官。县志对他任职宁夏领军游击期间的事迹略而不载，直接由神木参将升榆林总兵前去赴任时说起，重点交代他遭遇李自成叛逆势力的围困，最后悲惨遇难的经过。这次交锋，敌人出其不意，致使赵一麟家眷伤亡惨重，计有十八人牺牲。族人所传说的紫金脑袋银胳膊的赵总兵，无疑就是这位赵一麟了。

　　虽然县志所载言辞简省，仍可见出赵一麟气骨刚硬、不求苟活，忠勇双全、肝胆照天的精神气节。正是他的不告饶、不屈服而且还嘴硬的刚烈性格，惹怒了敌人，极有可能就是在严刑拷打中，他失去了胳膊和头颅。赵一麟时运不佳，受命于败军之际，奉命于危难之间，本求纵横沙场，孰料尚未出师，即已血光满门，不禁令人扼腕叹息。

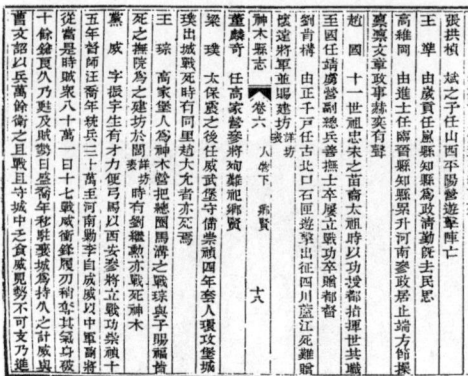

图1-3 道光《神木县志》对赵国的记载

柏林堡赵总兵非一位，而有四代四位，只不过，这位赵一麟最为悲壮。第一代赵国（图1-3，非族人所记忆的赵国男），也即赵一麟之父，准确地说是副总兵。

赵国，十一世祖忠，宋之苗裔。太祖时，以功授都指挥，世其职，至国，任靖虏营副总兵，善抚士卒，屡立战功，卒赠都督。[15]

这一条目冠名赵国，近一半的文字却在写赵忠，也即交代赵国的家世背景。赵国乃赵忠十一世孙，赵忠为赵宋王朝天潢贵胄，为子孙后代挣得了世袭官职都指挥的名分。

赵大威，一麟子，任甘肃副总兵。以父死难，誓斩闯逆，由湖广进剿，擒伪将军路应标，降其众。时张逆蹂躏四川，复从大军至蜀，屡获胜仗，蜀省奠定，闻于我朝，特予嘉奖，授马湖府副总兵，仍带世职，坚以疾辞。朝臣以赵氏世笃忠贞，为请，复蒙赐田宅于西安之扬善里，寻以葬父归里，卒年七十，以子宏允贵，诰赠光禄大夫。[16]

赵大威之后，入志的还有赵尚策，对于他，编纂者从他和赵大威的关系写起：

赵尚策，大威从弟，任陕西提标中营守备。谙练韬略，不愧将门。遇闯贼之乱，死节。[17]

赵大威最光辉的一件事是，擒获闯王李自成骁将路应标，在一定程度上报了杀父之仇。相看白刃血纷纷，死节从来岂顾勋。赵大威，翩翩轻骑，驰骋疆场，像所有有所担当的男子汉一样，他的出发点想必非为追求卓著功勋，而只求在血雨腥风的年代纾解国难与家仇。

或许是厌倦了沙场征战的打打杀杀，或许是身为明朝遗臣不想再效力满清，赵大威以有病为由而退隐不仕。朝廷文武官僚为赵家的天地正气所感动，觉得如果不犒赏点儿什么，终究对不住他们。皇帝也有同感，便在西安扬善里划拨一块土地赏赐他们。受重迁安土的观念影响，不管漂泊得多么阔远，最终都要叶落归根，加之要守制，赵大威思归心切，不忍淹留异乡，毅然回到了本乡。

扬善里，即今西安印刷基地扬善村，亦是陕北人较为集中聚居的一片区域，听说其中赵姓居民不少。我常在那里的印刷厂制作书籍。至此方觉得，村里人所说原有所本，西安确确实实有过赵总兵的田产房地，还是皇帝赏赐的呢。

赵大威自然不赖，擒获路应标，在川和张献忠军队交接，亦是屡战屡胜，但较于英雄的老子和好汉的儿子，仍稍显逊色。古人云，妻财子禄。一个男人在婚姻家庭生活中，最大的荣耀莫过于，拥有助益于家财私产的妻子和赢得高官厚禄的子息。赵大威因儿子赵宏允而更加显贵，赵宏允的功成名就，为其父增添了不少光彩，也使得家族的声望臻于顶峰。

我的一点疑惑

《神木乡土志》将赵宏允（图1-4）列入贤哲之首，而所记载与《神木县志》并无区别。我再翻县志，和赵宏允同朝的郝总兵郝伟，记载不及其三分之一。

赵宏允，字徽枝，大威子。时值流贼未靖，宏允承父命，奔沙

傷佐

馬斯賊眾昌人畢人嘉慶年任神木縣敎諭日進諸生講解經義督課勤勞

賢哲

康景行部陽人畢人道光年任神木敎諭課士不倦躬身嚴而威諸生感畏愛之

人物

趙宏允字徽枝時値流賊未靖宏允承父命奔沙漠聞賜田宅於西安馳歸年甫十七適賊黨高有才據府谷宏允仗劍從軍督師奇其貌與語大悅即令軍前立功亂平授千總楚寇猖獗隨提督王永福進剿有功擢守備滇南吳逆叛長沙又隨鎮南將軍穆進剿三戰摧其鋒自是軍中有虎將之名授游擊管副將事又敗賊於衡州遂復衡時江西山賊又熾奉調援剿以三百人奏捷復率偏師靖粵西以副將權永州總兵事抵任方逾旬復戰辰沅旋授銅仁副總兵又調剿滇南三山街等處八戰皆捷偽駙馬夏國相逸交趾宏允馳五晝夜追擒之并獲偽將軍王永清等三十餘人滇南底定以功加左都督仍帶餘功五等擢蘇州鎮總兵訓練維勤躬巡水陸暇

图1-4-1 《神木乡土志》对赵宏允的记载　　图1-4-2 赵宏允画像

漠。闻赐田宅于西安，驰归，年甫十七。适贼党高有才据府谷，宏允仗剑从军，督师奇其貌，与语大悦，即令军前立功。乱平，授千总。楚寇猖獗，随提督王永福，进剿有功，擢守备。滇南吴逆叛长沙，又随镇南将军穆，进剿，三战摧其锋。自是军中有虎将之名，授游击，管副将事。又败贼于衡州，遂复衡。时江西山贼又炽，奉调援剿，以三百人奏捷。复率偏师靖粤西，以副将，权永州总兵事。抵任方逾旬，复战辰沅，旋授铜仁副总兵，又调剿滇南三山街等处，八战皆捷。伪驸马夏国相，逸交趾，宏允驰五昼夜追擒之，并获伪将军王永清等三十余人，滇南底定。以功加左都督，仍带余功五等，擢苏州镇总兵。训练维勤，躬巡水陆，暇则敦诗说礼，有名将风。在任十余年，历署苏松提督事。嗣蒙覃恩，晋阶荣禄大夫，宏允感激泣下。时年已七十，自叹曰："马革裹尸，余素志也。今时际升平，老臣无所报效。"力请解组归里，复日与老农闲话桑麻，绝口不谈兵事，卒年八十。苏人闻讣，数千里来邑哭奠，归请祀名宦。[18]

高有才叛乱始于清顺治五年（1648），时赵宏允十七岁，据此可推断赵宏允约生于明崇祯五年（1632），又他卒年八十，死时约在康熙五十年（1711）。县志所言镇南将军穆，应为穆占。赵宏允三十四五岁时追随他，干了件辉煌的事情，追剿吴三桂的女婿夏国相，擒获伪将军王永清。[19]

为赵宏允耗费这么多字词，可谓浓墨重彩，详尽备至。一者因他是本朝人物，生平事迹容易稽考。再则，当然也是最重要的，那就是，他确实是一个少年得志的英雄人物。县志甫一开篇即说，时逢战乱，他谨遵父命，避难逃亡塞外沙漠，接下来详述赵宏允从千总而守备，从守备而游击，从游击而副将进而总兵，一路升迁的过程，记载得不厌其烦、巨细靡遗。赵宏允一生转战陕西、湖南、江西、福建、云南、越南等地，所向披靡，无往不胜，屡建奇功。他的戎马生涯容易让人想起王维《老将行》中的名句：一身转战三千里，一剑曾当百万师。

赵宏允不愧沙场奇才，以死自矢，卸任后的心志表白，完全一副男儿本自重横行，可惜英雄无用武之地的无奈写照。倘若他洒血疆场，马革裹尸，大抵能进清史列传。政声人去后，民意闲谈中。县志评价他文韬武略，颇有名将风采。他逝世后，苏州人不远千里而来吊祭，并请祀名臣，其在任时廉洁奉公的行政作风可见一斑。

让人稍感意外的是，他将功名看得太重，未抵宠辱不惊，去留无意的超然境界。不就是天子非常赐颜色，封了一个荣禄大夫的名号嘛，何至于泪眼轻弹呢，真有失一代骁勇之士那种横刀立马、舍我其谁的霸道气概！再说，那也是用身家性命换来的，又不是刮风逮的，应该心安理得、安之若素地接受才对。而且，解职归田，荣回故里后绝口不谈兵事，也有作秀嫌疑。不知这样的细节，是修志人的杜撰还是实有其事。再则，如此一位重量级的人物，除了县志，却不见别处登录，让人颇感困惑。县志说他"历署苏松提督事",也就是代理过江南提督事务,查钱实甫所著《清代职官年表》,阙无记载。

然而,冥冥之中,有一种注定的机缘。就在我几乎要放弃进一步钩沉索隐之时,竟意外有了重大发现。2017年1月17日下午,我因公差,在西安扬善村存红印刷厂监制神木县政协机关刊物《同人》杂志,上网漫无目地地搜索,忽然,一个名叫"赵宏印"的清朝将领,引我格外注意。来自嘉庆十七年(1812)所修《长安县志》与民国二十三年(1934)《续陕西通志稿》的信息一致显示:

> 赵宏印,原籍神木,祖一麟,明崇祯末总兵官,死闯贼之难。父大威入本朝,随肃王剿灭张献忠有功,赐产屋于长安扬善里,授马湖府副将,加左都督。宏印由行伍随大军剿平郧阳贼寇,补陕西提标守备,进剿湖广长沙等处,升游击。平广西地方,升副将。随将军赵良栋平四川,援遵义府,战败贼骁将马三宝,署遵义协。随征云南,荡平吴三桂,授左都督,管苏州城守营事。康熙四十八年卒。宏印在苏州十二年,盗贼敛迹,士庶敉宁,及殁,郡人祀于名宦祠。遵义亦祀黉宫,时名士如李绂等题赞甚多。子光荣由监生官至四川遵义府知府。孙文珏由监生随征西藏有功,官至湖北沔阳州知州。[20]

大约,因他是一代名将,又在长安领有家财的缘故,所以被记入《长安县志》(图1-5)。这段小传内容基本与《神木县志》的相关记载吻合。以赵宏印为中心,详及上下各两代,从其祖赵一麟、父赵大威,一直写到其子赵光荣、孙赵文珏。

嘉庆《长安县志》直截了当地指出,赵大威在明亡以后,归顺大清,做了"贰臣",这和道光《神木县志》"闻于我朝……授马湖府副总兵……坚以疾辞"的表述判然有别。

另外,《长安县志》还有两个信息点。一是赵宏印跟随名将赵良

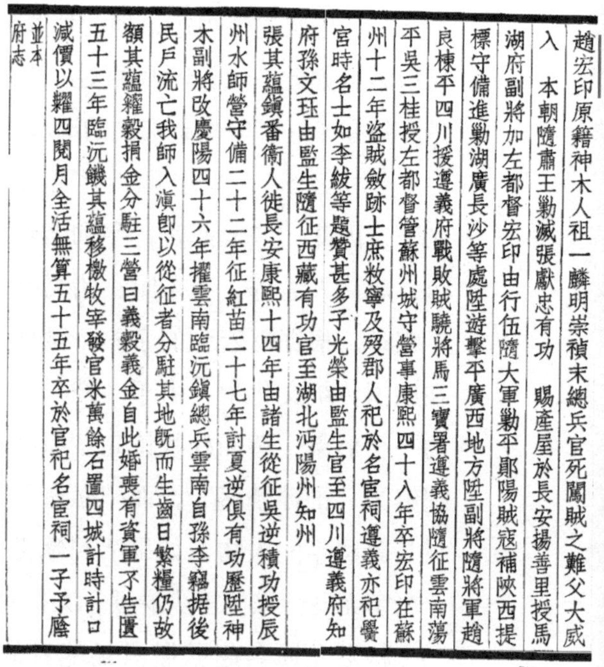

趙宏印原籍神木人祖一麟明崇禎末總兵官死闖賊之難父大威
入　本朝隨肅王勦滅張獻忠有功　賜產屋於長安揚善里授馬
湖府副將加左都督宏印由行伍隨大軍勦平鄖陽賊寇補陜西提
標守備進勦湖廣長沙等處陞遊擊平廣西地方陞副將隨將軍趙
良棟平四川援遵義府戰敗賊驍將馬三寶署遵義協隨征雲南蕩
平吳三桂授左都督管蘇州城守營事康熙四十八年卒宏印在蘇
州十二年盗賊斂跡士庶敉寧及歿郡人祀於名宦祠遵義亦祀黌
宮時名士如李紱等題贊甚多子光榮由監生官至四川遵義府知
府孫文珏由監生隨征西藏有功官至湖北沔陽州知州
張其蘊鎮番衛人徙長安康熙十四年由諸生從征吳逆積功授辰
州水師營守備二十二年征紅苗二十七年討夏逆俱有功歷陞神
木副將改慶陽四十六年擢雲南臨沅鎮總兵雲南自孫李竊据後
民戶流亡我師入滇卽以從征者分駐其地既而生齒日繁糧仍故
額其蘊糴穀捐金分駐三營曰義穀義金自此婚喪有資軍不告匱
五十三年臨沅饑其蘊移檄牧宰發官米萬餘石置四城計時計口
減價以糴四閱月全活無算五十五年卒於官祀名宦祠　一子予廕
並本府志

图1-5　嘉庆《长安县志》对赵宏印的记载

栋征伐吴三桂，大败其心腹大将马宝。再则，明白指出赵宏印于康熙四十八年（1709）故去后，得以入祀苏州、遵义两地的名宦祠。但是，赵宏印在“遵义亦祀黉宫”，要等到七年以后，也就是康熙五十五年（1716），其子赵光荣出任遵义府知府，始创遵义名宦祠。

查同治《苏州府志》与道光十八年（1838）郑珍属稿、莫友芝佐助编纂《遵义府志》两书名宦祠名录，赵宏印均赫然在列。[21]

至此，所有的狐疑豁然冰消。原来《神木县志》中的“赵宏允”，在别的志书中多写作“赵宏印”。这就涉及避讳制度。封建帝制时代，臣子与晚辈对于君主和尊长的名字，必须避免直接说出或写出。尤其是，作为九五至尊的皇帝，其名字是普天下独一无二的，他的子民起名取字，必须回避，严禁重占。

康熙深受汉文化影响，规定儿辈为“胤”字辈，孙辈为“弘”字辈。康熙六十一年（1722），爱新觉罗·胤禛继承大统，是为“雍正皇帝"。按照避讳规矩，他的那些兄弟，一律改"胤"为"允"。[22]皇兄皇弟且如此，莫论平民百姓了，哪怕仅是发音一样，也当禁止。于是，就有了赵宏印→赵宏允的渐次变化。

《礼经》："男子二十冠而字"。"字"用以"表其取名之义"，因此，一般而言，字和名意思相近。如孔子的儿子名鲤，字伯鱼；唐诗人孟郊，字东野；诸葛亮，字孔明；班固，字孟坚；岳飞，字鹏举。根据赵宏允的字——徽枝，可推断，他本名大约为赵弘胤。在中国传统文化中，由于"枝"和"子"音若，所以往往即代表子息的一个形象，譬如杜牧诗句"绿叶成荫子满枝"。是故"徽枝"即可理解为"子孙繁盛"，而"弘胤"正有"后代兴旺"之意。还好，他只是康熙年间人物，如果活到雍正（胤禛）、乾隆（弘历）两朝，这个名字无疑会滋生不少麻烦，大概只能废名以字行。

赵宏允原名赵弘胤只是笔者的推测，他真实的写法应是"赵弘印"。康熙三十八年（1699）三月十四日癸未，上驻跸苏州府城内。当日起居注官（图1-6），记有一条：

> 浙江布政使赵良璧、按察使于准等，苏州营游击赵弘印、原任翰林院修撰戴有祺等来朝。[23]

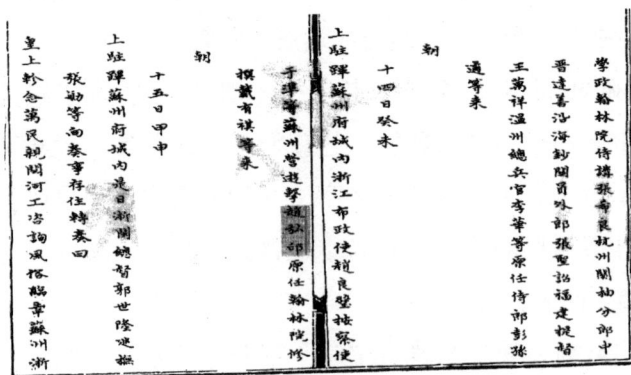

图1-6 《起居注》对赵弘印朝见康熙的记载

朝见康熙大帝不久以后，赵弘印大概就退休回家了。他于康熙二十七年至三十八年（1688—1699）在任苏州城守营游击，前后计十二年。地方志书言其曾任总兵，或只是虚衔，并未实授。[24]

关于赵宏印，《西安通览》也有记载，不过是《长安县志》和《续陕西通志稿》的白话而已：

赵宏印（？—1709），原籍陕西神木，清朝将领，以父大威随肃王征战张献忠有功，赐产业于长安（今西安市），行伍出身，随清军作战，在剿平三藩之乱中，屡立故功。曾任提标守备，游击、副将等。康熙十八年（1679），跟随陕西提督兼云贵总督赵良栋进攻四川，围歼吴世璠军。援助贵州遵义府，战败叛军骁将马宝，代理遵义协，康熙二十年（1681）九月，随同赵良栋消灭四川吴军后，征讨云南，荡平吴世璠，授左都督，主管苏州城守营事。在苏州十二年，盗贼敛迹，官民安宁，死后，郡人祀于名宦祠。[25]

赵宏印有德服人，有功及人，宦游之地多所纪念奉祀。据《大清一统志》（图1-7）：

赵宏印，神木人。康熙中，任遵义协副将。时吴逆搆乱，贼将马宝据遵义。官军攻之，失利。宏印自铜仁赴援，贼望风宵遁，遂复遵义，署本镇总兵。寻复以征滇南功，

图1-7 《大清一统志》对赵宏印的记载

晋左都督，卒，祀名宦祠。[26]

作为陕西名人，赵宏印流传于网络的简介如下：

赵宏印，陕西神木人。清朝将领。因战功卓越授左都督，在苏州十二年，盗贼敛迹，官民安宁。死后，郡人祀于名宦祠。[27]

赵总兵后人

梁启超说，二十四史非史也，二十四姓之家谱而已。诚哉斯言！遍读史书，无非是帝王将相的家族史罢了。道光《神木县志》记载赵家八代九人（图1-8）。

赵宏允之子赵光荣，道光《神木县志》亦有记载：

赵光荣，由例监，累升遵义府知府。宏允子。[28]

成书于康熙末年的手抄本县志，是神木现存最早的志书，其国朝人物开篇第一位：

赵光荣，即都督弘印之子，由例监现任四川遵义府知府。[29]

道光《遵义府志》写得较详细：

赵光荣，陕西神木人。康熙末守遵义，民风士气，多方补救。以府学宫颓圯，倡募新建。旧时学使供给一切派之应试生童，光荣取僧田之横讼者数十分以为棚田，收岁租给院考之费，士民至今德之。[30]

赵忠

（赵国第十一世祖，宋太祖时，以功授都指挥）

↓

赵国

（明靖房营副总兵，赵氏第一代总兵，卒赠都督）

↓

赵一麟

（赵国之子，明末榆林总兵，为李闯王势力所杀，传说中紫
金脑袋银胳膊的赵总兵，葬柏林堡）

┌─────────────────────────┬─────────────────┐
↓   ↓

赵大威   赵尚策

（赵一麟之子，蒙赐田宅于西安之扬善   （大威从弟，任陕西提标中营
里，不受清职，卒年七十）   守备。死李自成起义）

↓

赵宏允（赵弘印）

（大威子，追剿吴三桂婿夏国相，擒获叛将马
宝、王永清，后任苏州城守营游击，卒年八十）

↓

赵光荣

（赵宏允之子，由例监，历任莱阳知县、涿州
知州、遵义府知府）

↓

赵文珏

（赵光荣之子，由例监，任平度州、沔阳州知州）

↓

赵宗普

（一麟后人，世系不详，家柏林堡，私塾先生）

↓

赵择中

（一麟后人，增生，参与道光《神木县志》采编）

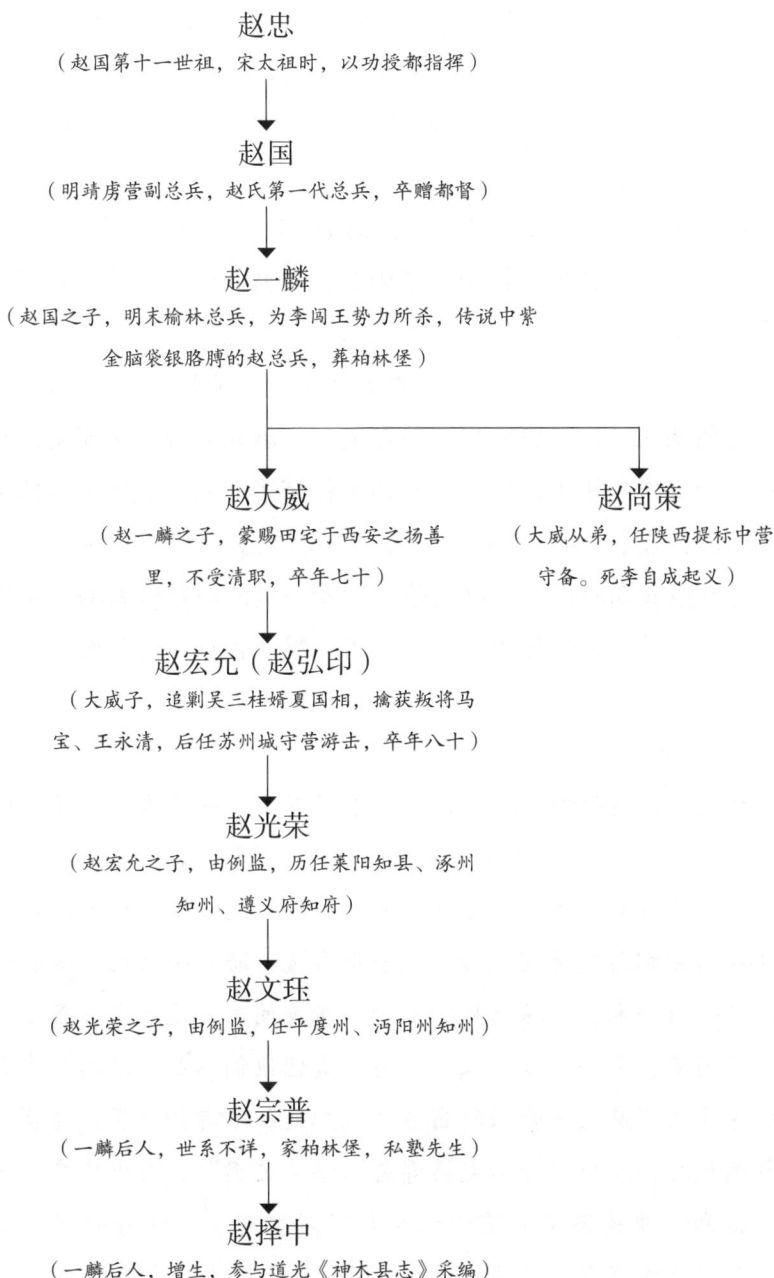

图1-8　柏林堡赵氏总兵谱系

赵光荣大力减除学生负担，实行类似现在的免费教育。至于费用则拿出有争议有官司的寺院的土地而辟为梯田，从中收取田租公出供给。这是康熙五十六年（1717）的事情，距道光二十一年（1841）《遵义府志》编讫已过去一百二十四年，如此久远之事，还能为人称道，可见影响之深远。

赵光荣监生出身，由知县而知州而知府。他于康熙二十八年至四十年（1689—1701）任山东莱阳知县，城西门外为其立有赵公祠。赵光荣其余零散事迹，如兴建药王庙，在城之四郊创设漏泽园八处，遇有灾荒，施粥饥民等等，皆系执政者分内一般政绩，不多赘述。[31]在河北涿州知州任内，康熙出巡驻跸境内，赵光荣曾三次朝见，时间分别在康熙五十一年（1712）二月初十日癸亥、五十二年（1713）二月初八丙辰、五十三年（1714）正月二十七己巳。[32]

迁升遵义知府以后，赵光荣秉持着一贯的服官做人的方正操守，为群众办了不少实事好事。学术专著《黔北古近代文学概观》，对他如此评价：

赵光荣，陕西神木人，监生，康熙五十五年至雍正三年（1716—1725）任遵义知府。他十分重视教育，重视人才的培养，以倡导文教、案扬先资来改善民风士气。他刚到任，就重修已颓败的府学，继而新建名宦祠与先贤祠，后又建湘川书院，而且全由他与知县邱纪出资，"一竹一木，一砖一瓦，未尝问诸民间。"鉴于"各属士子，类多单寒困敝、半耕半读之人"，为了减轻他们参加考试的经济负担，他将寺庙已荒废或被豪强所霸占之地23处征给考棚经管，其收入"除按年纳赋外，其余悉为学宪临遵夫马供应之用"，而少从应试者处征收。他的《重建遵义府儒学记》与《考棚碑》，视野开阔，立意高远，叙述详略得当，且辅以精当议论，叙议有机交织，是两篇较好的叙事散文。[33]

总而观之，赵光荣在遵义的政声相当不错。然而，即便这样勤政为民一介不取一钱不受的廉官良吏，也难逃上级参劾。雍正二年（1724）九月二十七日，四川巡抚王景灏下车伊始，专折上疏，声言：

到任后即将所属各官留心察访，虽一时耳目尚未遍及，然既有闻见，何敢罔徇姑纵，有负皇上察吏安民之至意。查知府一官，有表率各属，弹压地方之责，必得精明强干之员，方可胜任。讵有遵义府知府赵光荣，年既衰迈，才又疏庸，遇事昏愦，驭吏疲软，以致郡务多有废弛。[34]

王景灏纠参的重点是赵光荣年老体衰，不堪再任知府一职。在他看来，年老带来了办事不明、管理疏松等诸多工作上的不力。这等于是在勒令赵光荣休致。具体情由，现在不得而知。或许是赵光荣没有行贿这位封疆大吏，也可能是他确实到了该退休的年龄。总之，这封言多泛泛有失剀切的折子生效了，赵光荣的官路走到了尽头。

赵光荣修庙造桥兴书院，非常重视文化建设。光绪《仁怀厅志》序：

康熙五十八年乙亥（1719）春，关西赵公（赵光荣），留心治典，檄各学校采访文献，即刍荛之知，亦所不弃。[35]

赵光荣还热衷于诗文写作，这应和他的监生出身不无关系。国子监毕竟是国家最高学府，只要一心向学，也必能有所成就。总兵世家，到此始见一个文官。这也在侧面说明了"国清才子贵"。海内升平寰宇廓清的时代，尚武之家也开始了重文兴教。赵光荣之子在官场上不是跨灶儿郎，政治前途稍逊乃父：

赵文珏，由例监，任平度州知州。光荣子。[36]

此人其余生平事迹，遽难考证。在康乾盛世，非由科场举人进士出身而知县知州知府，既显先绪不坠，更见个人才干优练。自此以降，赵家就渐渐没落了，多为籍籍无名之辈。只有道光年间，一位名赵择中（图1-9）的家族前贤，参与了县志的修撰，具体负责采访，我想其中的赵姓人物资料多半系由他提供的。

所谓富不过五代，所谓"金满箱，银满箱，转眼乞丐人皆谤"，说的都是世事难测的意思。同时，它也说明了物质财富的不可靠和短暂性。总兵留传下来的金玉珍玩纷纷易主外姓，只有他们载入史册的英雄事迹，以及赵光荣的只言片语至今不朽。这让作为写作者的我，更加坚信"纸寿千年"不败的神话，纸寿过于金玉，写在纸上的东西会更加长久；也更加坚定了我的决心和野心，要将自己的一生交托给永恒的精神事务。我想起了一副对联：世间数百年人家无非积善，天下第一等好事还是读书。

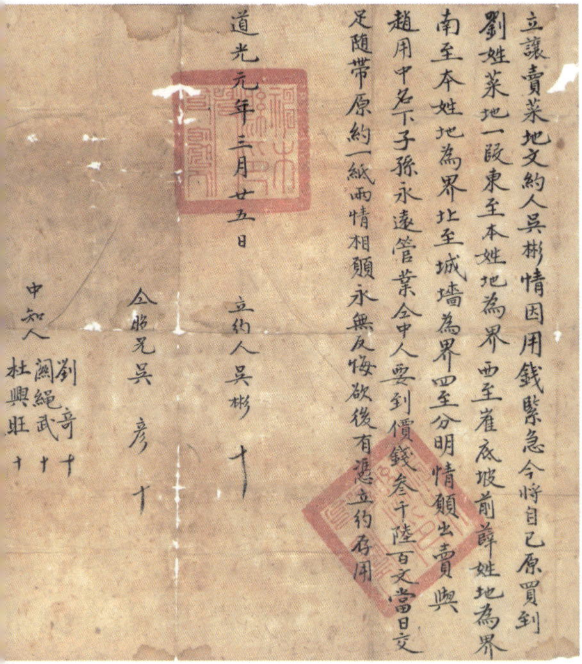

立讓賣菜地文約人吳彬情因用錢緊急今將自己原買到
劉姓菜地一段東至本姓地為界西至崔底坡前薛姓地為界
南至本姓地為界北至城墻為界四至分明情願出賣與
趙用中名下子孫永遠管業仝中人要到價錢叁千陸百文當日交
足隨帶原約一紙兩情相願永無反悔欲後有憑立約存用
道光元年三月廿五日　立約人吳彬　十
仝胞兄吳彥　十
中知人　劉奇　十　閻紹武　十　杜興旺　十

图1–9–1　道光元年神木卖地官契

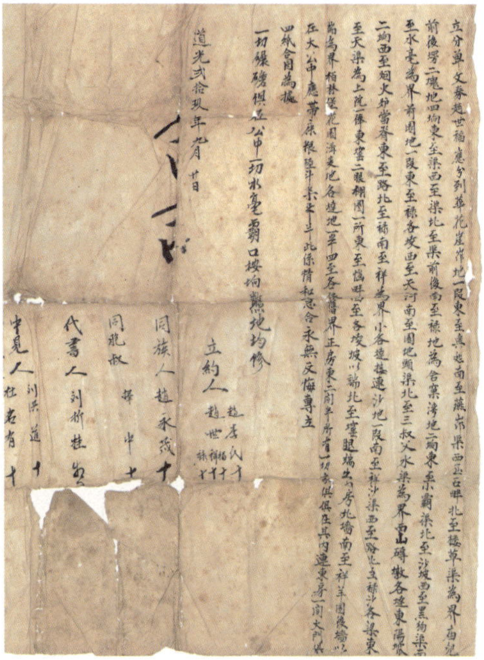

图1–9–2　道光二十九年神木分单文券

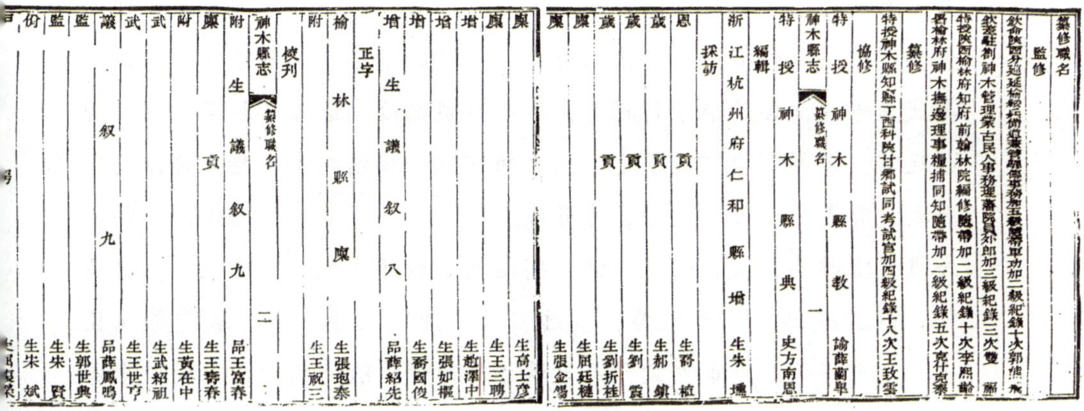

图1–9–3　道光《神木县志》纂修职名表

重建遵义府儒学记

文/赵光荣

粤稽自古圣帝明王，建极御宇，未有不崇师道、加意学校，以为久安长治之本。秦政焚书坑儒，不二世而亡。汉高祖干戈甫定，即以太牢祀先圣，论者以为汉氏四百年天下精神命脉，实基于此。唐太宗英武盖世，幸国子监亲行祠奠，遂成贞观之政。逮五季祸乱相寻，势如反掌，未闻有尊信孔子者。宋太祖即位，诏增祠宇，绘先师像而规赞之，时太史奏五星聚奎，爰开廉、洛、关、闽之学，而道统昌明。今我皇上神圣文武，优礼师儒，躬诣阙里行师生仪，敕建圣庙，修圣茔，题额赋诗。尊奉之典，直远驾汉、唐、宋于万万。我曹忝属臣子，乌可不体此意也？荣于乙未秋恭膺简命，除守播州，至丙申季春抵任，但觉入目苍凉，其城池雉堞之圯毁，民居官舍之倾颓无论已。乃晋谒文庙，环堵萧然，所谓义路、礼门、圣域、贤关，求其名而不可得，辄恝焉伤。退，自思曰，是愚之责也夫！于是诸务未遑，先以修学为急。幸首令邱君实获我心，亟为诹日兴役，鸠工庀材，坠者举而废者兴，旧者新而无者创。若大殿、两廊、戟门、棂星门与明伦堂，皆昔有而将毁，仍其旧而焕然更新也；若圣域、贤关、义路、礼门与夫魁星阁暨明伦堂前之大门，皆昔所未有，创其始而巍然改观也。又复制先圣及诸贤龛座，并香炉、花瓶、烛台一切俱备，以期可垂久。竣，费数百余金，一竹一木，一砖一瓦，未尝问诸民间，悉予与邱君竭力勉成。然而名宦、乡贤祠犹缺也，更于己亥秋，相度戟门外隙地，营建祠宇二所，左右对峙，计费不下四十金，亦皆出自予与邱君捐金成之。至是，可以极宫墙之完事而无恨矣。抑予更有望焉；学校者，人才之根本；人才者，学校之光华。播州入舆图六百年，前此科名，灿若日星，荷国朝菁莪域朴之化，然后人文渐兴，其在于今，有日新月盛之势。窃愿士之厕身庠序者，庶几不自菲薄，共相濯磨；行见联翩鹊起，蔚为国桢，不负予建学设教志意也夫！于是乎记。[37]

考棚碑

文/赵光荣

　　为酌拨公田培学校以恤寒毡事：致治之道，教化宜先；兴学之本，爱养是急。遵郡处在边徼，元气尚未全复。各属士子，类多单寒困敝、半耕半读之人。从前岁科两试，就棚渝城，道里遥远，生童俱以跋涉为苦。因赴郡具呈，仿照旧规，设棚于遵。历蒙各学宪亲临考试，诸生永免远赴之苦。惟学宪往来夫马长途需费，以及临棚供应，原系各属生童公同帮凑，上不累官，下不累民。然夫马必先雇倩，往办棚厂及应用什物等项，又须预备修理安置。其如各生童必俟学宪临按，然后陆续到郡，不能先济其事。所以前项需费，议出管棚生员先行借垫，不免加息之苦。原议：生员每名伍钱柒分，童生贰钱柒捌分不等。但多士穷窘，捉襟肘见，本府目击其间，故于昨之岁科两试，谕令两学每生名下酌量免去贰钱，费有不敷，俱系本府捐助以襄厥事，使寒生轻便乐从。独是守土之官，俸金有限，恐将来不能复继，年久事驰，终不免为诸生之累。本府虑后之念，时刻不忘置者，此其一。

若夫本府来此邦，淡泊自矢，仰体皇上崇儒重道、督院与各宪兴行教化之意，因府县两学文庙及魁星楼坍塌已久。本府捐俸修理，今已焕然聿新。又见遵民困苦，不能家弦户诵，除在城内照旧设立义馆，又于东关外与该县创修湘川书院一所，捐金延师，以专训迪，俾贫寒子弟，得以负笈从师，学业有进；频年近悦远来，及门济济矣。惟虑本府他日量移，后之来者，必更留心书院，造士育贤；然恐地方事日渐繁，簿书拮据，力不能应，则在院塾师，岂能栉复读文？门前桃李，何由执经问难？若讲帐无人，馆事又废，穷苦子弟，虽欲进一篑之功，仍乏肄业之所，将见应考稀少，必致宫墙冷落，能不为远近生童思前虑后，期有始有终乎？此本府之谆谆系念者，又其一。

至府县两学各设司铎二员，朝廷因职受禄，颁给俸薪，自应留心训诲，毋负职守。但别省乡邑，犹或设有学田，散给贫士之外，稍有余剩，亦可借以自给。遵义郡县原无学田，两官同食俸，分领有限，若不量力体恤，有负上宪生成！本府怜此寒毡，每欲资助，其如无术点金，因是廑怀夙昔者，又其一。

凡此三者，俱皆眼前急务。本府再四筹画，查通平里田土，地方每每告称有荒废，庵观寺庙，倾颓已久，瓦砾坵墟，欲使重建招僧，则荒凉地面，势有不能。所有当日常住粮田，或为连界豪强霸种，或为别寺额外贪占，且招后悔，致遗里甲空赔粮赋者往往有之。与其委之于无用之地，不若充诸公田，犹可稍补急务。随檄据该县将各处倾废寺庙遗粮开报详覆前来，本府设长酌议，分别支给。除湘川书院、府县两学公田，另于书院儒学碑记开载勒石外，所有拨给考棚田地共二十三处，共田粮叁拾两肆钱零，约计租谷每岁玖拾余石，土租银伍两肆钱零，俱令两学新设斋长经管，收租支用。计自五十九年为始，三年即有租谷贰百柒拾余石，土租银拾伍两零，除按年纳赋外，余悉为学宪临遵夫马供应之用。有此粮田收贮谷价，临时可免周章，无预先加利借垫之事，许多轻简。即尚有不足，诸生共帮亦属有限，较之从前，岂不大为稳便乎？今将拨给田粮里甲、亩数，租谷若干，粮额若干，逐一分晰，开载勒石，以垂永久。惟愿官、师、士、民，共相体谅，各为遵守，勿滋后弊有负本府慎始要终之苦心也！[38]

王贞女

文/赵光荣

从古溯芳姬，阿谁堪不朽。

宁推织锦苏，不数九熊柳。

惟有共姜赋柏舟，至今脍炙千秋口。

巴蜀岩岩百尺城，王家有女非人情。

寡鹄孤鸾初未嫁，事亲立后何铮铮。

吁嗟！失所天翻，欣侄犹子。

杳杳泉台不可追，那能徒作捐躯死。

姑嫜白首相依恋，得妇如儿悲少闲。

春风秋月有盈虚，雪窖冰天人不变。

譬如光明烛，清光隐隐照幽曲。

既可耀王公，还能照蔀屋。

芳名垂万年，新诗盈尺牍。

角枕虚陈玉树摧，妆台不照双鬟绿。

又如寒谷冰，纤尘不染丰骨清。

截发与割鼻，后先共峥嵘。

匪席兮卷卷，匪石兮硁硁。

寸心惟有天地知，岂为千秋身后名。

古来女史不多传，何幸渝州今再见。

泼墨濡毫赓德徽，旌章应出光明殿。[39]

请将遵义府溺职知府赵光荣等员交部议处

巡抚四川等处地方提督军务都察院右佥都御使随带加一级纪录六次臣王景灝谨题为特参不职县令以肃吏治事。

窃臣奉命抚川，到任后即将所属各官留心察访，虽一时耳目尚未遍及，然既有闻见，何敢罔循姑纵，有负皇上察吏安民之至意。查知府一官，有表率各属，弹压地方之责，必得精明强干之员，方可胜任。讵有遵义府知府赵光荣，年既衰迈，才又疏庸，遇事昏愦，驭吏疲软，以致郡务多有废弛。又，成都县知县陈冬龄，职任首邑，而政务阘茸，辨事无能，询以利弊，茫然应对。查其案牍，多有不清。似此溺职之员，难以姑容，贻误地方。正在缮疏会参，又据司道府揭报前来，与臣闻见无异，所当特疏纠参，请旨严加议处，以肃吏治者也。臣谨令词题参，伏乞圣鉴，敕部议处施行。臣等未敢擅便，为此谨题请旨。

雍正二年九月二十七日题，十月二十九日奉旨：赵光荣、陈冬龄俱着严加议处具奏，该部知道。[40]

【注释】

1　柏林堡　在陕西省神木市西南六十里。明成化初巡抚卢祥置，城设在山原，清有分防守备。参见《中外地名大辞典（一至五册）》/段木干主编/台湾人文出版社/1981，2463页。

2　总兵　始设于明代，本为差遣名称，无品级，遇有战事，佩将印出战，事毕缴还。以后军务繁兴，总兵渐成常驻武官，为镇守一方重要职官名称。分"镇守总兵官"和"协守副总兵"，简称"总兵（总镇）"和"副将"。明初至明中叶，文武并重，总兵官颇有权势。明朝末期总兵官增20多名，虽不如早期地位显赫，但是仍位高权重，有的总兵可统领10万人马。清沿明制，总兵为绿营高级将领。正二品。设于各行省，每省二至七人不等。水师中亦设，多以驻守之地取名。所辖直属绿营军队称镇标。掌一镇军政，统辖本标官兵，分防将弁，以听于提督，为绿营一镇之主将，有专阃之重寄，职任重大，受总督和兼提督衔巡抚节制。所属有副将、参将、游击、都司、守备、千总、把总、外委等官。乾隆（1736—1795）年间，全国设六十六员。参见《甲午战争·中日军队通览1894—1895》/徐平主编/解放军出版社/2015，33页；《二十六史大辞典·典章制度卷·卷117》/戴逸主编/吉林人民出版社/1993。

3　跑肚　陕北方言，拉肚子。

4　娘娘　陕北方言，奶奶。

5　圪蹴　陕北方言，蹲。

6　总兵吾家事，人传世上名　仿杜甫《宗武生日》诗句："诗是吾家事，人传世上情。"

7　龙抓　陕北方言，天雷击杀。

8　赵一麟与赵梦麟　《明朝榆林总兵》李春元著/陕西师范大学出版总社有限公司

/2011，231页，将赵梦麟与赵一麟混为一谈。其云："赵梦麟（？—1691）榆林县人，赵苟的儿子。《明史》记作赵梦麟，道光年《神木县志》记为赵一麟，还有的史料记作赵孟麟，大概是因为'孟'与'一'的意思相同的缘故。"然考之一麟与梦麟事迹迥异，实非一人。

9　族里爷爷　此处赵姓族人以及本文所提及的其他几位不具名的长辈均为陕西省神木市高家堡镇邱家园则村村民。他们主要是赵怀英、赵奋翔、赵连生。

10　邱家园则村　位于陕西省神木市高家堡东北15公里处，农田以园子地（水地）居多，同治回乱以前多为邱姓居民，后柏林堡赵总兵后人移迁此地。

11　赵宗谱传略　见道光《神木县志·卷六·人物·孝义》/王致云纂修/刻本影印/凤凰出版社编选/2007，555a页，《神木乡土志》/未著纂修人姓氏/台湾成文出版/1970，78页。《榆林府志·人物志·近代孝义分编》（清）李熙龄纂修/陕西省榆林市地方志办公室整理/马少甫校点/上海古籍出版社/2014，635—636页。

12　赵总兵墓　详见曹颖僧辑著《延绥揽胜》/榆林市黄土文化研究会、榆林市政协文史委员会出版/2006，233页：明总兵赵一麟墓在神木柏林堡北。

13　赵一麟传略　见《神木县志》/未著纂修人姓氏/清代抄本影印/台湾成文出版/1970，176页，载"赵一麟任神木营参将，赠荣禄大夫"；道光《神木县志·卷六·人物·乡贤》/王致云纂修/刻本影印/凤凰出版社编选/2007，544a页。《榆林府志》对赵一麟的记载完全因袭《神木县志》，见《榆林府志·人物志·近代忠节分编》（清）李熙龄纂修/陕西省榆林市地方志办公室整理/马少甫校点/上海古籍出版社/2014，617页。旧时榆林城南榆阳桥旁竖一石碑，上刻"两守孤城，千秋忠勇"，落款"康熙十四年闰五月十三日奉旨旌奖。延绥城堡同知谭吉璁谨泐石"。此八字所载史事，各地方志说法不一。除道光《神木县志》，刊印于光绪十二年（1886）李嘉绩《榆塞纪行录》6—7页明确记载"榆林府城南有仁庙御笔褒明殉难赵一麟'两守孤城，千秋忠勇'碑……"。民国《榆林县志》则言，定边叛将朱龙围攻榆林三月未下，康熙御书奖之。但是关于赵一麟的这段记载疑窦丛集，主要集中在两个方面：一是一麟究竟官居何职。目前仅能找到明实录的两条记载天启三年（1623）四月庚申朔孟夏（1623）○升……延绥柏林堡守备赵一麟为宁夏领军游击；五月○升……宁夏都司金书赵一麟为陕西军门标下左营游击。可知赵一麟所处明末战乱纷扰，人事变动尤为频繁，两阅月间，而职权三变，赵一麟最终官阶几品，现在还不能查清。客观地说，从参将直升总兵官在通常是比较罕见的，一般都要经过副总兵协守一镇的经历，但也不是没有先例，如嘉靖三十二年（1553）十月壬辰，神木乡贤张坚即由宣府南路参将任上直接升为署都督佥事充总兵官镇守大同。张坚连升两级尚在平常，若在明末非常之时，破例提拔的不次之迁应该要常见一些。二是一麟死难迷雾重重。到底因何而死于何地一时也尤难考证。早在道光二十九年（1849）榆林人杨江著《〈榆林府志〉、辨讹》，其中《碑辨》就详细分析《神木县志》《榆林府志》关于赵一麟事迹记述的疑点，认为县志作者强史就我，有失史家信用。详见《榆林府志·附录》（清）李熙龄 纂修／陕西省榆林市地方志办公室整理／马少甫校点／上海古籍出版社／2014，958—960页。兹录其文如下：

崇祯十六年冬，李自成拨十万众，略北山，围榆林，招降不从，约战从之。阅十二日，城陷，官民殉节，载在《明史》。康熙十二年重修《镇志》，距崇祯末岁仅三十年，当日被围之人如王世泰等，皆目睹惨伤，言之历历，故一时尽节之士，采访无遗。志成后，旋于十四年五月，复遭定边叛将朱龙、怀远贼将周世民之变，定、靖、怀、绥、米、神、府各州县全陷，独榆林坚守未下。奏闻，圣祖仁皇帝追念明末榆林守城，人皆殉节，今复严守三月，特赐旌奖八字，曰：两守孤城，千秋忠勇。爰渤石于榆阳桥旁，上镌"康熙十四年奉旨旌奖"，下镌"城守同知臣谭吉璁敬渤"。赐是时同知谭吉璁"尽忠可嘉"匾额，授总兵许占魁他喇布勒哈哈番，兵备道高光祉于是年八月升任去，此大略也，详载《镇志》。逾二百年，而《神木县志》成，志内载赵一麟，神木人，任神木参将，升榆林总兵。将拜命，闯逆之变，携眷至榆林之遂家驿，遇贼，阖门死节者十八人。国朝定鼎，表其忠，于榆阳桥立碑，曰"千秋忠勇，两守孤城"八字云云。《府志》依《神木志》，载入忠节门。

查前明神木为东协，设副将一员，无参将。兹谓赵一麟任神木参将，或副将之谓乎？复查《镇志》《府志》中，于前明副将门，而一麟不与焉；复查《镇志》《府志》中，于神木武仕宦门，而一麟不与焉；复查《镇志》《府志》中总兵门，崇祯末年系王定，而一麟不与焉。按，李自成陷长安，传檄榆林招降，总兵王定弃城走。王定固明之罪人，而总兵门犹志之，所以纪实也。夫总兵为大员，殉节为大忠，彼匹夫匹妇誓死不降，后世犹艳称之。一麟以新任总兵，克尽大节，当日竟无一人知者，忽于二百年后撰成一段文字传之，是仅传于神木之志也。传参将，而前明于神木未设此官；传总兵，而榆林总兵现有实任；传阖门殉节，世未闻于锋刃近接，故携眷属而迎敌者；传遂家驿，此驿四无人烟，并非死所；传旌奖碑，并未探明系康熙十四年事，冒书国朝定鼎。试思此段文字，究属无凭。似查阅《镇志》，见王定弃城走，因作以参将升总兵；又觉计程神木至榆林，何不早赴任所，因作成"将拜命"句；不死于大路大堡，而择为遂家驿，岂以空廓无人之区？遂为前二百年之所以不传，而必赖后二百年之县志以传乎？

抑思《镇志》，重修于康熙十二年，稽殉节者甚详，于前任旅寓之总兵李昌龄犹志之，岂于新任殉节之总兵而独遗之乎？不第此也，即以两守孤城谕之，一麟一守未能，两守作何注解？阅者不解，未知修《神木志》者何以解之？即应表扬一麟，直书曰:一麟神木人,任神木副将。升延绥总兵。奉命之日,闻贼已陷榆林,而突拥神木。城陷,一麟力战死,阖门靖节者十八人。如是,则一麟之忠节,又何尝不炳耀梓里哉?

14 赵一麟升迁 见《大明熹宗悊皇帝实录(87卷)》。

15 赵国传略 见道光《神木县志·卷六·人物·乡贤》/王致云纂修/刻本影印/凤凰出版社编选/2007,543b页,亦见《榆林府志·人物志·近代忠节分编》(清)李熙龄纂修/陕西省榆林市地方志办公室整理/马少甫校点/上海古籍出版社/2014,576页。

16 赵大威传略 见道光《神木县志·卷六·人物·乡贤》544a页。《神木县志》/未著纂修人姓氏/清代抄本影印/台湾成文出版/1970,177页,载"赵大威,任高家营副将,即一麟之子"。与道光刊印本《神木县志》颇多不合。赵大威亦载于李熙龄纂修《榆林府志》,576页。

17 赵尚策传略 见道光《神木县志·卷六·人物·乡贤》544页,《榆林府志》617页。

18 赵宏允传略 见《神木县志·卷六·人物·乡贤》/王致云纂修/刻本影印/凤凰出版社编选/2007,544b页;亦见《神木乡土志·人物·贤哲》/未著纂修人姓氏/台湾成文出版/1970,71—72页;以及李熙龄纂修《榆林府志》,577—578页。

19 赵宏允传略所涉及人物 高有才,陕西神木人。清顺治五年(1648)十二月初二日,闻明故大同总兵姜镶起兵抗满复明,陕西延安参将王永疆(又名王永强)奉令相协防清水营、黄甫堡、三边诸路。有才与之密议,响应姜镶。随即会合保德州守备牛化麟杀州守备徐效奇,攻下府谷、保德城,转战陕北一带。翌年一月,王永疆、高有才破延安、占榆林,下十九州县。杀掉延安巡抚右都御史王正志、督粮户部郎中朱豫升、导员夏时芳等。二月,延绥总兵都督同知沈文华率军在黄河沿岸设防,在去神木途中陷于埋伏中战死。王永疆、高有才军随即攻占了神木,杀死兵备道夏廷印、同知杨文士、知县徐子龙、典史章德英等。不久,又克定边、花马池诸城。高有才又出奇兵于富平,关中因之大震,时陕西巡抚黄尔信求救于固山副总兵李墨真及吴三桂。三月,战于姜原,王、高军失利。王永疆奔石浦川自缢。高有才率兵五百退至府谷城。府谷知县刘宏达与前明火器营千总蔺芳仁相议,知不能敌高军,于是行诈降计。蔺、刘在城头摇白旗请降。高有才疑有诈,遂于城郊赵家石窑扎营。使前哨分路入城。将入门,敌火炮齐发,高军死者甚众。高有才转攻北门,战一日,城下。刘、蔺被高有才军处决。八月,"平西王"吴三桂,固山副总兵李墨真率清室大军万余压境,围困高有才军。其时,高有才身先士卒,与军民昼夜护城,血战百余仗,坚持到十一月。时城内食粮已尽,在清军连放炮火,城垣残断时,高有才知大势已去,遂由南门投河而死。见《府谷县志》/府谷县志编纂委员会/陕西人民出版社/1994,567页;

《榆林人物志》/陕西人民出版社/2007，48页； 也见于清戴名世《榆林城守纪略》一文，载《中国历史研究资料丛书·东南纪事》/中国历史研究社/上海书店/ 1936，11—19页。 穆占（1628—1683），清满洲正黄旗人。顺治末，署前锋参领，随都统卓洛等驻防云南，平元江土司有功，擢正黄旗满洲副都统。康熙十二年（1673），吴三桂叛乱，他以前锋统领随安西将军赫叶经陕西入四川进讨，参赞军务。后代赫叶为安西将军，率师讨叛将王辅臣，复地多处。十五年，佩征南将军印，统陕西、河南诸军进攻湖广，助攻长沙，败吴三桂于常德。二十年，随师入云南，师还，授正黄旗蒙古都统、议政大臣。后以平叛三藩时临阵指挥不当，夺官。事见《中国历史人物大辞典》/黄河出版社/1992，552页。夏国相，吴三桂女婿，叛军主要将领之一。康熙十八年（1679）十一月初八，康熙敕谕夏国相"悔罪归成，从前抗拒之罪举行赦免"。可参见《中国历史博物馆藏捐赠文物集萃》/长城出版社/1999，185页《康熙安抚夏国相敕谕》。王永清（？—1682），清朝将领。任贵州总兵之职。吴三桂叛，永清助乱。三桂死，为其孙世瑶部将。康熙二十一年（1682）被清军斩杀。事见孙文良、董守义主编/《清史稿辞典·上》/山东教育出版社/2008，148页。康熙十二年（1673）吴三桂反清，自称"天下都招讨兵马大元帅"，定次年（1674）为"周王元年"，统治云南、贵州。贵州总兵王永清在黔西叛附，占据大方、黔西、平远、威宁、毕节等地。详见《六盘水市志·地理志》/六盘水市地方志编纂委员会编/贵州人民出版社/1997，15页。史传康熙二十年（1681），吴三桂叛逆势力覆灭，其集团重要成员夏国相、马宝、王永清，皆被凌迟处死。

20 赵宏印传略 见《长安县志》/（清）张聪贤修/董曾臣等纂/嘉庆十七年/民国二十五年影印本/台湾成文出版社有限公司印行/1970，710—711页；亦见《陕西通志续通志（1—12册）》/沈青崖、吴廷锡等撰/清雍正十三年、民国二十三年刊本/台湾华文书局股份有限公司影印/1969，4156b页。赵宏印到底官居何职，记载不一。《陕西通志续通志》全文沿用嘉庆十七年（1812）所修《长安县志》对宏印的记载，言其"管苏州城守营事"，表述较为模糊，然而却明确记载赵宏印在转任苏州地方之前就已经"升副将"，而且还因为平定吴三桂有功，加左都督，按理说，再往上升当然就是总兵官了。可是据考成书于康熙末年的《神木县志》/未著纂修人姓氏/清代抄本影印/台湾成文出版/1970，177页，载"赵宏印，授左都督，任江南城守游击"。此种抵牾不合之处，令人殊难理解。如果说手抄本不如官方刊印本严谨，可能存在讹误。我们认可嘉庆十七年（1812）《长安县志》和道光二十一年（1841）《神木县志》的记载，认为赵宏印官至总兵，则查刘洪杰先生所编《顺康两朝镇臣年表》，又不见其名。嘉庆《长安县志》和道光《神木县志》史源家谱抑或是口头传闻？那么言之凿凿，该是家谱的可能性较大了。 所谓"国史失诬，家史失诔，野史失臆"，家谱亦未必可据。《吴县志》/曹允源、李根源等纂/民国二十二年（1933）修/台湾成文出版社影印/1970，383页，卷二十六上文庙又明确记载"总督于成龙……城守营游击赵宏印"。或者其总兵只是虚衔，没有补用实授。马三宝即马宝，字城壁，因行三，亦称三宝。另一说，时人觉其勇猛，以为唐初骁将马三宝再世，故以"三宝"呼之。祖籍甘肃隆德，祖上先迁陕西咸阳，后又迁至山西临汾。少时放羊，一同牧之人夺其羊，激怒马宝，将其毙之拳下。及官府将其收捕审讯，马宝声言我童子也，焉能毙彼！官府见其年少，亦怀疑死者不为马宝所杀，虽将其收监，却不加桎梏。适逢狱中有关押的农民军首领，马宝为其除掉枷锁，并随之一同逃出，从此便成为李自成农民军中的一员。马宝为人反复，绰号"两张皮"。自成殁后，拥护明桂王朱由榔南明朝，获封安定伯。后归顺"平西王"吴三桂，出力卖命，反叛大清。官方记载其被俘后于1681年就戮。野史则认为其在夺路逃命过程中与一挑坛货郎易装而得幸存，后改姓"谭"，秘密守护着吴三桂的祸水红颜陈圆圆及其香火余脉，一直隐居在黔东南，及至圆圆玉殒，马宝出家修行，年九十余坐化终老。若此说为真，则康熙二十年（1681）在云南楚雄境内投降大清的马宝一替身之人耳。马宝更多详情可参见龙文海《步入思州龙鳌里的马宝》一文，载《黔东南人物·1368/1911明清卷》/政协黔东南州委员会编/贵州人民出版社/2013，257—261页；《隆德县志》/隆德县志编纂委员会编/宁夏人民出版社/1998，714页；《固原地区志》/固原地区地方志编纂委员会/宁夏人民出版社/1994，653—654页。赵良栋（1621—1697）清朝将领。字擎宇，号西华。甘肃宁夏（今宁夏银川）人。顺治二年（1645），应募从军，署潼关守备。从军征秦州、巩昌，败李自成所部。升宁夏水利屯田都司。五年，镇压丁国栋等回民起义，任高台游击。十三年（1656），军征云、贵，授督标中军副将。康熙元年（1662），擢云南广罗总兵。八年，起山西大同总兵。后镇守直隶天津。十三年（1674），擢宁夏提督。图海督师讨王辅臣叛军，他与王进宝分兵定秦州、西和、礼县。十八年（1679），拜勇略将军，仍兼宁夏提督。次年，攻克吴三桂叛军所据成都。晋云贵总督，加兵部尚书。二十年，督军克雅州，复建昌，渡金沙江，驻扎武定。又与诸军共定云南。因建昌失守罪夺官，改授銮仪使。二十五年（1686），因功复将军、总督衔。三十年，噶尔丹扰边，命西安将军尼雅翰等出防宁夏，凡军事咨询良栋。（见《中华军事人物大辞典》/新华出版社/1989）三十六年（1697）三月初七，出征噶尔丹驻跸神木高家堡的康熙帝得知勇略将军赵良栋病故，深表哀悼，他对随驾阁臣们说："良栋伟男子，著有功绩。性躁心窄，每与人不合，奏事朕前，言语鲁率。朕保全功臣，始终优容之，所请无不允。今病卒，宜为其妻子区处，使得安生。"（见范林虎主编《中国名镇志丛书·高家堡镇志》/中国方志出版社/2018）

　　21　赵宏印入名宦祠　详见同治《苏州府志》/李铭皖、谭钧培修/冯桂芬纂/江苏古籍出版社/1991，618b页；《遵义府志·上》/（清）郑珍修，莫友芝纂/遵义市人民印刷厂印刷（内部发行）/1986，634页。

22 避讳 可参酌《禛祯避讳说》，见《周汝昌红楼梦考证失误·增订新版》/杨启樵著/上海书店出版社/ 2014。

23 赵宏印朝见康熙 见清代历朝起居注合集/清圣祖/卷三十八/康熙三十八年三月，第15页，总页号：9947。

24 赵弘印苏州城守营游击任期 见清代史料文献/清代地理文选类/江南通志/卷一百十一，第22页，总页号：88146页。

25 赵宏印简介 见《西安通览》/西安市地方志馆、西安市档案局 /1993，606页。

26 清一统志对赵宏印的记载 见《嘉庆重修一统志》（第二十九册）/中华书局影印本/1986，遵义府189—16b页，pdf622页。赵宏印位列本朝名宦第一。

27 互联网络中赵宏印的资料 见《我们陕西出的历史名人》tieba.baidu.com/f?kz=1439383257；《爱家乡爱陕西（盘点陕西历史名人3）》http://www.tuwenba.com/content/MDMwNTYyN8DM4.html；最后访问日期2017/02/08。

28 赵光荣传略 见《神木县志·卷六·人物·邑宦》/王致云纂修/刻本影印/凤凰出版社编选/2007，537b页。

29 手抄神木县志成书时间 参见李大海《台湾成文出版社影印〈神木县志〉成书年代小考》，载《中国地方志》 2015年01期，49—52页，63—64页。手抄神木县志对赵光荣的记载 见《神木县志》/未著纂修人姓氏/清代抄本影印/台湾成文出版/1970，168页。

30 赵光荣宦迹 见《遵义府志·下》/（清）郑珍修/莫友芝纂/遵义市人民印刷厂印刷（内部发行）/1986，929页；也见于《贵州通志·宦迹志》/贵州省文史研究馆点校/ 2004，546页。

31 赵光荣出身与莱阳知县任内事 关于监生 监生国子监学生的简称。国子监是明清两代的最高学府，照规定必须贡生或监生才有资格入监读书。赵光荣属于哪一类国子监生，说法不一，《神木县志》载其为"例监"，《莱阳古今杰出人物》则说其是"贡监"。所谓"例监"，指捐纳钱财而得监生资格；而即府、州、县学生员（秀才）经考试选拔入国子监肄业，即"贡监"。关于赵光荣知山东莱阳县事 见《莱阳古今杰出人物》/莱阳市史志编纂委员会办公室/山东省新闻出版局/1998，2页。关于赵公祠 见《山东通志（1—10册）》/孙葆田等撰/1969，1473b页。关于赵光荣赈灾 详见《莱西县志·大事记》/山东省莱西县志编纂委员会编/1990，49页。

32 赵光荣朝见康熙 详见清代历朝起居注合集/清圣祖/卷四十七/康熙五十一年二月，第16页，总页号12509；清代历朝起居注合集/清圣祖/卷四十八/康熙五十二年二月，第17页，总页号12851；清代历朝起居注合集/清圣祖/卷五十/康熙五十三年正月，第16页，总页号13192。

33　评价赵光荣　见《黔北古近代文学概观》/曾祥铣、曾春蓉/中国文史出版社/2013，156页。

34　参劾赵光荣　详见《清代吏治史料·官员管理史料·10·影印本》/线装书局/2004，5535—5536页。

35　关西赵公　转引自《遵义地方志编修及读志用志的渠道和方法研究》/万彩霞著/2015，65页。

36　赵文珏简历　详见《神木县志·卷六·人物·邑宦》/王致云纂修/刻本影印/凤凰出版社编选/2007，537b页。

37　重建遵义府儒学记　载《遵义府志·上》/（清）郑珍修，莫友芝纂/遵义市人民印刷厂印刷（内部发行）/1986，660—661页。

38　考棚碑记　同上，713—714页。

39　赵光荣诗作　见《江北县志稿》（上册）/江北县县志编纂委员会编纂/重庆市渝北区地方志办公室整理/2015.01，第373页。原题下注：遵义守 赵光荣 麟州。

40　请将遵义府溺职知府赵光荣等员交部议处　详见《清代吏治史料·官员管理史料·10·影印本》/线装书局/2004，5535—5536页。

郝 伟/
神木民谚中的总兵官

郝伟是清康熙年间的一位总兵官，在家乡颇有声名。我小时候看《可爱的神木》，隐约记得他的故事。《神木县志》不仅有传，还收有他的遗闻逸事。

赤脚跑去当兵的传说

郝伟出身贫寒，年幼父母双亡，和唯一的姐姐相依为命，姐姐出嫁以后，他便居无定所。他生性威猛，为人豪爽，但凡弄到点儿钱，呼朋唤友，混迹赌场酒肆。姐姐很是发愁，每次唠叨不已。这也罢了，姐夫见他无所事事，终没有了好脸相待。郝伟暗下决心，立志从戎。

一天，他前来告别，说要去山西参军。姐姐无法劝阻，便说："也好，等等你姐夫吧，让他回来给你带点儿盘缠。"但郝伟着急动身，穿了一双姐夫的旧鞋即走。少顷，姐夫回家，凑了些钱，拿了衣物，急追出城，望见郝伟，竭力吼叫。郝伟想到姐夫吝啬小气，必是来要鞋了，便将鞋脱摔在路旁，赤足快步而行，任他如何呼喊，头也没回，一直走到山西五寨。这便是神木俗谚"有奈无奈，赤脚跑到五寨"的由来。

郝伟因无武艺，充编火头军，做些担水劈柴、烧茶煮饭的事情。一次，时适开餐，敌人突杀而至。由于迎战匆促、众寡悬殊，一时难以脱围。郝伟尚未来得及吃饭，弃之不舍，找了一个铜罐，装好，系于马后，手提大刀，砍瓜切菜，左冲右突。不意热饭浇淋马身，坐骑受惊，一往无前。郝伟无法驾驭，只得使尽平生气力，猛砍狠杀。他不顾死活的架势，震慑敌人不小，很快便拼出一条血路。自是，郝伟神勇风传，膺爵进秩，一直做到云南鹤丽镇总兵官。正应了李太白名句："大人虎变愚不测，当年颇似寻常人。"[1]

让郝伟发迹的是哪一场战争

郝伟得以超拔成为传奇的那场战争，到底发生在哪一年，哪一个地方？查康熙年间计有平三藩（1673—1681）、收台湾（1681—1683）、定准噶尔（1690—1757）、退沙俄（1685—1686）等战争兵事。郝伟生于1653年，量以时地相宜，北人多不习水性，他最不可能参加收台湾。以二十岁从军算，则时在1673年。那么让他发迹的最有可能的就是平三藩与退沙俄之战事。如采刘小婷、乔艳芳合写《郝总兵的故事》说法，是和俄罗斯军队作战，倘非不次之迁，起点似晚，因1685年郝伟已32岁，仍为行伍微弁且距其从军已十二年，从把总至副将六级，最快三年一升，也需十八年至纪元1703年。但也不能排除这种可能性，容后文再详细分析。[2]

地方文献的错谬

杨文岩先生《郝总兵立功》
一文，略云：康熙四十五年
（1706），云南土司叛乱，参将郝
伟在平乱中上演了铜罐吊马尾战
术。灵感来自少年在家乡二郎山赶
庙会的一次类似的意外遭遇。郝伟
死后，朝廷特铸一尊尺余高的郝总
兵立马铜像（图2-1），马尾即吊一
饭罐。[3]

故事声口相传，或有添枝增叶
的演义，然而，郝伟发迹靠出其
不意的幸运，共衷一是，其官至总
兵，亦有史可征。据道光《神木县
志》：

图2-1 郝伟铜像／武绍文供图

郝伟，由行伍，累官云南鹤丽镇总兵。镇为滇中屏障，控制蒙
蕃，屹为要地。伟官滇二十余年，悉其风土。为总兵时，简军政、明
纪律，士卒爱戴，蛮夷詟服。康熙年，叠蒙召见，赏戴花翎，并赐诗
扇及袍帽鞍鞯等物。享年六十五岁，卒于官。御撰祭文，遣官赐祭，
赠右都督。祀乡贤。[4]

发现几次错误后，我对县志并不遽信，写作文史随笔，常抱着
"匡史书之误，补档案之缺，辅史学之证"的目的，对地方文献持有

怀疑态度。核之《康熙实录》，有几处细节，县志果然需要纠正。

郝伟官居总兵之前，一直驻防顺天府（今北京）、河北一带。康熙三十四年（1695）八月，郝伟为石匣副将马进良营下守备。[5]后马进良升古北口总兵官，三十五年（1696）九月十七日，题请郝伟以都司用，得康熙准旨（图2-2）：

郝伟，朕所素知，人材俱好，着照马进良所题补用。[6]

不久，郝伟即出任居庸路都司，康熙三十六年（1697）五月十四癸巳，上驻跸昌平州城内，他还前去朝见。三十八年（1699）十一月，上驻跸河北汤泉、汤峪等地，郝伟已升任遵化营游击，一月之内两次朝见康熙。待到四十二年（1703）十月，再次朝见康熙之时，郝伟已是真定府副将。[7]

康熙四十五年（1706）七月己亥，上驻跸布尔哈苏台昂阿地方……升直隶真定副将郝伟为云南鹤丽总兵官。[8]康熙五十六年（1717）正月辛巳，云南鹤丽总兵官郝伟以病乞休。[9]郝伟在云南鹤丽

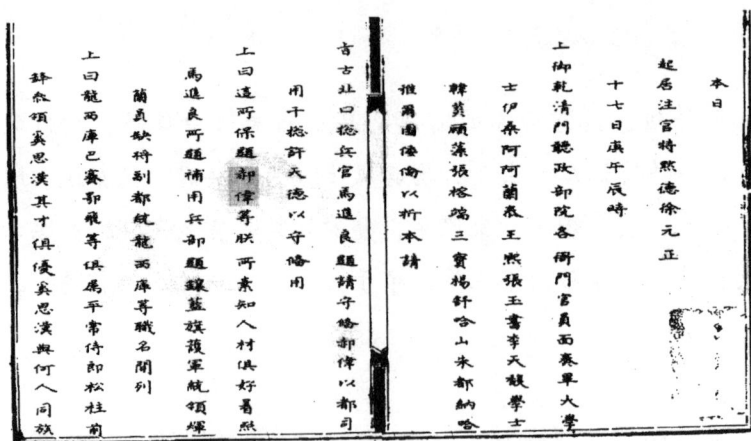

图2-2 《起居注》记载康熙评价郝伟

居官前后计十二年，一个任期三年，即做了四任总兵。

守备→都司→游击→参将→副将→总兵，根据郝伟这一路高升的官履系年可知，他均是三年一迁，如此则让他扬名立万的兵事，极有可能是退沙俄之战。

郝伟任职云南，当是位升总兵之后。始知"伟官滇二十余年"的表述，并不准确。且郝伟亦非"卒于官"，而是约死于卸任后一年。《清实录》：

> 康熙五十七年二月辛卯日（1718年3月13日），予故原任云南鹤丽总兵官郝伟祭葬如例。[10]

这与刘小婷、乔艳芳合写《郝总兵的故事》存在扞格不入之处。刘、乔文章称，郝伟身荣名就后，腐化堕落，终至畏罪吞金自杀。20世纪神木修一云渠，在东门外挖出郝伟坟墓，有碑记载其事迹。言下之意，他们所述本有所据。

信息未网络化以前，限于参考史料，谬错在所难免。县志犹如此，遑论那些捕风捉影的民间故事集了。新近出版的《话说神木》错得更加离谱。其言有一位郝总兵，睡着时，人们总看到一只老虎卧在他身边威风凛凛，解家堡修筑的"卧虎寨"就为纪念他。

卧虎寨明万历三年（1575）六月创建，郝伟顺治十年（1653）方才降生神木城关。倘此郝总兵是指郝伟，则失之千里矣。胡适说："有几分证据，说几分话。有七分证据，不能说八分话。"现在一些人信口开河，为文治学没有前贤之一丝严谨精神。[11]

刘洪杰先生所编《顺康两朝镇臣年表》为我们提供了不少便捷，可以迅即了解到郝伟的前任与后继总兵官：康熙四十五年七月庚午（1706年8月22日），云南鹤丽总兵刘廷杰休致，八月己亥（1706年9

月20日）郝伟升任。康熙五十六年正月辛巳（1717年3月8日）郝伟休致，正月甲申（1717年3月11日）赵坤升任。和郝伟一样，赵坤升任总兵之前，也在直隶，为石匣副将。[12]

康熙的两次宽宥

康熙五十年（1711），御赐云南鹤丽镇总兵郝伟诗扇一柄，诗曰：

> 罢猎归鞍早，乐施命大官。
> 分餐不畏冷，只恐夜间寒。[13]

此诗大意是，康熙狩猎回朝，召见郝伟，并赐宴。大抵时在冬日，圣明体贴，无微不照，所言餐饮住宿，关注冷暖。而且，康熙认称郝伟"大官"，其职守之重，爵位之高，略可管窥。康熙酬庸官臣以诗文，并不鲜见。五十三年（1714）直隶巡抚赵弘燮病逝，他曾作诗《挽总督赵弘燮》缅怀。[14]

康熙五十七年（1718）戊戌闰八月丙午朔，越二十二日丁卯，皇帝遣陕西布政使司布政使萨穆哈整饬榆林东路道罗景，谕祭原任云南鹤丽镇总兵官都督同知郝伟，御赐葬银四百，祭品银二十两。祭曰：

> 鞠躬尽瘁，臣子之精忠；谕恤报勤，国家之盛典。尔郝伟性行持廉，才能称职，方冀遐龄，遽闻长逝，朕用悼焉！兹颁祭葬，以慰幽魂。呜呼！宠锡重垆，庶沐匪躬之报；名垂信史，永昭不朽之荣。尔克有知，尚其歆享！[15]

温亚洲先生据赏戴花翎、赐扇、谕祭事实，整理成文《康熙皇帝宠臣郝总兵》。窃意以此而言康熙宠重郝伟，说服力单薄。除了花翎，其余只是寻常的皇帝予臣僚的优叙罢了。御撰祭文，遣官赐祭，也无甚特别，居官达到一定品级，自应有的待遇，官方照例行事而已。[16]

然而，康熙皇帝对这位行伍出身的郝总兵，的确宠眷有加：

1707年1月23日酉时，上御乾清宫……兵部为题直隶枣强县杨谷庄居民刘涵家被盗等事，拟将升任云南鹤丽总兵官督辖副将郝伟，照例于新任内，每案罚俸一年。上曰："郝伟从宽，每案免其罚俸。"[17]

郝伟已从副将升为鹤丽镇总兵，但他督辖真定尚有遗留问题，按现在的话说，属于"带病提拔"。罚俸不比降级、革职处分严重，然至于每案罚一年俸禄，可见郝伟失职不轻，如此惩处并非兵部随意裁断，而是因援惯例。康熙金口玉言，免追其咎，真够宽大。

五十二年二月春分（1713年3月21日），上谕九卿科道等，将直隶各省提镇官员贤否公举具奏。时御史郑悺，保举山东登州总兵官李雄。御史段曦，保举云南鹤丽总兵官郝伟。嗣因通政使司参议陈汝咸、兵部侍郎宋骏业，言李雄、郝伟，居官不职。郑悺等将注出保举字样复行抹去。至是，九卿等奏，郑悺、段曦应交部议处。上曰：郑悺、段曦，有玷言职，着革退。[18]

这次，郝伟遭到两位朝中大臣弹劾，保举者段曦知事态严重，想与之撇清关系，试图毁灭证据。康熙处理的结果出人意料。毫不留情地将御史段曦革职，而不损郝伟本人丝毫，俾其官帽仍安然无事地一直戴到1717年，因老病而倦勤解职。

图2-3 《万寿盛典》插图

出席万寿盛典

康熙五十二年（1713）三月十八日，玄烨六十寿辰，万民尽皆齐集，各省将军、督抚、提镇诸臣先期纷纷疏请陛见庆祝，郝伟作为其中24位奉旨来京大臣之一，参加了典礼庆祝仪式（图2-3）。

他们先觐见直隶巡抚与总兵官，具届圣节，方才赴阙与在廷诸臣，随班叩祝拜舞，不胜踊跃忭忻。康熙皇帝亲临赐宴，尤令他们难忘。

三月二十二日己亥，上召入觐大臣，赐宴于畅春园内苑。上御楼临观，命诸王传觞，并赐克食、果品、衣帽、靴袜、石砚等物有差，随谕各回本任。[19]

这次皇家盛宴，让出席的文武各官大开眼界，纷纷表示"天厨珍物、楼阁山水，人世稀见"。令他们"更出望外"的是，皇子执盏授酒。真真"御园赏花赐宴，湛露洪恩，其宴飨之隆，赏赉之渥，亘古罕有"。

除西安左翼满洲副都督索柱、杭州满洲副都督道服色、杭州汉军副都督李如松三人外，其余诸臣回署，无不上疏谢恩，表达对康熙皇帝的仁德、福寿、文治武功的赞扬，以及自己蒙恩参加旷典的感激之情。

这些写给康熙的奏章谨守严格的平阙仪轨。凡遇"皇上""圣恩""天颜"等词语，均更端另起一行，以示尊敬；每写到"臣"字则皆缩小半格，以示卑微。内容则无一例外地逐日细述在京所得恩赐礼物，千篇一律地矢誓竭力效顺康熙与大清帝国。其中，有人提到陛辞，恭请圣训，康熙惟令"恪守定例，绥靖地方，保养身体，长远效力"。还有人从皇上赏赐松子、端砚的恩宠中解读出圣心用意：谨守清操，方正处世。也有人于回任时恭设香案，率领全家老少望阙叩感（表2-1）。[20]

表2-1 奉旨来京各省将军、督抚、提镇参加万寿盛典回署谢恩疏概括[21]

姓 名	官 职	恩 赐	特别之处	
席柱	镇守西安等处将军世袭拖沙哈喇番	1.黄系火镰包 2.衣帽鞋袜	恭请圣训	恭设香案率领全家望阙谢恩
达尔占	镇守荆州等处将军	1.御用线缨凉帽 2.袍褂鞋袜 3.火镰包	1.子蒙特放蓝翎 2.嘱咐赡养身体，以保余年，久远出力	同上
马三奇	镇海将军世袭一等侯又一拖沙哈喇番加六级	1.天龙驹 2.袍帽鞋袜 3.端砚一方 4.珍品二十种	1.跪请圣训 2.赉送镇海将军银印一颗，令箭十二杆	设香案叩首
祖良璧	镇守福州等处地方兼管绿旗都统将军世袭一等精奇呢哈番加二级	1.线缨凉帽 2.五爪龙缎袍鞋袜 3.彩漆匣夔龙池端砚 4.千哈密瓜、鹿肉条、鱼条、细鳞鱼、蜜饯果品、榛子、松子		

续表

姓　名	官　职	恩　赐	特别之处	
赵世显	兵部右侍郎兼都察院右副都御史总督河道提督军务加五级	1.线缨凉帽 2.五爪龙缎袍鞋袜 3.御砚一方 4.哈密瓜、干鹿肉条等二十样		
鄂海	总督四川陕西等处地方军务监理粮饷兵部右侍郎兼都察院右副都御史	蟒缎袍褂		
赵弘燮	巡抚直隶等处地方管辖紫荆密云等关隘赞理军务监理粮饷都察院右副都御史世袭一等精奇呢哈番加九级	1.御马一匹 2.亲射兔子一只、榛子松子、蜜饯山楂等物 3.御用龙袍龙褂、貂帽鞋袜 4.御砚一方 5.榛松子、哈密瓜、干鹿肉条等二十样		
岳拜	巡抚甘肃宁夏临巩等处地方赞理军务监理茶马都察院右副都御史加二级	1.亲射兔子一只 2.貂帽袍褂鞋袜 3.彩漆匣卧蚕边天鸡池砚一方 4.细鳞鱼、鹿肉条、蜜饯梨等	将所赐天厨珍物荐之祖先，分食文武各官	
师懿德	提督江南等处地方总兵官	1.凉帽、团龙袍、鞋袜 2.宝砚一函		
吴郡	提督浙江等处地方总兵官左都督加三级降二级留任戴罪图功	1.寿桃 2.五爪龙袍、帽、靴子、龙袜 3.博古池砚	子把总吴兴送监读书	
张文焕	提督贵州总兵官都督金事加一级	1.御马 2.哈密瓜、松子榛子、图衣合特食 3.御射兔一只 4.貂帽，团龙缎褂、云龙缎袍、缎靴、缎袜 5.异兽绿端砚一方		
刘官统	西安右翼汉军副都统世袭拖沙哈喇番加一级		为母恩请御书，蒙赐"北堂眉寿"匾额，准省母	
马进良	提督管古北口等处地方总兵官都督同知	1.松子 2.端砚		

续表

姓　名	官　职	恩　赐	特别之处	
司九经	镇守宣化等处地方副将管总兵官事	郊兔	接驾时命拉弓扈从	赐踝能足颁于其寓所 春园因痛未能往 畅宴忽前发所
杜呈泗	镇守直隶天津等处地方总兵官都督佥事	1.线结圆顶海龙帽、双龙捧寿袍、挂金织龙袜、缎靴 2.鸢飞鱼跃宝砚一方 3.食物果品二十色		恭设香案率领全家老幼望阙谢恩
马见伯	镇守山西太原等处地方副将管总兵官事	1.御马 2.松子、榛子、蜜饯、山楂、图衣哈特 3.鲜兔 4.海龙皮帽、万寿无疆缎袍、四团龙缎褂、五爪龙缎袜、缎靴		
张自兴	镇守山西大同等处地方副将管总兵官事	赐翎子		
范时捷	镇守陕西宁夏等处挂印总兵官都督同知	章服	蒙召见垂问祖孙父子、伯叔兄弟	
杨　铸	镇守河南南阳等处地方副将管总兵官事世袭三等阿达哈哈番	1.亲射兔子 2.雀翎顶戴		
许　凤	镇守福建漳州等处地方总兵官左都督	赐翎子	赍送钦颁关防一颗，王命旗牌五面杆	恭设香案望阙叩谢
郝　伟	镇守云南鹤丽等处地方总兵官	1.赐翎子 2.赐寿桃玉食 3.海龙皮帽，团龙袍，挂靴袜	问弓箭	

抑是郝伟生性方鲠，我们看到的《镇守云南鹤丽等处地方总兵官臣郝伟谨奏为恭谢天恩事》（图2-4），简短洗练，没有过多的虚饰文辞。

窃臣西鄙庸愚，滥膺边镇，因久离阙廷，犬马恋切忻。逢我皇上六旬大庆，仰吁圣慈叩祝万寿。荷蒙谕旨，准臣来京，臣钦遵就道，于本年三月初十日，赴畅春园恭请圣安。十二日，瞻觐，天颜霁悦，问臣弓箭，当经奏对。十五日，蒙特恩钦赐翎子。十七日，臣随文武诸臣跪迎辇辂，蒙赐寿桃玉食。十八日，万寿圣节，得随在廷诸臣叩祝庆贺。二十二日，蒙赐筵宴，珍馐玉露，香生齿颊，霑饫天恩，实深感刻。复蒙特赐海龙皮帽、团龙袍褂、靴袜。臣不知夙世何修，乃得邀此旷典。臣清夜思维，阖家久蒙我皇上豢养之恩，今又叨此异数，不独臣一身之荣，真上及祖宗下逮妻子。臣受兹高厚隆恩，即捐糜顶踵，何能图报！惟有恪遵圣训，勤练兵马，正己率属，仰报皇恩于万一尔，为此具本，谨具题知。[22]

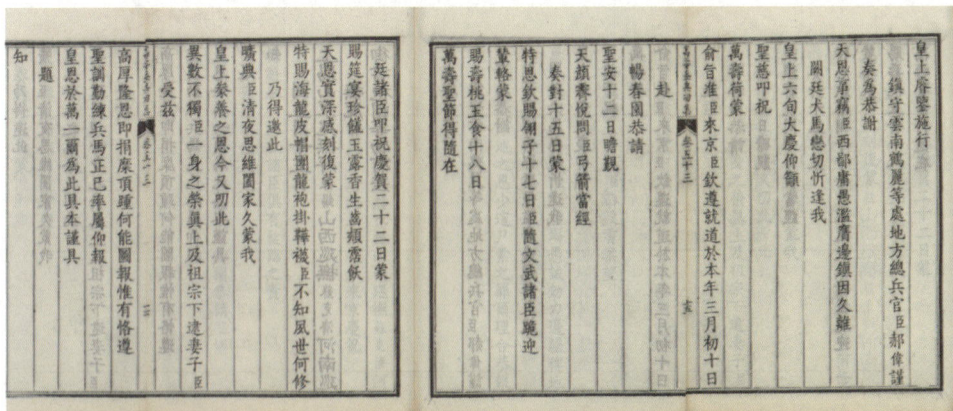

图2-4 《万寿盛典》载郝伟谢恩疏

这次经康熙亲问郝伟武略将才，或是不久前他遭致弹劾的结果，皇帝因此细加考察，看他是否年老体衰不堪胜任。

因何迭被优待

作为武职外官，郝伟长期镇守边疆，平时少有机会瞻仰龙颜。那么这种信任是怎么建立的呢？

郝伟整军经武有方，战功显赫，且在送部引见与陛见等活动中，表现卓异，颇得康熙皇帝的好感。另外，1697年康熙亲征噶尔丹，行次神木，其风土民情给他留下了深刻的印象：

朕自渡河以来，历府谷县、神木县等处，将近榆林。凡陕西地方，山川形势又是一种别样景致，也有好处，亦有不堪处。所以好处者，风俗淳厚，人心似古，水土好，人无杂病，食物亦多，山上有松树柏树，远看可以看得；若说不堪处，凡城堡都在破墟边，作洞居住，岭不成岭，道不成道，可笑之极矣。……初四日，驻跸神木县，申时，噶尔但（即噶尔丹）贼子到了大营，满汉文武军民人等，无不踊跃欢喜，可见"乱臣贼子，人人得而诛之"之语，岂偶然哉？……朕在神木，得土物、点心二种，送到延禧宫、翊神宫去，看看笑笑，恭进神木白面一匣。请安。[23]

其次，康熙帝对神木的战略地位看得十分重要。康熙三十九年（1700）三月，陕西巡抚贝和诺疏言，汉兴道所辖地方，界连楚蜀，幅员辽阔，今缺员，将议裁神木道李杰，就近调补汉兴道，即将神木道归并榆林道兼理。谁知，奏章递送到康熙那里，龙颜不悦，谕令：

神木地方，朕前统领大兵经过，亲见田亩瘠薄，人民稀少，最为寒苦。然逼近蒙古，实属要地。该抚具题请裁神木道缺，今又将李杰题补汉兴道，明系专为李杰规避见缺，希调善地，且李杰向任西安知府，并无善状，著将该抚及李杰一并严加议处具奏。[24]

再则，康熙十分注重抚恤干城将士。他首度御驾亲征噶尔丹，自言：

于各处行伍中效力之人，朕常唤来与之谈论……或召前将士之后，亲赐酒饮。在校场练习射箭之时，朕常暗记个中翘楚，召之于朕跟前再行演练，垂问是否有先人、亲戚殁于征战，倘有，朕旋即拔擢。[25]

所以，得遇如此明君，像郝伟这样的真正的骁勇猛士，自然不会长久湮没不彰。

1717年正月二十五日庚辰，当康熙皇帝接到郝伟以老病乞骸一疏，颇感惋惜与不舍，曾降温旨挽留：

郝伟，好汉仗，甚效力，曾随朕亲征，俟有提督缺出，尚欲补授。[26]

其他零星的记载

康熙四十五年（1706）十月，敕副将郝伟：

兹特命尔充镇守云南鹤丽等处总兵官。驻扎鹤庆府，镇守剑川州、丽江府，控制鹤丽各土司。管辖东至北胜州界，南至大理邓川州界，西至永昌府界，北至蒙古地方界，兼辖剑川各营副将大小将领，及土司守御等官，俱照题定事例管辖。尔须操练兵马，振扬威武，申明纪律，抚恤士卒，严明斥堠，防遏奸究，修浚城池，缮治器械，相度地势险易，控制要害处所，责成该汛弁兵，力图保障，各营额兵，务选补精强，毋容积猾老弱縻饷。一应本折粮饷，听该管衙门给发。所部官丁，必须严加钤束，秋毫未犯，使兵民相安，不得借打草放马为名，骚扰农业！如遇寇警，即统兵勠力剿捕，不得观望，致误军机，倘贼势重大，飞报云贵总督、云南巡抚、提督，发兵合剿，务尽根株，毋使滋蔓。本省邻壤有警，星驰赴援，不得自分彼此，失误机宜！如有贼众投诚，察其实心向化，即与安插。如招抚事体重大，即申报云贵总督，云南巡抚、提督，奏请定夺。尔仍听云贵总督、云南提督节制。所属副将以下，听尔节制，千把总以下，如有临阵退缩，杀良冒功，乘机抢掠，侵饷肥己者，会同云贵总督，云南巡抚、提督，以军法从事。敕中开载未尽事宜，皆申报云贵总督，云南巡抚、提督参酌施行。一应钱粮词讼、民事，俱系有司职掌，不得干预。文官迟误粮饷及隐匿贼情不报者，尔移会巡抚指参，从重治罪。尔受兹委任，须持廉秉公，殚力奋勇，歼寇固围，斯称厥职。如或贪黩乖张，因循怠忽，纵寇殃民，贻误封疆，国宪具存。尔其慎之！故谕。[27]

类似的敕谕，也常见于其他地方志，细无巨细的谆谆教导，与如有不从的警诫意味，只是官方例行具文，没有多少实质内涵，并不能佐证康熙之重爱郝伟，因有一定的史料价值，援引于此，方便读者进行相关了解。

云南大理鹤庆县水硐寺内，立有康熙五十六年（1717）的《重开水硐记》碑，文由鹤庆府知府孟以炯撰写。漾河河道因泥沙淤积，"隐灭泄水石穴近百余孔……每当横流暴至，受灌我城郭……使今不理，将来者而为渊且不可郡，是谁之咎？于是，商其事与总镇郝公（作者注：郝伟）。公甚善，乃各捐俸……估余孔，泄淫潦，伏流百二十里入金沙，东注于海，而耕者、居者得免于沼"。碑文最后详细列举了捐俸兴建的各级官吏59人的名字，"镇守云南鹤庆丽江等处地方控制汉土官兵总兵官郝伟"名列首位[28]。

此种地方长官捐俸兴修水利设施的现象存在于清代各个时期，且苗疆处处皆有。因此，它已不再是衡量官员个人道德品质的一个标准，而是清代苗疆官方解决水利经费的一种制度。

郝伟葬于神木城东郊九龙山之前，为其所立牌楼"麟阁著勋坊"，时间地点均不详。除前述传闻故事，郝伟副将之前事迹，不见经传，杳无可稽。[29]

【注释】

1　郝伟故事　参见《可爱的神木》/蔡保平主编/陕西人民出版社/1994，21—23页。有奈无奈，赤脚跑到五寨　见《神木县志》/杨和春主编/经济日报出版社/1990，618—619页。此处由笔者缩写，多有润色加工成分。

2　刘小婷、乔艳芳文章　载《黄土文化》/神木黄土文化学会编/2011/第3期，56页。

3　郝总兵立功　详见《神府煤田故事集》/杨文岩著/陕西人民出版社/1991，74—78页。拙文刊神木《黄土文化》杂志后，杨文岩老先生提了诸多建议，兹特致谢。

4　郝伟传略　见道光《神木县志·卷六·人物》/王致云纂修/刻本影印/凤凰出版社编选/2007，545a页。

5　时任马进良营下守备的郝伟朝见康熙　见清代历朝起居注合集/清圣祖/卷三十一/康熙三十四年八月/初五日甲午。

6　马进良题补郝伟以都司用　见清代历朝起居注合集/清圣祖/卷三十三/康熙三十五年九月/十七日庚午辰时。

7　朝见康熙　关于居庸路都司郝伟朝见康熙　见清代历朝起居注合集/清圣祖/卷三十五/康熙三十六年五月/十四日癸巳。关于遵化营游击郝伟朝见康熙　见清代历朝起居注合集/清圣祖/卷三十九/康熙三十八年十一月/十九日癸丑，二十九日癸亥；清代历朝起居注合集/清圣祖/卷四十一/康熙四十年十一月/二十八日辛亥。关于真定府副将郝伟朝见康熙　见清代历朝起居注合集/清圣祖/卷四十三/康熙四十二年十月/十八日庚寅。

8　郝伟升任总兵　见清实录/大清圣祖仁皇帝实录/卷之二百二十六/康熙四十五年七月至九月。

9　郝伟乞休　见清实录/大清圣祖仁皇帝实录/卷之二百七十一/康熙五十六年正月至三月。

10 祭葬郝伟　见清实录/大清圣祖仁皇帝实录/卷之二百七十七/康熙五十七年正月至二月。

11 卧虎寨与郝总兵　见《话说神木·上》/陕西人民出版社/2015，24页。关于卧虎寨 寨墙东门门额有万历三年三月张守中书"卧虎寨"三字，说明其时卧虎寨已经创建。

12 郝伟的前任与后继者　见《顺康两朝镇臣年表》，载刘洪杰中央民族大学硕士学位论文《顺康两朝的提镇》/学校代码:10052/学号:s03254/指导老师姚念慈教授/2006年5月，49—198页。关于郝伟升任时间　见《顺康两朝镇臣年表》，170页。关于郝伟休致时间 同上，189页。

13 康熙赐扇郝伟并题诗　见道光《神木县志·艺文志·上》/王致云纂修/刻本影印/凤凰出版社编选/2007，562a页。

14 挽总督赵弘燮　见《康熙诗选》/卜维义、孙丕任主编/春风文艺出版社/1984。诗云：四十余年抚近京，旗民称善政和平。保全终始君恩重，奄逝悲凉众涕盈。不畏习顽持法纪，久司锁钥务精明。官方仍在归泉壤，节钺空悬揽辔情。

15 谕祭　道光《神木县志·艺文志·上》/王致云纂修/刻本影印/凤凰出版社编选/2007，562a页。县志谕祭时间丁卯明确，令人费解的是竟与实录相隔半年。

16 温亚洲写郝伟　见温亚洲新浪博客http://blog.sina.com.cn/s/blog_7256947c0100vouf.html，最后访问日期2017/6/26。关于花翎　按《清会典》，官员帽顶后所缀翎枝，分孔雀翎和鹖鹭翎两种。孔雀翎即"花翎"，鹖鹭翎则为"蓝翎"。蓝翎用以区别身份，花翎则象征荣耀与地位。花翎有单眼、双眼、三眼之分，眼越多越尊贵。各省巡抚兼提督衔者，例戴花翎，而绿营提督反例无花翎。在清代中叶以前，能在帽顶后拖一根花翎，如非地位崇高，即系皇帝特赐。详见苏同炳著《书蠹余谈》/故宫出版社/2013，11—13页。

17 免罚郝伟　见清代历朝起居注合集/清圣祖/卷四十五/康熙四十五年十二月/二十日丁未，也见于《陈廷敬史实年志》/卫庆怀编著/山西出版集团，山西人民出版社/2009，463—465页。清代历朝起居注合集/清圣祖/卷四十八/康熙五十二年二月/二十五日癸酉，亦记有此事，原文如下：九卿遵旨将提镇官员贤否举出，御史郑恂业已保举山东登州总兵官李雄不生事，因通政司右参议陈汝咸有李雄行伍隳坏之语，郑恂即将保举李雄字迹涂去。御史段曦业已保举云南鹤庆总兵官郝伟不生事，因兵部侍郎宋骏业有鹤庆总兵官标下右营游击吴正国因侵克兵饷自缢一案，兵部驳回二次在刑部结案之语，段曦即将保举郝伟字迹涂去。俱属不合，应将郑恂、段曦交与该部察议等因，照例将郑恂、段曦罚俸六个月一疏。上曰，郑恂、段曦俱任言责，既举其人，又因他人一言即行涂去，殊属溺职，俱着革退。

18 纠参郝伟　见《清实录·康熙朝实录》，也见于《中华监察执纪执法大典·第二卷》/彭勃主编/中国方正出版社，484页。

19 玄烨六十寿辰典礼 见《万寿盛典初集·五十二卷》/哈佛大学燕京图书馆珍藏/清康熙五十六年（1717）内府刻本pdf电子版，462b—465b页。关于觐见日程 见《万寿盛典初集·五十二卷·庆祝四》，大臣入觐一、二，462b—520b页。关于赐宴畅春园 同上，465页。《万寿盛典》为赵良栋长子赵宏灿与次子赵宏燮以及赵宏灿之子赵之垣出资刊印，记述清圣祖六十寿辰庆典。详见《清代名人传略》/[美]恒慕义主编/中国人民大学清史研究所《清史名人传略》翻译组译/青海人民出版社/1995，406—408页赵良栋词条。

20 谢恩疏的大略内容 见《万寿盛典初集·五十二卷·庆祝四》，大臣入觐一、二，462b—520b页，诸提镇谢恩疏。

21 表2-1根据《万寿盛典初集·五十二卷·庆祝四》，大臣入觐一、二，462b—520b页，诸提镇谢恩疏制作。

22 郝伟谢恩折子 见《万寿盛典初集·五十二卷·庆祝四·大臣入觐二》，507b—509a页。

23 康熙在神木 详见《康熙：重构一位中国皇帝的内心世界》/史景迁著/广西师范大学出版社/2011，168页；《清代档案史料选编·1》/上海书店出版社编/上海书店出版社/2010，663页。

24 康熙评价神木 见《清朝圣祖朝实录蒙古史史料抄·下》/齐木德道尔吉，黑龙，宝山等编/内蒙古大学出版社/2003，第886页；也见于《满汉名臣传·贝和诺列传》/黑龙江人民出版社/1991，718页。

25 康熙自述 见《康熙：重构一位中国皇帝的内心世界》，28—29页，转引自《圣祖西巡日录》。

26 康熙不舍郝伟 见清代历朝起居注合集/清圣祖/卷五十三/康熙五十六年正月/二十五日庚辰未时。原文如下：兵部侍郎仍在学士处行查弼纳、学士常鼐以折本请旨覆请吏部所题云南总兵官郝伟以老病乞休一疏，上曰：郝伟汉仗好，甚効力，曾随朕出征，俟有提督缺出，尚欲补授，将温旨写入票签。

27 谕敕 道光《神木县志·卷七·艺文志上》/王致云纂修/刻本影印/凤凰出版社编选/2007，561b—562a页。

28 重开水峒记 见《白族社会历史调查·4》/云南省编辑组/民族出版社/2009，92—93页。

29 郝伟身后与封赠 关于墓冢位置 见道光《神木县志·卷二·地理志下》/王致云纂修/刻本影印/凤凰出版社编选/2007，561b—562a页。关于麟阁著勋坊 同上，500b页，57页。关于封赠 同上，546a页，133页。

王赐均/

不负苍天不负民

乾隆三十三年（1768），陕甘乡试录取了一位颇有才具的文科举人：

王赐均，字桐封，由举人任甘肃镇番县知县，升秦州知州。时当河州逆回之变，督帅驻秦，委办粮台无缺误。历升庆阳、宁夏知府，告归，卒年八十一。赐均为人刚直，而惠待桑梓，在任时命弟赐垲，捐廉银一千两，倡建兴文书院。乾隆四十八年，岁歉，复捐银千两，里人至今称之。尤工书法，有临争座位及书谱，镂板行世。[1]

道光《神木县志》中的这段记载，交代了王赐均的出身、仕途履历，性格品行以及兴趣特长，基本涵盖了他的生平大略，为进一步了解王赐均（图3-1）提供了清晰而重要的线索。

图3-1 王赐均画像

书艺推重折必宏

王赐均转益多师，除了受教于神木乡贤张名世以外，在书法上还求教隐逸折必宏。[2]《中国美术大辞典》是这样介绍这位师表的：

折必宏，清代书法家。武学生员。凡名家帖无不临摹，都中评其墨迹为关北第一。

折必宏生性恬淡，无心仕进，与一般的武生形象颇不吻合。他文武并重兼修，屏居课字，凡是名家碑帖，无不心慕手追。几十年如一日，终于取得了极大造就，名满陕北，书传塞外。求字的人，一天多过一天。

相传，折必宏最爱为人题写以下一首诗：

贫莫忧愁富莫夸，谁是常贫久富家。
阿房贵卿今不见，比富斗权两晋垮。
草木经秋黄叶落，每遇春来又发芽。
皇觉寺里乞食儿，大明开国帝中华。[3]

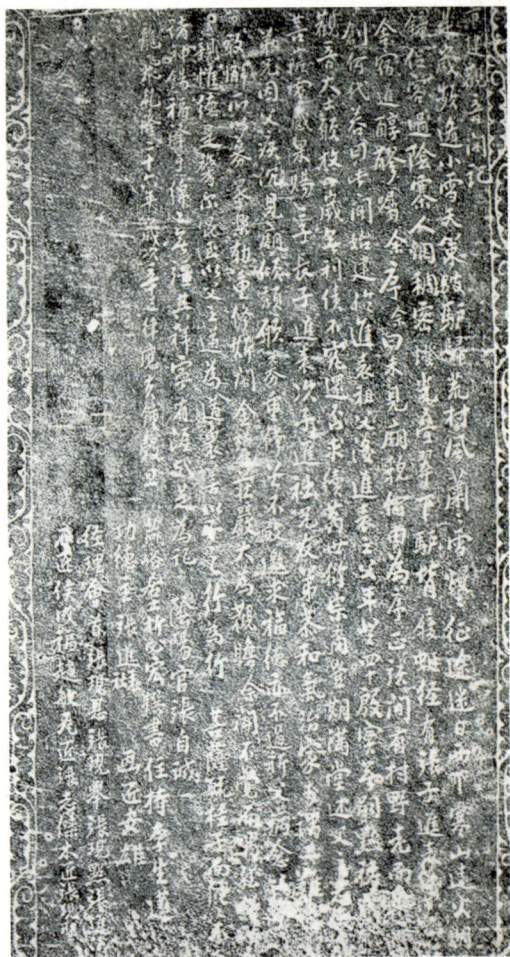

图3-2 折必宏书法碑刻拓片

罕于接物的折必宏，之所以能在更广的范围内名动一时、见重于世，实有赖于"邑人知府王赐均"。[4]

王赐均将折必宏的作品携带在身，逢人说项，四处推广。于是，折必宏的书法很快为文化名流所熟知并获得了高度的认可与评价。道光年间，折必宏的墨迹遗存尚多，城治内外祠宇中，均留有石刻。可惜，时至今日，大多已流失毁坏，要想欣赏瞻观，已经很难。今所见其碑刻拓印（图3-2），由于风蚀雨淋，文字业已漶漫模糊。

折必宏晚年设席，王赐均拜其门下，经受点拨与熏陶，不久声名隆起，并驾其师，影响极为深远，以致二百年以降，时与于右任、李棠齐名，并称"陕西书坛三杰"的王雪樵，初至京都，便是打着王赐均后裔的名号。

王赐均所临摹颜真卿《争座位帖》和孙过庭《书谱》（图3-3），均有刊印发行。时长年久，这些真迹，几经战乱兵燹，多已散落。1989年，张希纲先生为《神木文史》撰文，自述亲到王赐均后人王腊民家中欣赏过王赐均的翰墨妙笔。[5]

2015年，山东德州经伟拍卖有限公司发布了一条拍品信息：

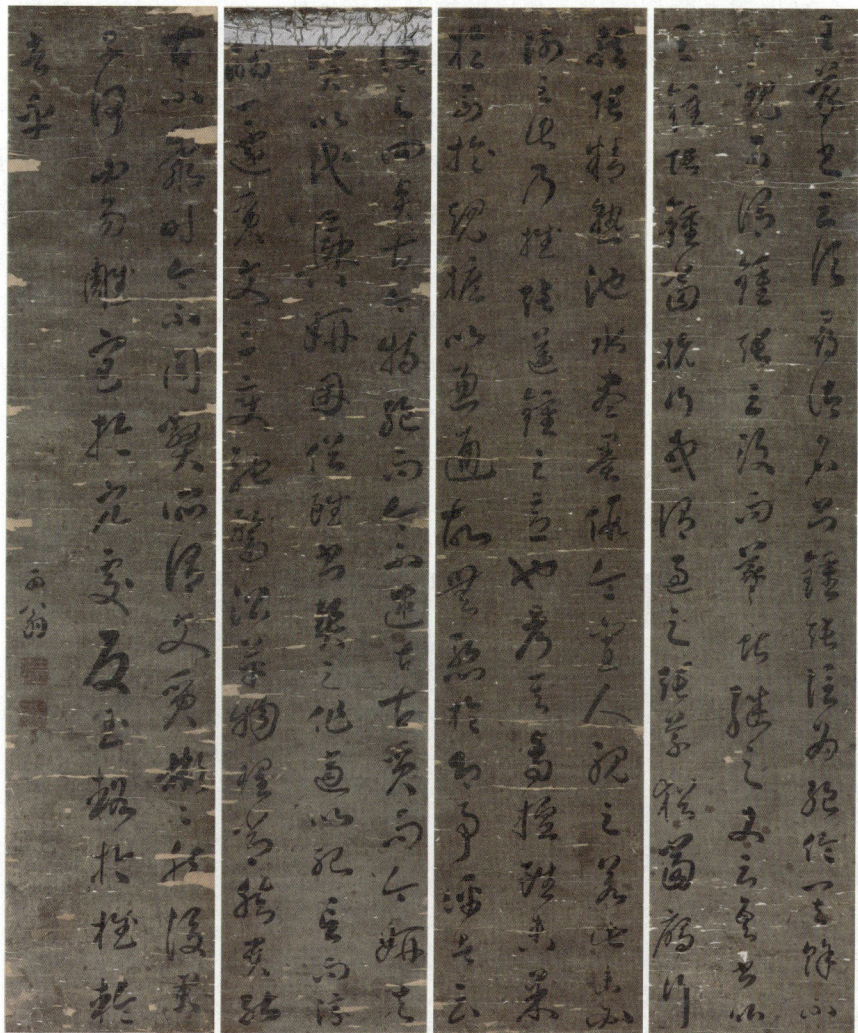

图3-3 王赐均临摹《书谱》 纸本 四条屏 25cm×123cm/屏

拍品名称：王赐均草书 乌金拓本八条幅

开拍时间：2015年10月18日（星期日）上午9:00开始（无底价专场时间顺延）

年　　代：旧拓本

起拍价：￥5000.00

这说明王赐均的墨宝在民间依然流传存在。尽管，拍品信息展示的是其中一个条幅的局部，但其苍劲飘逸的风采尽显无余。[6]

2017年8月11日，笔者有幸在西安一位藏家那里观瞻王赐均手书《书谱》真迹。另外，在甘肃天水伏羲庙，也可以见到王赐均的手泽。嘉庆十年（1805），由他题书的"文明肇启"匾额，至今仍高悬于伏羲庙先天殿内神龛上方。

众所周知，伏羲是泱泱华夏文明的开创者。匾额"文明肇启"（图3-4）是王赐均对伏羲巨大历史贡献的高度赞颂！意为：伏羲是人文始祖，是人类开始步入文明时代的领路人与奠基者。

图3-4 王赐均题伏羲庙匾额

伏羲庙碑记中的德政

甘肃地方志，对王赐均官履生涯写得尤为详细：

王赐均，字桐封，一说字台斋，举人，陕西神木人。乾隆四十六年（1781）冬，选授甘肃镇番县（今民勤县）知县，六十年（1795），知静宁州事。嘉庆二年到十二年（1797—1807）任秦州知州。嘉庆十一年（1806）冬，授宁夏府知府，十二年（1807）秋到任。[7]

王赐均在任期间，为辖区民众做了大量实实在在的工作，起先黔黎百姓对此并没有明确的认识。

嘉庆二年（1797），陕西神木王赐均，任秦州知州。次年，川楚白莲教起义军经陕西汉中、双石铺转战秦州南境。嘉庆五年至六年（1800—1801），起义军势力更加盛炽，杨开甲、张士龙等部流动作战，直入清水、伏羌、宁远、礼县等地，直接威胁秦州州城。王惊慌失措，动员绅民修堡筑寨，日夜警戒，并捐俸银加固伏羲城城垣，建修东关新城，与大城联接。由于秦州城池高深，加之各路清兵重点防御，起义军始终没有围攻秦州，并于嘉庆七年（1802）退出州境。于是，州人传言，人宗爷显灵。[8]

嘉庆十二年（1807），邹曹纯撰《朝议大夫升任宁夏府知府直隶秦州知州王公重修伏羲庙碑记》，叙王赐均在秦州任上政绩最详。邹在推重王的同时也谴责了州人的暗昧："民之愚者，不以为公之功，竟为伏羲氏之力也！"兹录碑文如下：

秦州，古成纪也。昔者，伏羲氏实生此州，故州北有卦台山，州西有伏羲城，为立庙祀焉。明嘉靖中重修之，康对山修撰记其事。迄今三百余年，渐以倾颓剥落，起而修之，非有大造于此州，而能为人人之所不能者，弗克举。

嘉庆二年，我公祖神木王公来守兹土，即为吾民兴利除害，修废举坠，成民而致力于神。未及一载，值川、楚贼匪窜州境，蔓延五六年间，贼势猖獗，蹂躏四境，百姓奔窜逃匿，无不受其害者。公捐廉俸，筑西郭伏羲城数百丈，民赖以庇而庙亦不毁于兵火。民之愚者，不以为公之功，竟为伏羲氏之力也。

公又为民修堡寨，纠乡勇，铸铳炮，严警逻，贼不敢逼，而民始稍定。当此之时，公内则桢干舂揭□□之具，自州城附郭，以及属县远镇无虚处。外则糗粮刍荛夫马之需，自大帅总镇以及诸戍师无虚日。公又总理粮台，飞刍挽粟，羽书旁午，乃倡捐千金，付生监筑西城。复念城东居民，无所障蔽，被兵日危，复捐资筑东关新城。因旧基西拓数百丈，结连大城，长于伏羲城等。东郊之民，有所依赖，贼至不惧。然则伏羲氏真能庇吾民而假手我公以为之者耶？方是时也，公日夜以修城筑堡，严戒□之备为急，又履行四乡及各属县，稽查远近难民被焚掠及受杀害者，详请抚恤，按口给粮存济，故于修庙弗暇也。

嘉庆六年，秦州大饥。公据情申请，蒙上天恩，发廪七万，秋冬之间，民赖以苏。比春，赤贫户民又复嗷嗷，公乃私设粥厂。谓饥民聚于一处则疫生，且道远，故在城侧东西关分设男女厂，□处在乡□。东路之马跑泉、街子镇；南路之天水镇、娘娘坝；西路之三十里铺、关子镇；北路之石佛镇、雷王集。四面各设粥厂，每厂日食数千人。至四月初十日乃止。三月之久，全活无算。

至嘉庆八年，贼匪渐平。而公以劳于民事，须发为之颁白矣。

明年，公首蒙卓异，侧应陛见，而岁复歉收。士民请于大吏，求留公以济民命，卒不可得。公卸篆后，复分途中资斧费于东西两关，设男女粥厂二处，自冬徂春，民赖以活。公乃轻装倍道，驰赴京师。六月，公还。民夹道欢迎者，百余里不绝。盖之死而生之，之亡而存之，民胥戴德若父母矣。

公□喜吾民之复苏而乐其生也，于是始有营造之举焉。重禋祀则建立文昌宫，祷雨泽则重修龙王庙，备灾患则重修火神庙。前后设厂，建造费逾万金，民不与焉。又念伏羲生于此州，为万古文明之祖，城粗完整则庙不可以不修也。故自十年三月鸠工缮修大殿，公自捐钱三百万，银六百两，并所积罚锾共银一千一百两。又不足用，乃遇绅士石作环等老成练达者董其事，募之民间，复得两千余金。十二年五月，功乃告竣。计建正殿九楹，补葺两庑十楹，碑亭六所，钟鼓楼各一，头门五楹，二门五楹，向□□□东西牌楼□□。垣墉户牖，丹臒雕饰，巩固宏敞。自门阙以逮两庑，规模肃如也。

夫庙社城郭之兴废，足以觇都邑之盛衰、政俗之隆替。公能不鄙夷吾民而养之教之，安危祸福与民共之，饥不忍独饱，寒不忍独温。而又以其余力与民修残补废，宜乎人人有桐乡之爱，叔度之歌矣。而余独念公十余年来，兵燹艰难，薄书鞅掌之余，不殚劳瘁，不□资费，以鸠此功，所以培植吾州者，其意甚厚。所愿吾州人士，追皇古之淳风，戒沃土之骄淫。安不忘危，患思有备，男耕女织，风淳俗美。鬼神降福，三时不害。于以崇明祀□，甚盛事也。自今以往，承国家休养生息之泽，以至于亿万年，正未有艾，其亦公厚爱吾民之意也。

夫公于嘉庆十一年冬授宁夏府知府，十二年秋乃之任。州人士因庙之落成，述其事，请余略记颠末，勒石以志不忘。

文林郎庚子科经元候铨知县借补西和儒学训导郡人邹曹纯 敬撰

文林郎丙午科举人候铨知县借补陇州儒学学正郡人张烈 敬书

嘉庆十二年岁次丁卯秋七月谷旦阖州绅庶 立石[9]

甘肃天水伏羲庙始建于明成化十九年（1483），是国内最具影响力的专祭中华人文始祖伏羲氏的宗庙式建筑群。作为祭祖祖庙，其历次维修都有碑文记载。嘉庆年间立石除与庙内现存其他记事碑一样，遵循惯例介绍修缮缘起与经过以外，还精细记述了嘉庆二年至十一年（1797—1806）王赐钧任秦州知州近十年来的工作。[10]

碑记撰文邹曹纯，秦州（天水）人，乾隆四十五年（1780）经元，也就是说，他的乡试成绩相当优异，介于第2至第5名之间。仕宦熙攘，官道拥挤，他名为候补知县，却只能降格使用，所谓"借补西和儒学训导"。借补即指候补官员因本职额满，暂以高品之官衔补低品之缺。《清史稿》："……本职补官，终身无望，于是定借补之法。"[11]可见邹曹纯的候铨知县，大抵不过是一个空头支票，要等到兑现，只能俟河之清了。

儒学训导执管教育，为地方儒学最高权威，享有隆盛的学术声望。邹曹纯为祖庙维修之事撰文记事，在总计1189字的行文中，竟用700余字记述王赐钧主持修庙前的执政情况。以修庙之事为题，详及官员事迹，并为之立传刊碑，在伏羲庙历次维修碑记中仅见无二。

名副其实的父母官

邹曹纯事无巨细地记录了王赐钧秦州知州任内的各项重要工作。通过他所撰写的碑记，我们了解到，王赐均嘉庆二年（1797）上任知州，接手的是一个烫手山芋，所面对的是"贼势猖獗，蹂躏四境，百姓奔窜逃匿，无不受其害"的施政环境。为了防止川蜀白莲教犯境扰民，他先后"捐廉俸"修筑伏羲城，"纠乡勇，铸铳炮，严警逻……又总理粮台，倡捐千金命人监筑西城、东关新城。因旧基西拓数百丈，接连大城，长于伏羲城等"。

白莲教犯秦州，和王赐均的朋友张文奇不无关系。张文奇时为河北镇总兵官，奉命拦截试图犯楚的白莲教匪，不意却将其追逃至秦州境内。嘉庆三年（1798），张文奇病逝，王赐均异常悲痛，亲撰墓志铭，回忆了张总兵的生平事迹，其中写到他们之间的交谊往还。张文奇在《清国史》的列传，只是些罗列官履事功的平铺直叙的文字，缺乏使人物跃然纸上的细节描写。王赐均行文用情至深，将朋友写得呼之欲出，虽死犹生。他也特别提到了张文奇为给他带来的间接麻烦而驰书致歉。

（嘉庆）三年冬，（白莲教）贼目张汉朝欲入楚，公（张文奇）迎头兜剿，奋不顾身，贼众倒戈狂奔，遂窜至秦州之街亭镇，大肆焚掠。公以兵单，又限于疆域，未能穷追，不胜愤惋。时余知秦州事，为书慰余曰："奇不能了贼，致遗君忧，愧莫甚。若再来，当摒余生以歼之。"[12]

在邹曹纯眼中，王赐钧是一个"饥不忍独饱，寒不忍独温，安危祸福与民共之"的州牧，大有范仲淹所说"先天下之乐而乐，后天下之忧而忧"的古仁人之心。匪乱稍定，歉岁连起。嘉庆六年（1801），秦州饥荒。王赐均为百姓争取到7万斤国家赈粮。七年（1802）正月至四月初十，饥民仍然嗷嗷待哺。王赐钧决定自己出资自力救济缓解灾情。考虑到灾民过于集中，容易引发、传播疫病，而且有的饥民就食路途遥远，他就在秦州四面分设粥厂。"每厂日食数千人"，"三月之久，全活无算"。

王赐均超拔的才能、突出的政绩，深为上峰认可。嘉庆九年（1804），他被吏部考核定为"卓异"，皇帝召见。可是，这一年秦州又有灾荒，士民向大吏挽留王赐均，以济民命。最终王赐均暂缓进京，将原本所备川资悉数用以在秦州东、西两关开设男女粥厂。

等到第二年（1805）春天，百姓渡过难关，王赐均才轻装兼程驰赴京师。及其归来，受到士民热烈接待。盖因他"之死而生之，之亡而存之"。为了群众的安身立命尽瘁操磨，故而民胥戴德若父母矣。

王赐均应该称得上是真正的父母官吧。政通人和，百废俱兴之后，"始有营造之举"，且并未以土木之事兴动平民百姓，而是清费廉取，自筹财力，先后建造、修缮了文昌宫、龙王庙、火神庙，以感格上苍，式崇明祀。后又通过自捐、赎罪罚金、募集等多措并举，恢复重修伏羲庙。

清代地方机构与职官分为省、道、府、县四级。与府有关的单位还有州。州分直隶州与散州。直隶州有属县，直隶于省，与府平级；散州没有属县，分隶各府，与县平行，但是品级比知县高。州的长官称知州，负责一州治理。直隶州的知州为正五品，散州的知州为从五品。[13]

以此而知直隶州秦州知州每年的正常收入标准大率：俸银40余两，养廉银500—2000两。结合碑文记载修筑城堡、设立粥厂、建缮宗庙，而"民不与力"，可以推断，王赐均在任期间，为谋秦州一方百姓的安定生活，捐俸几尽，除去自家吃穿用度，几无积蓄。

王赐均似无通常官宦起屋买田的流俗，他政务猬集，不遑宁处，忙于为民奔走请命。在邹曹纯看来，他是"有大造于此州而能为人人之所不能者"。利益众生者，群众自然也不会忘记他的恩情。王赐均之所以"民夹道欢迎，百余里不绝"，无非是他勤政爱民、清廉奉公的缘故。他自述：

> 余从事兹土历三稔矣，身鹿鹿无暖席之暇，心懔懔有隉渊之惧。终岁不闻丝竹之音，每食不择酸碱之味，可谓苦矣。[14]

王赐均散见于其他地方志的德政有一个共同点，那就是修志者都提到他重教兴学。乾隆四十八年（1783），王赐均劝捐兴建苏山书院，并撰《建置苏山书院碑记》，详述书院创建意图、经费来源、地址选定、建筑规模、开院总旨及对后世展望等内容。[15]

乾隆六十年（1795），王赐均知静宁州事。到任后，问民疾苦，州民多颂其政。翌年，他以七百余金买地数百亩，在衙署东侧建"亦乐园"，并广集英才，亲自授课。随后，更名"亦乐书院"，又捐资千缗以助书院日常经费。静宁一时士子云集，文风大振。民感其德，于书院东侧建"王公祠"。[16]

此盖司马光曾享有的"万家生佛"的礼遇吧。王赐均尚在人世，即有民众为他建立生祠而加以奉祀。足以见其为官一任造福一方，拥有良好的群众基础之一斑。当然，也不能排除下级官员出于阿谀奉承的目的为上级官员立祠，但参照其他志书，可以肯定王赐均断然不是那号"上级官员"，他所至之处多有政声，是真正的深得民心者，逝世以后，"秦州人不远二千里遥致赗赠，来视殡葬"。[17]

回馈故里，发明和菜饭

明清任官回避制度尤严。明制"南人官北，北人官南"。人在官场，只能四海宦游。清朝略有缓和，只规定不得本省为官，但至少要在远离家乡五百里之外的地方上任，是为"避籍"。这种将官员置于举目无亲、孑然一身的辖地的做法，有利于避免亲朋好友擅权干政。其弊害却也显而易见，远赴他乡，异地为官，民情风俗，方音土语，势必会给官员的正常工作带来诸多不便。[18]

王赐均较为幸运，生长在西北之陕北，生平宦迹也没有超脱西北地区，主要在甘肃、宁夏两省做官。这为他省去了不少麻烦，他可能不会有水土不服的问题，也不会遇到言语不通、嗜欲不同的隔阂，处理政务自然得心应手。尽管如此，还是难减思乡之情。在宁夏任上，一次中秋夜，他赏月饮酒微醺，口号一词：

猛想起古麟州，又想起杏花村。驼峰生辉对纱帽，一山五洞九条龙，龙眼放光明。锦屏叠翠在山根，香炉雾霭清气生。虎头山势真雄壮，窟野水响赛雷声，家乡好风景。[19]

封建社会，曾几何时，流行一种风尚，所有州县，按各自特色，由名人、学者命笔题咏地方景色。据道光年间县志所载，神木八景（图3-5）是：龙眼透日，虎头吼风，笔架蒸霞，香炉伴月，纱帽舒云，锦屏叠雪，窟野轰雷，杏花濯雨。[20]

王赐均词中的一山所指东山又称九龙山；五洞即张仙洞、吕祖洞、龙凤洞、七佛洞、古佛洞；九条龙指从龙眼山起迤南到古佛洞，这中间有九处突出的山峰似龙首，因此得名。陕北大地上的这些风景，外人可能觉得不足观。光绪年间，翰林王沛菜在奏章中引用著名的《七笔勾》，建议朝廷把"三边"割让外夷作传教之地。在王翰林眼中，陕北乃穷山恶水蛮荒之地，实在一无是处。

万里遨游，百日山河无尽头，山秃穷而陡，水恶虎狼吼，四月柳絮稠，山花无锦绣，狂风骤起哪辨昏与昼，因此上把万紫千红一笔勾。

窑洞茅屋，省上砖木措上土，夏日晒难透，阴雨更肯露，土块砌墙头，灯油壁上流，掩藏臭气马粪与牛溲，因此上把雕梁画栋一笔勾。

没面皮裘，四季常穿不肯丢，纱葛不需求，褐衫耐久留，裤腿宽而厚，破烂亦将就，毡片遮体被褥全没有，因此上把绫罗绸缎一笔勾。

客到久留，奶子熬茶敬一瓯，面饼葱汤醋，锅盔蒜盐韭，牛蹄与羊首，连毛吞入口，风卷残云吃罢方撒手，因此上把山珍海味一笔勾。

图3-5-1　龙眼透日　大雄/摄影

图3-5-2 虎头吼风 王乐平/摄影

图3-5-3 笔架蒸霞 王乐平/摄影

图3-5-4　香炉伴月　高生效/摄影

图3-5-5　纱帽舒云　王乐平/摄影

图6-1 / 帽儿山全景

图3-5-7 窟野轰雷 贺超逸/摄影

图3-5-8 杏花濯雨 贺超逸/摄影

堪叹儒流，一领蓝衫便罢休，才入了黉门，文章便丢手，匾额挂门楼，不向长安走，飘风浪荡荣华坐享够，因此上把金榜题名一笔勾。

可笑女流，鬓发蓬松灰满头，腥膻乎乎口，面皮晒铁锈，黑漆钢叉手，驴蹄宽而厚，云雨巫山哪辨秋波流，因此上把粉黛佳人一笔勾。

塞外荒丘，土鳖回番族类稠，形容如猪狗，性心似马牛，嘻嘻推个球，哈哈拍会手，圣人布道此处偏遗漏，因此上把礼义廉耻一笔勾。[21]

美不美，家乡水；亲不亲，故乡人。料想这《七笔勾》，王赐均不会赞成，广大陕北人民大概也是不能同意的。

嘉庆十九年（1814）初，王赐均遭到署陕甘总督董教增参劾。董是乾隆五十二年（1787）丁未科探花，纠弹王两点：一、王官声平常。二、王挪移满饷。后经乌鲁木齐都统、署陕甘总督高杞查明：

王赐均任内并无亏挪满饷之处，已可凭信，至王赐均历任官声，奴才密加访察，尚无别项劣迹。惟屡次接见，察其才具平庸，不胜表率之任，且查其履历，现年七十岁，实已七十有余，精力渐衰，难期振作，相应请旨勒令休致以肃官方。[22]

高杞客观公正，说王赐均一切都好，只是年老力衰，不宜居官任事。王赐均高寿，被迫退休以后，至少还活了二十年。退归故里，每逢青黄不接，王赐均就设粥场放饭。稀粥清汤寡味，炒菜又麻烦。有一天，他突发奇想，将菜与土豆直接和到粥里，不仅美味可口，而且还方便省事，很受乡里乡亲欢迎。自此，和菜饭这道吃食，就在陕北大地上传扬光大了。另外，他还出资重修了收容流民乞丐的漏泽园，每年冬天在窟野河上搭建木质浮桥。据《屈野河渡建搭木桥记》：

神邑南十里为李家湾，正当屈野河渡口，水势冲激，难筑石桥。昔岁有邑绅王公赐均者，捐以己资，于每年冬初建搭木桥，以利行人；至次年春季折卸，以免漂失。行之历有年所。迨道光甲午以后，邑中屡遇无年，王绅力有不支，斯举将就废。吾乡乔庭王明府莅任于兹，百废具举，闻之怃然曰："舆梁徒杠，有司宜有事也。民弛之，官并置之，其可乎！"爰捐备廉钱六百缗，谕交邑绅王镰……所以交王镰者，王太守之后也，冀其缵承先志也。[23]

由以上行文判断，道光甲午（道光十四年，1834年），王赐均尚在人世，他的财产已施散无几，不能再为家乡出力贡献。他大概老死在1834—1841年之间。1841年所刊行《神木县志》，明确记载他寿考八十一岁。

倡建兴文书院，培养"四贤"

王赐均倡建兴文书院，为神木士子提供免费教育。此一时期，神木英才迭出，直到今天流传的"四贤"童谣，还诉说着那时的人文煌煌。童谣是这样唱的：

宋良、宋贤、薛绍先，后边紧跟王同山。[24]

这四人都曾是神木响当当的头面人物，只是"俱往矣"，他们的风流故事，多已云散太虚。

下迄王致云主编《神木县志》刊行年份1841年，在"圣人布道此处偏遗漏"的穷壤之地，神木通共有两位学子考取了文科进士，其难得，其荣耀，可以想见。这两个进士，其中之一就有宋良（图3-6）。

宋良，是嘉庆年间的例贡，在国子监读书。县志记他为道光壬午

图3-6-1 宋良画像

科（1822）顺天（北京）举人，是因监生可离本籍在顺天应试，他便在那里考中了。十年后，宋良壬辰科（1832）进士及第，与李星沅、骆秉章、劳崇光同榜。查道光十二年（1832）恩科殿试金榜，知第三甲赐同进士出身计有103名，宋良位次97名。险些殿后，但能考中已属不易。宋良，始祖宋世官，原为商人，明末迁居神木城。同治七年（1868），回民破城，宋良一族遇害几至灭门。一小男孩儿逃出，仅以身免，由管家抚养成人。[25]

据《神木乡土志》，宋良由道光壬午顺天举人中壬辰进士后任开县知县（今重庆开州区），升天全州（今四川雅安天全县）知州，复任兰州知州。宋良余事，见《贵州通志》：

宋良，号宝臣，陕西进士。官西蜀，有政声。道光二十一年（1841）迁独山知州，刚断英敏，有古良吏风。时独山多外来游民，

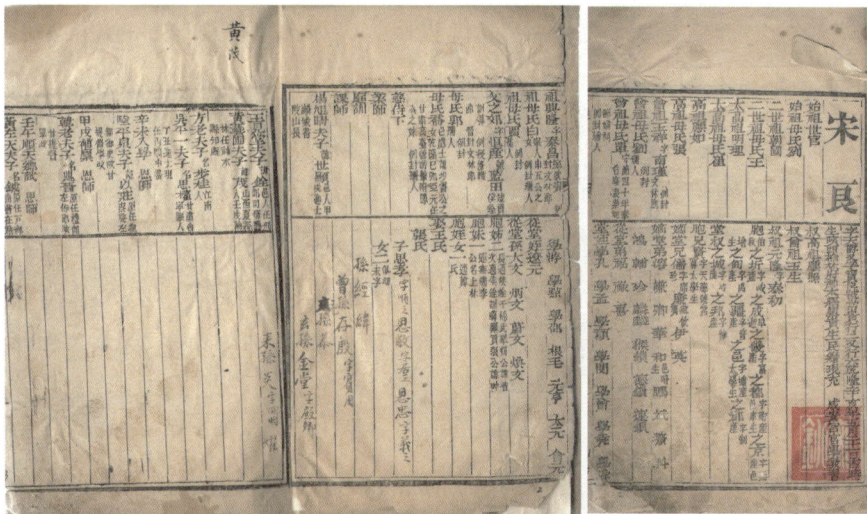

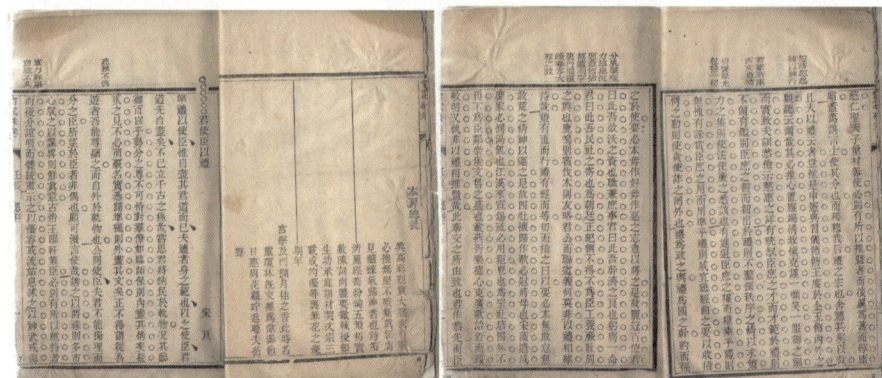

图3-6-2 宋良科举朱卷

盗贼蜂起，诉狱繁兴，良至，严缉盗贼，清厘积案，折狱一秉至公，不畏强御。审判坐于大堂任人观听，不使气，不逞威，结案必谓民曰："知曲否？官如此断，其甘心否？"民唯唯，然后定，否则令伸前说，为再四剖析，心自屈服然后已。尝曰："吾非不爱民，奈自罹法网何？"民聆其语，往往感而泣下，莫不以"青天"呼之。平时鼓励文风，尝试童子课，冰鉴衡才，无纤毫爽。离任日，四民扶老携幼，遮道攀辕，共惜清官难得，立遗爱碑于东门外，且盖以亭，今亭废，遗址暨碑存。[26]

传记评宋良"有政声"，"刚断英敏，有古良吏风"，断案定谳颇具能力。宋良似乎真正践行了后来曾国藩所说的"居官以耐烦为第一要义"的精髓。志述者写他重视教育，亲抓相关工作，辨材精确。及其离任，百姓恋恋不舍，立石怀念彰显他的令名清誉。传记字里行间充满激赏之情，通过几个生动有效的细节，再现了一代名宦宋良栩栩如生的形象。

宋良服官之前，苦学不辍，可天资并不高明，为人又少言寡语，一般的读书人颇看不起他。当他考上秀才，均说是瞎猫碰上死耗子，"偶然"运气好。当他中举，他们还是无法信任宋良的实力，嘲笑其瞎雀儿碰谷穗，"偶然"碰上了。及至他考取进士，原来一班讥讽他的人，多数改变了看法，纷纷向他道贺恭喜。但仍有一些顽固派，认为像他这样愚笨，能中进士，无非是"偶然"事件。宋良感触良深，赋诗戏谑：

> 世人谓我多偶然，偶然之中又偶然。
> 天下多少偶然事，尔等何不一偶然。[27]

有清一代，神木另外一名进士杨世显生平事迹官载极少。杨世显是宋良的老师，嘉庆戊辰科（1808）举人，1811年去北京会试，还碰到点儿麻烦。他在陕西中举后填写的亲供，迟迟没有送达北京，几经周折才获准可以先行参加考试。可是，这一年，他终究落榜了，及下一届会试，方才成进士（1814年甲戌科）。

道光元年（1821），马镇（时属府谷县）的一位院老太太过七十大寿，因子"望重阙里，声驰五原，策登仕选，名著朝堂"，庆典格外隆重，神府两地的许多俊才胜流都有参与（图3-7）。比如神木的武凤来、秦钟英这两个武状元，宋良、杨世显这两个文进士以及赋闲在家的王赐均都送上了贺礼。宋良时衔仅是吏部候铨儒学训导，而杨世显（图3-8）作为祝贺者之一，在由廪生王懋勤撰文的寿序后具名如下：

赐进士出身前咸安宫教习官即选知县愚侄杨世显顿首拜

杨世显并未出任百里之宰，最终的职位不过是麟城书院山长。他最为人称道的是书法，尽管神木没有任何遗存，然而似乎名声在外。据《中国美术大辞典》：

杨世显，清代书法家，陕西神木人，嘉庆十九年甲戌科进士。工书，行楷俱精妙。[28]

宋良胞兄宋贤，字天德，号常尊，监生，参与了道光二十一年（1841）王致云主编《神木县志》的校勘工作，二十三年又积极响应王致云劝捐义学，受到奖励。"四贤"之中，薛绍先也参加了编纂，具体负责采访事宜，当时他的名号是增生议叙八品。唯有王同山，查无此人。倒是分工县志正字的一名附生，王祝三，赫然入目，让人顿起疑窦。[29]

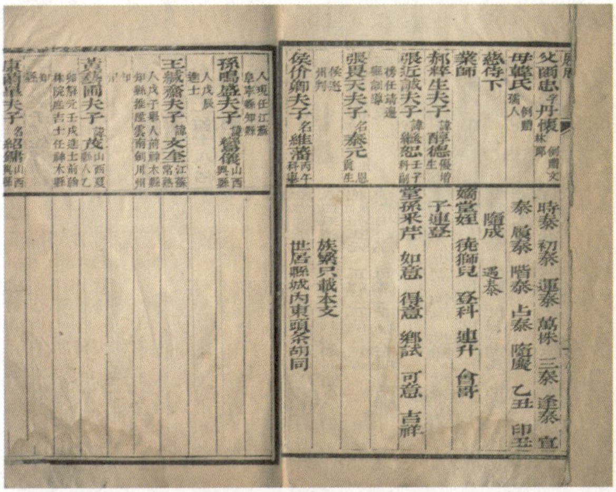

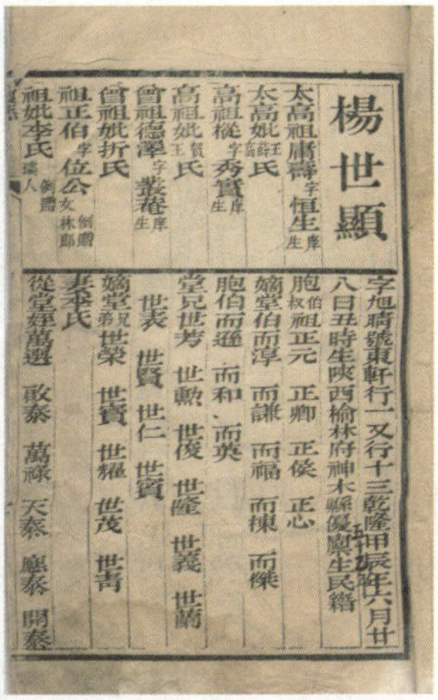

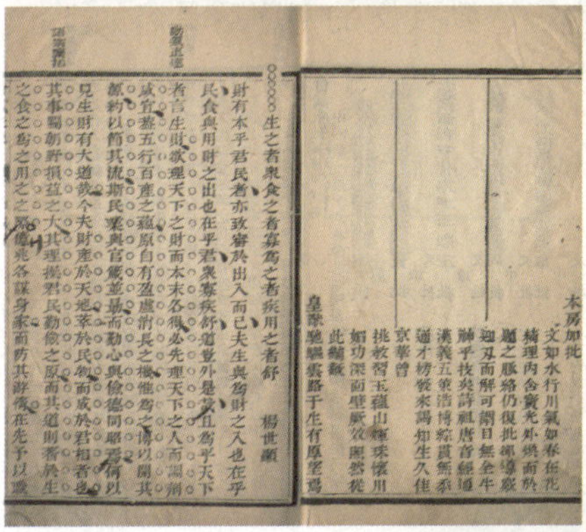

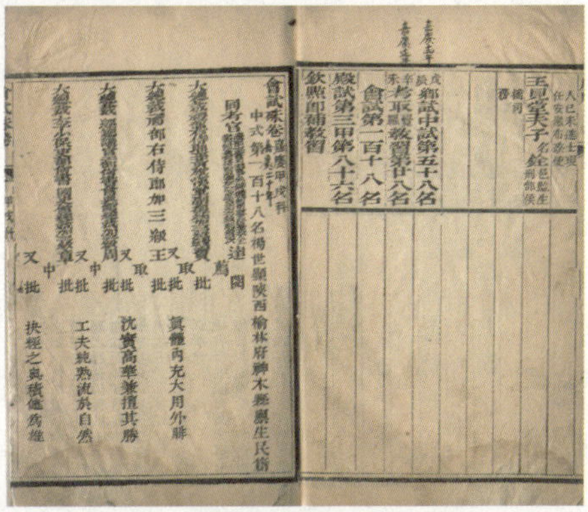

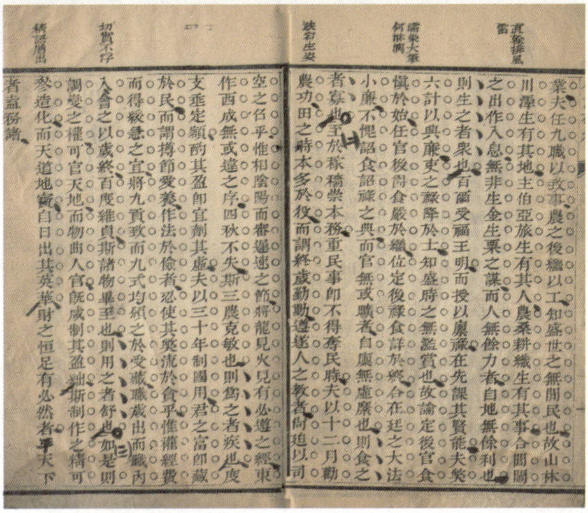

图3-8　杨世显科举朱卷

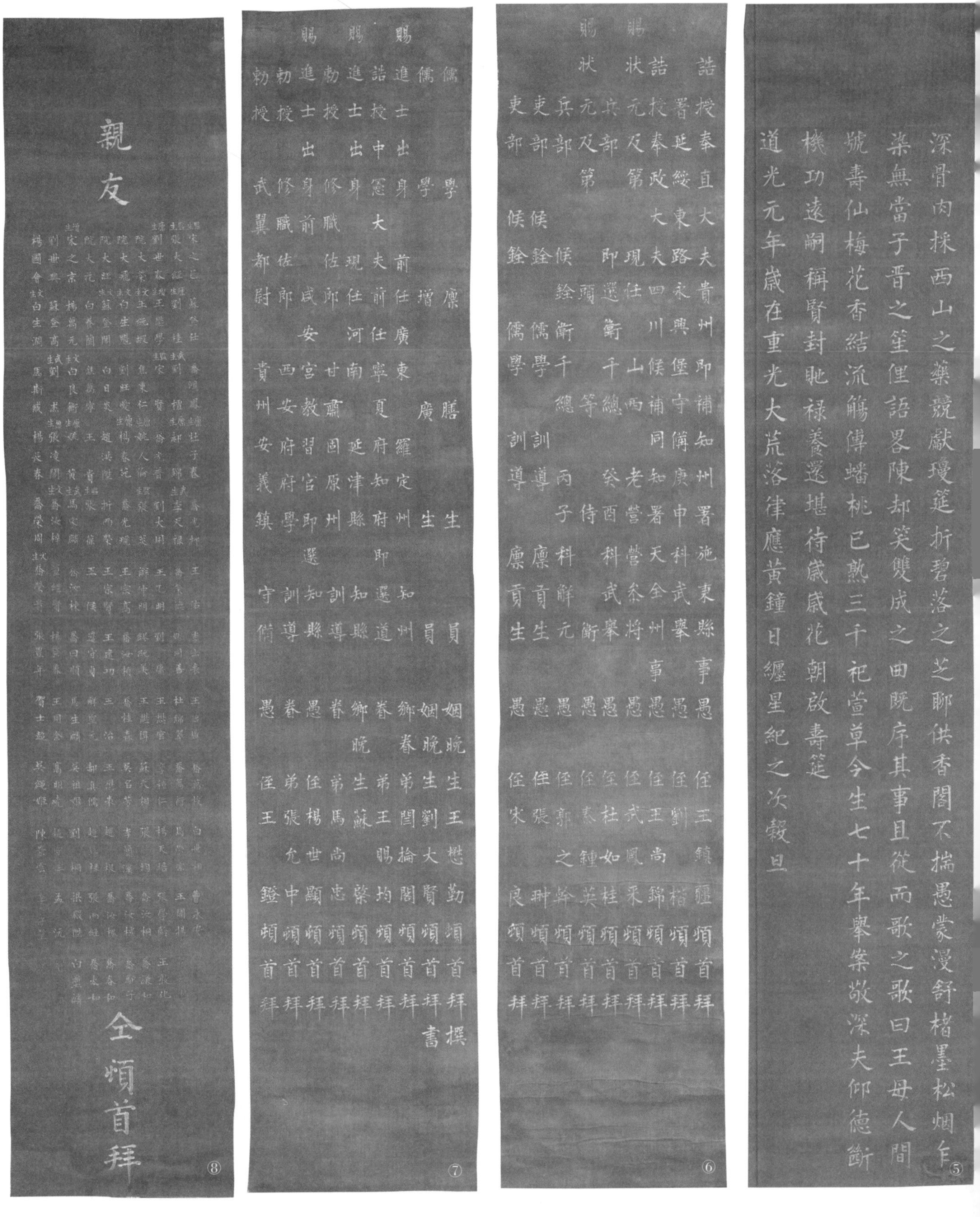
深骨肉採西山之藥競獻瓊筵折碧落之芝聊供香閣不揣愚蒙漫舒楮墨松烟乍
染無當子晉之笙俚語畧陳却笑雙成之曲既序其事且從而歌之歌曰王母人間
號壽仙梅花香結流觴傳蟠桃已熟三千祀萱草今生七十年舉案敬深夫仰德斷
機功遠嗣稱賢封貽祿養還堪待歲歲花朝啟壽筵
道光元年歲在重光大荒落律應黃鐘日纏星紀之次穀旦
誥授奉直大夫貴州即補知州署施秉縣事 愚侄王鎮疆頓首拜
署延綏東路永興堡守備庚申科武舉 愚侄劉楷頓首拜
誥授奉政大夫四川候補同知署天全州事 愚侄王尚錦頓首拜
賜狀元及第現任山西老營參將 愚侄武鳳采頓首拜
兵部即選衛千總癸酉科武舉 愚侄杜如桂頓首拜
賜狀元及第頭等侍衛 愚侄秦鍾英頓首拜
兵部候銓衛千總丙子科解元 愚侄郭之幹頓首拜
吏部候銓儒學訓導廩貢生 愚侄張翀頓首拜
吏部候銓儒學訓導廩貢生 愚侄宋良頓首拜
儒學廩膳生員 姻晚生王懋勤頓首拜撰
儒學增廣生員 姻晚生劉大賢頓首拜書
賜進士出身前任廣東羅定州知州 鄉眷弟閻掄閣頓首拜
誥授中憲大夫前任寧夏府知府即選道 眷弟王賜均頓首拜
賜進士出身現任河南延津縣知縣 鄉晚生蘇縈頓首拜
勅授修職佐郎甘肅固原州訓導 眷弟馬尚忠頓首拜
賜進士出身前咸安宮教習官即選知縣 愚侄楊世顯頓首拜
勅授修職佐郎西安府府學訓導 眷弟張允中頓首拜
勅授武翼都尉貴州安義鎮守備 愚侄王鐙頓首拜
親友
仝頓首拜
⑤
⑥
⑦
⑧

图3-7　马镇道光元年（1821）八条寿屏　乔振

赐状元及第现任山西老营营参将愚侄武凤来顿首拜

兵部即选卫千总癸酉科武举愚侄杜如桂顿首拜

赐状元及第头等侍卫愚侄秦钟英顿首拜

兵部候铨卫千总丙子科解元愚侄郭之干顿首拜

吏部候铨儒学训导廪贡生愚侄张翀顿首拜

吏部候铨儒学训导廪贡生愚侄宋良顿首拜

儒学廪膳生员姻晚生王懋勤顿首拜撰

儒学增广生员姻晚生刘大贤顿首拜书

赐进士出身前任广东罗定州知州乡眷弟闫抡阁顿首拜

诰授中宪大夫前任宁夏府知府即选道眷弟王赐均顿首拜

赐进士出身现任河南延津县知县乡晚生苏棨顿首拜

勅授修职佐郎甘肃固原州训导眷弟马尚忠顿首拜

赐进士出身前咸安宫教习官即选知县愚侄杨世显顿首拜

勅授修职佐郎西安府府学训导眷弟张允中顿首拜

勅授武翼都尉贵州安义镇守备愚侄王镫顿首拜

亲友

^{监生}宋之邑、苏登仕、乔鸿凤、杜子春、乔光柳、王佑、李仕表、王茂盛、乔万枝、白世相、曹永安

^{监生}张大经、^{廪生}刘桂、^{武生}刘檀、^{廪生}郝锦、^{武生}李天禄、乔荣德、姚同善、杜锦翠、乔万行、马荣宗、王开杨、贺天云

^{廪生}刘世春、^{增生}王懋学、^{监生}宋贤、乔光普、刘大用、王乙明、刘庸、王懋官、李种任、杨乔培、张学龄、王敦代

院大荣、^{文生}王纯碬、焦秉任、姚人伦、张荽、解仲明、缪纯美、王懋伟、苏天相、张均、乔汝桐、乔谦和

院大飞、^{文生}白生魁、刘旺爱、^{廪生}杨春苑、乔光琥、王宗高、乔汝桢、乔桂森、吴名芳、李兰溪、乔汝杖、乔驴子

院大旺、^{文生}苏登阁、白日炎、赵洪陞、折而荣、王宗贤、王建功、王治、王懋表、赵根、乔汝槐、乔春和

院大花、白养兰、焦万宁、王贵、^{监生}张葆、王侯、边守贞、解圣元、郝真儒、赵锡禄、张而经、乔太和

^{增生}宋之京、杨万元、^{文生}白良衡、^{廪生}姚黄、^{武生}马家麟、乔汝棟、乔曰顺、马生麟、吴祖姬、刘桐、梁殿陞、白玺麟

刘世兴、苏登高、刘杰、^{廪生}张凌阁、^{文生}乔汝梓、董继贤、杨发春、王用余、高明晓、赵守性、孟沅、贺国库

杨国会、^{文生}白生润、马斯臧、杨长春、乔荣周、^{文生}乔荣贵、张丰年、贺士超、吴绳姬、陈景云、李存望

全顿首拜

恭祝

大懿範喬老安人院太君七秩榮壽序

禮詳內則內助惟賢易占坤元坤道其順壹範承天天眷必永母儀配地地氣攸鍾

瑤光映寶婺北堂萱草敷榮懿美重金闈東海仙籌添瑞讀君頗之篇天壽平格歌

魯頌之什令妻壽母伊古以來上自夫人下逮賎室孰非以淑致祐以德凝麻也哉

恭惟

映翁喬老封君安人院太君者有足稱焉

太君幼毓望族資稟既以不凡長遂喬門之

配又以相得從父從夫繼以從子三從無虧婦德婦容婦言婦工四德不爽事翁姑

以孝著待姆娌以敬彰居身惟其賢槐持家見其溫良擬蒮缺之妻共饋耘而敬夫

如寶視文伯之母論逸勞而教子維嚴卜居雖在山林樹德遠過闌闠以故先緒玉

朝堂令孫雖髫齡然據

振家道日盛筍有餘常陌有連田冠婚者常被其調恤貧乏者恒沐其休光既賢朽

兩衆紅亦德咸兩名立桂夢於以耀彩蘭芽為之日苴　令嗣如碩翁以壯年英姿

膺賓奏榮籍堂重闈里聲馳五原榮登仕選名著

非池中物也鴟鴞庭荊都名益母芋芋池草盡是宜男佇見　太君之德必為席上之珍兩膺國士之選識者卜其為大器究

龍章寵錫發萱室之輝光

鳳誥覃敷昭坤德之柔順茲當六珤吹葭律應黃鐘令節五紋添線欣逢復旦佳辰設帨

之夕慶莫盛焉稱觴致頌何如之堂開畫錦苑風光騰繞斑爛不異蓬瀛

瑞氣闌內玉衡桂酒瓊漿疑醉麻姑之宴白龍青鳥並隨王母之車郇誼屬至親情

咸歌闔內王衡桂酒瓊漿疑醉麻姑之宴白龍青鳥並隨王母之車郇誼屬至親情

恭祝大懿范乔老安人院太君七秩荣寿序

《礼》详内则，内助惟贤；《易》占坤元，坤道其顺。壶范承天，天眷必永；母仪配地，地气攸钟。瑶光映宝婺，北堂萱草敷荣；懿美重金闺，东海仙寿添瑞。读君奭之篇，天寿平格；歌鲁颂之什，令妻寿母。伊古以来，上自夫人，下逮氓室，孰非以淑致祜，以德凝庥也哉！

恭惟映翁乔老封君安人院太君者，有足称焉。太君幼毓望族，资禀既以不凡；长适乔门，匹配又以相得。从父从夫继以从子，三从无亏；妇德妇容妇言妇工，四德不爽。事翁姑以孝著，待姒娣以敬彰。居身惟其质朴，持家见其温良。拟冀缺之妻，共馌耘而敬夫如宾；视文伯之母，论逸劳而教子维严。卜居虽在山林，树德远过阛阓。以故先绪丕振，家道日盛，笥有馀帛，陌有连田。冠婚者常被其赒恤，贫乏者恒沐其休光。既贯朽而粟红，亦德成而名立。桂尊于以耀彩，兰芽为之日苗。

令嗣如硕翁，以壮年英姿，膺赍奏荣籍，望重阙里，声驰五原，荣登仕选，名著朝堂。令孙虽髫龄，然据太君之德，必为席上之珍，而膺国士之选，识者卜其为大器，究非池中物也。蔼蔼庭荆，都名益母；芊芊池草，尽是宜男。伫见龙章宠锡，发萱室之辉光；凤诰覃敷，昭坤德之柔顺。兹当六琯吹葭，律应黄钟令节；五纹添线，欣逢复旦佳辰。设帨之夕，庆莫盛焉！称觞致颂，快何如之。堂开画锦，何殊阆苑风光；膝绕斑烂，不异蓬瀛瑞气。词章浪涌，彤管扬徽，仙乐盈庭，云璈奏德。鹤算呈辉，共颂闺中金镜；鹿龄增茂，咸歌阃内玉衡。桂酒琼浆，疑醉麻姑之宴；白龙青鸟，并随王母之车。鄙谊属至亲，情深骨肉，采西山之药，兢献琼筵；折碧落之芝，聊供香阁。不揣愚蒙，浸舒楮墨。松烟乍染，无当子晋之笙；俚语略陈，却笑双成之曲。既序其事，且从而歌之。歌曰：

王母人间号寿仙，梅花香结流觞传。
蟠桃已熟三千祀，萱草今生七十年。
举案敬深夫仰德，断机功远嗣称贤。
封移禄养还堪待，岁岁花朝启寿筵。

道光元年岁在重光大荒落律应黄钟日缠星纪之次榖旦
诰授奉直大夫贵州即补知州署施秉县事愚侄王镇疆顿首拜
署延绥东路永兴堡守备庚申科武举愚侄刘楷顿首拜
诰授奉政大夫四川候补同知署天全州事愚侄王尚锦顿首拜

满门兼文武，兄弟两举人

对于县志中提到的王赐均的弟弟王赐垲（图3-9），我们只知道，他原名赐块，是乾隆四十八年癸卯（1783）武甲科举人，以钱捐纳得"都司"这样一个军官职位。

王氏一门两位举人，治谱家传，难兄难弟，经文纬武，双双凤飞，实在难得。王赐垲之子王铨亦是当朝命官，为刑部司务，名列宋良科举朱卷开载的业师之中。后来，王赐垲因他而晋赠奉直大夫。[30]

登录道光《神木县志》《神木乡土志》的王家子弟还有乾隆年间的恩岁贡

图3-9 王赐均、王赐垲印信

王赐爵、王赐延[31]，看字辈，似与王赐均、王赐垲亲为兄弟。王赐延因子王镨任训导，而驰赠修职佐郎。

积善之家，必有后昆。王赐均侄男辈的王镕，乾隆甲寅科武举人；王镫，由武举任镇远营都司；王鐍，由贡生任富平县教谕、固原州学正；王铣，由供事议叙任巨野县典史，以及前文说提到的王镰等。从名字上可以推断，这些人都是王氏金字辈的同族兄弟。由此可见，王赐均一家在神木无疑是官宦宅第、名门望族。[32]

还有一个王赐均的故事，和他的另外一个侄子有关，见张希纲先生《为官清廉 扶危济困——王州官轶事》一文，在此不详及，只述其大略，并指正其错谬。过去神木县城流传一句老话"州官死王旋——死不起呀！"[33]这州官即王赐均，行二，赐垲为其三弟，他还有一个大哥，王旋乃大哥之子。

王旋幼年失怙，天资聪颖，洒脱慷慨，考取生员以后，在王赐均的资助下游学京城，所交皆达官显贵。

王赐均为官清廉，自俸甚俭，刚正不阿。在任镇番知县因惩办强豪，被一伙富商豪绅联名京控。吏部衙门未经核查，即调他进京。

王赐均抵达帝都，下榻侄儿寓所，告知前来缘故。王旋知是诬告，将叔父引荐与吏部大人，王赐均随即禀告事情原委。经查，对其指控全系捏造，赐均毫发无损，反而加官进爵，升为甘肃秦州（现天水）知州。

王旋因自己的夤缘过从，兼之王赐均的鼎力相助，被保举为江西九江口户部使。叔父两人异常高兴，意外的是王旋竟病死赴任途中。噩耗传来，王赐均万分悲痛，认为是自己的显达折死了王旋，痛哭流涕地说："该死的不死，不该死的人死了。州官死王旋，死不起呀。"

笔者对此些故事存疑。一、王旋既为生员，且受朝廷任命，然其人不见县志记载；二、即便是王旋，正确的写法应该是王镟或王铉。总之，肯定是带有金字旁的xuán。

评曰：王赐均一生，具有鲜明的淑世情怀，莅官行政，发奸摘伏，大济苍生，政绩斐然，深受民众的爱戴和拥护。他是封建社会典型而廉隅的文人官僚，不为政治酬庸，心性崇良，好施不吝，能文擅书，亦多有精品，实属神木近二百年来不世出的经师兼人师的一代文宗。他允文允武，居官治家皆有良方，所培育子女后学，多为人中翘楚。可以说，于国于家，于公于私，他都是一位成功人士。

建置苏山书院碑记

文/王赐均

清乾隆四十八年（1783）

　　自古教孝作忠必以学，虞、夏、商、周四代之学无论已，汉唐英主莫不以视学释奠为先务。而书院之设，肇自唐元和间，衡州士李宽创"石鼓书院"。时又有少室山人李渤读书于江西之李家山，南唐时即以其地为"白麓书院"。后朱文公作《斋规》及《白麓洞赋》，以示学者。外此而廉溪、横渠、伊川诸先贤，迨元明儒者，莫不因其读书讲学之地为书院，其见于邑乘地志者亦不胜指屈焉。

　　国朝重熙累洽，文教蒸蒸日上，弦诵之声遍海隅矣。余以谫陋，于辛丑季冬，选授镇邑，地虽贫瘠，而嗜学之风闻于五凉。登南宫而膺乡荐者，后先辉映焉。余始以沙塞苦寒，边方风土疑之。暇日，偕诸绅士，升苏山而眺望，拜子卿之遗像，瞻庙貌而徘徊，慨然想见其为人。

昔子卿以丁年来此，流离播迁，餐天上雪，饮月窟冰，持汉节十九年，节毛尽落，始终无二心。幼读其与李陵《河梁赠答》诸篇，为后人五言之祖。此可谓大节不亏，而文采足传于后世者也。

昌黎不云乎："莫为之前，虽美不彰；莫为之后，虽盛不传"。因与诸绅士谋建书院，以绵忠孝之气，沐大雅之余烈焉。而邑人亦踊跃乐输，共捐制钱二千串零五十千文，交商营运，每月一分五厘行息，月朔呈交，并设义田四处，得租麦九十六石五斗。以城内司马旧治改作门堂庐室，大小共四十二间。因题其额曰"苏山书院"。

于前岁延师聚徒，廪饩膏火可以粗备。吾愿诸生由文辞以顾躬行，因讲说以宏器识，深之在性命精微之间，大之在礼义廉隅之防，锐志琢磨以卓然自立。异时之捍天难，决大策，为孝子，为良臣，风俗美而人材众多，宁不于是有望乎？若徒以炼时艺，侥幸科名，矜浮化，何以继先哲之休光，树典型于来许也哉？

吾犹望焉！以区区镇邑，余不惮劳瘁，几期年而后成。已详明上宪存案备入，交代官吏绅士，概不得侵渔假贷。后之莅斯土者，以余之心为心，念创造之维艰，俾遵循于勿坠，则苏山之遗踪与书院之化雨，庶其并垂永久云。[34]

亦乐园记

文/王赐均

客有问于余曰："昔司马文公以独乐名园矣,今吾子名园从亦乐。将毋温公近于私而子欲公之乎?"余曰："唯唯否否,非此之谓也。坡老题独乐诗曰:'虽云与众乐,中有独乐者。才全德不形。所贵知我寡',岂私之谓乎?余又乌乎公之。"客曰:"乐民之乐者,民亦乐其乐,非有取于是欤?"曰:"非也。静宁山高而气冷,民贫而役重。暑雨祁寒,咨怨闻矣,保障茧丝,权宜道绌,余不能忧民之忧,遑能乐民之乐而望民之乐其乐乎?"

"然则吾子所谓亦乐者何也?"

"夫人之一生,不可有乐而无苦。亦不可有苦而无乐。余从事兹土历三稔矣,身鹿鹿无暖席之暇,心懔懔有陨渊之惧。终岁不闻丝竹之音,每食不择酸碱之味,可谓苦矣。自斯园之成也,有山有水,有亭有池。莳花种树，随土之宜。或鞅掌之暇，或案牍之余，或月下曳履，或雨后扶藜，俯仰自得，去来无时。亦觞亦咏，向之所苦，脱然忘之。亦乐也。"

客笑曰："仆闻劳者多怨，病者多悲。以吾子之劳且病。人将不堪，而独曰亦乐，毋乃矫甚。不然，则岂托于孔颜之乐者耶？"

余怳然曰："君何每况乎上耶？圣贤之乐在心，而境不与焉，吾侪心无真乐，情随境迁。境苦亦苦，境乐亦乐，比比然也。当劳心役形之会，不获一游目骋怀，啬神屏气之所以偷片刻之闲，恐有不可终日者。所苦在彼，所乐在此，少安无躁，职思其居，其余亦乐之谓欤！又何矫焉？且吾闻之，明生于静，静生于定。劳顿之余，即屏其声色货利，缘是观焉，亦安知乐民之乐者，不由此而庶几乎？"客曰"善"，遂为是记。[35]

总兵提督衔张文奇墓志铭

文/王赐均

公讳文奇，字蔚田，号晴峰，姓张氏。其先绥州人，明季迁于榆林之柳河梁，康熙丙子乃家于城中。累世业耕读，有善行。曾祖讳国臣，祖讳洪雄，父讳登明，以公官，均例赠振威将军。封翁为诸生，生三子，勤俭谦让，教有义方。长文贵，丙子武举，任甘肃红崖守府，貤封武功将军；次文俊，不寿；公其季也。

公天性孝友，甫四岁，郭太夫人于严冬时偶言手寒，即解衣纳太夫人手于两胁温之。孩提嬉戏，见父兄则肃然起敬。十岁就傅，读书不偷闲，出入端重，识者皆知为远大器。十五能属文，喜习书，而孔武有力，尤善骑射。与同邑澹园叶公相友善。应童子试，不售。乾隆丁丑，年十八，慨然曰："人生立身苦不早，须呫哔何时。"遂投笔入武庠。余亦于是年入学，因澹园始识公。嗣登己卯乡榜，癸未成进士，钦点蓝翎侍卫，銮仪卫行走。谨身节用，恂恂雅饬，有儒士风。屡随驾热河，一马一仆，备极辛勤，不以为苦。俸廪之外无溢费，偶劝之，则曰："亲老家贫，伯兄又远屯新疆，如此乃心安耳。"尝与宾朋宴谈，讽议从容无倦色，无失言，饮数斗不醉。或有讦人阴私及干名犯义等事，则顾而言他，徐曰："莫须有何如？"闻者服其德，争相结纳，有真道学之目。懋堂初公，莱阳豪士也，崖岸有气节，不苟同于人。见公尤器之，订忘年交。时余以选贡在京，过从之暇，忠告善道，多受益焉。戊子秋，余领乡荐，公授四川巫山营都司，临歧惜别，一时宦游，咸赠以诗。

辛卯，金川蠢动，公为前锋，攻斑斓山。身先士卒，奋勇扑碉楼。苜急，铳伺发，洞公小腹，犹指挥战士不之觉。从者见血殷鞠履，问其故，公俯视晕绝，久乃苏。蒙恩，赏金优奖，撤回后敌养伤，濒危者数四。既而枪子从后脊出，创少差，即跙踋临阵。凯旋，以功授江西南昌游击，赴部引见。余抚其瘢，自前洞后，心犹寒悸。

由京归省，封翁适之甘肃伯兄任。迫于例限，不及待，遂赴江西。迎太夫人由川赴豫章，卒于宜昌旅次。公以含殓未亲，泣血饮痛，请假归葬。扶柩徒行四千余里，犹冀得见其父，未至而封翁又卒于家。号痛之哀，见者流涕。然虽哀毁骨立，而丧葬一一如礼，乡之人啧啧称孝，无间言。时红崖公犹在西也，求终丧不可得。濒行戚戚，以不见其兄为憾。

辛丑，升饶州参将。戊申，升九江副将，署南昌镇事。壬子岁，特放河北镇总兵。公至怀庆，值丹、心二河水涨，浸其城。公率弁兵设法防御，郡民赖以生全。训练之暇，博览群书，临帖习射，日有常课，晚则与伯兄小饮。训其二子，语默进退一本于礼。凡一生所为，皆有日记簿自观其功过，以故所至之地，士民爱戴，方之羊叔子云。

嘉庆二年，川、楚教匪犯豫，河南数县多被蹂躏。公奉檄防守江边，贼逸去，不敢复渡，乃从间道走商南。复檄公防守卢氏之栾川，有兵四百。贼渠齐氏率众数千，蜂拥突至。公行次白露沟，占据小阜。贼轻之，四面攻扑，两日一夜，呼哨之声震动岩谷。公按抚所部，立脚不动。士卒渴甚，公取所携酒浆分饮之，乃自饮其溺，士卒感泣，人人效命。公随机应接，用连环枪法，步止整暇，火无虚发，缨者辄毙，贼乃宵遁。事闻，上嘉其以少胜多，赐提督衔、孔雀翎，更赉予珍物。公受命感泣，誓歼妖氛以图报效。

三年冬，贼目张汉朝欲入楚，公迎头兜剿，奋不顾身，贼众倒戈狂奔，遂窜至秦州之街亭镇，大肆焚掠。公以兵单，又限于疆域，未能穷追，不胜愤惋。时余知秦州事，为书慰余曰："奇不能了贼，致遗君忧，愧莫甚。若再来，当捐余生以歼之。"嗣是，捐廉俸，募壮勇，日夕教演，罔避寒暑，食息无时。勤苦益力，以致久劳久病，卒于雒南之栾庄军营。呜呼！公可谓忠于所事矣。设使天假之年，克藏厥事，则丰功伟绩，焜耀寰区，声施奕祀者，正未有艾。惜乎其赍志以终也。

天子闻其丧，赐之葬祭如提督仪。复行查其嗣子，送部引见，以酬其庸。是公之志虽未尽，而恩遇若此，则亦可以瞑目矣。公长子锡嘏，恩荫通判；次天爵，己未武进士，即用守备署波罗参将；三锡甫，庠生。夫以公魁杰之姿，严正之气，历官三十余载，政行卓然，孰不知之。究其德器成就，迥异时流，皆本孝弟之性以出之，恐未必尽知也。爰为之铭，曰：

朔风寒，塞云黑。梁木摧，长太息。君之行，有隐德。刑于家，御于国。余为文，无绚饰。勒贞珉，垂世则。[36]

宁夏府王赐均十二款

宁夏地处极边，春雨甚稀，秋霜最早，于渠田毫无妨碍。惟灵州、中卫之旱堡、香山及花马池等处，止生黍谷，每岁夏禾不过十之一二，俱于芒种以前播种。大秋但得雨旸时若，霜气来迟，一岁有收，便足两年食用。且地广赋轻，无产贫民借以谋食者甚众。只因十四、十五两年歉收，今岁夏秋全无，是以民情皇皇，倍于寻常。现在节气已过，不及多种，晚秋已劝民多种菜蔬，以助饘粥。

夏秋虽一律无收，不分轻重，然灾赈分数，不可不少为区别。今将种晚收一分者，列为九分灾。种晚收二分者，列为八分灾。

查灾委员宜宽限时日，大州县一月。小县二十日，务令从容周到，逐庄逐户，一一检点明确。初查造册之后，道府覆加查勘，书载木牌。务本农民，固宜加赈，而无业贫户，亦当入册。在官兵役，固宜删除，而一家口数，不应尽去。惟有力之家，不可冒滥。

制造本牌，每庄悬挂一面，将某户某人、大小口数、应赈几月粮数分晰注明，俾灾民无不周知，奸民胥役无从舞弊。中卫散粮用此法，已有成效，永堪遵守。

贫民亲身领赈，不许一人代领数户，更不许数人包揽一庄。如有孤寡老弱不能赴仓者，将应赈之粮扣存仓内，准亲族、邻佑、本庄富民代为具领，乡保认识，册内注明，以便稽查。

适中运散，有名无实，凡州县城池，四乡星罗棋布，即适中之地，望赈众户，近悦远来，岂辞劳瘁？且当饥荒之际，将粮运至孤村野市，难保无虞，似不必虚糜例价。

开赈毋庸太早，散照毋庸太急。灾民夏秋易过，严冬难度。夏则园蔬野菜，皆可采食。冬则饥寒交迫，存活甚难。应将四月赈粮，仍照例于十月初起、正月底止，匀作四月散竣，可以耐至春融。且陆续散放，贫民负载亦易。

散赈必须散票，俾众户持票领粮，仓书散与堡长，堡长散与花户，多少不等，其中俱有需索。今木牌已将户口、粮数宣示明白，散赈之时，户民照牌来领，仓门外书办散票，仓门内委员过殊。可杜层层需索之弊。

查造户口，每每捏报诡名，多开户口。劣衿刁民，见乡地混报，吏胥侵蚀，即从中挟制。或于本名之下，多开数户，或于领赈之时，顶名冒领。乡地吏胥明知而莫敢如何。今遵用木牌，预为注明，可杜此弊。

逃荒外出者，即另登一册，亦于木牌后尾注明，俟归来补给。

仓书堡长庄头栉腹办公，未免太苦，每人酌给口食钱文，以示体恤。

灵州、中卫，仓贮无多，每岁支放兵粮，灵州几及一万，中卫万余，应请半本半折，方能留余以顾兵糈。花马池仓贮全无，应全请折色。

批：所议各条，均属可行。此次查办赈恤，务须督饬所属，实力妥办，认真经理，以期诸弊尽除，民得实惠为至要。此缴。[42]

【注释】

1 王赐均传略 见道光《神木县志》/王致云纂修/刻本影印/凤凰出版社编选/2007，545页。

2 张名世传略 见《榆林府志》（清）李熙龄纂修/马少甫校注/上海古籍出版社/2014，577页：张名世，字觉庵，神木人。由贡生任通渭县训导。学粹品端，立家塾以培养后进，知府王赐均出其门。卒，年七十七，邑中服心丧者数十人。

3 折必宏其人 简介见《中国美术家大辞典·上》/赵禄祥主编/北京出版社/2007，744页。折必宏传，见道光《神木县志》/王致云纂修/刻本影印/凤凰出版社编选/2007，559a页：折必宏，邑武生。性恬淡，不履城市，终日闭户读书，罕于物接。凡名家字帖，无不临摹，远近知名者，以碑铭乞书，户外履满。邑人知府王赐均，携其墨迹入都，名公卿评为关北第一。今城治内外祠宇中，均留有石刻。折必宏题诗 2018年5月29日上午，在神木王府酒店，乔振明先生为笔者讲折必宏，提到此诗。笔者问来源，乔先生说是他的朋友王效佑知道。笔者联系了王先生，他说自己在笔记本上记下此诗已多年，但没记出处，现在很难回想起来。笔者上网检索，发现此诗版本很多，常见于各种治家格言，一般只有前两联，后两联则几乎不见，应是折必宏原创。

4 写家折必宏 详见《写家折必宏》，载《神府煤田故事集》/杨文岩著/陕西人民出版社/1991，86—88页。杨文岩先生讲故事极精彩，尤善移花接木。比如，"字练飞凤家"那一码传奇的主人公原是唐代大书法家柳公权。

5 王赐均遗墨 见张希纲《为官清廉 扶危济困——王州官轶事》一文，载《神木文史资料·第4辑》/政协神木县委员会文史资料委员会/1989，22—30页。

6 王赐均书法拍卖信息 见http://pmgs.kongfz.com/detail/152_640694/，最后访问2017/6/27。

7 王赐均官履　见《镇番县志·卷之七·官迹列传》许协修/谢集成纂/清道光五年刊本/台湾成文出版影印/1970，343页；《静宁县志·人物》/静宁县县志编纂委员会/甘肃人民出版社/1993，634—635页；《甘肃新通志·职官志》/（清）升允，安维峻修纂/江苏广陵古籍刻印社/1989，159a页；《伏羲庙志》/兰州大学出版社/1995，134页；《武威通志·人物卷》/武威通志编委会编纂/甘肃人民出版社/2007，35—36页，将"王赐均"误印为"王锡君"。

8 王赐均修筑城堡　见《伏羲庙志》，102—103页。

9 碑记全文　见许凤《天水伏羲庙清嘉庆十二年立重修伏羲庙碑考析》，载《丝绸之路》2015年第16期，22—24页。该碑石灰岩质，高203厘米，宽81厘米，厚19厘米。拱形碑额，碑额篆书"大清"二字，两侧相向阴刻两条龙，正文行楷，边刻卷云纹，碑面多处剥泐。碑记全文1189字，字迹残缺16处，计26个字，笔者根据语义进行了一定的补缺。碑现保存于伏羲庙东碑廊（南侧第一块）。

10 伏羲庙情况　同上，22页。

11 借补　见《清史稿·4卷·105-140》/（民国）赵尔巽等撰/许凯标点/吉林人民出版社/1995，2189页。

12 张文奇致歉王赐均　见王赐均撰《总兵提督衔张文奇墓志铭》一文，载《榆林府志》（清）李熙龄纂修/陕西省榆林市地方志办公室整理/马少甫校点/上海古籍出版社／2014，863—866页。

13 直隶州与散州　见《中国通史》/《线装经典》编委会编/云南教育出版社/2010，349页；《清代地方官制考》/刘子扬著/故宫出版社/2014，109—113页。

14 自述　见王赐均《亦乐园记》，载《静宁县志》/静宁县县志编纂委员会/甘肃人民出版社/1993，712页。

15 苏山书院　见曹果才《苏山书院的创建和变迁》，载《民勤文史资料选辑·第1辑》/政协甘肃省民勤县委员会文史资料工作委员会/1988，44—45页。

16 王赐均在静宁任知州　见乾隆五十年三月十八日陕甘总督福康安《奏请以王赐均升署静宁州知州事》/中国第一历史档案馆/档号：04-01-12-0209-008/朱批奏折：臣福康安跪奏，为奏请升署要缺州牧，以裨地方事。窃照静宁州知州吴□因贼犯杨玉等夺犯殴差连毙二命讳匿不报案内，经臣参奏革职，所遗静宁州知州员缺，系冲、疲、难三项相兼要缺，例应在外拣调。臣与藩臬两司于通省知州内详加遴选，并无合例堪调之员。唯查有镇藩县知县王赐均，年四十岁，陕西举人，由功臣馆誊录议叙知县，乾隆四十六年六月选授镇番县知县，是年十二月到任。该员居心诚朴，办事勤能，经臣于本年二月补行，乾隆四十九年计典内列入正荐，以之升署静宁州知州，堪以胜任。唯是该员到任未满五年，与例稍有未符，但人地实在相需，臣谨遵例专折具奏，仰恳天恩准将王赐均升署静宁州知州于冲途要缺，实资治理。如蒙俞允，俟部倾覆至日，给咨该员送部引见。恭候钦定，仍俟扣满年限，另请实授。为此恭折具奏，并将该员参罚案另缮清单，恭呈御览。至所遗镇番县一缺应归部选，但甘省现有候补人员，容臣另行遴员请补，合并声明，伏祈皇上睿鉴，敕部议覆施行。谨奏。

王公祠　见《静宁县志·人物》/静宁县县志编纂委员会/甘肃人民出版社/1993，634—635页。

17 秦州人至神木祭奠王赐均　见《榆林府志·人物志·近代乡贤分编》（清）李熙龄纂修/陕西省榆林市地方志办公室整理/马少甫校点/上海古籍出版社/2014，577页。《榆林府志》问世于道光二十一年（1841），涉及神木的内容多是因袭引用同年神木知县王致云纂修的《神木县志》，但是也有别出心裁之处，如其所载王赐均，即与《神木县志》不尽相同，特别强调了王赐均在秦州任内的突出政事以及秦州人民对他的深厚感情，而对于其书法造诣则忽略不提。可见《榆林府志》的撰稿人对王赐均的生平亦有相当之了解，唯此方能取舍增益。其传略云：王赐均，字桐封，神木人。乾隆乙酉拔贡，中戊子举人。初任甘肃镇番知县，擢秦州。时值河州逆回之变，督帅驻秦，委办粮饷无缺误，更复保卫城池，抚恤难民，心力兼尽。旋升庆阳知府，调宁夏。所至多政声。后解组归，卒年八十一。窀穸时，秦州人不远二千里遥致赙赠，来视殡葬。赐均为人刚直，而惠待桑梓。凡亲友贫乏者，无不赒恤。尝捐银千两，倡修兴文书院。岁歉，亦捐平粜银千两。里人至今称之。

18 避籍　参见《县官老爷：解读县史两千年》/翁礼华著/浙江古籍出版社/2007，34页。

19 王赐均口占　见《神木文史资料·第4辑》/政协神木县委员会文史资料委员会/1989，29页。

20 神木八景　见《神木乡土志》/未著纂修人姓氏/台湾成文出版社/1970，86页；《天下名胜八景》/常治国，韩志荣编著/经济日报出版社/1994，166页。

21 王沛棻与七笔勾　见《靖边县志》/靖边县地方志编纂委员会编/陕西人民出版社/1993，514页。四川、云南、陕西等多地流传《七笔勾》，可参见胡庆和《谁作〈七笔勾〉》，载四川甘孜州文学艺术联合会主办的《贡嘎山》杂志2014年第4期，68—74页。文称："陕北版的《七笔勾》的作者不是王培棻，是黄泽厚，黄泽厚是延榆绥兵道的军官，他写了陕北版的《七笔勾》后，在当时并未流传，他因言获罪光绪将他革职为民。王培棻考察'三边'在他写的奏章里引用了《七笔勾》，于是就成了王培棻的《七笔勾》。"亦见《王贵李香香回来了》/姚勤镇、鲍登发著/陕西人民出版社/2006，196—198页。文称，《七笔勾》作者是时任延榆绥的兵备道黄泽厚，该黄光绪二十六年（1900）上任后，不满这里的地理环境，想调好一点的州府。于是写了

《七笔勾》，后来翰林王培棻来榆巡视，在奏章中引用《七笔勾》，皇上大怒，旨令黄泽厚削发为民。不久王培棻亦被下放知靖边县事。黄、王任职榆林，可证于《榆林地区志》和《靖边县志》。王沛棻，字雪樵，河南光州人，光绪十六年庚寅进士，选庶常，改陕西知县。见严懋功著《清代微献类编》（上、下册）/台湾中华书局股份有限公司/1968，763页。

22 参奏王赐均　详见《奏为查明卸任宁夏府知府王赐均并无亏饷情弊唯年力渐衰请勒休事》/中国第一历史档案馆/档号03-1556-053。折云：乌鲁木齐都统署陕甘总督奴才高杞，跪奏为查明解任知府并无亏挪满饷情弊，惟年力渐衰，请旨勒令休致以肃官方事。窃查宁夏府知府王赐均先经署督臣董教增参奏官声平常并闻有挪移满饷，革请解任查办等情。奉旨宁夏府知府王均赐著解任，如查有挪移亏短兵饷情弊即严参革审，钦此。当经饬委候补道杨祖淳驰往宁夏摘署府篆，将库贮各款逐一盘查，据实结报去后，嗣据该署府禀称，查得府库应贮银两按款盘查，均系实贮在库并无丝毫亏短，出具印结。由新任宁夏道常文加结移司详转。惟时奴才甫经抵任，诚恐查察未周致兹朦混，因思兵饷出入，必须查询营中，方可得其虚实，随即飞移宁夏将军福会确切查覆。兹准覆称本营兵饷向由司库领回存贮，府库按月开支。王赐均在任俱系每月初一日按期支放，元宝整锭并无稍迟时日，亦无搭放小锭碎银，若有短缺，营中何肯领回，本处早应移明参奏等因，并在具八旗协领印结。移送前来的奴才覆加查核，王赐均任内并无亏挪满饷之处，已可凭信，至王赐均历任官声，奴才密加访察，尚无别项劣迹，惟屡次接见，察其才具平庸，不胜表率之任，且查其履历，现年七十岁，实已七十有余，精力渐衰，难其振作，相应请旨勒令休致以肃官方，其宁夏府系冲繁疲难最要之缺，应请旨简放，谨缮折覆奏，伏乞皇上睿鉴，谨奏。嘉庆十九年三月二十三日奉朱批：另有旨，钦此。

23 王赐均回馈故里　设粥厂　见张希纲《为官清廉　扶危济困——王州官轶事》一文，载《神木文史资料·第4辑》/政协神木县委员会文史资料委员会/1989，25—26页。重修漏泽园　见道光《神木县志》/王致云纂修/刻本影印/凤凰出版社编选/2007，509a页。《屈野河渡建搭木桥记》，道光二十一年孟秋，浙江增生朱埙撰，载道光《神木县志》/王致云纂修/刻本影印/凤凰出版社编选/2007，583页。

24 童谣　见张希纲《为官清廉　扶危济困——王州官轶事》一文，载《神木文史资料·第4辑》/政协神木县委员会文史资料委员会/1989，27—28页。值得注意的还有县志记载的道光丁酉科（1837）拔贡薛绳先，可能和薛绍先有亲缘关系。

25 宋良科考与家世　关于监生、贡生可离本籍，到京师参加乡试　参见《江南贡院》/肖振才著/当代中国出版社/2007，20页。及第名次　宋良与名臣李星沅、劳崇光等为同榜　详见《明清进士题名碑录索引》（上下册）/朱保炯、谢沛霖 编/上海世纪出版股份有限公司、上海古籍出版社/1980年，2789页。道光十二年壬辰恩科（1832）登科进士一甲3人，二甲100人，三甲103人。本科因清宣宗五旬万岁，改正科为恩科。家事参见《神木方言研究》/邢向东著/中华书局/ 2002, 6—7页。神木高家堡籍贯方言学家邢向东教授在写作博士论著《神木方言研究》曾对神木县城的人口来源以及变化进行过调查，他在书中的导论特别提到宋氏一族。

26 宋良　传记　见《贵州通志·宦迹志》/贵州省文史研究馆点校/贵州人民出版社/2004, 614页。履历　见《神木乡土志·卷二·选举》/未著纂修人姓氏/台湾成文出版/1970, 33页。升任　见清代历朝起居注合集/清宣宗/卷四十二/道光十五年十二月，第29页，总页号：102660。初七日，谕旨……将拿获临境逆伦重犯之现任四川开县知县宋良带领引见，奉谕旨宋良著以知州用。是日起居注官全庆、李煌。任开州知州　宋良于道光二十二年（1842）八月二十四知开州（今贵州开阳），任期极短，同年十月二十三即由顺天举人吴元庆踵继。详见道光《贵阳府志·上》/贵阳市地方志编纂委员会办公室校注/周作楫辑、朱德璲刊/贵州人民出版社/2005, 357页。

27 宋良故事　1990年神木县志对宋良的生平付之阙如，只记录了一个"偶然"的故事。详见《神木县志》/杨和春主编/经济日报出版社/1990, 623—624页；《神府煤田故事集》/杨文岩著/陕西人民出版社/1991, 151—152页《宋良中举》。县志记载尤为简洁，杨文较详细。本文采用县志大略，于字词语序，特别是逻辑转折处有改动。

28 杨世显　中进士　见《神木县志》/王致云纂修/刻本影印/凤凰出版社编选/2007, 547a页；查《明清进士题名碑录索引》（上下册）/朱保炯、谢沛霖编/上海世纪出版股份有限公司、上海古籍出版社/1980, 2772页，可知嘉庆十九年甲戌科（1814）登科进士一甲3人，二甲100人，三甲124人。杨世显与"三代帝师""四朝文臣"、苗子白的推广种植者祁寯藻同榜，名列三甲86名。会试遇到麻烦事　见《清代科举朱卷集成·附录·清代朱卷集成·卷四十八》，原文如下：嘉庆十六年奏准己巳科会试，据广东新中举人陈文焕、余廷璙、许滋、刘照藜，贵州举人何思诚，陕西举人杨世显，甘肃举人陆汭等七名，呈称中式后均在本省填写亲供，今来京会试始知亲供尚未到部，取具同乡京官切实印结赴部会试等情，查与成案相符，准其先行会试，并即行查该省旋据各学政覆称，陈文焕、余廷璙、许滋、何思诚、杨世显、陆汭等六名亲供，均经填写，唯广东举人刘照藜一名中式后并未填写。与宋良、武凤来、秦钟英参与院老太太七十寿辰　详见《院老太君七秩荣寿序》，载《马镇镇志》/乔振民主编/陕西人民出版社/2016, 667—669页。作为书法家　见《中国美术家大辞典·上》/赵禄祥主编/北京出版社/2007, 597页。

29 宋贤与王祝三　有关宋贤　见道光二十三年陕西巡抚李星沅《奏为官民捐资修建书院义学请奖励事》/中国第一历史档案馆/档号04-01-038-000185-0062-0000，神木宋铫家传《宋良科举朱卷》。增生　明洪武间规定县学生员二十人（既是学生又有员额限制，所以叫生员）。这二十名生员是由童生经过层层考试选拔进县学的，他们可以享受不服兵役、徭役的特权，可以不受笞刑，不受刑讯逼供，吃国家皇粮，叫廪膳生员，省称廪生（廪即米仓）。后来，随着经济发展，读书之人越来越多。于是，国家又在定额之外增广生员人数。到宣德以后又确定了增广的数额：两京府学增六十人，在外府学增四十人，州学增三十人，县学增二十人。这些增广的生员出现以后，为与初设的食廪生员相区别，于是称原设生员为廪膳生员，称增广者为增广生员，省称增生。其后读书人数一增再增，又于额外增取，附于诸生之末，是为附学生员，省称附生。增广生员和附学生员都无廪米。于是，府、州、县儒学生员中便有三种不同的生员：廪膳生员、增广生员和附学生员。由于廪膳生员和增广生员都有固定的数额，而附学生员没有数额的限制，所以后来凡是初入儒学的生员，统统作为附学生员，然后再经过考试去补充廪生与增生。除了廪生、增生、附生外，还有例生，即通过向国家捐赠钱粮取得生员资格者。此外，古代学校称庠，故学生又称庠生，为明清科举制度中府、州、县学生员的别称。庠生也就是秀才之意。秀才向官署呈文时自称庠生、生员等。参与编修道光《神木县志》　见《神木县志》/王致云纂修/刻本影印/凤凰出版社编选/2007，461a页。

30　王赐垲与王铨　见《神木县志》/王致云纂修/刻本影印/凤凰出版社编选/2007，545、546a页。《榆林府志·选举志》（清）李熙龄纂修/陕西省榆林市地方志办公室整理/马少甫校点/上海古籍出版社/2014，362页：王赐垲，原名赐块，赐均弟。乾隆四十八年癸卯科武举。捐都司。

31　王赐延　见道光《神木县志·卷六·封赠》/王致云纂修/刻本影印/凤凰出版社编选，546a页，2012年谢元绍点校简体横排版有误，将"王赐延"讹差为"王赐垲"，故而，存在两条王赐垲的信息。

32　王家子弟　王镕、王镫　见道光《神木县志·卷六·选举》/王致云修、朱壔纂、张琛增补/刻本影印，547a页。王鐥、王铣　见道光《神木县志·卷六·选举》/王致云修、朱壔纂、张琛增补/刻本影印，538a页；《神木乡土志》/未著纂修人姓氏/台湾成文出版社/1970，39页。

33　州官死王旋——死不起　见《神木文史资料·第4辑》/政协神木县委员会文史资料委员会/1989，22—23页。笔者在转述时，进行大幅改写，于字词语序，特别是逻辑转折处多有更动。

34　建置苏山书院碑记　见《中国书院史资料（中册）》/陈谷嘉　邓洪波主编/浙江教育出版社出版/ 1998，1305—1306页。

35　亦乐园记　见《静宁县志》/静宁县县志编纂委员会/甘肃人民出版社/1993，

712页。

36 总兵提督衔张文奇墓志铭，载《榆林府志》（清）李熙龄纂修 /陕西省榆林市地方志办公室整理/马少甫校点/上海古籍出版社/2014，863—866页。文中"懋堂初公"，即初之朴（1727—1807），字怀素，号懋堂。山东莱阳人。乾隆年间拔贡。任北、东城兵马司指挥，升户部云南司主事，至九江知府。子初彭龄，官至兵部尚书。详见《清廷大员初彭龄》，载《即墨文史资料（第8辑）》/中国人民政治协商会议即墨市委员会文史资料研究委员会/1992，142—153页。

37 宁夏府王赐均十二款 见《中国荒政书集成·第4册》/李文海、夏明方、朱浒主编/天津古籍出版社/2010，2676—2677页。

秦钟英/
幸运武状元的生前身后事

民国初年，神木城有一名叫秦桃则的人，虽沦落为乞丐，还不忘家门曾经的荣光，每逢春节，总要在自己的讨吃窑子贴一副对联：

<blockquote>提督军门府，状元及第家。</blockquote>

原来，他的高祖乃前清武状元、贵州提督秦钟英（图4-1）。

有清一代，武状元总计109名，陕西仅3名，神木就有两位，即嘉庆二十二年（1817）武凤来与二十四年（1819）秦钟英。

神木地处边塞，历来武风强劲，在宋有杨家将，明清又现张、赵总兵世家，而嘉庆一朝两位武状元，尤为世人称道，"神木弓马甲天下"，更是沸传一时。[1]

图4-1 秦钟英画像

武凤来生相壮实，膂力过人，可以擎举碾石。当年殿试前夜，嘉庆皇帝梦见有凤来仪。及翌日览武进士榜，见有名"武凤来"者，不禁大悦，钦点其为头名武状元。而秦钟英，亦颇具传奇色彩，几乎算得上是史上最幸运的武状元了。[2]

第一部分　秦钟英的状元是怎么得来的

在封建社会，能高中状元，是一件特别光前裕后的事情，自然也就流传很多民间附会的野史奇闻。

传说，秦钟英独占鳌头，有赖于一次意外事件的发生。放榜前夕，紫禁城突发大火灾，惊动了宫帏，嘉庆皇帝亲御城楼察看。只见内中救火人员，有一彪形大汉，奋不顾身，最引他注意。内侍查明，是新科探花陕西神木秦钟英。嘉庆又问："那状元、榜眼呢？"内侍回奏"状元与榜眼，并未参与救火"。龙颜不悦，降旨：改点秦钟英为头名状元，原状元、榜眼，直接除名。[3]

传说听听便罢，万不可当成史实看待。然而，这秦钟英中状元一事却真实不虚，有史可据，只是，另有原委。查《贵州通志》：

秦钟英，陕西神木人，嘉庆二十四年（1819）一甲二名武进士，以一甲一名徐开业胪唱误班，特旨改钟英一甲一名，授头等侍卫。[4]

相比民间传闻，官修正史，在这些无关人心向背的地方自应可信度很高。由是而观，传说有两点纰缪：一、秦钟英本是榜眼，而非探花；二、秦钟英盖因一甲一名徐开业传胪迟到拔补为状元，而非救火有功。

历史上参加科考之人如过江之鲫，试问，哪个不梦想得状元？得了状元，却在殿试揭晓唱名之时迟到而被革掉，真够稀奇。倒霉的徐开业，到底怎么回事，为我们留下了一桩疑案。两百年来众说纷纭，流传较广的两种版本都牵扯到了秦钟英。

一、秦钟英爽约致使徐开业迟到

据《徐氏谱牒》：武会试前，徐开业与旻宁（后来的道光皇帝）邂逅于城郊，旻宁为徐开业武艺所折服，引以为友。会试中，经多场比拼，徐开业夺魁已属无疑。然而，同科秦钟英为攫取状元，心生一计，于朝谢前夕相约徐开业于翌晨五鼓在寓相等，一同前往。徐开业候至黎明，尚不见来，赴秦寓探寻，方知钟英早已上朝。开业纵马东华门时门已关闭，于是绕道西华门，偏又遇火不得入。后赖旻宁斡旋，补谢恩典，大魁未动。钟英因羁绊开业，致其迟到，不仅没能夺得状元，还获"大不敬"之罪。[5]

那么问题来了：一、倘真如此，在兵部就迟到之事进行调查时，为何徐开业对此闭口不谈；二、既然秦钟英获"大不敬"之罪，为何还能官至贵州提督；三、失火一事，据《清实录》属实，但在时间、地点方面，均与《徐氏谱牒》违合。

看来《徐氏谱牒》纯属瞎编乱造，然而，这样的编造又非空穴来风。那场火灾还真的发生过，却是在文颖馆，传胪前夜。可见世人捕风捉影、无根由之谈的厉害。我们要想还原历史真相，必得在乱象纷呈的罗生门叙事中经历一番拨云见日的努力而再期水落石出。

二、秦钟英灌醉徐开业致使其传胪迟到

《中国状元趣话》一书所载《徐开业传胪迟到革状元》一文，演绎戏说的成分颇多。据该文，殿试前，徐开业曾请著名相士卜问而得诗一首。诗云：

> 天子点元江南开，伞盖仪从后人来。
> 从来世事怪如棋，莫笑英雄尽贪杯。

徐开业居家江南，且姓名中第二个字即"开"。他隐约觉得自己要中状元，因为"天子点元江南开"一句完全吻合他的个人信息。至于后三句，他感到隐晦难解，相士却笑语："天机不可泄露，日后自有分晓！"

不久放榜，徐开业果然赢得魁首，异常高兴，传胪前夜，邀请同科一甲第二名（榜眼）秦钟英和第三名（探花）梅万清到酒楼畅饮。却说秦钟英不甘屈居徐开业之后，认为自己无论武艺还是文采均胜一筹，便决心趁着徐开业高兴，将其灌醉，好让他在传胪典礼上出尽洋相。结果，还真把二位兄台喝得烂醉如泥。[6]

这段记载的真实性同样值得商榷：若果如此，是被秦钟英劝酒灌

醉，事已至此，徐开业和梅万清有何遮掩隐瞒的，竟要另寻借口？皇帝也是人嘛，必能体谅，在人生的大喜之日，喝点儿酒庆贺有甚不妥？

三、徐开业邀约宴饮，不胜酒力，以致延误朝谢

古来面对赏心悦事，人之情绪大抵一样，无外乎会选择游山玩水、饮酒纵乐。孟郊《登科后》诗云："春风得意马蹄疾，一日看尽长安花"，将这种游冶之情渲染得淋漓尽致。[7]

事必有征，传闻各异。经过一番甄别，笔者认为，榜眼秦钟英之所以能补拔状元，极有可能是徐开业主动邀约宴饮，终因没有把握好分寸，自己啜饮巨多，又不胜酒力，而沉睡误事。

按常理推测，作为魁首的徐开业，在殿试前夕邀请秦钟英、梅万清喝酒亦是情理中事，也符合武将性格。很可惜，徐开业遇上了酒场高手秦钟英，注定要败在神木人的拳路之下。

鼎甲三名，徐开业是江南人，梅万清是甘肃人（一说直隶人），而秦钟英是神木人。[8]神木地处边塞，素有大块吃肉、大碗喝酒之习俗。[9]论酒量，徐开业、梅万清恐非秦钟英对手，故而双双宿醉未醒，以致延误朝期。

当然，我们也不能忽略，徐、梅二人的迟到，另外一个重要原因，即上朝时间的设置有违人性。唐诗人李商隐《为有》一诗，闺怨极深。无端嫁得金龟婿，辜负香衾事早朝。抱怨的正是上朝时间太早，害得官宦床第的少妇极为不满良夜之虚度。

据学者杨联陞先生研究，清朝官员上朝需凌晨3点出门。这么早即需起床，委实困难，兼之毫无相关经验，盛情之下，又过量饮酒，误班极有可能。[10]

徐开业大概也经过一番权衡，觉得醉酒睡过头这个理由，讲出来

会显得自己对状元这个名头不够重视，不如就说绕路迟到较为妥当。

对于他这一套冠冕堂皇的说辞，嘉庆皇帝会相信吗？

四、原因纷杂，结果却只有一个，戏剧性的画面出现了

1819年10月20日，嘉庆皇帝在太和殿召见参加殿试的武举，宣布本科等第的进士名状：一甲一名为武举人徐开业。唱名三次，殿下无人出班谢恩，嘉庆皇帝一脸不爽；待宣布一甲三名为梅万清时（图4-2），竟又无人应答。一甲三名进士中，唯秦钟英一人到场。状元和探花双双误班，实为有史以来破天荒的怪事，朝臣惊恐，天颜震怒。

十月庚戌，谕内阁：本月二十日朕御太和殿，专为武殿试传胪。其应行谢恩人员，尚系附于是日行礼。乃胪唱时，一甲一名武进士徐开业、一甲三名武进士梅万清，均未到班。当经都察院鸿胪寺参奏，交兵部查询。据称徐开业、梅万清寓居西城，是夜先至西华门，因门未开启，绕至东华门，以致迟误等语。各武进士分住东西城，是夜多有由阙门进内者，一甲二名秦钟英等均未迟误，何以徐开业、梅万清二人独未到班，所言殊不足信。事关典礼，非寻常失误可比，本应全行斥革，念其究系草茅新进，徐开业着革去一甲一名并头等侍卫，梅万清着革去一甲三名并二等侍卫，施恩俱仍留武进士，再罚停明年殿试一科。俟下届武会试时，再同新中式武举一体殿试。其本科一甲一名武进士，即以秦钟英拔补，授为头等侍卫。一应宴赉，兵部照例给予。一甲二名三名，均无庸再补。[11]

据说，徐开业后来又参加了殿试，成绩也相当突出，皇帝却没有点其为状元。1998年《滨海县志》为徐开业列传，盛赞其文武双全。可惜，无改于他一生不得志的命运，道光十一年（1831），徐开业在

陕西潼关协镇（又称副总兵、副将）任上以身殉职，年仅43岁。[12]

传胪迟到于徐开业倒霉透顶，对秦钟英则是天降鸿运。秦钟英与徐开业是否有过私下较量，不好遽断。可以确定的是，类似的明争暗斗时有发生。咸丰六年（1856），文科状元的角逐者为翁同龢与孙毓汶。翁、孙两家乃世交。翁家距离朝门较远，殿试前夕，孙家盛邀翁在府中住宿却百般干扰其正常休息。翌日殿试，翁同龢困倦欲睡，夺魁无望之际，忽忆及携有两支人参，咀嚼着试了试，顿感精神十足，终夺魁首，赢得"人参状元"的美誉。[13]

第二部分 秦钟英的生前身后事

秦钟英之幸运，不独是千古难逢地由榜眼而推升为状元，其在宦海亦一帆风顺，人品行事又颇得同僚推许，终至一品要员，封妻荫

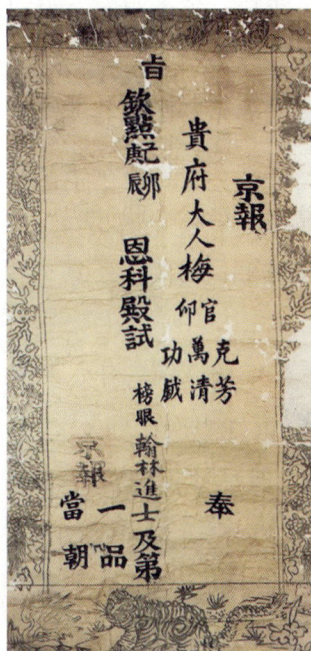

图4-2 梅万清京报

子，风光无限。

一、鸡毛年儿子中状元

秦钟英得到状元与喝酒有关，相传他的出生也和酒有点儿关系，至今神木还流传着一句童谣：

喝冷酒，蘸咸盐，己卯年儿子中状元。

话说秦钟英父母结婚多年，膝下犹虚。有一年，钟英父亲与友外出做工，各赚得两个元宝。中途横生枝节，朋友失了银钱，一时想不开就寻死上吊。多亏钟英父亲发现及时，并分了自己的一个元宝与他。

钟英之母对丈夫的做法深为理解，欲温酒炖鸡给他接风洗尘。他却说："不用麻烦，酒不要温，我爱喝冷的；鸡也不要杀，弄点花生豆豆，蘸点儿盐就行了。我这叫'喝冷酒，蘸咸盐，省下鸡嘛，好过年'。"

妻子乐了，款语温存："喝冷酒，蘸咸盐，养个小子中状元！"他笑说："你这个婆姨，净想好事，养个孩子都难，何谈还是小子，还能中状元。"妻子又戏语："你刚才不是说鸡毛年就中状元吗？"这一下把丈夫彻底逗乐了，他笑说："听说有鸡年、狗年，还真不知有个鸡毛年！"

本是一场无意的夫妻逗趣，谁料来日竟一一应验。第二年，秦钟英出世。更巧合的是，秦钟英高中状元之年，正好岁次己卯。"己卯"与"鸡毛"谐音，所以，人们便将最初的玩笑话修正成了："喝冷酒，蘸咸盐，己卯年儿子中状元。"[14]

秦父因为这个状元儿子倍享荣光：

秦天荣，以子钟英任头等侍卫，赠武显将军。

秦天荣，以子钟英任提督，晋赠荣禄大夫。[15]

二、秦钟英何以官至贵州提督

《徐开业传胪迟到革状元》文末称："秦钟英虽然成为武状元，被授为一等侍卫，但因其不光彩的行为被人加油添醋地予以传播，对其影响很大，受到同僚攻讦，被外放为官，亦一生不得志。"[16]

这虽不能当作正史来看，却隐约反映出一些当时的舆情。不难想象，因徐开业迟到，秦钟英免不了被人误会。但要说秦钟英郁郁不得志，却非事实。

秦钟英由一甲第一名武进士，授头等侍卫，在乾清门上行走。道光六年（1826）选广西提标游击，十七年（1837）升山西老营堡参将，二十年（1840）升直隶河屯协副将，寻升贵州安义镇总兵……[17]

一般人大概会想，以堂堂武状元充任侍卫，是否屈才。实则，武进士中弓马娴熟技艺超拔者才有此机会。特别是御前侍卫和乾清门侍卫。御前侍卫自不必说，乾清门侍卫也荣耀异常，待遇优厚。乾清门乃清帝生活区域的正门，亦是"御门听政"之地，故而乾清门侍卫与皇帝的接触分外频繁。[18]

1820年7月，秦钟英在乾清门上任头等侍卫尚不满一年，61岁的嘉庆龙驭上宾，39岁的道光御宇即位。其后，秦钟英效命行伍，有两次送部引见，均得以高升。特别是，第二次还未来得及谒见，安义镇总兵缺出，道光即谕令秦钟英补授，这大概是秦钟英予其留下了很好的印象。

《清代官员履历档案全编》一书名不副实、存在许多遗珠之憾，却详细记载了秦状元的宦迹升迁过程：

　　秦钟英，年五十四岁。系陕西榆林府神木县人，由嘉庆癸酉科（1813）武举，中式己卯（1819）科武进士，殿试一甲第一名。钦点头等侍卫，在大门上行走三年期满，以游击用。于道光六年（1826）二月内选补广西提标前营游击。十年（1830）荐举注册。十六年（1836）十月，推升山西老营营参将。十八年（1838）六月，经山西巡抚申启贤奏，调抚标中军参将。旋奉朱笔："补授直隶河屯协副将。"于二十一年（1841）二月内赴部引见，奉旨："秦钟英准其补授直隶河屯协副将，钦此。"二十二年（1842）四月内，经直隶总督讷尔经额保奏堪胜陆路总兵。奉朱批："着送部引见，钦此。"遵即领咨，尚未到部，于本月二十二日内阁奉上谕，贵州安义镇总兵员缺，着秦钟英补受，钦此。[19]

　　秦钟英之为官起点甚高，甫始游击（从三），又有贵人襄助，扶摇直上，很快即升任为总兵官。如果我们对绿营兵制略有了解，即可知职居总兵之难得不易。绿营又称绿旗兵，相对八旗军制而言。它是由汉人及清初统一战争中收编的明朝军队组成，是清代常备兵之一。绿营有标、协、营、汛四级，总兵所属称标，副将所属称协，游击、都司、守备所属称营，千总、把总、外委所属称汛（见表4–1）。

表4-1 清代绿营将领品级表[20]

建 置	长官职名	品 级
标	总兵	正二
协	副将	从二
营	参将	正三
	游击	从三
	都司	正四
	守备	正五
汛	千总	正六
	把总	正七

以上四级军制单位的长官皆受各省提督节制。提督每省设一人，为一省绿营最高长官，秩从一品，也是清代官职体系中武职外官的最高品级。而由总兵晋级提督，尤非易事。秦钟英同袍战友荣玉材，在总兵位足足二十多年，迟迟不得进身。秦钟英只用六年时间，即晋武职外官的顶级——提督。

秦钟英仕路鼎盛时期在贵州，最值得称道的工作也是在那里完成的。《贵州通志》着重记载其剿匪事功：

（秦钟英）道光二十二年（1842）擢贵州安义镇总兵。二十八年（1848）云贵总督林则徐檄钟英协剿云南保山回匪，有功。是年九月，署贵州提督，寻实授。

秦钟英之为人做官不仅非常幸运，而且很有一点儿成绩，他在安义镇总兵职位时，协助林则徐戡乱，出力不少，彪炳史册。

二十八年（1848）正月以云贵总督林则徐檄，协剿云南保山哨匪，适赵州弥陀渡复有匪徒滋事，先行移师剿定。保山匪徒闻风震慑，迨至全师压境即畏献停，将首从各犯分别治罪。复将各处积年逸匪抓获多起。钟英偕云南提督荣玉材等抓捕不遗余力。经林则徐入奏下部优叙……[21]

与他合作的荣玉材堪称一代名将，道光二十七年十二月十六（1848年1月21日）林则徐密奏给他的考语是：

该提督声名甚好，此次在滇始见，果系公正廉明，且能作养人才，尽心训练。虽年将七十，而精力未衰，边疆堪资保障。[22]

道光二十八年三月初八（1848年4月11日），林则徐奏《保山七哨献犯审办情形折》，言及此次大军开进情景：

维时云南提督荣玉材，与昭通镇总兵刘定选、贵州安义镇总兵秦钟英，先后各率将领备弁分路齐进，其民人之焚香跪迎者，亦与音德布无异。凡该处城乡大路，无不壁垒匝地，旌旗蔽空，赫赫万军，使民战栗。[23]

事实上，林则徐在处理"永昌惨案"时，收受赇赂，显失公允，颇为后来学者诟病，以为林人生中一大洗刷不掉的政治污点。可在当时，不惟林是受益者，许多员弁将备亦得以加功进爵，秦钟英即其中之一。[24]

然而，若非两任贵州提督遽然暴病而亡，秦大概顶死也就是做到安义镇总兵。

同年八月十六（1848年9月13日），贵州提督王一凤病危，服药总未见效，精神疲惫，自行具折奏请开缺。王一凤，由甘肃行伍出身，前为广西副将，道光二十年（1840）经林则徐保举，简放云南昭通镇总兵，二十五年（1845），擢授贵州提督。林则徐看重他朴实奋勤，无绿营习气。接知他因病奏请开缺，以为其素性急公，唯恐因循贻误方才如此，是以会商贵州巡抚乔用迁，代恳道光赏给一定假期，冀其在任调理。[25]

半个多月以后的九月初五（1848年10月1日），贵州提标中军参将佟攀梅偕同署安顺府知府胡林翼前往看视的当天，王一凤溘然长逝，"伏枕碰头，声称上负天恩，不能报效"。[26]王一凤所遗提督篆务，由谁接署？

林则徐反复权衡，拟定人选：

查有安义镇总兵秦钟英，自二十二年到任以来，办理营务谙练周详，堪以委令署理。[27]

所谓署理，即在原任官员出缺或离任后，指定其他官员暂时代理其职务。秦钟英之所以能由署理到实授贵州提督一职，不无运气的成分。

林则徐代请王一凤在任调理的建议并未得到道光皇帝的准旨。九月二十八（1848年10月24日）在得知王一凤因病请求解任以后，道光谕令以浙江处州镇总兵官梁胜灏为贵州提督。[28]

梁胜灏，汉军镶红旗人。嘉庆二十一年，由领催中式武举。二十二年，授蓝翎侍卫。荐升三等侍卫。道光三年，以参将拣发山东。九年，补德州营参将。历官浙江处州镇总兵。二十八年九月，擢贵州提督，寻卒。[29]

这个"寻"所意指的大概也就两三个月的时间，因为十二月二十

（1849年1月14日），皇帝上谕：

> 贵州提督，着秦钟英补授。[30]

看来梁胜灏运气不济，大约死在了赴任路上。古时通讯不如现今便捷，驿站往还颇费周折，致使音信阻隔不畅。道光于九月二十八已任命梁胜灏为贵州提督，时至十月二十四，林则徐尚且不知。当日上奏《署贵州提督秦钟英俟新任到时在行进京陛见折》，还说：

> ……计臣前折到京，所有贵州提督员缺，定已仰蒙简放，似不久即可到黔。秦钟英可否俟新任提督到黔，再行起程进京陛见。臣未敢擅便，伏乞圣鉴训示。[31]

万没有想到，该新任贵州提督，等来等去，竟是秦钟英，命运之神又一次垂青这个曾经幸运的武状元。补授贵州提督后，秦钟英进京除遵前奉朱批，还有另外一重政治礼仪——谢恩（图4-3）。1848年10月30日，尚为总兵的秦钟英奉到批折，以安义镇任内二次届满三年，奏蒙恩准陛见。[32]

清制，各省文武大员在任三年考满，如皇帝未下令召见，其本人应行奏请进京陛见，由皇帝于陛见时亲加考察，然后决定回任与否。奏请陛见按制三年一次，所请未准者，此后每年奏请一次，如皇帝不予准奏，表示可以留任一年。[33]

以此可知秦钟英做安义镇总兵满三年后，必是每年奏请陛见，大致说些："伏念奴才陕省庸才，毫无知识……吁求圣恩俯准来京展觐天颜，面承提命，庶奴才得以遵循，认真训练，实心实力，不敢稍事疏防，以期仰答高厚鸿慈于万一，所有奴才依恋下忱，谨缮折具奏，伏祈皇上圣鉴训示。"云云，念托整整三年，方获道光一声有气无力

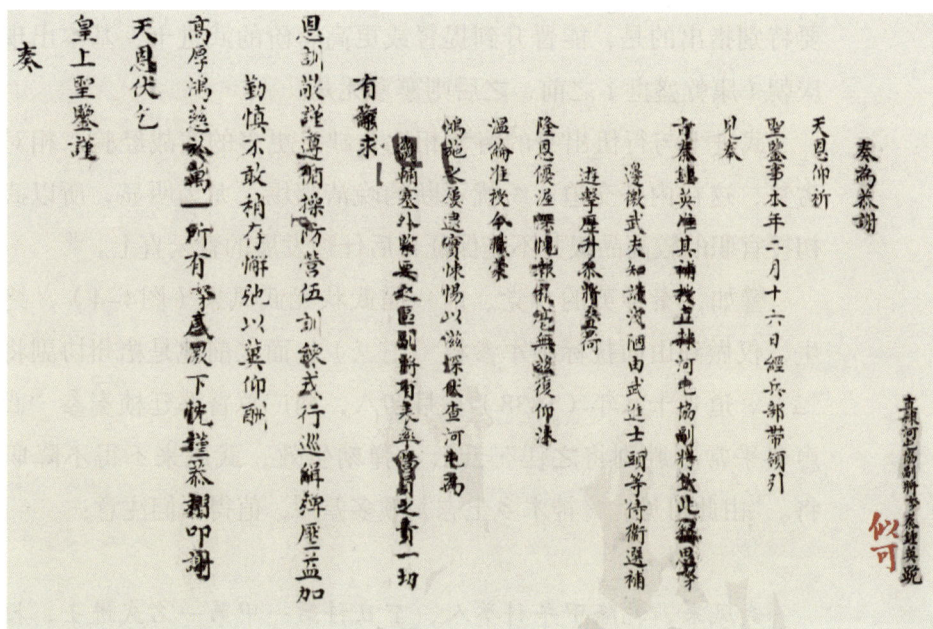

图4-3 秦钟英《为奉旨补授河屯协副将谢恩事》（朱批）

的回应：

　　着来见！[34]

　　笔者分析，原因概有其三。一、安义地处重镇，不容暂离。二、道光对秦较为放心，觉得他才具年力堪任。三、宦途拥滞，暂无升调可能。

　　十二月二十（1849年1月14日），林则徐为秦钟英此行进京陛见一事上奏，乞求圣鉴，钦定提督篆务接署人员。微臣卑职，叽叽歪歪，大费笔墨，呈递上去，英明的皇上朱笔一挥，寥寥数字：

　　知道了。[35]

　　秦提督瞻仰天颜一年之后，1850年正月，69岁的道光升遐。在此需要特别指出的是，能晋升到提督或更高官阶的武进士，基本出现在嘉庆朝（康乾盛世）之前，之后则寥寥无几。

武进士与行伍出身的将领相比，缺乏更多的实战经验，相对处于劣势，这在内外交迫、纷扰不断的晚清疆场，尤为明显，所以武进士初授官职的较高品级并不能保证日后仕途发展的青云直上。[36]

譬如，秦钟英的乡党、前一届武状元武凤来（图4-4），终其一生，仅做到山西抚标中军参将（正三），而之前他是梧州协副将（从二）。道光十八年（1838）三月初八，两广总督邓廷桢奏参"武凤来声名平常不胜副将之任"云云。弹劾生效，武凤来不得不降职为参将。[37]由此可见，《神木乡土志》颇多差谬，值得我们注意：

武凤来，乾隆甲午科举人，丁丑科第一甲第一名武进士，授头等

图4-4-1　武凤来画像

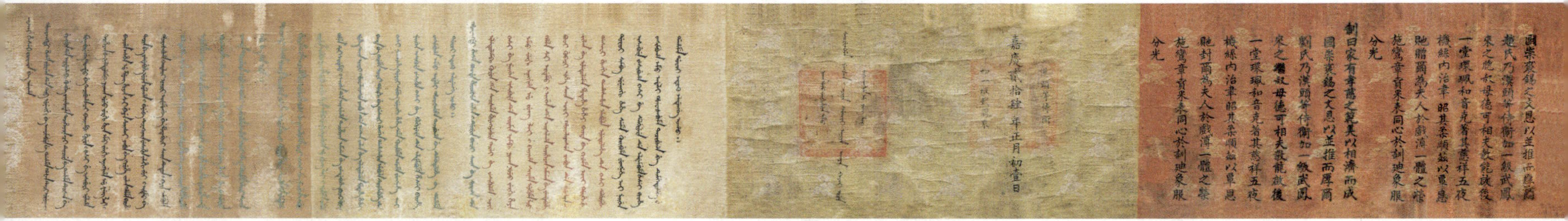

图4-4-2　武凤来叔母诰命／武玉承提供

侍卫，累升至梧州协副将，复升山西抚标中军参将。[38]

虽然，由协而标，军制单位级别上升一级，固无改由副将而至参将乃贬谪之事实。此其一。其二，乾隆甲午年即公元1774年，（嘉庆）丁丑年即公元1817年，由中举而至中状元，横跨43年整，尤不可信。

三、与林则徐的交谊以及物议推许

道光二十七年十二月十六（1848年1月21日），新任云贵总督（正二品）林则徐，因循"各省文职藩臬道府，武职提镇，居官贤否，总督应于年终出具切实考语，密奏一次"的定例，上奏《密陈滇黔文武大员考语折》，其中大加赞誉秦钟英："本有过人之勇，遇事又肯认真，在镇已越五年，营伍颇称有效。"[39]

二十八年十二月二十（1849年1月14日），秦钟英升任贵州提督（从一品），即日林则徐写去一封贺信：

月初沏寄寸笺，知已早登签室。昀届春盘凝馥，遥詹武库迎厘。欣稔四兄大人瑞启麟图，祥延虎帐。挹红岩之淑气，春暖兰绮；迓丹宸之恩纶，勋孚枫陛。引詹吉采，式惬颂怀。

弟欣对韶华，转惭衰钝。柳营近接，弥深颂岁之情；竿牍遥传，用代宜春之帖，专沏布贺年禧，顺请台安。惟希荃照，不既。

愚弟帖

再，崇镇军接到檄委，谅即起身，不识何时可抵安顺？荣旆准于何时北上？便希示之为荷。又及[40]

提臣与总督平级，却受总督节制，虽然如此，二者又无严格的上下级隶属关系。林则徐给秦钟英写去一封文绉闲散、恭敬客气的祝贺信函，且以兄弟相称，顿减官僚气息。[41]

如此深奥的辞章，我们的武状元能看明白吗？

事实上，统治者考虑到舞枪弄棒者多为大字不识的粗人，也并不为难这些莽汉英雄，不断降低对武举应试者的文化要求。嘉庆十二年（1807）起，只要工工整整默写一段百余字《武经》即可。[42]

秦钟英曾任中军参将，按理说应该还是聊具风骚，因为中军需要负责部队的宣传号令、支发饷项等营务，免不了案牍劳形。[43]此信即便秦钟英看不懂，也不要紧，作为贵州提督，他一定也有他的捉刀字识，起草书信文件这些琐事，自有人代他打理。

由于语言的变革与更新，我们现在看这份短信，颇感吃力。林则徐到底给秦钟英说了些什么？笔者略释大意：

月初短信，知你已收。春卷好香，军务繁忙。祝贺仁兄，荣获高升。淑气洋溢，春暖花放。劳苦功高，皇恩浩荡。吉祥如意，宜于抒怀。又是一年，自感迟暮。军中融融，欢度佳节。书信往来，问候安康。再者一事，崇福军队，接到檄文，想已出发，不知何时，可到安顺？荣玉材军，何时北上，告我一声。

林则徐以行第称秦钟英为"四兄大人"，说明二人较为熟络，有密切联动，虽不敢断定说有多深交情，却不乏同僚之谊。同天，林则徐上奏一年一度的《密陈滇黔文武大员考语折》，略云：

大抵才分之优绌，前后不至悬殊，惟年力精神若在六十以上，即需随时察看，不能以目前所见者概其将来……[44]

经过保山合作，林则徐对秦钟英了解益深。他此次考语时年六十的秦钟英：

存心公正，任事勤明。前在迤西军营，宽严似皆得体。兹蒙简授提督，进京谢恩，一切年力精神，自必仰邀圣鉴。[45]

秦钟英协助林则徐剿洗云南保山回匪，以及对湖南天地会的平叛，颇显居官尽职、安邦定边之英勇武功，奠定了他的良好声誉。

三十年（1850）湖南匪徒李沅发倡乱，窜入贵州之洪州太平山一带滋扰。钟英督师堵剿，击毙多匪，擒其渠，追奔至水口等处，俘馘无算。余匪由摩天岭翻山窜逸，复偕总兵崇福、秦定三等分驻楚粤接壤地方防堵，并饬员弁越境尾追，旋以首逆就擒于楚，边界肃清，凯撤回营。[46]

平定此次匪乱，多人身预其中。据巡抚乔用迁奏章：

窃照湖南逆匪逃窜之始，节经臣会同督臣程矞采、提臣秦钟英，严饬地方文武实力防堵，并于二月内派委候补知府胡林翼由镇远带领委员兵练驰往策应。[47]

胡林翼，是中兴四大名臣之一，也参与了这次剿匪，在政坛初露头角，尚是镇远候补知府。[48]

扑灭这次湖南农民起义后，起义军首领李沅发被押赴北京凌迟处死。《文宗实录》道光三十年五月丁酉（1850年6月15日），又谕：

据裕泰、郑祖琛、向荣由六百里驰奏生擒首逆，歼除匪党，地方一律肃清一折。览奏欣慰。……至此次逆匪扰及三省，各该督、抚等，会筹协剿防堵，均称得力。[49]

为显示赏罚分明，登基不久的咸丰皇帝将湖广总督（从一品）裕泰晋加太子太傅衔，广西巡抚（从二品）郑祖琛、贵州巡抚乔用迁赏加太子少傅衔，湖南提督向荣、广西提督闵正凤、贵州提督秦钟英交部从优议叙。[50]

三省督抚大员争相庆功之余，却没有料到心腹大患正在迫近。当时，太平天国运动渐成燎原之势。道光三十年（1850）十二月二十日，李星沅、劳崇光、向荣奏报，韦正、洪秀全等擅帖伪号伪示，正筹进剿：

……惟广西幅员延袤，股匪纵横，官兵各路追捕，必须勇干大员统带接战。前蒙饬谕候补提督张必禄前来，业已至浔病故，现在分任乏人。臣等会查贵州提臣秦钟英久居边要，晓畅机宜，贵州镇远镇总兵秦定三曾任广西将官，情形熟练，皆可望其得力。恳恩准于两员中拣调一员，就近迅赴军营，即令凭带黔兵，分途搜捕，以期克期蒇事……[51]

李星沅、劳崇光、向荣，皆系一时之彦。这三位晚清名臣，在进剿太平天国之初，张必禄病死援赴路上，分任乏人，简选贤能之时，首先想到的就是广西邻省贵州的提督秦钟英，认为其才能物望均足以膺此重任。[52]

晚清末造，国家颠危破败，将相零落陨灭。之前，已经开缺休养在福建老家的林则徐被召用任命为钦差大臣兼广西巡抚，前赴镇压此次农民起义。出师未捷身先死，长使英雄泪满巾。1850年11月22日，林则徐病死在星夜兼程的赴任途中，临殁高呼"星斗南"。[53]

死不旋踵，他们看好的秦状元，做满三年提督，不期竟也病故了。甚至，新任钦差大臣李星沅本人，还未及休致回籍，也病死在了广西军营。[54]

四、秦钟英贵为朝廷一品大员的身后恩典

咸丰元年正月初四，秦钟英自感不久于人世，启手之辰向新即位的皇帝上陈奏章（图4-5）：

> 贵州提督奴才秦钟英跪奏，为病躯骤发，难以痊愈，伏枕哀鸣，叩谢天恩，仰祈圣鉴事。窃奴才于道光二十八年九月内，蒙宣宗成皇帝天恩简放贵州提督，正当竭尽愚忱，力图报效，讵因去岁驰赴黎平，防堵数月，致染痰喘之症，虽时发时愈，精神尚觉照常，现值粤西滋事，督派官兵，益加殚竭，不意正月初四日，痰壅气陷，料难生全，有负先皇畀任之重，今我圣主豢养之恩。惟有伏枕叩头，衔结于生生世世。奴才之子秦尚谦，孙梦熊、兆熊，早经送眷回籍，并未在署。所有奴才感激下忱，理合缮就，遗折交安顺府知府常恩，中军参将王梦麟，恭呈督臣代奏伏祈皇上圣鉴。谨奏。[55]

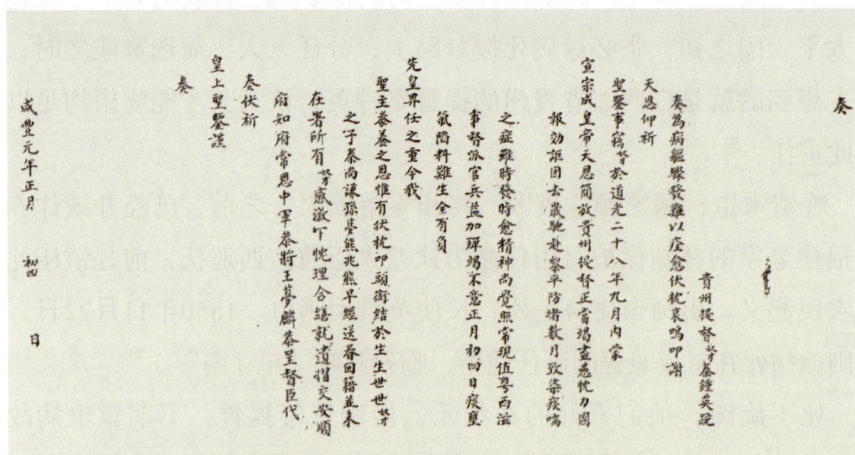

图4-5　秦钟英自陈病危奏折

再查《清实录》，咸丰元年二月己未日（农历二月初二）有这样两笔记事：

○调云南提督荣玉材为贵州提督。

○予故贵州提督秦钟英祭葬。[56]

也即1851年新春伊始，太平天国肇祸之初，秦钟英病死任上，此时距其高中状元已经32年。他的继任者荣玉材，为满族正红旗人、原云南提督，履新贵州未及半年，又改任滇提。自是贵州提督一缺走马灯式地更迭，无非寄望换人如换刀，确保边陲重镇的现世安稳。[57]

秦状元的生年月日，据《清代官员履职档案全编》："秦钟英，年五十四岁……道光二十二年（1842）四月二十二日内阁奉上谕，贵州安义镇总兵员缺，着秦钟英补受"这一重要信息可考，他病殁在63岁。古人按农历纪年，由此可得，秦钟英生于乾隆五十四年（1789），嘉庆二十四年（1819）高中状元时三十一岁。

当然，此为"官年"，类似今天的档案年龄，实际年龄可能会大一些。是故，我们还不能贸然定论秦钟英生于1789年，死于1851年。百度百科词条：秦钟英，（？—1851）……也只能完善为：

秦钟英（约1789—1851），陕西神木人，嘉庆二十四年（1819）武状元。[58]

新即位的咸丰，得知这位一品大员病故，降旨褒扬，说秦钟英恪守尽职，现在突然闻说他走了，非常痛心。

人既死，说几句冠冕堂皇的话，很容易也很好听。咸丰其实对秦提督并无多少了解，也无过多体恤之情。

咸丰旨意：对于秦钟英丧葬事宜，依例而行。执管兵部事务的曾国藩于是事无巨细地说明了所谓的一品官病亡"照例赐恤"可以享受何种待遇。

咸丰元年二月初三日，内阁抄出初二日奉上谕："贵州提督秦钟英，由侍卫洊任专阃，仰蒙皇考，简擢提督，操防巡缉，均属认真。上年带兵前赴黎平，防堵出力，蒙恩优叙。兹闻溘逝，轸惜殊深。加恩着照提督例赐恤，任内一切处分悉予开复。所有应得恤典，该衙门察例具奏。钦此。钦遵抄到部。"

臣等查定例内开，一品官病故，恩予恤典者，给与全葬银五百两，一次致祭银二十五两，遣官读文致祭。应否与谥，请旨定夺。凡与谥者，内阁撰拟谥号，工部给碑价银三百五十两，本家自行建立，祭文碑文交翰林院撰拟，不与谥者，祭文交内阁撰拟等语。今原任贵州提督秦钟英病故，钦奉谕旨"照提督例赐恤"，应照例给全葬银五百两，一次致祭银二十五两，遣官读文致祭，祭文交该衙门撰拟。其应否与谥之处，伏候钦定，恭俟命下，臣部行文各该衙门遵照办理。为此谨奏请旨。[59]

时任兵部侍郎的曾国藩，想必对品级如此之高的专阃疆寄之居官处事颇为熟稔[60]。约略在他心目中，这个曾经的武状元，政声很好，留给他的印象不错，他希望皇帝能为其格外赏赐，因而特别提出是否应该予以谥号，请皇帝考虑，并进一步阐释如果予以谥号，那就涉及与之相应的碑价银三百五十两。

所谓谥号，就是用一两个字对一个人的一生做一个概括性的评价，算是盖棺定论。然而，貌似咸丰帝对曾国藩的提议并不感兴趣，因为他直接朱批说：

着毋庸与谥。余依议。[61]

意思是，谥号就免了，其他的照你说的办。咸丰帝竟不予我们家乡这位武状元一个谥号，他究竟是舍不得那几个汉字呢，还是不想花国库的那三百五十两白银？

当然，还有一种可能，乃"为国者慎器与名"。《左传》有云："仲尼闻之曰：'惜也！不如多与之邑。唯器与名，不可以假人。——君子之所司也！'"说明古人对"名器"的看重，对其赋予的谨慎小心，宁肯多赏土地与金钱，也不轻赐爵号与车服。

咸丰谕祭秦钟英之灵曰：

鞠躬尽瘁，臣子之芳迹；赐恤报勤，国家之盛典。尔钟英性行纯良，才能称职，方冀遐龄，忽闻长逝，朕用悼焉！呜呼！宠锡重垆，庶沐匪躬之报，名垂信史，永贻不朽之荣，尔其有知，尚克歆飨。[62]

这自是内阁以皇上的口吻撰拟。典型的官样文章，空空洞洞，毫无内涵。"照例赐恤"，即便祭文，也不过走走形式，照例套抄一篇罢了。

秦状元死后葬回故里，墓在神木县城孟家沟。风流总被雨打风吹散，今天恐怕是早已不存在了吧。[63]

五、秦钟英的妻子与儿孙

秦钟英故去十七年后，陕甘遭遇了一场前所未有的浩劫。同治七年（1868）正月初一，神木官民颇为惊骇，阴冷的天空中，有云如路，自西迤东，赤色如血。[64]

不祥之兆预示的屠杀旋即应验，许多死难之士留下了英勇无畏、壮烈悲切、可歌可泣的英雄故事。

传说，获悉回军进剿前，上至闻达显贵下至平民百姓咸欲鼠窜逃命。地方官某为安定人心，亟招城乡绅民，前往屡验不爽的东山吕祖洞掣签以占凶吉而得乩语：

在城也好，在乡也好，在劫难逃。[65]

对此众人深信不疑，于是，全县上下集聚一城，勠力死守。那些以安邦卫民为天职的武将兵弁自不必说，难能可贵的是各行各业皆有威武不屈者，切实传承表现了杨家将故里所拥有的那种忠烈千秋的气节。

有一位叫刘庆余的知县老爷，已卸任暂居府谷，又为神木人返聘督办团防事宜，回军破城，他成功脱逃。但转念一想，当此变故关头，舍置一城百姓于血光之灾中不顾而偷生一时，颜面何存？于是又奋力杀入城中，最后在学宫上吊而亡。他身后留下一部诗集，命名为《刘神木遗稿》。[66]

当时还有一位高僧，暎元和尚，本在山西河曲海潮庵出家修行。回乱汹涌，他刚好在家乡神木，不幸亦死于变乱。他死得十分超脱：

变民问之，不答；喝之，不动。含笑受刀，遂被杀。[67]

这种众志成城、同仇敌忾、顽强到底、誓死不从的抵抗品质，城既陷，即遭疯狂报复，以至事过将近百年，人们对这场血戮残杀仍记忆犹新。曾任神木县县长的横山名士曹颖僧[68]，在他的史学名著《延绥揽胜》（图4-6）中写道：

神城承平日久，民风刚劲。又恃绿营兵伍，火器充实。回匪入境，先攻高家堡，继围神木城，地方官民，团结抵抗，矢石如雨，固守不下者半月，歼毙回众颇多。因之回匪下令，猛力攻城，围困不

图4-6-1　曹颖僧

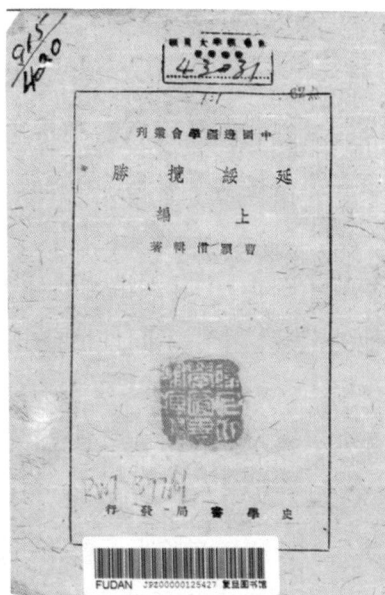

图4-6-2　曹颖僧著作《延绥揽胜》

支，卒至援绝力竭，城破陷落，故回匪衔恨刺骨，而残杀焚掠亦极毒残，地方精粹，几成焦土。[69]

在这场空间绝后的浩劫中，还有一位小脚女士值得我们铭记——贵州提督秦钟英的夫人出场了。这位老太太不愧武状元之妻，很有一点儿刚烈风骨。

秦钟英之一品夫人孟氏，于同治七年回逆陷城时，年已八旬，扶杖出门，骂贼而死。[70]

彼时秦状元如果在世，也行将八十。两相印证，前文所考秦钟英之生卒应属准确。相比其他入志的黄茅白苇的贞节烈女，秦夫人是一位难得的英雌，死得非比寻常，她的孙子为她向朝廷争取到了旌表优恤，身后大抵备极哀荣。

其长孙梦熊，在京闻报，遂申忠义总局转详顺天府府尹汇奏请恤奉旨，准在原籍建立专坊节孝祠内设位。[71]

秦梦熊（图4-7）其人事迹略详于《神木乡土志》，其中荫袭与掾吏都有他的记载，主次不同且稍有出入：

秦梦熊，以祖提督，袭一品荫生，官主事。

秦梦熊，由从一品荫生，朝考一等，内用刑部主事。

何谓荫生，要言之，即封建社会由于先辈的功勋而被特许为具有

图4-7　秦梦熊画像

任官资格的这么一类人，名义上入国子监读书，实际只需经一次考试，即可授予一定的官职。

通过选拔，秦梦熊得到了一个刑部办事员的职务，官阶六品。后在撰写《重修榆林会馆记》之时已升为刑部郎中（正五品）。[72]

秦梦熊看似威显虎将的名字，也未能在功劳簿上一见其详，倒是光绪元年（1875）为赞颂刘厚基的功勋，编著了一本军事地理著作《图开胜迹》（图4-8）。

该书现存光绪六年（1880）江宁刻本，具有丰富的史料价值，较为生动地反映了陕北地区各民族之风俗习惯、社会经济状况、军事部署、道路交通、城镇建设、农田水利等的方方面面。[73]

洋洋十万巨制，收录有李鸿章、曾国荃、宝鋆、巴旦尔呼、吴大澂等五十四位当时有头有脸的人物所赋诗篇，以及龙声洋等撰九篇序跋，筹备期会捍固边疆，重修红石峡等五十篇记、志、铭，边防指掌、鄂尔多斯七旗地图二幅，榆塞陈兵、蒙疆振旅、东流固垒、营整巡防等二十八幅画图。

秦梦熊的信息较多地与刘厚基联系在一起。刘厚基湖南人氏，曾跟随左宗棠戡定太平军与同治回乱。1867年奉命转战榆林，次年出任

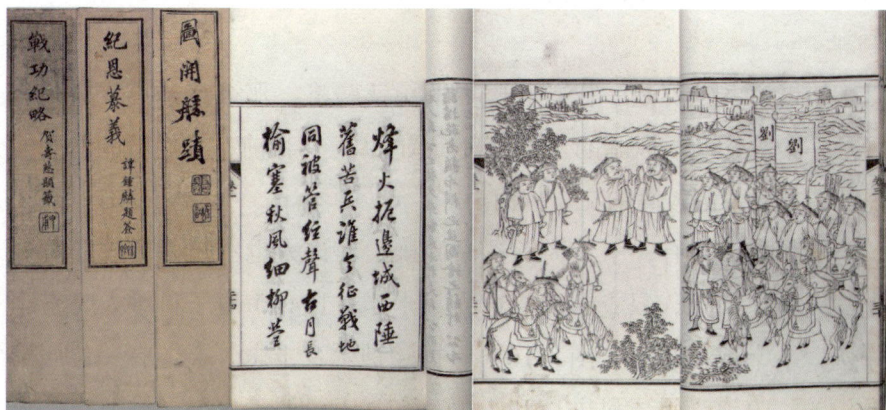

图4-8　秦梦熊参与编著的《图开胜迹》

延榆绥镇总兵官，旋即扫平乱匪贼子。他体恤黔黎，屡有德政，深得民心。

天妒英才，刘厚基三十七岁就病死了，短暂的一生却留下了许多令人怀念与追忆的功业。[74]比如，他曾与时任榆林知府蔡植三合力出资缮修了北京榆林会馆。秦梦熊在相关的文辞中流露出了对他的无任钦仰：

> 我公当今称名将，手挽弧矢静天狼。
> 建节此邦来作镇，百废俱举遍岩疆。[75]

秦梦熊对刘厚基评价极高。在他看来，福堂军门文治武功皆可彪炳春秋，甚至是二百年以来主政榆林地区难得一见的好官，其风采可以直追在历史上经略过此方的北宋重臣明贤范仲淹与韩琦。诗赞：

> 久镇边疆策治安，才兼文武古今难。
> 曾留色相图襄鄂，备纪功勋匹范韩。
> 儒将风流多宦迹，神君日颂遍词坛。
> 绅民献句争传诵，二百余年见此官。[76]

如果说秦钟英是一代驰骋疆场的勇武骁将，那么其孙秦梦熊则无疑是一个深谙文墨风骚的士子贤良（图4-9）。目前，我们所能看到的他的诗文皆不失较高的文学价值。

史载秦钟英有一子秦尚谦。秦尚谦，何许人也？想必应该还算个光鲜人物。当下，只查到他是道光二十年（1840）庚子科举人，官至守备，不幸战死沙场（图4-10）。据《神木乡土志》，还有一位叫秦尚仁的，为道光甲辰科（1844）第一名举人，似乎也与秦钟英有些血缘关系。[77]

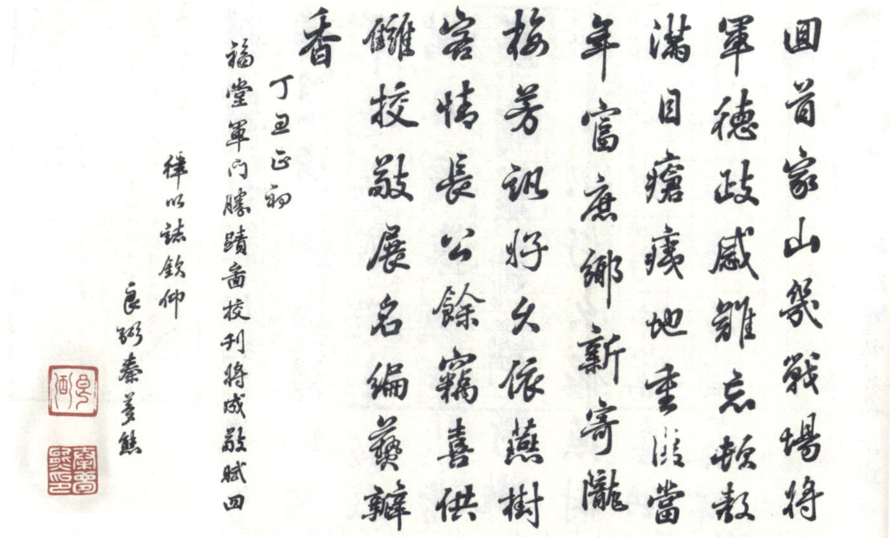

图4-9　秦梦熊手记

宋人《神童诗》有句：朝为田舍郎，暮登天子堂。农家子弟秦钟英高中状元，以至贵为提督，看似一连串意料之外的机缘所促成。然则，天下熙攘营求名利者何其众多，为什么这样的千古奇运，偏偏眷顾于他？必是有诸多因缘，为一般芸芸世人所不晓也。

譬如他父母救人于将死，无疑已积下无量功德，以《金刚经》章句而言，乃是"不于一佛二佛三四五佛而种善根，已于无量千万佛所种诸善根。"

再者，秦钟英能在科场节节进身，断然少不了平常时日里的埋头苦练。而其有朝一日青云夺路，飞黄腾达，在表面上看是他自己的努力拼搏与聪明才智的结果，实际上这种成功的背景则是整个家庭集团的辛勤劳作与全力供养。

君子之泽，五世而斩。不及百年，秦状元之世胄竟沦落为嗟来之

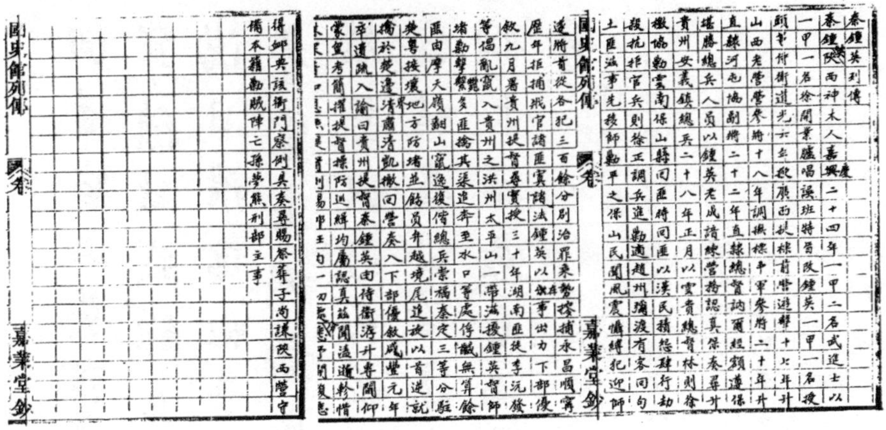

图4-10　秦钟英列传手稿

食者，不禁令人唏嘘世事无常，真应验了曹雪芹所说的"金满箱，银满箱，转眼乞丐人皆谤"。然而，此种富贵与贫穷之间的更替流转，本是正常社会之应有现象。

秦钟英列传

　　秦钟英，陕西神木人。嘉庆二十四年一甲二名武进士，以一甲一名徐开业胪唱误班，特旨改钟英一甲一名，授头等侍卫。道光六年授广西提标前营游击，十七年升山西老营营参将，十八年调抚标中军参将。二十年升直隶河屯协副将，二十二年，直隶总督讷尔经额遵保堪胜总兵人员，以钟英老成，谙练营务，认真保奏。寻升贵州安义镇总兵。二十八年正月以云贵总督林则徐檄，协剿云南保山县回匪。时回匪以汉民积怨，肆行劫杀，抗拒官兵。则徐正调兵进剿，适赵州弥渡有客回勾土匪滋事，先移师剿平之。保山民闻风震慑，缚犯迎师，遂将首徒各犯三百余分别治罪。乘势抓捕永昌、顺宁，历年拒捕戕官诸匪，置诸法。钟英以在事出力，下部优叙。九月署贵州提督，寻实授。三十年湖南匪徒李沅发倡乱，窜入贵州之洪州太平山一带滋扰。钟英督师堵剿，击毙多匪，擒其渠，追奔至水口等处，俘馘无算。余匪由摩天岭翻山窜逸，复偕总兵崇福、秦定三等分驻楚粤接壤地方防堵，并饬员弁越境尾追，旋以首逆就擒于楚，边界肃清，凯撤回营。奏入，下部优叙。咸丰元年卒，遗疏入。谕曰："贵州提督秦钟英，由侍卫洊任专阃，仰蒙皇考，简擢提督，操防巡缉，均属认真。兹闻溘逝，轸惜殊深。加恩着照提督例赐恤，任内一切处分，悉予开复。应得恤典，该衙门察例具奏。"寻赐祭葬。子：尚谦，陕西营守备，本籍剿贼，阵亡。孙：梦熊，刑部主事。[78]

重修榆林会馆记

文/秦梦熊

圣天子御极之元年，海寓乂安，百废俱举，兴文讲武，诏开恩榜，为大厦储材。登龙门、造凤楼者，于于而来。虽鄙在边陲，亦莫不志切观光，争先恐后，甚盛典也。

榆林屏蔽全陕，实沿边重镇。抚黔黎，修学校设施，恒不易易，军门福堂刘公，以冠世奇勋作镇岩色，内安外攘，凡有便于民者，不惜经费为之纪理。而整饬书院，资送宾兴于各属士子，尤殷殷致意焉。

是秋，军门以书来致白金百有十两，并太守植三蔡公捐金五十，为修复榆郡试馆计也。初，郡人叶太守兰、张军门文奇，及吾邑王观察赐均，建会馆于京师，卜筑青厂西南隅，规制经营，具详记载，历加修葺，盖有年矣。岁己未，梦熊以荫入官秋曹，见庭院萧条，墙宇半就倾圮，惟南北屋四楹差堪栖止。回忆儿时，侍先大父两寓其中，今昔殊观，慨然长叹。思倡议捐修，有志未逮。

越岁，晋人郝君德均，议以廿五金佃修南院房借居，同议者郡人宋君宋君印堂、府谷柴君玉彬，及姚、薛二客商，而先府君吉轩公亦与其事，约有公款日收，还且书券焉。时公车北来者少，仕宦入都者亦复寥寥，经理乏人，簿籍、器具强半佚失。嗣同人属梦熊理馆事，自壬戌迄甲戌十三年中，凡两整神堂，余则蟫漏补苴，未遑营作。每值夏秋，阴雨连绵，垣为之坏，门为之欹，弥甚漂摇之感。以葺治费无所出，曾公置捐簿，分致郡县诸同学。

计惟府谷捐资十二金，或公车朝考诸君零星摊助，梦熊亦补缀弥缝其间。至于宏规大启，美轮奂而更新之，则犹有待也。

夫时愈久则剥落愈多，工益繁则需费益巨。微论梦熊系累世曾与经营，不忍坐视废坠而断垣零落，公车竟无托足之区，职掌者其谓何矣？且迩来人文浸盛，宴鹰扬、歌鹿鸣者踵相接，为前此所罕闻。盖培养人才，惟莅斯土者鼓舞作兴之，始克蒸蒸日上，而军门实有以开其先。设令试馆废而不举，将大负军门振拔单寒之至意，不重滋之咎乎？爰上书乞作登高之呼，庶几众擎易举。乃军门以兵燹后未便重累士民，俯鉴微忱，毅然引为己任，又不欲独居其美，因与太守共成之，寄款具如前数。工成，计整葺北院南北屋、南院西屋各六楹，隔墙六道，耳房二，馆外门一。门旧置艮方，土金相生，利科名。后移东向，阔大失宜，更之，俾复旧规。其佃居者收还之。是役也，监修者为楚南谢农部钟美、郡人杨营总绪林，梦熊亦承乏董工。然博施济众，使构成广厦，庇寒士欢颜，下以遂瞻云就日之诚，上以副辟门吁俊之意，则非军门暨太守之力不及此，固不独梦熊一人藉偿修复之志已也。神堂中奉二公禄位长生牌，阖郡士人瓣香敬祝，以示历久不忘云尔。

重修榆林馆工成，梦熊既为文以识之，更附以诗，寄呈福堂军门采览。

圣时天府罗文昌，声教罩敷遍八荒。

各郡置邸在京邑，仕以休沐士观光。

榆林古称用武地，前明九边列巨防。

国朝屏藩过漠北，此间久不赋同裳。

云汉昭回到西极，多士追琢分天章。

公车济济谋栖止，市廛如驿置郑庄。

门堂牖扉庖偪备，百年绰楔宣南坊。

迩来推我主东道，栋宇倾圯剥风霜。

蛙鸣草莱鼠窜瓦，毁垣不须郑相强。

牵萝欲补无珠卖，坐视平津车库伤。

淮风别雨日益甚，侧闻福曜森光芒。

我公当今称名将，手挽弧矢静天狼。

建节此邦来作镇，百废俱举遍岩疆。

乞公一呼集众响，十部从事无此良。

孰知公意殊不尔，谓集袜线何能长。

积有廉俸数逾百，招邀太守解橐囊。

一朝打门送急递，三道印封远寄将。

窭人获珠转多事，土木群集何奔忙。

眼中突兀蜃楼现，告尔来者毋相忘。

急扫洁室薰以祝，我公福禄纯尔常。

福堂军门胜迹图校刊将成，敬赋四律以志钦仰[80]

文/秦梦熊

其一

衡湘间气出贤豪，将略由来母教叨。
志以澄清为抱负，心原忠孝著勋劳。
千军总统风云壮，九命频邀日月高。
报国显亲多少事，数行温诏荷荣褒。

其二

吟毫挥洒志英明，十载中原惯战征。
节钺持来天眷重，旌旗到处敌军惊。

远平鲸浪巴江静，净息狼烟塞月明。
凯唱师旋专阃寄，榆关威望抵长城。

其三

久镇边疆策治安，才兼文武古今难。
曾留色相图襄鄂，备纪功勋匹范韩。
儒将风流多宦迹，神君日颂遍词坛。
绅民献句争传诵，二百余年见此官。

其四

回首家山几战场，将军德政感难忘。
顿教满目疮痍地，重复当年富庶乡。
新寄陇梅芳迅好，久依燕树客情长。
公余窃喜供雠校，敬展名编艺瓣香。

【注释】

1　提督军门府，状元及第家　参见《神木县志》/杨和春主编/经济日报出版社/1990，618页。清朝武状元地域分布　见《清朝武状元表》，载王鸿鹏等编著《中国历代武状元》/解放军出版社/2002，454—457页。神木弓马甲天下　参见林杰《神木弓马甲天下》，载《文史风物（上册）》贺斌主编/陕西科学技术出版社/2015，269—270页；焦拖义《杨家将对神木民风的影响》，见张小兵主编《陕北历史文化与杨家将文化学术研讨会论文集》/陕西人民出版社/2012，337—342页。

2　武凤来得状元　参见武绍文《状元公和他的后代》，载《樵子文存·师心友情》/陕内资图批字（2014）EY7号，52—54页。武凤来生平事迹官载甚少，可参看武义厚《武状元传奇》一文，载神木永兴《武氏族谱》11—14页。现在神木东兴街武二宝地方传统美食饭店老板武二宝为武凤来七世孙。

3　有关秦钟英救火中状元的传说　见林杰《神木弓马甲天下》。

4　秦钟英传略　参见贵州省文史研究馆点校/《贵州通志·宦迹志》/贵州人民出版社/2004，422页。

5　《徐氏谱牒》关于秦钟英爽约的记载　转引自周英奎《武状元徐开业》，载《响水文史资料·第2辑》/江苏省响水县政协文史资料委员会研究委员会/1986，72—77页。

6　徐开业传胪迟到革状元　见邹绍志、桂胜编著《中国状元趣话·修订本》/武汉大学出版社/2002，379—383页。

7　登科后行事　详见《古今第一"骚"客白居易》，载李子迟编著《中国历代名人情感揭秘》/中国经济出版社/2010，10—20页。

8　徐开业与梅万清籍贯　见《徐开业传胪迟到革状元》，载《中国状元趣话·修订本》，379—383页。

9　神木人能喝酒　坊间流传有"全世界数中国人能喝酒，中国人数我们陕西人能喝酒，陕西人数陕北人能喝酒，陕北人数神木人能喝酒"之说。

10　清代早朝时间　见《帝制中国的作息时间表》，载杨联陞著《东汉的豪族》/商务印书馆/2011，78—96页。

11　清实录对秦钟英拔补状元的记载　转引自陈文新主编《〈清实录〉科举史料汇编》/武汉大学出版社/2009，680页。

12　徐开业列传　详见《滨海县志》/方志出版社/1998，1145—1147页。列传赞扬徐开业极具诗才，载其诗二首如下：袖染炉烟拂绛雪，五云深处梦趋朝。定知凤阁春犹在，尚记蓬山雪未消。金阙晓开仙杖合，玉珂声细马蹄骄。而今怕惹亲朋问，道我从戎夺金标。检点琴书话更长，河梁分手两茫茫。关山转眼离京国，桑梓从头认故乡。投笔敢云追定远，天心未必老冯唐。解衣记得从前事，范叔由来抱热肠。然而记载徐开业仍为武状元，则于史于实皆不符。

13　人参状元　详见刘继兴《晚清状元与榜眼的考前"暗战"》一文，载《各界》杂志/政协陕西省委员会主办/远村主编、狄马副主编/2015年第9期。

14　鸡毛年儿子中状元　参见《秦状元家的事》，载《神府煤田故事集》/杨文岩著/陕西人民出版社/1991，208—212页。为了使得这则故事更加通畅简洁，合情合理，笔者对杨文岩先生所收集整理的《"鸡毛年"中状元》做了大量加工改造工作。

15　封赠秦天荣　参见道光《神木县志》/王致云纂修/刻本影印/凤凰出版社编选/2007，546a页；《神木乡土志》/未著纂修人姓氏/台湾成文出版社/1970，38页。封建社会皇帝赐予官员父母与妻室以爵位名号，存者称封，已死称赠。封赠官阶屡变，初制正、从一品荣禄大夫。可参见《中国历代国家管理辞典》王俊良撰/吉林人民出版社/2002，1338—1339页。

16　秦钟英生平被歪曲　见《中国状元趣话·修订本》，383页。

17　秦钟英的官宦生涯　详见《神木乡土志》/未著纂修人姓氏/台湾成文出版社/1970，73—74页。这个"寻"所意指竟是两年之后（1842）的事情。

18　武进士充任侍卫　详见《清代武进士仕途研究》/辽宁大学/2012年度硕士刘丹枫论文，28—29页。

19　秦钟英详细的升迁过程　见《清代官员履历档案全编（第三卷）》中国第一历史档案馆藏/秦国经主编/华东师范大学出版社/1997，89页上。

20　清代绿营将领品级　参见《清代武进士仕途研究》/辽宁大学/2012年度硕士刘丹枫论文，24页。

21　秦钟英随林则徐剿匪　见贵州省文史研究馆点校/《贵州通志·宦迹志》/贵州

人民出版社/2004，422页；《神木乡土志》/未著纂修人姓氏/台湾成文出版社/1970，73—74页。

22 林则徐密考荣玉材 见《密陈滇黔文武大员考语折》，载《林则徐全集·第4册·奏折》/海峡文艺出版社/2002，183页。

23 林则徐表功 见《保山七哨献犯审办情形折》，载《林则徐全集·第4册·奏折》，220—222页。

24 林则徐政治污点 详见《评林则徐对"永昌惨案"的处理》，载《马颖生史志论著选》/马颖生著/云南民族出版社/2006，83—88页。

25 有关王一凤 参见《密陈滇黔文武大员考语折》，载《林则徐全集·第4册·奏折》/海峡文艺出版社/2002，183页；《贵州提督王一凤自请开缺调理请给假片》，载《林则徐全集·第4册·奏折》，351—352页；以及林则徐道光二十九年九月十一日（1848年10月7日）《贵州提督王一凤出缺请旨简放折》，载《林则徐全集·第4册·奏折》，354—355页。

26 胡林翼看望王一凤 见《贵州提督王一凤出缺请旨简放折》，载《林则徐全集·第4册·奏折》，355页。

27 林则徐建议由秦钟英署理贵州提督一职 见道光二十八年九月十一（1848年10月7日）林则徐奏《贵州提督王一凤出缺请旨简放折》，载《林则徐全集·第4册·奏折》，355页。

28 任命梁胜灏为贵州提督 见《〈清实录〉贵州资料集录》/贵州省文史研究馆古籍整理委员会编/汕头大学出版社/2010，509页。《道光朝实录》在同年九月二十八（1848年10月24日）有一笔记载：〇贵州提督王一凤因病解任，以浙江处州镇总兵官梁胜灏为贵州提督。

29 梁胜灏传略 见《北京市志稿·12·人物志（下册）》/吴廷燮等纂/北京燕山出版社/1998，417页。

30 秦钟英接任贵州提督 参见林则徐道光二十八年十二月二十日（1849年1月14日）上奏《委崇福等递署提镇各篆折》："窃照新授贵州提督秦钟英，先因前任提督王一凤出缺，奏委署理，旋据咨称，奉到批折，以安义镇任内二次届满三年，奏蒙恩准，进京陛见。维时贵州提督尚未简放有人，经臣附片奏请，俟新任提督到黔，再行交卸在案。兹准部咨：'钦奉上谕："贵州提督着秦钟英补授。"钦此。'该提督自应钦遵前奉朱批进京陛见，所有提督篆务，应即遴员接署，以便秦钟英交卸起程。查有古州镇总兵崇福，资格最深，营务晓畅，堪以署理提篆。"详见《林则徐全集·第4册·奏折》，454页。

31 署贵州提督秦钟英俟新任到时在行进京陛见折 同上409页。

32　秦钟英进京陛见　见林则徐《委崇福等递署提镇各篆折》，载《林则徐全集·第4册·奏折》，454页。

33　陛见制度　参见《叫魂：1768年中国妖术大恐慌》/[美]孔飞力著/陈兼、刘昶译/上海三联书店/1999，267页。

34　请求陛见　详于秦钟英《奏为遵旨再请陛见仰祈至鉴事》/中国第一历史档案馆馆藏档案/档号03—2935—044。折云：窃奴才于道光二十五年八月内三年届满循例奏请陛见事，朱批：下届再行奏请。奉此，遵即勤慎操防，勉供职守，兹又三年届满，益怀犬马恋主之诚。伏念奴才陕省庸才，毫无知识，由嘉庆十八年癸酉科武举中式己卯科一甲第一名武进士，以头等侍卫在大门上行走。道光六年选补广西提标前营游击，十年荐举推升山西老营营参将，不久调抚标中军参将。二十年，蒙恩补授直隶河屯协副将。二十二年，经直隶总督官纳尔经额保奏堪升陆路总兵送部引见。奉旨补授贵州安义镇总兵员缺，当即恭诣阙庭，跪聆教诲，迭蒙召见四次，奉命即赴新任。是年八月内接印任事，计在任六年，涓埃未报，兢惕方深。本年正月接替日，林则徐札饬带兵前赴云南剿办永昌哨匪，途次，因弥渡匪徒滋事，复经林则徐调往该处。事竣，驰赴永昌，该哨匪震慑兵威，先后献出首要等犯数百名，解往林则徐辖审办，地方一律肃清，旋即撤兵归伍。奴才于四月二十七日回任，又届三年请觐之期，相应吁求圣恩俯准来京展觐天颜，面承提命，庶奴才得以遵循，认真训练，实心实力，不敢稍事疎防，以期仰答高厚鸿慈于万一所有，奴才依恋下忱，谨缮折具奏，伏祈皇上圣鉴训示。再奴才奉到朱批奏折二扣，合并原封恭缴。谨奏。道光二十八年七月二十七日。奉朱批："着来见。钦此。" 五月初十日。

35　道光朱批"知道了"　参见《委崇福等递署提镇各篆折》，载《林则徐全集·第4册·奏折》，454页。

36　武进士仕途前景　参见《清代武进士仕途研究》/辽宁大学/2012年度硕士刘丹枫论文。

37　邓廷桢弹劾武凤来　参见《奏为梧州协副将武凤来声名平常不胜副将之任请以参将降补事》/中国第一历史档案馆馆藏档案/档号03—2905—012，折云："两广总督臣邓廷桢跪奏，为副将声名平常请旨降补以肃营伍仰祈圣鉴事。窃照武职副将为二品大员，有协镇地方，表率弁兵之责，必须持躬谨饬，方足以肃行伍而著声威。兹查有梧州协副将武凤来，年五十一岁，陕西一甲武进士，由头等侍卫荐升今职，于道光十七年二月十二日到任，先经臣委令护送越南国贡使出关，尚未回任。该员居心猥鄙，声名平常，臣在广东先有所闻。兹因校阅西省营伍，沿途覆加访查，舆论佥同，实属不胜副将之任，相应请旨将该副将武凤来降为参将，归部掣补，所遗梧州协副将印务，查有卸署浔州协副将事提标中军参将德年，堪以暂署，俟部覆开缺至日，照例办理。所有甄别副将缘由，谨会同广西提督臣陈阶平，恭摺具奏，伏乞皇上圣鉴，敕部查核施行。再，该员现在出差，弓马未经考验，是以不列大阅案内，合并声明。谨奏。朱批：另有旨。"

38 对武凤来的错误记载　详见《神木乡土志》/未著纂修人姓氏/台湾成文出版社/1970，36页。

39 林则徐密考秦钟英　详见《密陈滇黔文武大员考语折》，载《林则徐全集·第4册·奏折》/海峡文艺出版社/2002，184页。

40 林则徐致信秦钟英　见道光二十八年十二月二十日（1849年1月14日）《致秦钟英》，载《林则徐全集·第8册·信札卷》/海峡文艺出版社/2002，368页。该书脚注：秦钟英曾为贵州安义镇总兵（正二品），时新任贵州提督（从一品）。此稿为幕友代撰，经林则徐手改。原标有"致贵州提台秦钟英"。崇镇　指古州镇总兵崇福。云贵总督林则徐在道光二十八年十二月二十日（1849年1月14日）所上《贵州省提督总兵考语清单》说：古州镇总兵崇福，年六十五岁，正白旗蒙古人。在两省各镇中，资格最深，营务甚为熟练，是以此次奏委署理贵州提督。惟自湖广见臣之后，已隔十余年，古州相距甚遥，未知近日精神果否如旧，正可于其署任留意访查。见《林则徐全集·第4册·奏折》，453页。荣筛　指云南提督荣玉材。林则徐对他的考评是：年六十九岁，正红旗汉军人。前在弥渡、保山等处，见其统带各兵，纪律严明，布置周密，又极力节省经费，回营后复设法修补器械，实能克己为公。其精力现尚充强，惟瞬届七旬，仍须随时访察。见《林则徐全集·第4册·奏折》，452页。

41 总督、巡抚、提督　总督为正二品官，加尚书衔者为从一品。总督有兵部尚书或兵部侍郎衔，节制所辖省的绿营提督、总兵，并有直属的督标绿营兵丁，多为左中右三营，也有领左中右前后五营者。总督的职责是"掌厘治军民，综制文武，察举官吏，修饬封疆"。清初战事紧张，故当时更突出总督的军事职能，这点在顺治十四年福临下发史部的谕旨中有所反映，其中提到，"总督巡抚责任不同，巡抚专制一省，凡刑名钱谷，民生吏治，皆其职掌，至于总督乃酌量地方特设，总督理军务，节制抚镇文武诸臣，一切战守机宜、调遣兵马重大事务当悉心筹画。"巡抚为一省的最高行政长官，从二品官，例兼督察院右副都御史，多兼兵部侍郎衔，或兼提督，亦有直属抚标绿营。巡抚的职责是"掌宣布德意，抚安齐民，修明政刑，兴革利弊，考覆群吏，会总督以诏废置"。提督军务总兵官为从一品，是绿营的最高军事指挥员，节制总兵及以下各级军吏，其职责是"掌巩护疆陲，典领甲卒"。参见《顺康两朝的提镇》/中央民族大学/2006年度硕士刘洪杰论文，15页。

42 清廷对武进士文化修养的要求　参见《清代武进士仕途研究》/辽宁大学/2012年度硕士刘丹枫论文，11页。

43 中军的职掌　参见《绿营兵志》/罗尔纲著/中华书局/2011，232—238页。他营同为游击的，而其事权不如做中军游击之大。

44 应特别留意六十以上官员的年力　详见《林则徐全集·第4册·奏折》，447页。

45 林则徐考评秦钟英　同上，453页。

46 秦钟英剿灭湖南天地会　详见贵州省文史研究馆点校/《贵州通志·宦迹志》/贵州人民出版社/2004，422页。

47 乔用迁奏章　详见《民国贵州通志（二）》/刘显世、谷正伦修/任可澄、杨恩元纂，303a下页。

48 有关胡林翼　胡与曾国藩、左宗棠、彭玉麟并称"同治中兴"四大名臣。参见《最完美老乡圈：中兴四大名臣》，详见《中国人脉》/（台湾）陈鹏飞编著/世界知识出版社/2010，52—58页。

49 实录中的记载　转引自陈文新主编，贵州省文史研究馆古籍整理委员会编《〈清实录〉贵州资料集录》/汕头大学出版社/2010，515页。

50 赏罚分明　同上，516页。

51 推荐秦钟英镇压太平天国　详见《李星沅等奏韦正洪秀全等擅帖伪号伪示正筹进剿折》，载《太平天国文献史料集》，中国社会科学院近代史研究所《近代史资料》编译室主编/知识产权出版社/2013，72—74页。所引部分见73页。

52 晚清名臣　李星沅（1797—1851），湖南湘阴人，字子湘，号石梧。道光进士。1835年（道光十五年）督广东学政。后历任陕西汉中知府，河南粮道，陕西、四川、江苏按察使，江西、江苏布政使，陕西巡抚、陕甘总督、江苏巡抚、云贵总督、云南巡抚等职。1847年镇压云南缅宁（今临沧）、云州（今云县）回民起事。旋调两江总督，兼管河务。1849年因病解职回籍。次年为钦差大臣，驰往广西镇压农民起义。1851年初抵桂林、柳州，始以洪秀全等太平军于桂平金田起义事上奏。5月（咸丰元年四月）到武宣督师。不久病死（一作畏罪自尽）。见《大辞海·中国近现代史卷》/夏征农、陈至立主编/上海辞书出版社/2013，121页。李星沅在任陕西巡抚时弹劾神木知县王致云，致使其革职。详见拙作《少女之死与知县之遭遇》。劳崇光（1802—1867），湖南善化（今长沙）人，字辛阶、辛陔。道光壬辰进士，与湘阴李星沅、神木宋良同榜，授编修。1841年（道光二十一年）出任山西平阳知府，累官冀宁道、广西按察使。1848年任广西布政使，后与提督向荣先后镇压李元发起义和修仁等处天地会起义。1851年署广西巡抚，协助赛尚阿会办军务，设局开捐，筹措饷需；令各州府县组织团练，与太平军作战。后又会同广东清军，镇压和诱降两广地区天地会起义群众。1859年调任广东巡抚兼署两广总督。1861年兼管粤海关监督。

1863年（同治二年）授云贵总督，督率冯世兴、岑毓英、马如龙等镇压黔西苗族回族起义。后病死。见《大辞海·中国近现代史卷》/夏征农、陈至立主编/上海辞书出版社/2013，143页。向荣（1799—1856），清末将领。字欣然，四川大宁（今巫溪）人，寄籍宁夏固原。行伍出身。1813年随杨芳镇压河南滑县李文成的白莲教起义。1832年为当时直隶总督琦善所赏识，调任司教练，率兵驻守山海关，升正定总兵。1847年调任四川提督。1850年调至湖南，镇压李沅发起义，同年秋调任广西提督，对太平军作战，屡被击败。1853年任钦差大臣，率军尾随太平军至南京城郊，在孝陵卫建立清军江南大营，与清军江北大营相呼应，围困南京。1856年6月，太平军击破江南大营，他兵败逃走，在丹阳自缢而死。见《中国军事人物辞典》/张文达编/黑龙江人民出版社/1988，134页。

53　星斗南　见《林则徐临死为何大呼"星斗南"》，载《清宫秘史》/清馨编著/中国华侨出版社/2014，260—261页。

54　李星沅病死军营　详见《督抚大员为何纷纷"落马"》，载《咸丰王朝》/崔跃峰著/中国青年出版社/2014，130—136页。

55　秦钟英自陈病危　见咸丰元年正月初四日秦钟英《奏为自陈病危事情》/中国第一历史档案馆/档号：03-4189-022。

56　清实录相关记载　见http://www.guoxuedashi.com/a/5704e/91421o.html最后访问时间2017/4/9。

57　秦钟英病故之后的历任贵州提督　见《续修安顺府志辑稿》/任可澄总纂/贵州人民出版社/2012，164—165页。

58　官年　所谓官年，也就是科举考试时虚报自己的出生年份。官年问题在宋代就存在，有的减岁数，有的加岁数。但清代的官年只有减岁现象。见马镛著《清代乡会试同年齿录研究》/上海科学技术文献出版社/2013，32—34页。另可参看《"官年""实年"不对等》，详见《走官界仕途》/完颜绍元著/上海辞书出版社/2014，67—69页。

59　原任贵州提督秦钟英病故应否与谥请旨折　见《曾国藩全集·1》/曾国藩撰/岳麓书社/2011，17—18页。

60　曾国藩有知人之鉴　《曾国藩》/蒋星德著/中国文史出版社/2012，28页。

61　曾国藩对一品官亡故照例赐恤的说明　详见《原任贵州提督秦钟英病故应否与谥请旨折》，载《曾国藩全集·1》/曾国藩撰/岳麓书社/2011，17—18页。

62　咸丰谕祭秦钟英　详见《神木乡土志》/未著纂修人姓氏/台湾成文出版社/1970，83页。另外，享年六十开外，即说"方冀退龄"，以现在而言，确不妥当。然据《魏书·常景传》，古人"以知命为退龄"。

63 秦钟英坟墓　同上。

64 同治七年正月初一神木天现血路　同上，68页。

65 东山吕祖洞掣签　详见曹颖僧辑著《延绥揽胜》/榆林市黄土文化研究会、榆林市政协文史委员会/2006，98页。

66 有关刘庆余　详见《神木乡土志》/未著纂修人姓氏/台湾成文出版社/1970，50页；武汉市《新辑汉阳识略》/汉阳区地方志办公室编/武汉出版社/2013，403—404页《刘庆余列传》；《湖北艺文志附补遗（上）》/（宣统）湖北通志局编著/湖北教育出版社/2002，753页。

67 暎元和尚　详见《中华佛教人物大辞典》/张志哲/黄山书社/2006，1013页："暎元，清代僧人。俗名达。陕西神木人。肆力经典，以多闻称。精于占卜，多奇中，然不轻言中。居海潮庵。与璞山弟子静修相善，时与参究宗旨。清同治七年（1868），回民发难北进，其适里居，袈裟趺坐。变民问之，不答；喝之，不动。含笑受刀，遂被杀。其徒海福负骨至海潮庵，葬璞山茔中。"至于璞山，亦为清代僧人。始居江苏扬州北来寺，后云游至山西河曲海潮庵。时庵已荒圮。他持戒精严，刻苦自奉，遇人随事开诱，不论贤愚，皆敬礼之。檀施云集，数年殿宇一新。曾言："吾辈出家，别无功德；惟以俭养身，以善劝世；化一善人，即少一恶人。"圆寂后，其徒如圣灼、静修皆戒行精严，守其遗规。见《中华佛教人物大辞典》，1076页。

68 曹颖僧（1888—1962），名思聪，以字行。陕西横山响水堡人，史学界知名人士。曾留学日本，归国后出任定边县县长、神木县县长、陕西省文史研究馆馆员等职。1928年编修完成《横山县志》。其所著《延绥揽胜》被列为中国边疆学会丛刊之一于1945年由史学书局出版发行。详见何志发《曹颖僧小传》，载《横山文史资料·第2辑》/陕西省横山县政协委员会文史资料委员会/1989，47—50页。

69 有关回陷神木的引文　转引自焦拖义《杨家将对神木民风的影响》，见张小兵主编《陕北历史文化与杨家将文化学术研讨会论文集》/陕西人民出版社/2012，339页。

70 秦钟英夫人孟氏骂贼　见《神木乡土志》/未著纂修人姓氏/台湾成文出版社/1970，83页。

71 秦梦熊为祖母争取旌表优恤　同上。

72 秦梦熊其人　见《神木乡土志》38，40页。

73 秦梦熊编《图开胜迹》　见《中华古文献大辞典·地理卷》/王兆明、傅朗云编著/吉林文史出版社/1991，205页。也有资料说为刘厚基主编。但是不管怎么说，秦梦熊在实际上负责了主要的编校工作。这可从《图开胜迹》所录他《福堂军门胜迹图校刊将成，敬赋四律以志钦仰（其四）》看出。

74 有关刘厚基　见《榆阳文库·图开胜迹》/上海古籍出版社/2016，447—459页。

75 我公当今称名将　见秦梦熊《重修榆林会馆记》，载《榆阳文库·图开胜迹》/上海古籍出版社/2016，447—459页。《榆阳文库·榆林县志》/上海古籍出版社，2016，468—471页。

76 久镇边疆策治安　见秦梦熊《福堂军门胜迹图校刊将成，敬赋四律以志钦仰（其三）》，载《榆阳文库·图开胜迹》/上海古籍出版社/2016，250—257页。

77 有关秦尚谦　参见《神木乡土志》37页，《榆林府志·上》/（清）李熙龄纂修/陕西省榆林市地方志办公室整理/上海古籍出版社/2014，363页；《清国史·嘉业堂抄本·第九册》，中华书局/1993，1025页《秦钟英列传》。有关秦尚仁见《神木乡土志》37页。

78 秦钟英列传　见《清国史·嘉业堂抄本·第九册》，中华书局/1993，1025页。

79 秦梦熊《重修榆林会馆记》见　《榆阳文库·图开胜迹》上海古籍出版社，2016，447—459页。《榆阳文库·榆林县志》上海古籍出版社，2016，468—471页。

80 福堂军门胜迹图校刊将成，敬赋四律以志钦仰　见《榆阳文库·图开胜迹》上海古籍出版社，2016，250—257页。

王致云/
少女之死与知县之遭遇

道光二十四年（1844）五月，陕西神木发生了一件大事。

辛未。谕内阁、李星沅奏特参玩视重案审办错谬之县令，请旨革职一折。陕西神木县知县王致云，于县民李述秀因被李春孩撞破奸情，起意商同李苏氏谋毙灭口一案，并不虚衷推鞫，认真定拟，辄任犯供支饰，并不辨别凶器，含混招解，实属草率糊涂。王致云著即革职，以为玩视重案者戒。该抚李星沅、升任臬司傅绳勋，因该县原详情节支离，督委西安府知府李希曾提证研鞫，究出实情，俾淫凶不致漏网，甚属可嘉。李星沅、傅绳勋、李希曾，均着交部议叙。[1]

首先，引起笔者注意的便是王致云。看过道光《神木县志》的人，可能对他会有印象。但是，关于王致云，现在所能了解到的信息十分有限。仅知他字乔庭，浙江萧山举人，由增生中式嘉庆二十三年（1818）戊寅恩科乡试第61名举人，道光六年（1826）丙戌恩科会试后大挑一等，签掣陕西以知县试用，曾署宁陕厅同知。道光十四年（1834）任神木知县，道光二十四年（1844）五月，因玩视重案审办错谬，而被陕西巡抚李星沅参革。[2]

道光二十一年（1841）主编《神木县志》（图5-1），是王致云所行最为世人称道的一件光辉事情。

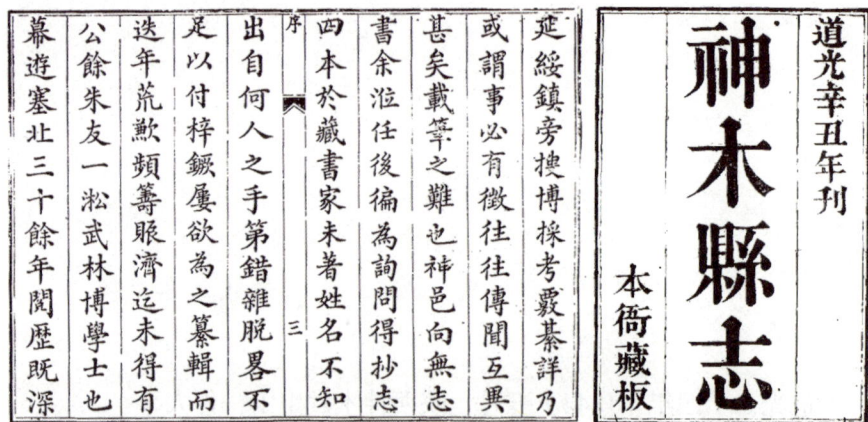

图5-1-2　王致云《神木县志·序》手迹

图5-1-1　《神木县志》扉页

图5-1-3　王致云印信

神邑尚无志书，余莅任后，遍为询问，得抄志四本于藏书家，未著姓名，不知出自何人之手。第错杂脱略，不足以付梓锓，屡欲为之纂辑，而迭年荒歉、频筹赈济，迄未得有公余。[3]

王致云自述连年忙于荒政，虽有心编修县志而时仄事冗无暇顾及。此非虚文。曩时神木不比今日富庶，"民贫土瘠，荒歉频仍"，十一万老百姓活命殊为不易。

道光十三年（1833）起，岁比不登，斗米千钱以上，民不聊生，因仓储无多，难议减粜。王致云不得不想办法筹措银两，甚至自掏腰包，发赈救民。

道光十三年（1833），夏旱秋霜，米价昂贵，前署知县徐葆甫捐银一千两，各绅士共捐银五千三十两，买粮平粜，自五月起八月止。又道光十四年二月起五月止，捐银不敷赔贴，知县王致云到任，捐银一千两，复买粮平粜，自六月起八月止。巡抚杨名飏，奏准奖励署知县徐葆甫，知县王致云。

十六年（1836），秋禾被雹，偏灾，领散过抚恤银三百一十两七钱七分。

十七年（1837），夏旱，米价倍增，知县王致云倡同绅士借垫本钱一万千文，买粮平粜，自六月起八月止，赔钱一千八十八两，捐廉弥补。巡抚富呢扬阿，题准奖励知县王致云。

政府对于各位救灾有功人士，根据其社会地位及出力大小分别议叙，赏给匾额或花红。榆林府知府同神木县知县，还对其中一些贡献尤大者立"义举仁声""贾平足民""从公运济"等牌楼。如何勖勉王致云，则大概是议叙——加级、纪录。[4]

从1834年到任，至1844年革职，王致云在位十年，多有创举，不仅编修县志，填补神木没有志书的空白。而且还勤力抗灾，维护县署，建义仓，修学宫，倡捐书院经费，设立收养局，搭建窟野河浮桥。这一系列惠民工程，所耗不赀，大都靠他捐廉。[5]乡党、幕府朱一淞，论赞他"明府为吾乡名孝廉"，"莅任于兹，百废俱举"，"用心行政，可谓慎始图终者也"。[6]

王致云下车伊始，就遇到了麻烦事，为解决黎民生计，他捐出一千两白银，多过一年的俸禄。俗云"穷秀才，富举人"。我们不禁要问，他的银子从何而来（表5–1）？

表5–1 道光二十一年（1841）神木知县衙门供职人员以及一应花销度用表

预算人员名目	今称	名额	开支银两（便于计算，采取四舍五入法）						
			养廉银	公费银	俸薪银	工食银	半工食银	口粮花布银	祭祀银
知县		1	600	200	20				
门子	门房	2				10			
皂隶	侍役	14					72		
仵作	法医	1				7			
民壮	巡捕士兵	37				222			
马快	侦缉逮捕罪犯的差役	8				111			
轿伞扇夫	仪仗	7				35			
库子	仓库保管员	4				20			
斗级	主管官仓、务场、局院的役吏	4				20			
钟鼓夫	更夫	5				10			
禁卒	狱警	8				56			
孤贫	低保户	18						66	
春秋祭祀									31

彼时神木县衙"三班六房"各色工作人员计有91名。加以抚恤孤贫、春秋祭祀，所费银1480两有奇，均从神木地方岁入约3000两白银中抵消。[7]

图5-2　马疏诗集

　　清代官员正俸綦少，几不能养家糊口，为防止贪污腐化，朝廷特设养廉银，往往是薪银的几倍、十几倍，乃至几十倍。通常，地方征收赋税银，在正项外多收20%的耗羡银，以充官员养廉银经费。

　　清代知县养廉银在500两至2000两之间。王致云的养廉银偏低，仅600两，说明神木财力薄弱，所征耗羡银不丰。王致云一年的合法收入，包括俸薪银20两，养廉银600两，公费银200两，通共820两。公费银，名为办公开销，实际上，一般而言全都进入了私囊。"三年清知县，十万雪花银"，他应该还有别的进项。[8]

　　道光二十年（1840），岁稍平稳，案牍亦稀，王致云决定，编写《神木县志》，这是盘桓在他心中一个良久的想法。救民于水火花费的是财力、物力，纂修县志消耗的更多的则是人才智识。

　　王致云决定延聘乡党朱一淞。这是一位熟悉边塞风物民情的得力助手，当时著名诗人、府谷知县马疏（图5-2）对他颇为推重。

　　道光六年（1826）腊月十五前后，马疏因公出差神木，寓居土地祠，某天早晨前去拜会朱一淞，并作诗纪念。从中可见出，二人交往既深，每每彻夜长谈，甚为投机。

诗赞云：

> 贯代旋风笔一枝，岂惟儒雅是吾师。
>
> 清谈屡剪窗西烛，豪气先征塞上诗。
>
> 三载榆关敦友谊，十年浙水怅乡思。
>
> 知君壮负青云志，幕府留才总未宜。[9]

百里之才马疏认为朱一淞磐磐大材，屈居知县幕府，未免大材小用。然而，要想真正进入官场体制，路途不外科考和捐班。大概朱一淞场棘闱难作，而且还潦倒，无钱买官。所以，二十年之后，仍是一介弄笔文僚。即便如此，王致云还是非常信任朱一淞，觉得大可倚重。他说：

朱有一淞，武林博学士也。幕游塞北三十余年，阅历既深，见闻斯广。客岁秋，与谈志事，以神木为从古边要之区，历朝沿革，或省或置，其间豪俊、才智、忠烈之士，更仆难终。虽世远年湮，风微人往，而载于史者，可以稽诸古；传于世者，可以证诸今。余是其言。即偕薛畹九广文，遴选诸生十二人，分途采访；延一松相与商订。十阅月，得舆地、建置、人物、艺文四总志，而分各志类系之，列为八卷。[10]

王致云所提及的薛畹九，即薛兰皋，韩城举人，道光十九年（1839）特授神木县教谕（执管教育）。另一名县志协修方南恩，安徽定远人，道光十七年（1837）特授神木县典史（执管司法）。[11]

王致云所极力倚重的编辑朱一淞，则是浙江杭州府仁和县增广生员朱壎，一松乃字。县志朱一淞后记，颂扬了王致云及其劳动付出：

考之诸志，证之经史，参以群书，并与同事诸公相咨度。每辑成一卷，即就明府而折衷焉。明府日夜参稽，不辍寒暑，句斟字酌，曲尽辛苦。[12]

王致云主持修撰县志，在本无志乘的神木，绝对是可风传千古的伟业。之前的主政者不乏风雅之士，如康熙末年的神木道罗景在任期间曾编《临王羲之书集古梅花诗一百首》。这些人"每公暇辄置图书，与二三知己雅歌清言，兴不浅也"，让他们稍感遗憾的是，"风月樽前独少梅花绕屋，不免为何郎避舍耳"，而终无编修县志之决断力。[13]

现在我们看道光县志，就像当初王致云等人看待藏书家手中的那个誊抄本，"亦多舛略"，间有与史实不符之处。这并不代表我们更加高明，而是今天，时代界予了我们长足的进步，可以轻易获取广泛便捷的资料与信息。

34名士子参与了这场盛大的文化工程。负责采访、正字、校勘等具体事务的多为本地生员，领导组织者，如纂修、协修、编辑，清一色全是任职本地的异籍人士。纂修职名表录中，王致云谨慎地选择了一些头衔冠予自己：

纂修：特授神木县知县，丁酉科陕甘乡试同考试官，加四级纪录十八次：王致云

这些他极其看重的名号，处处彰显着生平荣耀。

县志前置另外两篇序言，作者分别是陕西分巡榆绥兵备道四川维州人郭熊飞，榆林府知府江西盱江人李熙龄。这两人在文尾的署名，首先都明确写出某年某月，赐进士出身，然后才是身居官职，姓名，并钤一白一朱名字印记。这可看作是古代臣工署名的一种惯例。[14]

王致云对自己的举人出身，只在职官中略有提及。举人的社会声望远不及进士，时官场中称举人出身者为乙科出身，进士则为甲科出身。中举后虽然能充当下级官吏，如县教谕、知县之类，甚至中高级官吏中也偶尔有由举人出身者，但人数远不及进士出身者之多。[15]

然而，能科场中举，也颇不容易。名著《聊斋志异》的作者蒲松龄，即屡挫于乡试，72岁方考取岁贡。一生终老于场屋者，更是不计其数。《范进中举》虽然讽刺，却足见举人之难得。

以神木而言，下迄县志定稿年限1841年，有清一代，武甲科举人35名，进士7名（含2名武状元），文甲科则相形见绌，举人仅10名（道光朝2名），进士2名（道光朝1名，即1832年三甲97名宋良）。所以，总的来说，王致云在神木不唯是地方主政首脑，亦享有很高的文化地位。[16]

一举成名天下知。考中举人，不仅可以保家裕后，还能服官奉职，改变身价命运。举人到吏部注册，再经六年一次的"大挑"，即有机会做国子监丞、翰林待诏、知县、直隶州州同等职。其中，知县主要以进士朝考后分发各省录用者担任。职是之故，王致云所言"特授"，即有破格录用为官的意思。[17]

查道光十七年丁酉科陕甘乡试，于1837年7月22日，在西安举行。主考官2名，为翰林编修彭舒萼、苏敬衡。同考官十人，王致云为其中之一。各省乡试考官，例分主考官及同考官。正副主考官二人由朝廷在京官中钦命简放，称为"试差"，专主衡文，以定去取。同考官则在地方官中选派，一般要求"品学素著，文理优长"，负责阅卷，向主考推荐拟取试卷。能够当选帘内，无疑是对王致云的一种认可。[18]

"加四级，纪录十八次"，涉及议叙制度。议叙，是对官员的通常奖赏，分"纪录""加级"两种，各有三等。最低的是"纪录一次"，累积三次，便算"加一级"，再上为"加一级纪录一次"，到"加一级纪录三次"晋升为"加二级"，依此类推累进，官员得到议叙，遇有升迁可随带以示荣誉。

加级是对成绩突出的官员在原官职品级上加上若干级，虽然并不增发其官俸，但允许该官员在服装、仪仗、居所上采用高品级的规格。纪录是对有贡献的官员登记注册，以次数计（如纪录一次、五次、十次之类）。官员有具体政绩才能纪录，有纪录方可加级，有纪录、加级才能加衔。王致云"加四级纪录十八次"，说明他政绩突出。

纪录与加级也是三年一次的"大计"考课评定优劣等次的重要依据。官员因过受降级、罚俸处分时，可以本人所得"加级、纪录"抵消。如纪录一次抵消罚俸六个月；军功纪录一次，抵消罚俸一年，纪录四次，可抵消降一级等等类推。若是大过，必须实降实罚，不准抵消。[19]

王致云为官，称得上称职，举凡奖农赈贫、兴养立教，皆有成效。然而，1844年，一件看似平常的命案，让他丢掉了乌纱帽。那些曾让他引以为豪的纪录与加级，没能丝毫挽回他被褫夺的顶戴，他的错误，在巡抚李星沅（图5-3）眼中非常严重，"几至误谋杀为斗杀，

图5-3-1 李星沅画像

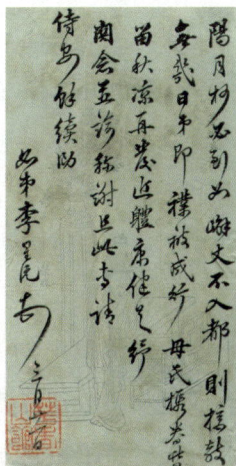

图5-3-2 李星沅手翰

误正犯为从犯，茕稚含冤，淫凶漏网，实属不知详慎，草率糊涂"，绝无宽宥可能。

李星沅赏罚分明，就在前一年，即道光二十三年（1843）七月十四日，他还认为王致云于地方公事认真出力，奏请对其进行奖励。这次，李星沅之严惩不贷，一个重要目的是"以为玩视重案者戒"。合该王致云倒霉，被抓了典型，以为炯戒。[20]

俗话说，奸生人命，赌生贼。又说，赌近盗，奸近杀。这些声口相传的经验之谈，屡屡应证不爽。这件由于私情泄密，进而加害目睹者的血案，最终不仅丢掉了通奸男女的性命，还导致知县革职。

案发之时，王致云身居神木县正堂整整十年，按理说，应该积累了不少行政经验，于惩奸除恶、决讼断狱等方面自有经见。孰料，他一点儿都不高明，"葫芦僧乱判葫芦案"，酿成大错，终致官禄不保。

这是一起因通奸而引发的命案，被害者与当事人少有瓜葛，只是偶然撞见他们苟且交合场面，遂不幸被杀人灭口。

那么，让我们还原当时社会情境，揣摩这对男女，奸情败露后的所思所想。恐惧心理促使他们不计后果，辣手摧花，断送了一名十三岁少女的美好人生。

我们知道，男女授受不亲的封建社会，尤严于男女大防。翻开王致云所编《神木县志》，其中《人物志·贞节》有言：

全贞诚妇道完名，守节实闺中至行。

不错，此即其时对女人价值的最高评判。尽管矢志柏舟，苦极一生，然而贞妇烈女，为数斯多，其详难遍。志书编写人员不得不采取"实能表异，特书事迹于前；若大概从同，类记姓名于后"的办法。[21]

对于这些妇女，我们只知道她们是谁的妻子，至于她们的名字则仅了解到姓氏。粥粥群雌诚乃丈夫们不折不扣的附属物。清朝神木（图5-4），登录王致云所主修县志的贞节烈女共有261名，其中3位少女嫩妇，被志书作者目为"实能表异"者：

李氏，民人朱黻妻。年十七，夫外出无踪，姑令他适，不从，自缢死。

王氏，生员乔光暾妻。夫故，氏年二十一岁，无子女，三年释服，诸妇姒劝之嫁，一恸，绝粒而死。

王氏，民人王躬之女。自幼许配宋昱为妻，未过门昱亡。氏年方十八。闻讣，给请父母送宋门。至灵前，哭奠毕，誓不回归。父母从其志。即加笄成服。继昱兄子存义为嗣，仰事俯育，勤苦持家，终身不施脂粉。道光九年题旌。卒年八十二岁。[22]

在男权乃绝对主宰的社会，为政府认可、鼓励、奖赏的女人的德行是从一而终，以及必要时候的以死相从。这些年纪轻轻的女人，有的守望门寡，有的甚至自绝于人世，也不会引起任何谴责，反是可以得到高度赞许。在这种风气下，通奸乃是奇耻大辱，事泄或鸣官之后将会受到严厉的惩办。

按《大清律》，经双方同意的不法性行为，杖八十；如果女性已婚杖九十；如果密谋在女方住家以外发生奸情，不管女方是否结婚，杖一百。而且特别强调，妇人犯了奸罪，必须"去衣受杖"，以达皮肉之苦外的凌辱之效。皮肉之苦好受，人格上的羞辱则会让她终生难以抬头。[23]

如果丈夫当场捉获奸夫淫妇，一怒之下，当即杀了之一人或二人，在法律上属正当行为。换言之，对于通奸，法律允许私刑。李述

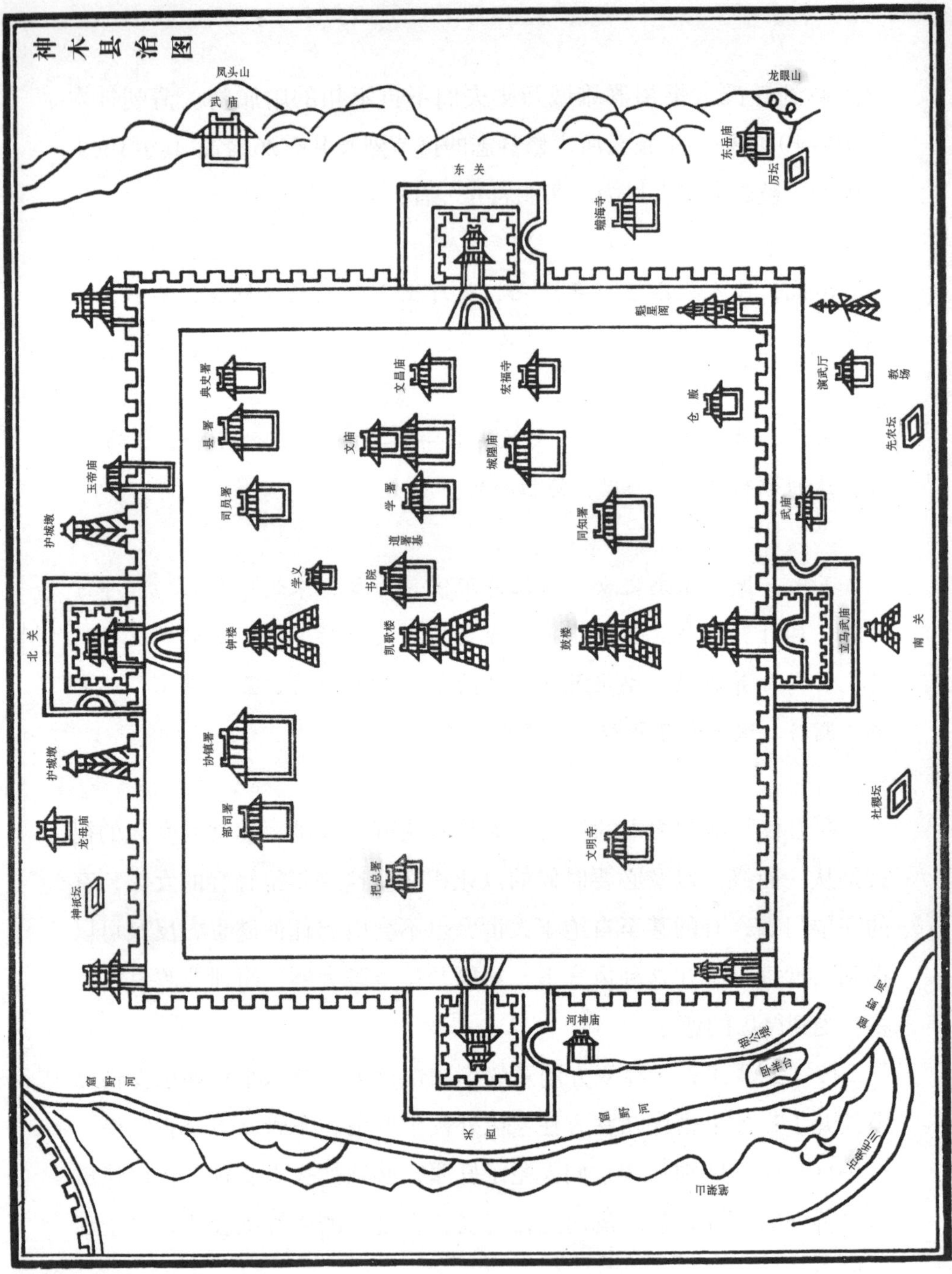

图5-4-1 道光《神木县志》所载县治图

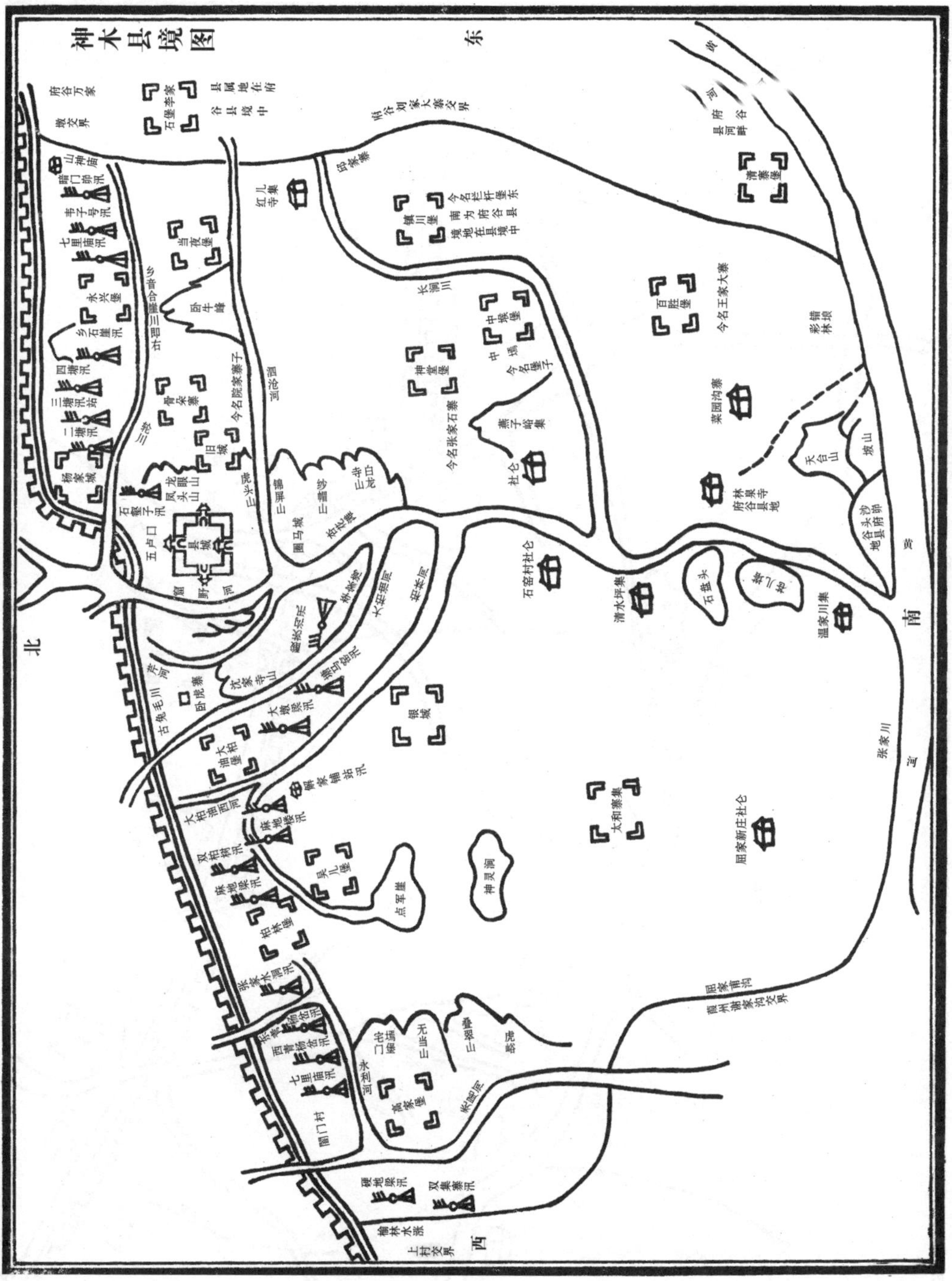

神木县境图

东

西

南

北

图5-4-2　道光《神木县志》所载县境图

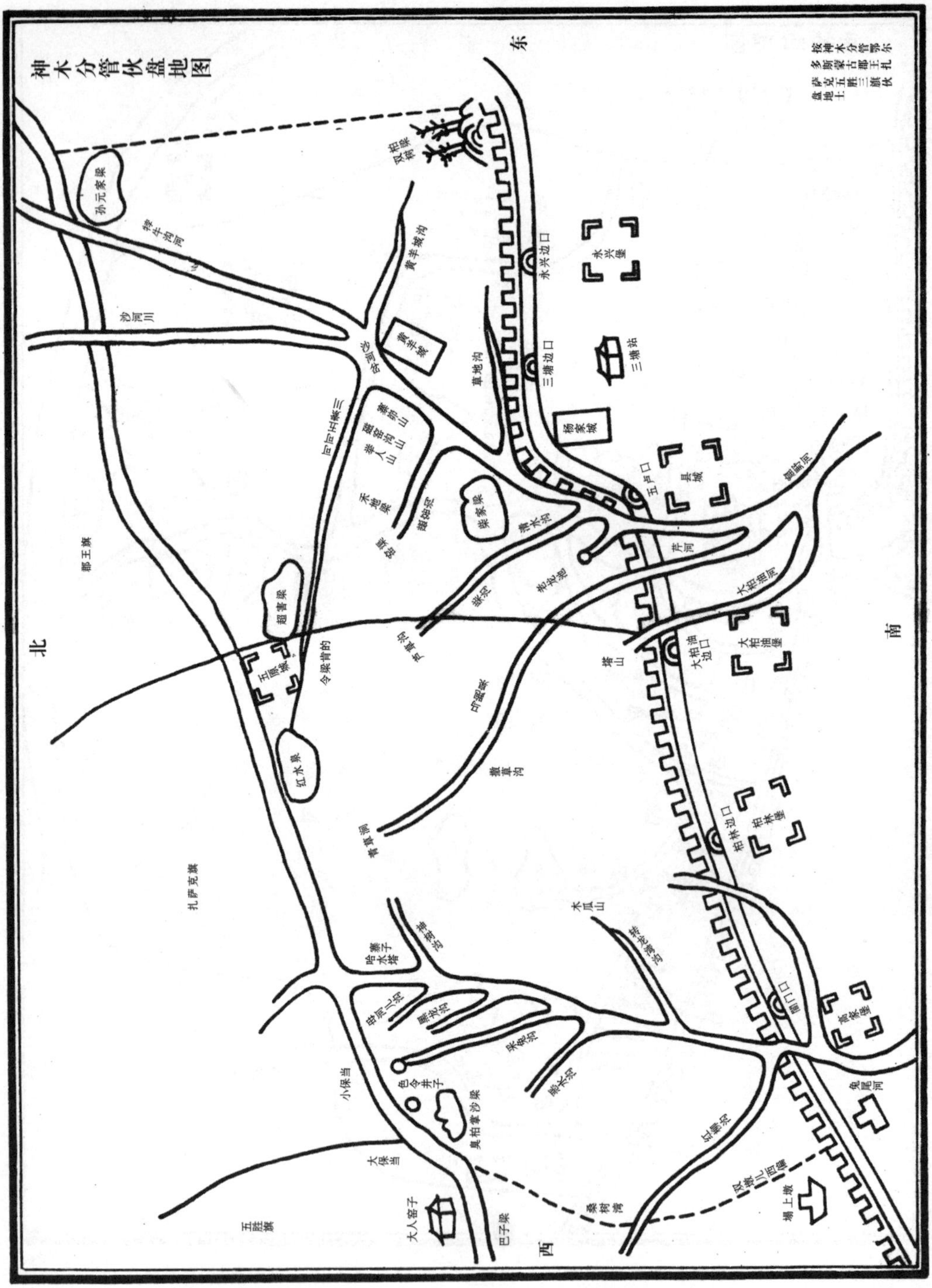

图5-4-3 道光《神木县志》所载伙盘地图

秀与苏氏苟且偷欢，只是让少女李春孩无意发现，而非苏氏丈夫现场捉奸见双。这在一定程度上，保证了他们的人身安全，他们最多会受到杖责。[24]在男尊女卑的世界里，女性明显处于劣势地位，通奸将她置于了走投无路的境地，她会蒙受更多的羞辱，并将这种羞辱带给她的娘家。

法律明文规定，丈夫可以用"七出"之一打发妻子走人：不顺父母、无子、淫、妒、有恶疾、口多言、窃盗。一般女子若不想离婚，又符合"三不去"任一项——有所娶无所归、有更三年丧、前贫贱后富贵——丈夫不得离婚。

乍看之下，李苏氏仍有回旋余地。然而，律例但书规定，若犯恶疾及奸者，即使妻子符合三不去的条件，丈夫仍可以要求休妻。否则，丈夫也会面临法律杖八十的惩罚。

李苏氏真的别无选择吗？

史景迁在《王氏之死》中，详细分析了康熙年间山东郯城妇人王氏私奔之绝无可能性。通奸妇女的失败几乎是注定的结局，除非隐姓埋名生活在世外桃源。否则她小脚蹀躞，根本无法远走高飞，即便雇得起轿夫或马车，也要面临关卡旅馆的盘查。其次，严格的连坐责任，导致无人敢为疑犯提供窝藏之所。[25]

所以，如果通奸一旦事发，李苏氏将无路可逃，等待她的会是耻辱遍播，她大概只能选择回到娘家，无地自容，愧恶余生。

李述秀足不旋踵即抛弃了他的无知情妇李苏氏，掉臂不顾以进行自保。而他的情妇苏氏似乎也心甘意愿，默默承受自己作为情欲牺牲品的残酷事实。杀人偿命，乃千古不易的真理铁律。经过权衡，为了保持道德情操上的清白，李苏氏同意与李述秀编造一个假象瞒天过海。

一天，李苏氏的小孩偷摘李春孩家的果子，遭到李春孩的辱骂。

李苏氏前去赔礼道歉，李春孩不依不饶，责数得更加厉害。于是，李苏氏气忿不过，将其以木棍击杀致死。事后，伪造了李春孩上吊自杀的现场。

他们一致咬定的这个罗生门故事，青天大老爷王致云竟然相信了。他是真那么昏聩糊涂呢，还是吃了李述秀的贿赂，文奸济恶有意遮蔽事情真相？我们现在不能遽下断论。总之，王致云据供定谳：李苏氏依斗杀律拟绞，李述秀拟杖一百徒二年。无奈此事偏偏他说了不算，人命关天的重案，还需要府、省、中央刑部三法司复审，经皇帝批准"勾决"后，才算终审。

清朝审判制度特别强调办结期限。人命案件，州县应于三月内初审完毕，将被告与案卷解送府；府限一月审讯完毕解送省按察使司；省按察使司限一月复审完毕解送督抚；督抚限一月内上奏皇帝，案卷移送刑部。[26]该大致司法程序，在李星沅《特参神木县知县王致云折子》中均有体现。

王致云受理了这桩命案，按照李述秀编造的自我供述了结定案，卷宗经府到省，引起时任陕西巡抚、素有"能员"之称的李星沅的重视。他和按察使傅绳勋认真核查，从蛛丝马迹中推敲犯案动机及所处之境，觉得事出蹊跷，便督委西安知府李希曾复审，果然发现不少漏洞，最后真相大白，详察杀人之"情实"，重新定案。此案奏闻道光帝后，宣宗下旨将王致云褫职夺官，李星沅、傅绳勋、李希曾皆因审讯精详，俱加二级。[27]

如此一位优秀的知县，于神木贡献颇多，不期栽在这件命案的审理上！既然李述秀至死未言他赇请王致云，那么我们可以肯定地说，在这件事上王知县的政治道德至少是无瑕的。

通常，地方官作为科举出身的士子，因其所学与司法行政日常事务，毫不相干，尤其不熟悉繁杂多变的律例，只能聘请专办司法审判事务的刑名幕友。或许，王致云的"师爷"一时怠忽，抑故意陷害他也未可知。也有可能，负责验伤尸检的仵作从中作梗，耍了手段。

有关王致云，其家乡民国二十四年（1935）的《萧山县志稿》付之阙如。此人革职后，余生如何，是无颜面见江东父老，终老未还，还是……所有的一切，如今，我们只能猜测了。

读到道光《神木县志》的人，大抵鲜知王致云之遭遇，读到《折狱龟鉴补》译注中有关王致云重罪轻判的《决狱慎出入》的人，大概也不会特别在意王致云，自然也就无从读到他编写的县志。[28]

此案载于《李星沅日记》《李文恭公行述》，可见它的破获是李星沅宦旅生涯中颇为自豪且浓墨重彩的一笔。[29]

当时在社会上，该案轰动一时，上了邸报新闻，1856年，医家陆以湉著《冷庐杂识》予以摘抄记录，并作评"讯验率而然，可以为鉴"。[30]时至今日，还被当作经典案例收录在《中国传统诉讼艺术案例》《历代勘案故事选》等书中。[31]

至于少女李春孩被害，凶手之手段残忍，我言之不忍，读者诸君，若能经得起觳觫，还是看李星沅写的吧：

奏为特参玩视重案、审判错谬之县令，请旨革职以示惩做，恭折奏祈圣鉴事。

窃照神木县十三岁幼女李春孩，被无服族人李苏氏、李述秀殴毙一案，先据该县知县王致云讯，系李春孩见有窃贼偷摘树果，在园声喊，李苏氏同李述秀往劝。因伊幼子摘食树果，李春孩复行嚷骂，李苏氏等气忿，各用木棒、树枝殴伤李春孩身死，假装自缢等情通详，当经臣等批饬，再行研讯去后。旋据该县将李苏氏依斗杀律拟绞，李述秀拟杖一百、徒二年，由府审转解司。经前臬司傅绳勋与臣面商，此案李春孩年幼无知，该犯等有何忿恨，辄行叠殴致毙，伤在阴户。且该犯等一男一女，何以同向果园，同殴装缢，情节甚属支离。当饬檄委西安府知府李希曾提证研审，究出李述秀与李苏氏有奸。是日，掩门续旧，不期李春孩突至撞见。

李述秀虑其张扬，稔知李春孩之父李述友时常在外卖果，家止李春孩一人，起意致死灭口。商允李苏氏，携带镰柄，追至其家。李述秀先将李春孩仰面扳倒，先用身带手巾塞口，李苏氏用镰柄殴其左右脚腕、右脚根。李述秀接过镰柄，向李春孩阴户殴戳数下，致伤李春孩左右胯相连阴户，顿时殒命。李述秀复起意将尸背移李述友果园树枝悬挂。时有王述法在坡望见，走拢查问。李述秀捏称李春孩詈骂伊等作贼起衅，殴毙装缢，并嘱李苏氏到官照所捏情词，供认殴戳阴户重伤，监禁数年，即可减罪收赎。李苏氏因与李述秀通奸情密，亦即允从，在县供认。至凶器，仅一镰柄递换殴打；现在解验，并不曾用树枝。提讯仵作，据供前验尸伤，因李述秀供指用树殴打，又在园内起出比对相似，是以当场喝报委无增减等情，将李述秀改照谋杀造意律拟斩监候刺字。李苏氏依从而加功律问绞。由司覆审解勘前来，臣随亲讯无异。查人命重案，全在承审官悉心推究，毫发无遗，庶几情真罪当。今李述秀因被李春孩撞破奸情，起意商同李苏氏谋毙灭口，衅由奸私，死系幼女，情殊惨毒，乃该县王致云并不虚衷推鞫，认真定拟辄任犯供支饰，又不辨别凶器，含混招解，若非饬司委员确审，几至误谋杀为斗杀，误正犯为从犯，茕稚含冤，淫凶漏网，实属不知详慎，草率糊涂，相应据实奏参请旨将神木县知县王致即行革职，以为玩视重案者戒。除将李述秀等一案另疏题报外，所有特参县令审办错谬缘由谨缮折具奏。[32]

【注释】

1 李星沅参王致云折子 见《清实录·宣宗成皇帝实录·卷四○一至卷四七六》，70页。

2 王致云简介 参见《地方文献论文集 萧山·地方文献国际学术研讨会》/沈迪云主编/三晋出版社/2010,196页;中国第一历史档案馆《题请以王致云署理神木县知县事》/档号：02-01-03-10001-021/官职爵位责任者：陕西巡抚史谱/文种：题本/道光十三年八月二十二日。题云：窃照署凤翔县知县金在绅病故遗缺系简缺，声明留陕请补在案，兹据布政使杨名飏等详称，查有大挑知县王致云，才具明晰，谙练稳成，堪以请署神木县知县，会详前来臣查王致云，年五十二岁，系浙江绍兴府萧山县人，由增生中式嘉庆二十三年戊寅恩科乡试第六十一名举人，道光六年丙戌科会试后大挑一等，签掣陕西，以知县试用，遵例回籍，在籍丁父忧，服满起复，奉文咨取，九年十月二十二日到陕，现署宁陕厅，同知该员明白安详，办事勤慎，以之请署神木县知县，实属合例，亦堪胜任，仍俟试署期满，如果称职，另请实授，再该员系知县请署知县，衔缺相当，毋庸送部引见。除履历参罚清册送部外，谨会同督臣杨遇春合词谨题请旨。朱批：该部议奏。

3 王致云有心编志而无暇顾及 见道光《神木县志》/王致云纂修/刻本影印/凤凰出版社编选/2007，458b页。

4 神木连岁灾荒与恤政 见道光《神木县志》/王致云纂修/刻本影印/凤凰出版社编选/2007，508b页。关于牌楼，参见《神木县志·建置志下·坊表》，501a页。"义举仁声"：道光十四年，榆林府知府徐广绍、神木县知县王致云，为捐资平粜文生宋之京等十七人立；"贾平足民"：道光十七年，神木县知县王致云，为办理平粜议叙八品文生薛绍先等十四人立。"从公运济"：道光二十年，榆林府知府李熙龄、神木县知县王致云，为经理公粜监生李振邦等六人立。

5　王致云的惠民工程　详《神木县志·建置志上》，关于维护县署，见491b页，关于修学官，见493a页。王致云所作《续修文昌庙记》，见《神木县志·艺文志下》582a—582b页。倡捐书院经费，见494a页。王致云所作《捐置兴文书院修脯膏火序》，见《神木县志·艺文志下》582b—583a页。关于设立收养局，见《神木县志·艺文志下》王致云所作《收养局碑记》。关于设立义仓，见《神木县志·建置志下·仓储》505b页。关于搭建窟野河木桥，见《神木县志·艺文志下》583a—583b页。

6　朱一淞赞美王致云　见朱一淞《屈野河渡建搭木桥记》，载《神木县志·艺文志下》583a—583b页。

7　神木财政收支　见《神木县志》，505a—506b页。

8　养廉银与公费银　见《中国历代官制》/曲万法编/齐鲁书社/2013，554—555页。

9　马疏与朱一淞　马疏（1789—1853），清代著名诗人，工书法。今甘肃定西人。嘉庆二十五年（1820）考中进士，入词垣，成为翰林。散馆后，铨授江西龙南县，因父病请求改任近县，即改铨陕西府谷知县。此后，历任洛南、富平、咸宁等县知县。他勤于公事，在府谷期间，办理了许多多年未结之案件。因此，当地百姓都称他为"马青天"。后半生在家乡过着躬耕、授徒的生活。详见乔晓军编著《中国美术家人名辞典·补遗一编》/三秦出版社/2007，9页；《日损益斋古今体诗校注》/（清）马疏撰/王忠禄校注/郝润华主编/天津古籍出版社/2014，3页。马疏在府谷任期约为道光四年至道光九年（1824—1829），时神木知县为贵州余庆县人毛有猷（号观鸿），二人为同年进士。参见《西北稀见方志文献·第6卷》/中国西北文献丛书编辑委员会编/1990，539b—540b页。马疏赠朱一淞诗　标题为《嘉平之望因公诣神木寓土地祠，晨访朱一淞二首》，详见《日损益斋古今体诗校注》261—262页。其中，另外一首诗云："公余一笑豁尘襟，五夜龛灯照客心。欲觉闻钟发深省，谁催击钵起清吟。从教系马招提境，预想敲门剥啄音。应怪主人眠未起，晓窗寒梦恋重衾。"

10　王致云评价朱一淞　见王致云序道光《神木县志》。

11　神木县志的协修　见道光《神木县志·纂修职名》。关于薛兰皋　见道光《神木县志》520b页。关于方恩南见521页。

12　王致云致力修《神木县志》　见道光《神木县志》595页，朱一淞后序。

13　罗景编《临王羲之书集古梅花诗一百首》　见罗景《集古梅花诗自序》："康熙五十二年，岁在癸巳之八月，余自南阳守奉使神木。时海内升平，边疆无事，百姓乐业，莅治未数月，政简刑清，冰霜满案。每公暇辄置图书，与二三知己，雅歌清言，兴不浅也。但风月樽前，独少梅花绕屋。不免为何郎避舍耳，因检集古梅花诗，七言绝律共百首，以供案头啸咏。复手临晋帖，作双钩法，以步武前贤。此亦信古之一端，而明道先生所谓即此是学也。时有毘陵王子冰侯、任城郭子季衡，同辞合赞。复为编次甲乙，考核鱼豕，四韵齐成，八法咸备，请寿贞珉，以公当世之同好者。若以藏名山垂不朽，则让未能云。时甲午之七月中浣，襄平罗景星瞻甫跋。"载《中国地方志集成·辽宁府县志辑·4·民国辽阳县志（三）·光绪辽阳乡土志》/凤凰出版社编/凤凰出版社/2006，34页。

14 郭熊飞与李熙龄落款　见道光《神木县志·纂修职名》影印本，序。

15 甲科乙科出身　参见刘长公《明清科举考试制度述略》一文，载《首都博物馆建馆十周年纪念文集》/首都博物馆编辑委员会编辑/燕山出版社/1991，83页。

16 神木文物甲科　见道光《神木县志·选举》，546b—547b页。

17 举人入仕　见《中国历代官制》/曲万法编/齐鲁书社/2013，528页。

18 乡试　关于道光十七年陕甘乡试　见《清代职官年表》/钱实甫/中华书局/1980，2961页。道光年间陕甘乡试地点见李世愉《清代科场中的考官与场官》。关于同考官　见李世愉《清代科场中的考官与场官》，载《纪念许大龄教授诞辰八十五周年学术论文集》/王天有、徐凯/北京大学出版社/2007，330—340页。

19 加级与纪录　见《清代六部成语词典》/李鹏年、刘子扬、陈锵仪编著/天津人民出版社/1990，13—14页。《中国历代官制》，550页。《中国法制史（新编本）》/叶孝信主编/北京大学出版社/2000，311页。

20 李星沅赏罚分明　道光二十三年七月十四日李星沅请求皇帝对王致云进行奖励，详见/中国第一历史档案馆/档号：04-01-038-000185-0062-0000/《奏为陕西神木县知县王致云等官绅捐资修建义学请奖励事》：陕西巡抚臣李星沅跪奏为官民捐资修建书院义学恩恩分别奖励仰祈圣鉴事。窃照神木县旧有兴文书院一所，年久未修，膳脩膏火亦未充足，以致讲席旷废，现经该县知县王致云同教谕薛兰皋首先倡捐兴办并劝谕士民量力捐输，共捐钱四千七百五十千文。内该县捐钱一百二十千文，教谕捐钱三十千文。于本年二月底收齐，除修理书院及置备书籍等项用钱六百五十千文，尚存钱四千一百千文。该县随发商承领，按年交息钱四百一十千文。又于城内添建麟城义学暨高家堡地方添建弥川义学各一所，将前项捐存钱文拨给生息，令各绅士自行经管延师课读，余钱议为书院息本，并拟定章程，通详立案，及商民捐钱数目，开册齐送，由府道移司核议，具详请奏前来。臣查例载，士民急公报效，捐输银二百两以上者给予八品顶戴，地方官劝捐出力给予纪录二次等语。今神木县士民捐资修复书院添设义学，洵属急公好善，除捐数不及议叙者，由本省办理外，所有捐钱三百二十千文之文生黄在中，捐钱二百四十千文之监生宋贤、俏生宋彬、童生薛憼，民人刘士彦、张世昌、王长春、王德修、武卫埔、白退龄、王再春十一名相应请旨交部照例议叙。至神木县知县王致云、教谕薛兰皋首先倡捐复劝谕士民捐输，于地方公事，均属认真出力，可否仰恳圣恩，量加议叙之处出自鸿慈。再，此项各工系官民捐办，请免造册报销，合并陈明。除将各捐户年貌履历清册送部外，理合恭折具奏，伏乞皇上圣鉴训示。谨奏。朱批：另有旨。关于王致云的错误 见《中华大典·法律典·刑法分典·第3册》/杨育棠，张大元主编/人民出版社/2011，2107页。

21 对贞洁的看重以及烈女之多 见道光《神木县志》，555b页。

22 具有代表性的贞妇烈女 见道光《神木县志》，556a页。

23 大清律例对通奸的规定 见《大清律例·犯奸》：366.1凡和奸杖八十；有夫者杖九十；刁奸者（无夫有夫）杖一百。

24 捉奸 见《大清律例·刑律·人命·杀死奸夫》规定："凡妻妾与人奸通，而本夫于奸所亲获奸夫奸妇登时杀死者勿论。若止杀死奸夫者，奸妇依和奸律断罪，当官嫁卖，身价入官。"

25 史景迁分析 见《王氏之死》/史景迁著/李孝恺译/广西师范大学出版社/2011，134—140页。

26 审限 见《中国法制史》/曾宪义/北京大学出版社/2000，232—233页；《中国法制史（新编本）》/叶孝信主编/2000，318—319页。

27 王致云与李星沅因审案而来赏罚 见《冷庐杂识》/陆以湉撰/崔凡芝点校/中华书局/2007，63页。

28 决狱慎出入 见《〈折狱龟鉴补〉译注》/陈重业主编/2006/北京大学出版社，304—305页。

29 李星沅日记记载 见兰州大学研究生学位论文《李星沅年谱》/田竟/2016，79页。

30 陆以湉的记载 见《冷庐杂识·典狱·疑案讯实》/陆以湉/崔凡芝点校/中华书局/2007，63页：道光甲辰夏，陕西神木县民李述秀与族妇李苏氏有私，为族女李春孩所见，欲杀之以灭口。李苏氏以镰柄殴伤其左右脚腕，李述秀以镰柄入阴户，即时殒命。移尸悬于李春孩之父果园。邻人李述法望见趋问，诈称李春孩骂伊等为贼，起衅致毙。事闻于官，县令王致云据供定谳，李苏氏援斗殴律拟绞，李述秀杖徒。嗣上，巡抚李星沅、臬司傅绳勋以李春孩年甫十三，有何忿恨，致送殴而伤阴户，属西安郡守李希曾覆讯，始得实情。改谳援谋杀律，李述秀拟斩，李苏氏拟绞。奏闻，得旨："王致云褫职，李、傅、李审讯精详，俱加二级。"文末称"二狱皆见邸抄……俱讯验率略而然，可以为鉴"。

31 作为经典案例 《中国传统诉讼艺术案例》/胡平仁编著/湘潭大学出版社/2009，135—136页，转引自陆以湉《冷庐杂识》（1856年），卷二《典狱》，编加题目《因伤得实》。

32 特参神木县知县王致云折子 见《中华大典·法律典·刑法分典·第3册》/杨育棠，张大元主编/人民出版社/2011，2107页。

裴宜丞/
名满陕北，诗传塞外

少年称神童

宋神宗年间，辽使来朝，翰林学士苏东坡奉命招待。辽使出一联，以为绝对，谁知，东坡略加思索，即行对出。物换星移，沧海桑田。千年以下，相同的故事再次上演，这回的主人公是位总角少年。

清光绪十八年（1892），一位项上戴着麒麟锁的童子跨入院试考棚大门。确定他来参加科考，考官便戏谑："你既是来参加考试的，那我就出一联，你若能对上，我就相信你不是来胡闹的。"他给出上联："三光日月星。"和苏轼一样，童子几乎是脱口而出："四诗风雅颂。"

考官不缓不急又出一题为难："能数至万吗？"童子答："一而再、再而三、三而十、十而百、百而千、千而万。"[1]

这个传说的原型，称不上文雅，甚至略微粗糙，却格外真实与鲜活。大保当作家党长青记得，发蒙时期爷爷总是教育他："好好念书，看人家裴大人。"并且，每次都不忘给他讲一段裴大人的奇闻。

裴大人那年去考秀才，才十三岁，由于他着装略显宽大，监考官一声喝问："咳！这个童子长衣偏衫！"他脑瓜子灵快："敢与大人一步登天！"考官以为遇上了神童，就进一步考验："童子！请给我写一个天大的字！"他不慌不忙回应："大人！那请先给我一张地大的纸！"[2]

何其机智如流的对答，一个乡野神童的形象跃然纸面。这位十三岁考中秀才的神童，便是裴廷藩。

裴廷藩（图6-1），神木高家堡人，字宜丞，诗人、政治活动家。1879年生于大保当十家牌梁村（由于裴氏家世显赫，该村后改名为裴家梁）（图6-2）。

日后声名鹊起于长城内外的裴大人，少名"学曾"，意为向曾参学习。曾子为人谨小慎微，处事三思而后行。裴廷藩的诗集《退思堂诗稿》之"退思"，取义于《左传》："进思尽忠，退思补过"，也体现了对曾参式反省精神的追求。

裴学曾的父亲裴兆星、姑父方步月、表兄方镜堂，均为本乡田地重名硕望的秀才。其中，方镜堂还是裴学曾的重要蒙师。

2012年夏天，我们专程前往大保当镇高圪垯村，拜访方镜堂的学生，时年86岁的老人田占山。

田占山一生务农，当过村小教师，对阴阳和易学有一定研究，略

图6-1-1　裴廷藩　　　　图6-1-2　裴廷藩与夫人牛氏合影　　　图6-2　裴廷藩出生地大门

通堪舆术，兼职风水先生，揹事刻碑诔墓。

田占山先生家藏一些劝世良言之类的手抄本，在别人看来无甚意义，他却一直不忍丢弃。这种敬惜字纸的美德，大概是受老师方镜堂的影响。

在田占山的印象中，方镜堂和善可亲，腹笥丰赡，古文功底深厚，在广州总统府当秘书时，颇得章太炎推重。方先生表达能力一般，读书之前总要沐手端坐。他拥有两大箱子书，死后陪葬整整一棺材。其余所剩，不久悉数毁于火灾（图6-3）。

田占山回忆及此，流露出一种殊为可惜的神情。笔者追问："都有什么书？""《汉书》《史记》……"，他略微迟疑："现在还有没有这些书？"

对于同门师兄裴廷藩的了解，田占山不及自己的学生高亮宇。高亮宇于2008年编注出版裴廷藩遗著《退思堂诗稿》。

无法逆料，今日因一部诗集而见重于世的诗人裴廷藩，受业京师大学堂时，中国文学的修为并不突出。

图6-3-1 方镜堂

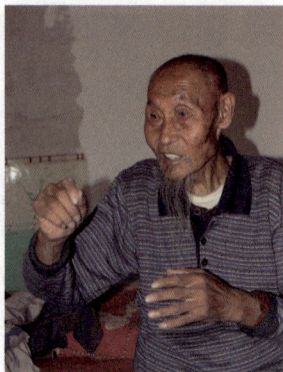

图6-3-2 田占山

入读大学堂

若非科举废除，以裴学曾天资之聪颖，家学之深厚，料想赚取场屋功名，不会是什么难事。

晚清末造，内忧纷扰，外乱不断，万不获已，变法求存。康、梁"戊戌变法"的一个重要成果，就是在1898年7月创办了我国第一所由中央政府建立的综合性大学——京师大学堂。[3]

光绪三十一年（1905）9月2日，袁世凯、张之洞奏请立停科举，以便推广新式学堂，咸趋实学。清廷诏准，自1906年开始，所有乡会试一律停止。[4]

截至宣统元年（1909）底，京师大学堂于1905年11月招收预备科及优级师范科学生，已届满四年。这批学子，经统一考试，按成绩划分为四等：八十分以上者为最优等，七十分以上者为优等，六十分以上者为中等，六十分以下及主课无分者为下等。其主课有不满七十分及六十分者，照章降等。最优等和优等者授予师范科举人，并分等授以官职。[5]

据宣统元年六月十八日（1909年8月3日）学部《奏京师大学堂预备、师范两科学生毕业请奖折》所附《毕业生等第分数缮具清单》，师范科裴学曾学业信息如下：

裴学曾，年三十一岁，陕西优廪生，毕业平均分数八十三分四厘六毫（因中国文学主课不满七十分降优等）[6]

以裴学曾为首的七十七名优等毕业生，其中十人，成绩均分在八十以上，按理应评定为最优等。之所以被降级为优等，乃因中国文学、物理学、动物学、植物学、地学、算学、农学等主课不满七十分。[7]

该届师范科生源五湖四海，然以南方居多，陕西仅有3名，裴廷藩是佼佼领先者（图6–4）。总计203名师范科毕业生中，他名列第24位。[8]

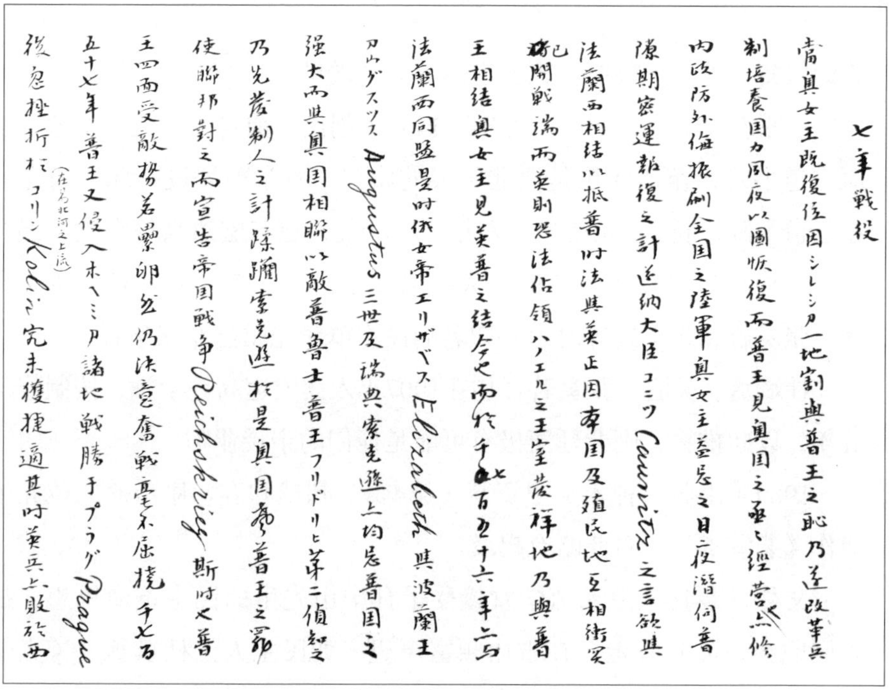

七年戰役

當與女王既復位因シレシア一地割與普王之恥乃遂改革兵制培養国力夙夜以圖恢復而普王見與国之亟亟經營亦修内政防外侮振刷全国之陸軍與女王甚忌之日夜潛伺普隙期密運報復之計遂納大臣コニツ Caunitz 之言欲與法蘭西相結以抵普時法與英正因本国及殖民地互相衝突而開戰端而英則恐法佔領ハノエル之王室發祥地乃與普王相結與女王見英普之結合也而於千七百五十六年与法蘭西同盟是時俄女帝エリザベス Elizabeth 與波蘭王アウグスツス Augustus 三世及瑞典索克遜上均忌普国之强大而與国相聯以敵普魯士普王フリドリヒ第二偵知之乃先發制人之計蹂躪索克遜於是與国為普王之屬使聯邦對之而宣告帝国戰爭 Reichskrieg 斯时之普王四面受敵勢若纍卵然仍決意奮戰毫不屈撓千七百五十七年普王又侵入ホヘミア諸地戰勝于プラグ Prague 後忽挫折於コリン Kolin（在易北河之上流）究未獲捷適其时英兵亦敗於西

图6–4　裴廷藩学习笔记

京师大学堂，非常注意延揽人才，学曾在校期间，担任教习的有辜鸿铭、范源濂、屠敬山、严复、林纾等著名学者。莘莘学子所享待遇十分优异，吃穿度用，一概公费，颇合古语说言"国以大烹养士"。[9]

这些毕业生日后大多籍籍微名，无一经天纬地的大牌人物。他们入学时的身份多为文童、生员（廪膳生、增广生、附生）、监生、贡生，也有一些举人以及极少数诸如拣选知县之类的候补官员。[10]

裴学曾等七十七名优等生奉旨获奖师范科举人出身，并以中书科中书尽先补用。政府为他们安排出路：

均令充当中学堂、初级师范学堂正教员，俟义务五年期满，各以应升之阶，分别京外，分部分省，遇缺即补。

旋即，裴学曾出任陕西三原宏道高等学堂教员。[11]

三原宏道学堂，明弘治七年（1494）创设，前身为"关学圣地"三原宏道书院，至清代更是西北学界的旗帜，省学衙署设三原，府考亦在宏道书院举行。[12]光绪二十六年（1900），更名宏道高等学堂，倡导新学，注重经世致用，造就一大批诸如于右任、李仪祉、杜斌丞、吴宓、张奚若、张季鸾等海内外知名的民主革命先驱与专家学者。[13]

杜斌丞、吴宓、张奚若，均在1907年入读宏道高等学堂，按制修学五年，以此推算，则裴廷藩极有可能是他们的亲授业师。[14]

1989年出版《神木文史资料·第4辑》刊杨和春、康恭庵二位先生遗作《裴宜丞》，对此略有提及。

文称，裴在三原宏道学堂接受了孙中山先生的民主革命思想，加入同盟会，鼓吹奔走，在省内颇富声望。如民主人士杜斌丞、《大公报》主笔张季鸾、水利专家李仪祉等均以师事之。[15]

这大抵不差！虽然李仪祉与张季鸾分别是在1900年、1903年入读宏道学堂，而裴廷藩1910年前后始任教于此，但拉扯起来，对于裴他们是应该尊敬地称一声"裴先生"的！

肃清哥老会

如果说，命名是一种父权，意味着新生，那么裴学曾在此自我命名为"裴廷藩"，并取字宜丞，则不啻完成了一次重大的人生蜕变。陕北话读"宜"为"尼"，又前后鼻音不分，故而世人多称其为裴宜（ní）丞（chén）。一些资料不明就里，按照方音将其误书为"裴尼臣"。[16]

裴廷藩以敏锐的政治直觉，预感到中国将要发生一场掀天卷地的浩大变革。这个名字隐含着他在仕途上大有作为的自我期许，也深切地寄予了他对民主革命以及家国美好前途的坚定信念。

不久，武昌首义，各地响应。在偏远的塞上，榆林哥老会龙头老大杨昆山密谋起事，利用兵丁对官府克扣军饷的不满情绪，摧枯拉朽推翻了清政府在榆林的统治，却放过了道台杨卓林。

1912年2月，陕西省新政权委任裴廷藩为河套安抚使兼边墙内外团练使。河套时为绥远属地，绥远省方不承认陕西省军政府发布的这个荒唐可笑的行文。

此时榆林大权为杨昆山独揽。裴廷藩的政治地位有点儿尴尬，根柢未深，只能待在榆林，等待时机，慢慢伸展拳脚。

新官上任三把火。裴廷藩，首先命令榆林知县彭赞皇交出财权。彭向杨昆山请示，未得允肯。从此，裴、杨交恶。裴廷藩前往安抚神府之时，密派心腹两名，暗杀杨昆山事败，双方结怨转深。

杨昆山不善整军经武，部属贪污腐化，无法无天，激起民众普遍不满。裴认为他们投机革命，必须清除。他利用哥老会的内部矛盾，乘机指使榆林各县亲信士绅控告杨昆山存在"不服安抚，纵兵殃民"

等行为。

杨、裴二人，皆是初试啼声的政治新秀，斗争经验严重不足，纷纷求教圆滑的官场老手杨卓林。杨卓林对使自己丢掉官帽的杨昆山恨之入骨，对于官场新贵裴廷藩他也无甚好感。他只想挑起内讧，图谋复辟。他臂助廷藩，为其筹划，假意买好昆山，骗取信任而后图之。裴依杨计，渐得昆山倚重。

然而，对杨昆山的控告已引起

图6-5　晚年张凤翙

陕西省军政府的注意。都督张凤翙（图6-5）亲笔致信杨昆山："君能独立，好自为之，否则，听命省方，统一陕局，功莫大焉，请熟思之。"杨昆山大骇，决定前往西安面见剖白，却有一些犹豫，遂商之于杨卓林。杨卓林信誓旦旦："你尽管去，我让宜丞在张都督那里为你美言，保准你平安无事。"

杨昆山很高兴，函请裴廷藩在他赴省时返榆主持军政。廷藩喜出望外，兼程倍道直奔榆林。出于谨慎，他先遣员密见杨卓林以探虚实。得知裴带兵而来，杨惊此乃自投死地，诫之万不可如此，以免昆山生疑。裴遂罢兵只身前来。

1912年5月下旬，当杨昆山带卫队数十人启行赴省行至宜君，为省方派出北上的定边人郑思诚（郑庠）诱杀。随后，裴廷藩为稳固自己的统治地位，下令逮捕留在榆林的杨昆山部下武绩臣、许华和陶小幡。

首传武绩臣，裴对武大骂，骂毕就打，共打三千五百大板，打得血肉横飞，用大链锁在一旁；继打许华一千，锁跪一旁；打陶四百手掌，用木牌写标语侮辱备至。复将三人枷号游街，并用站笼囚起示众。武绩臣因已半死，未囚站笼，拴在长发泉柱上。此乃裴尼臣掌权残害革命人员之真实情事。（李文正《榆林辛亥革命纪略》）

半死的武绩臣，经亲友作保，以"年幼胁作，尚无劣迹"获释，不久流亡西安，遇革命党人井勿幕，受荐任省禁烟局长。后辞职回榆，在井岳秀部担任秘书长、军法处长等职。[17]

　　李文正先生对裴廷藩所抱持的政治态度得到了历史长篇小说《秦魂》的作者王东汉的肯定。王先生指名道姓一口咬定"裴廷藩是个残忍败坏的小人，只能待在榆林残害革命老同志"。对创建西北大学的陕西督军张凤翙，则稍有避讳，化其名为"张丰"。

　　张丰在西安镇压杀害万炳南等哥老会同志的同时，亦担心陕北成为井勿幕和哥老会的地盘，遂委派自己的亲信神木人裴廷藩为河套安抚使……并亲给杨昆山致函，骗取其进省任职。[18]

　　这种对哥老会成员之结局抱以的无限同情无可厚非。体恤恻隐孱弱失败者流，乃人类的善良天性使然。值得注意的是《榆林人物志》，对于杨昆山之遭遇竟然存在两种"自相矛盾"的记述。[19]

　　杨昆山（？—1912），原名杨厚德，四川人，榆林辛亥革命首领。初为清廷驻榆新军士兵，哥老会成员。……河套安抚使裴宜丞阴谋攫取榆林大权，与原清道台杨卓林狼狈为奸，诽谤昆山，致其处境日艰。

在同一书所录裴宜丞词条下，则有如下叙述：

……陕北旧军中哥老会头目杨昆山投机革命，组织洪汉军，招收地痞流氓，骚扰各县，裴（廷藩）与省方联系，密派新军郑思成（郑庠）诱杀杨昆山于洛川……

其实，这也不足深怪！倘以立场不同来考量，对同一政治事件自然会有殊异不一的识见评判。

彻底肃清阻碍新政权的哥老帮会势力后，裴廷藩着手建立民国体制的政权机构，委任了陕北各县县长[20]。至于河套方面，还是不承认他这个安抚使。1912年6月13日，裴廷藩呈文陕西都督张凤翙：

职使现在招抚鄂尔多斯七旗，该蒙人虽不反对，诸多观望，揆厥原因，一由借口于杨统带（杨昆山）之故，不肯投诚。一由郡王旗设立山西东胜一厅，隶彼隶此，蒙人亦不能取决所致。[21]

虽然如此，他的胸怀相当顺畅，作于1912年6月的《出使歌》，将他愉悦的情绪泄示无遗。这首诗详叙他得到任命时的心情与抵任途中的所思所感，以及到达榆林千方百计除灭大为棘手的杨昆山的前后经过。

出使歌[22]

使者登途日，声名远近传。
身作三军帅，手握半陕权。
一路风霜苦，端因防九边。
难民要安抚，孑身冒烽烟。
匪类时出没，筹策无万全。
此行关系重，国事荷一肩。
行路三十日，始得抵榆关。

害群有一马，姓杨名昆山。

三月不能去，使者觉汗颜。

投鼠为忌器，不是肯容奸。

设计锄斯恶，文牍累百篇。

报来伏法日，辛苦已半年。

人民从此后，始可高枕眠。

使者肩可卸，避路再让贤。

为划界呼吁

联蒙抑汉，是有清一代的重要民族政策。顺治年间，清廷为达"蒙汉隔离"目的，沿陕北长城北侧与鄂尔多斯高原之间划定一条南北宽25公里、东西延伸1000多公里的长条禁地，不允许汉人垦种，也禁止蒙古人游牧。此即见于文献记载的黑界地。

陕北地瘠民贫，十年九旱。"因多年不耕，稭草腐朽地面色黑"的黑界地，土殖肥厚，对沿边六县民众具有极大吸引力。迫于生计，康熙初年陕北边民纷纷进入这片封禁的处女地进行私垦。

康熙三十六年（1697），伊盟盟长鉴于实际情况，奏请玄烨，表示"愿与汉人伙同种地，两有裨益"，得准旨。如此一来，伙盘地不断扩张，大量汉民开始涌入旗地。

及至清末，各种赔款，耗空国帑。与此同时，昔日强大的蒙古部落衰弱不堪，日渐丧失"屏藩朔漠"与威犯边境的能力，已无缔结同盟的政治价值，满清政府决定彻底打破封禁政策。

光绪二十七年（1901），朝廷委派兵部左侍郎贻谷为"钦差督办垦务大臣"，开始大规模移民实边，丈放蒙地，搜刮押荒银，是谓"贻谷放垦"[23]。

由于相应的辅助措施和具体法律条文没有及时跟进，致使陕绥交界存在的大量伙盘地权限隶属模糊，纠纷时有发生。1912年，共和告成，裴廷藩奉命安抚巡查北山河套等地，他认为：

河套乃黄河以内之地，历代皆归秦属。……详考历代史乘暨河图考，昔称秦为陕半壁者，即因河套之归秦附庸也。其地河流灌溉，地土肥沃，……前清亦隶秦版，故神木设有部郎同知等官，安边亦设有同知一缺，皆专管蒙汉交涉，及命盗刑事案件。……康熙时，命延边华民出塞耕种，迄今二百余年。秦民之徙居于河套者，不啻数十万户，以致内地沿边一带，土地荒芜，赋税减色。

裴廷藩力主收回河套地区，几次上疏陕西都督张凤翙，闳言崇议，条分缕析，力陈利弊，强烈建议会合相关方面协调，将鄂尔多斯七旗划归陕西，"庶几财不外溢，民免流难"。[24]

1914年出版发行的《最新行政文牍》，选录民国各省各类词气充畅行笔雅洁的公文。其卷五《下级各官署及官吏呈上级官署文》所收1912年时任陕西边墙内外团练使裴廷藩呈报陕西都督张凤翙的两通公函，皆为争还旧地维持利权。

黑界地开垦净尽，一般的穷苦百姓，便向蒙古地主租种，财大气粗的边商则可以向蒙古王爷们买地。

买走我通岗浪河的/是神木的土豪们/传来紧急命令的/是王府的官僚们/把我朝南的河湾/分出去安心了吧/把我芒哈陶勒盖的牧场/放出去完事了吧

鄂尔多斯民歌《通岗浪河》至今仍然这样传唱。歌中的"王府官僚"指乌审旗札萨克察克都尔斯仁。此人奢华成性，多次进京，赴呼市，朝五台，耗费糜多，四处举债，仅神木大边商吕侯旦一人就放给他73万两白银的高利贷，利滚利，多年以后，成了一笔不赀的债务，无力偿还，只好划地抵债。[25]

但是，通岗浪的失去另有隐情。

吕侯旦，又名吕万有，陕西神木县人，清末边商。从小在蒙古伊克昭盟乌审旗经商，不仅精通蒙语，熟悉蒙情，而且结交蒙汉官府，名扬一时。其商号为万盛魁，是乌审旗最大的商号之一，在边商中很有威望。清光绪年间，蒙古人民起义，交战中摧毁万盛魁等48家边商商号，账簿全被焚烧。事态平息后，由吕挑头，向乌审旗提出巨额赔款要求。后由汉官支持袒护，蒙人害怕起义真相大白于天下，自愿认输，将通商一带500多平方里的土地赔给边商放垦。从此，吕便成为边商之王，与蒙古王公分庭抗礼，平起平坐。[26]

"蒙古人民起义"，指由席尼喇嘛领导的抗垦的"独贵龙"运动。而那"500多平方里的土地"即通岗浪。"独贵龙"坚决反对乌审旗札萨克私卖旗地，主张察克都尔斯仁所欠新旧债务，不得以蒙民唯一赖以生存的土地来抵偿。不料，起义却造成了更多土地的流失，蒙古王公不得不将通岗浪让给神木的边商以便息事宁人。[27]

今陕西省神木市大保当镇，原是内蒙古乌审旗札萨克察克都尔斯仁的封地。光绪二十九年（1893）慈禧太后临近六十初度，这位捉襟见肘的王爷无钱置办寿礼，就将大保当货与神木买家，自此大保当便成陕西属地。[28]

大保当由裴、方、高三大家族联合众商贾出资三千万两白银购置，裴家财力雄厚，出钱最多。裴廷藩出身于边商巨贾之家，登上政治舞台之后，遂成这一阶层的忠实代表，对其利益自然多有维护。他通过蒙汉贸易垄断民用百货，牢牢把控蒙古王公贵族的牛羊牲畜和珠宝财产，进而在一定程度上可以直接干预绥远与陕北交界之处的政治决策。

当裴廷藩欲将河套地区划入陕西之时，绥远省方也对边墙之外的陕北地区垂涎欲滴。1919年，绥远都统蔡成勋（图6-6），为增加所部税收，向陕西省公署提议重新划定陕绥疆界，欲将榆林纳入其征税范围，此举遭致榆林地区各县官绅民众的强烈反对，纷纷联名向国务院递交呈文陈述理由。后经国会参、众两院的陕籍议员高增爵、高增融（图6-7）、裴宜丞、宋伯鲁等人联名电质蔡成勋，国务院迫于民意，于同年6月24日会议议决：陕绥划界暂缓实行。

1920年底，蔡成勋罔顾北京政府"暂缓划界"的决议，以"收界放垦"为由，在榆林长城以北的地区强行设局收税，遭到"沿边六县公民争存会"竭力反对，对峙僵持之下，裴廷藩联合米脂显贵高增爵直接干预，迫使蔡成勋于1921年4月撤回设局收税人员。事毕，榆林、府谷、神木、靖边、定边、横山共同编印《陕绥划界纪要》，并于各县存档。[29]

1921年8月中浣，府谷举人高诵先在序《陕绥划界纪要》中全面叙述了划界之来龙去脉，兹录如下：

图6-6　蔡成勋

图6-7　高增融

陕北地接蒙疆，沿边居民以出口领垦为恒产，蒙人即赖岁租为养赡。自清初迄今数百年，汉蒙相安如一家焉。

民国成立之二年，政府置绥远特别区域，隶以鄂尔多斯七旗，于是划分蒙界之议起。不知边民田产全在蒙疆，一旦割弃，是绝其养生之路也；且榆、横、府、神、靖、定六县，其治城多附边墙而设，原为统驭中外起见，倘举边外之地全数划归邻境，在六县已失设治枢要，势将议及裁并。即镇道两署亦必迁移驻节地点，方足以资镇摄。现今国事多艰，此种纷更政策，何堪轻于尝试，致启乱萌。为民生计，为边防计，均有断断乎不可者。

八年一月间，绥远蔡都统援照民国二年国务会议议决成案，迳行派员来陕划分汉蒙界址，意欲指边墙为鸿沟，举我边民耕种牧养之区，全行囊括以去。先岁蒲城王卓亭公，奉命来尹兹土，鉴于此案之已成大错，急宜设法挽回，甫下车即广咨博访，备悉汉蒙错处息息相关。屡经条陈上游，请以沿边诸蒙旗照旧归陕兼辖，藉资治理。适因陕乱方殷，事不果行，至是，绥区先我着鞭矣。六县人民闻之惶恐异常，纷纷来榆呼吁。公与井崧生镇军毅然引为己任，联衔具情上闻。并由吾民胪列事实，历陈不可划分种种理由，公推朱君维勤赴京请愿，政府鉴于舆情之不可拂，复国务院会议议决，以暂缓划分一语权告结束。乃绥官不甘失败，假其垦务局名义，贿嘱蒙员，将我民历年承领已入版图之熟地，重行报垦，与之平分利益。

九年十月间，派员在于神、府两县设局筹备，势在必行。吾人知其处心积虑欲坏我金瓯也。因联合六县士绅，在榆组织一"争存会"，具呈各宪，据理交涉，并经旅京乡绅先达高少农诸君专电质问，该区长官，无词应付，始将所派放垦专员曾广润以明令撤回，而事遂以寝。

不佞两次争议，忝厕其间，虽略有所建白，然非当轴者大力主持，为民请命，断难收此效果。

迄今事后追维此案，时阅三载，文电纷驰，连篇累牍，若不及时汇集成编，俾免散轶，万一旧案重提，继起者茫然无所依据，爰谋诸同人，面请道尹王公，将关于划界档案，饬科检发，择要撮录，首文牍，次图册，付诸刻民印多本，分存六县自治机关，令吾沿边人士咸晓然于疆域之沿革，利害之关系，与夫此案争执之要点，即后贤编修邑乘，亦可借为考证之资。甚毋河汉视之斯幸矣。[30]

另据信史，裴廷藩曾执管伊盟垦务局，负责丈放蒙地。坐落于大青山约有万余顷可垦地的大榆树滩，1923年能顺利报垦就有裴廷藩的一份功劳。大榆树滩为广觉寺香火牧场之地，游牧历有年所。其开垦遭致寺院首领、信徒与牧民的诸方反对。不得已，绥远都统兼垦务督办马福祥委员晋京，与相关方面在裴廷藩的斡旋下，接洽事项，订定条件，始得报垦。[31]

立身当不休

卸职河套安抚使不久，裴廷藩就职神木同知。由榆林还家小作勾留，启程履新途中，他回顾自从1905年在京师大学堂求学以来，常年寄迹在外，不能尽奉孝道，在齐家治国之间难取平衡，不禁感从中来：

> 小住乡关未及旬，无端又作宦游人。
> 一肩家国两行泪，洒向堂前别双亲。[32]

诗前小引："壬子（1912）秋季，辞安抚使职……就同知职。"神木同知除专办蒙汉交涉案外，还负责巡查蒙旗，可以说是对蒙旗司法权的一种分割，亦为清末沿边省县势力向蒙旗拓伸的有力佐证。民国以来，同知作为一种封建职官的遗留，日渐走向没落。1913年9月，那森达赖捣毁神木二府衙门，神木同知的历史使命遂告终结。[33]

裴廷藩不再担任"身作三军帅，手握半陕权"的安抚使，情绪异常低落。从其《壬子秋，卸安抚使任后有感》可以感知，许是处理杨昆山事件不够妥当，遭到了控告，被都督张凤翙撤职调任。他心灰意淡，觉得为当权者所利用，好人担了赖名誉，尚未大展宏图即折戟沉沙，所有努力不过为人作嫁空忙一场：

> 奔走年来一梦中，醒来两手妙空空。
> 回头只觉多余恨，定变何曾有寸功。
> 名誉反因忠厚失，文章都是苦愁工。
> 英雄莫洒穷途泪，鸟尽弓藏今古同。[34]

裴廷藩爱好写作，经常将得意形色与失意牢骚付诸笔端。他倾向于认为"文穷而后工"，所作旧体诗居多，偶尔也响应白话文运动。新奇的摄影技术令他惊讶，面对自己的肖像照片，他明显感到了旧体诗词在吸收表达新事物上的局限。于是尝试着作新诗一首《对小照戏题》，现在读来仍不失趣味与哲理：

> 我问你是谁，你说就是我。
> 无我难有你，有你如有我。
> 我是你的原因，你是我的结果。
> 现在我的老朋友，不能见我能见你。
> 将来我的亲儿孙，都怕认你不认我。[35]

在那个特殊的年代，在闭塞僻远的陕北地区，裴廷藩能得风气之先，绝对算得上是个颠覆传统的新潮人物。他乐于接受新事物，踊跃传播新思想与新文化，在家乡，在辖区，大力提倡女子放脚和男子剪发。[36]

1913年2月，裴廷藩（图6-8）当选为众议院议员[37]，心情之高兴前所未有。在京开会期间，数十位京师大学堂共笔砚者，前来向他道贺。他踌躇满志，兴致益然，忆往昔，抚今朝，追未来，欣然命笔，作诗一首，与诸位同学共相勖勉。诗云：

> 凤凰麒麟在郊薮，天地之大人材有。
> 劳燕东西各自飞，都门何幸又聚首。
> 五载相交交既厚，四类分科各千秋。
> 忆昔论文寒窗前，一堂之中皆朋友。
> 丈夫立身当不朽，岂甘折腰为五斗。
> 只缘义务不容辞，暂来京华供奔走。
> 立志常怀猷为守，言欢不外诗与酒。
> 我今举杯祝诸君，不可小知可大受。[38]

该诗情绪之昂扬，志向之高尚，笔调之明亮，词章之雅放，气势之磅礴，在整部《退思堂诗稿》中甚为鲜见，实属一首难得的珍品佳作。

民国奠定，各派群起组织政党，以期争夺政权。然第一届国会选举，国民党所得议席之多，即合其余诸党尚不及其三分之二。政敌如斯强大，令大总统袁世凯坐立不宁，他一面策划组织与之相抗的政党，一面密谋暗杀宋教仁。[39]

1913年11月4日，袁氏悍然下令取消国民党党籍议员459人，其中包括陕西省窦应昌、陈佶等5名参议院议员，裴宜丞、高增融、刘治洲（刘定五）、朱家训（朱述斋，图6-9）等20名众议院议员，从而导致共和完全破灭。[40]这些人之中，需要我们特别予以注意的是朱家训。朱家训即裴廷藩《退思堂诗稿》屡所提及的朱述斋。

朱家训，字述斋，1880年生，陕西陇县人。廪贡出身。1909年任陕

图6-8　裴廷藩名刺

图6-9　朱家训

西谘议局议员。1910年举优贡，朝考一等，分发甘肃任知县。民国成立后，任西安佐治员。1913年被举为众议院议员。国会解散后，历任四川盐务榷税官、甘肃省第三区烟酒专卖局局长。1916年袁世凯死，仍任众议院议员。1917年南下任护法国会众议院议员，1922年国会恢复，仍任众议院议员。[41]

浮云流水十载，1913—1922年间，裴宜丞的经历大略和朱家训一致。他们是乡党，均为国会众议院议员，志同道合，诗酒酬和，连舆接席，一起南上北下。后又共同参与曹锟贿选，双双"猪榜题名"。[42]

暗杀死宋教仁，解散了国会，袁世凯为"开元登基"四处收买革命党人。裴廷藩痛心疾首，对袁党的拉拢示好断然拒绝，并写下掷地有声的诗句，以示男子汉的钢骨志气与铁血豪情（图6-10）：

天地洪炉造化身，炼成铁骨傲红尘。
岂因五斗将腰折，愿作中原第一人。[43]

此一时期，裴廷藩颇有不食周粟的气节，神木知县焦振沧、榆林道尹吴敬之先后向省方推荐他做官，都被他拒绝。他积极抵制袁世凯称帝，自京返回高家堡，尤为注重家乡教育，创办神木第二高等小学堂。时方国事蜩螗，军阀混战，匪乱横行，为保地方绥靖平安，他还组织了保卫团。[44]

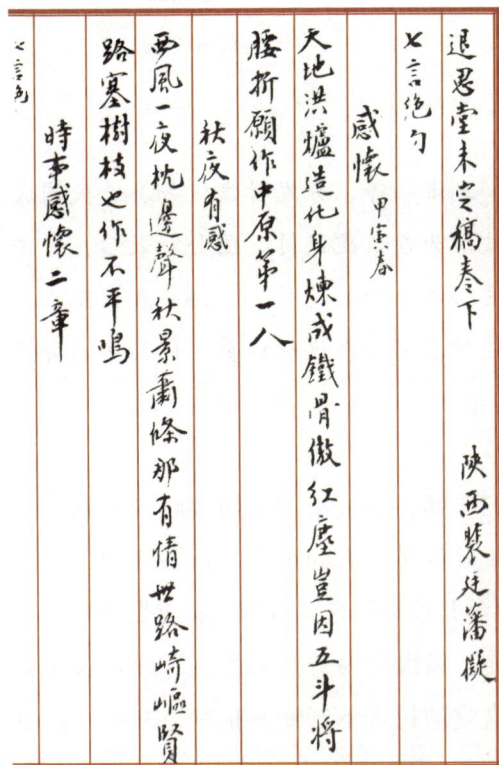

图6-10 裴廷藩《退思堂诗稿》手迹

1916年3月13日第67号《政府公报》载《陕西巡按使吕调元奏道尹吴廷锡代巡榆林道属完竣谨将详报情形具陈鉴示折》谈到各县保卫团之办理情形，吴廷锡特别赞扬裴廷藩：

高家堡团绅裴廷藩，心有规度，组织精能，以故神木近出两劫案，俱由该团缉拿，人赃尽获，洵可谓铮铮佼佼者。[45]

吴廷锡（1865—1946），字敬之，江苏江宁（今南京）人，光绪年间举人、史学家，一生在陕为官。极有文史贡献，曾编纂《续陕西通志稿》，深受张凤翙、杨虎城、邵力子、孙蔚如、熊斌等历届陕西省执政者敬重。[46]

时为榆林道尹的吴敬之此次代巡边防，途经高家堡，作诗两首，对裴廷藩的文韬武略给予高度评价。其所谓"开学舍""熟兵机""殖边不废诵弦声"的溢美之辞，皆指廷藩而言。裴将这两首诗收进了《退思堂诗稿》，并于吴诗前小引：乙卯（1915）秋季，吴敬之道尹巡边至高家堡赋此二章，兹录以留纪念：

其一

云川山水敛清晖，处士星明指少微。

刘淑河间开学舍，陈汤塞上熟兵机。

巡方寡德空持节，问俗凉秋早授衣。

时事假柯终有待，未容磻叟钓苔矶。

其二

载罏朔野咏长征，麟府同巡阅十程。

紫塞有绿寻战垒，青山无数送行旌。

冬防保聚民须教，秋敛蠲除赋暂轻。

独羡田畴称逸士，殖边不废诵弦声。[47]

1916年，相继西南护国军首领蔡锷、唐继尧通电护国讨袁，反对帝制，陕西军阀陈树藩发兵驱逐袁氏于1914年假借增兵剿灭白朗农民起义军而委派入陕的陆建章。[48]

裴廷藩积极响应，在榆林召集旧部，充任警备司令。道尹刘国栋系袁党，望风而遁。[49]该年六月，一代枭雄袁世凯忧惧暴死，黎元洪以副总统依法继任，号称共和复活。国会得以重开，裴制伏来犯蒙匪后辞职赴京，首途离榆之日，作诗一首：

丙辰春，在榆林充警备司令，蒙人归服，土匪亦远飏。后因召集国会，遂辞职赴京，出榆后途中有感。[50]

自镇榆关后，匈奴敷化来。

丈夫酬愿日，儒将解兵回。

立法责犹重，救民志未灰。

沿途诸父老，都把笑颜开。

诗题很长，富含信息量。诗之上半阕，完全借用好友雷大同送别孔庚原句，足见裴廷藩对雷诗的认可[51]。从该诗也不难看出，他对自己在任警备司令的功绩颇为满意。

然而，事实并非如此简单。该年六月，延安黄龙山悍匪王廷桂（绰号穿山甲）领步骑600余人，受省招抚，意图来榆安置。匪众野心难驯，沿途一路放恣骚扰，榆林早有戒备。官绅虑其生变，极尽欢迎。

不意匪部竟扣留出城款待之代理道尹张立仁、警备营长裴廷藩、营副余天祥、团副高镇五、县长王叔度等一众文武官佐，勒索快枪200支、军衣600套、大米100石、银洋1万元，如不交付便撕票破城。

后幸赖警备营突袭，匪徒始料不及，逃窜途中"穿山甲"丧命。

为此，榆林一方亦付出沉痛代价，余天祥、高镇五惨遭杀害。[52]

廷藩等之所以能虎口脱险，多亏匪中有一他在宏道学堂亲植桃李之设法保护。[53]

一说，大名鼎鼎的土匪卢占魁也参与了这次绑票[54]。民国初，陕西土匪之多、危害之烈，实为西北地区之最。各路股匪诛求无已，打家劫舍，非常猖獗。其中，最令人头疼者，莫过于绥远巨匪卢占魁。

1916年3月上旬，卢占魁兵匪800余骑窜入神木，攻破高家堡，杀居民180余人，烧毁房屋100多间，裴廷藩在堡家产未能幸免。后卢占魁绕至窑镇，捣毁设于此处的神木官碱局。1917年9月，卢占魁再次进扰神木，占据西山，向县城射击，由于防守得宜而败走。同年12月，陕西靖国军成立，卢占魁投靠于右任，受命为第六路司令，转战陕北各地。[55]

"猪榜"题名日

1917年春，在陕西国会议员裴廷藩、高增融的大力支持下，李根源（图6-11）在与政敌吕调元的角逐中胜出，顺利出任陕西省长[56]。3月25日，《顺天时报》发表《陕西省长拟保荐榆林道尹》一文称：

秦省自革命以来，陕北一带几成盗薮。近复旱蝗为虐，民心惶恐，盗匪益形猖獗，李省长（李根源）怵然忧之，以为榆林道尹一缺，非熟悉陕北情形者莫克胜任，与人谈及颇属意众议院议员裴尼臣君，拟不久即呈请中央任命矣。裴君当辛亥革命时任陕北安抚招附使。此次起义又权摄榆林道尹。裴治匪颇称得力，且于陕北一带情

图6-11　李根源

形较为熟悉。故李省长有此拟荐。深愿早日见诸实行，使陕北土匪肃清，我小民早脱水火之中也。[57]

李根源对裴宜丞的保荐未能成功。5月，陕西督军陈树藩委派井岳秀出任陕北镇守使，从此陕北军政大权旁落其手。井岳秀颇具传奇色彩，他是早期同盟会成员井勿幕之兄，早年追随胡景翼将军开展民主革命。他盘踞榆林，独霸一方，无论是军阀吴佩孚、冯玉祥，还是国民党政府、中共红军，统统都奈何不了他。杨虎城落难，一度还投靠在他的麾下。据说，他相当胖，一次午睡翻身，险些压死了身边的姨太太。又传，此姨太太即张季鸾之侄女张凤仪。[58]

时禁议员兼任文武官员，裴廷藩几无立足之地，只能南来北往，专事于国会，间或盘桓绥西一带。在劳劳尘世，他自感仕途暗淡，磐磐大志难以伸展。时局纷扰，群魔翩跹，蒹葭遍地，山河破碎，并泥不食。对此，裴廷藩无能为力，只有写诗遣怀："天降群雄将逐鹿，我难双手拯哀鸿""救国有心徒抱恨，回天乏术暗伤神"。

他感喟生不逢时，"不生此后不生前，应劫偏生大乱年"。聊以自慰的是，"佛生今日亦难救，苦尔芸芸世间人"。自此，廷藩这样"文人错入武官场"的一介书生，曾经的元龙湖海气概，大有悉数磨灭无形的趋势。

他想拿得起放得下，归隐乡田，又明知不过说说而已，所谓"解甲归田多是假，亡羊补牢未为迟"。他悔恨多年来为名缰利锁苦苦缠身，于国于家，没有做出多大贡献。在种种纠结矛盾过后，他又无比坚定地相信："蛟龙自有腾飞日，且看春雷动地时。"[59]

袁世凯做了83天洪宪皇帝，一命呜呼，而后北洋军阀进入混战时期，南北之间开始恢复均势。迨1917年西南各省宣布护法，为袁世凯所解散的国民党议员陆续赴粤，参加非常国会。1921年，孙中山依靠陈炯明在广州建立政权，成立非常国会，被举为非常大总统。作为同盟会早期会员，此一时期，裴廷藩忠诚地追随着孙中山。[60]

陈炯明等地方军阀不愿意继续打仗，主张各地分而自治，孙中山则坚持武力统一中国。一次，有人问孙中山生辰四柱，代为占算，他笑言："我的八字很简单——打倒军阀，继续革命。"[61]不过，打打杀杀的戎马生涯，让同志们甚为疲倦了。厌战情绪弥漫，在裴廷藩的诗中随处可见。[62]

四民痛苦，万姓疮痍。深受战乱之苦的志士仁人热盼能有非常之人横空出世，止戈为武，平定天下。此时，直系军阀大有逐鹿问鼎中原之形势。于是，抱着"斧柯如有假，拔剑斩鼍鼍"的宏愿，裴廷藩积极投靠曹锟与吴佩孚。1922年5月，第一次直奉战争奉系失败，东北三省宣布自治，直系独揽北京政府军政大权，表示要促进南北统一。[63]

裴廷藩作为直系军阀专政下北京国民政府的特使，随同早年京师大学堂的学长、众议院议长吴景濂（图6-12），出山海关至沈阳城，与张作霖商谈"恢复法统"事宜，沿途一路，他至少留有《北戴河》《感怀》《居庸关》《山海关》《沈阳城》等五首诗作。[64]

在曹锟、吴佩孚等直系首领的全力支持下，历经磨难的第一届国会

图6-12 吴景濂

终于再次复会。然而，直系并非要真正尊重法统，大总统、内阁、国会行使职权均受严重掣肘，内阁总理更换频繁。曹、吴之所以主张"恢复法统"，完全是因为曹锟希望通过国会选举，获取民国大总统的宝座。[65]

国会内部派系林立，在总统选举问题上，莫衷一是。按规定，总统选举会必须有三分之二以上议员出席才能举行，所以直系要想稳操胜券，就必须拉拢占大多数的中间派议员与赞成大选派合作。曹锟急欲当总统，紧锣密鼓，派遣心腹在京网罗议员，组织俱乐部十余处，议员每人每月给予200大洋伕马费，另有炭敬、冰敬。[66]

高官厚禄颇令失意官僚、政客团体心旌动摇。这其中竟有裴廷藩，以及由他发起成立的顺治门大街200号。顺治门大街200号（后改为壬戌俱乐部），作为直系军阀曹锟的御用团体，在国会活动中大造声势，直系集团的诸多将领和政客相率加入，铁心拥护曹锟贿选大总统。裴廷藩还参与国会议员吴莲炬发起的"驱黎提案"，在政治上迫使时任总统黎元洪退位，以为曹锟上台扫除障碍。[67]

1923年10月5日，曹锟不顾舆论喧天，以每票5000—10000不等的大洋贿赂议员，当选大总统。这桩政治丑闻，被时人邓中夏诟病为"这不独是直派及一班久不理人口的议员的耻辱，实在是中国的大耻辱"。[68]

事后，所有参与贿选议员，全部由京津两省未出席贿选的议员调查清楚，分省而制成名单，由天津《泰晤士报》冠名"猪榜"而登出。

主持贿选国会的是参议院议长吴景濂。对于他，曹锟承诺事成以内阁总理一职厚酬。想当初，时在1919年4月，南北议和，吴景濂作为南方代表重要成员，面对来自旅沪议员裴廷藩、彭养光、居正等人对他和褚辅成"公等认贼作父，甘为人妾，始讨之而终事之"，"现任护法要职而通款敌人效忠僭乱者"的怀疑与责难，吴、褚的回电义正词严，令人深信不疑：

比年以来，洞见国是之飘摇，病在民气之不振，尔后须群策群力，尽瘁于社会事业，方可补救。此志此愿，常与同人互相勖勉者久矣。言犹在耳，君岂忘心。且景濂自入世后，未尝作一日官。民国元、二年间，袁项城以总长、民政长多次相饵，尤不屑为。

吴景濂表示原谅他们的疑忌，因为"迩来人心不古，私欲横流，乘革命而攫取总长者有之；身为议长而牺牲国会以求荣者有之。诸君鉴于前车，疑及来者，何足深怪"。笔锋一转，他又警告裴廷藩等，"虽然，君子出言不可不慎，诬曾参杀人，于曾参何伤，而告者之妄言共见矣"。[69]

讽刺的是，这些裴廷藩等所怀疑所不齿的以及吴景濂所拒绝所不屑的，没过几年，统统变为了梦寐以求之物，他们纷纷腐化，成为了自己曾经所痛恨的那号败类，在政治人格上，污染了一生难以清除的脏渍。

一失足成千古恨，再回头已是百年身。他们经得住倒行逆施的袁世凯的重利相贿，却一着不慎，在践踏民主的曹锟的拉拢下，纷纷落水，转而成为他们曾经所极其厌恶的附膻逐臭者，丑难名状，及至良心发现，噬脐莫及。

1924年冬，裴廷藩作诗《咏变》，中有章句："年来时局真纷乱，民国伟人多善变。……昨日拥曹今拥段，再拥何人亦难限。"可以说，这简直就是他的自况。该诗流露了一个置身局外的旁观者的超脱与冷静，同时也蕴藉着淡淡的身不由己与无可奈何的哀伤意味。[70]

曾几何时，裴廷藩辗转周旋于各路军阀强人之间，忧国忧民，内心无限愤懑，多有退隐之心，甚或还有出家为僧的念头不时闪现。早在1913年，面对袁世凯的诱惑，裴廷藩不忘提醒自己"但愿守身如白璧，没教逐臭类苍蝇"，在进行了一番自省之后，他深信自己"书生面目今犹在，名利心肠昔已钩"。

可惜，说得好听，躬行起来难。事到临头，他终究没能坚守到底。铸错既成，裴廷藩很想撇清关系，洗脱污名，作于丙寅仲春（1926）的一首诗，表现出了他的这种努力：

何时雪得从前耻，归隐山林愿亦酬。

言辞之间流露有无限悔愧之意，可又不敢去正面承认担当。他用蝇头小字批注：

因鄙人与直系有关，故外人加以贿选之名。

这一辩解，使得整首诗在语义上暧昧不明，且显得前后抵牾不合。[71]

《贿选记》作者赵晋源、《民国政党史》作者谢彬、《癸亥政变纪略》作者刘楚湘，大概即裴廷藩所谓的外人。他们一致认为裴廷藩不仅参与了贿选，而且是大梁骨干，尤为卖力。其中，刘楚湘是贿选的极力反对者，早在1919年，他曾和裴廷藩联名通电吴景濂，应该对裴比较清楚，苟非事实，断不会无缘无故冤枉清白之士。[72]

那些没有贿选的议员就一定更高尚吗？至少有四十位之所以没有题名"猪榜"，是因为反曹势力给予每名高达八千大洋的收买，更有甚者两边拿钱。或许，裴是收受了曹锟的赇托而票选了别人的一百多名议员之一也未可知。[73]

在这种蝇营狗苟的政治甚嚣尘上的大环境下，裴廷藩被时代的洪流裹挟漂沦了，他的政治人格彻底破产了。真如时人丁文江所痛批："中国今天弄到了这步田地，明明是做总统的不会做总统，做总理的不配做总理……中国政治混浊，不是因为国民程度幼稚，是因为少数的优秀分子没有责任心，而且没有负责任的能力。"[74]

所交皆豪士

当时，曹锟的得力干将吴佩孚大权在握，炙手可热。裴廷藩本期通过助理贿选谋获豪爵，不意吴佩孚仅委他为绥远清乡司令。

绥远辖境相当于今内蒙古乌海市的海勃湾区、海南区，巴彦淖尔市，鄂尔多斯市，包头市，呼和浩特市及乌兰察布市大部（除化德、商都外）。清乡司令，顾名思义，负有防盗剿匪、维护地方治安之责任。

裴廷藩在任一年多时间，政绩似乎乏善可陈，无足道者。"伤心怕说河西事，人马都肥我不肥。"清乡司令显然不是肥缺，也不能实现他在"一天风雨暗神州"这种风云突变的境况下击楫中流的宏愿伟业。唯有塞外的荒凉与旷远激发了他慷慨的诗情与豪气，其在绥西所作感怀五首，笔者尤为属意写于甲子年（1924）冬天的两首：

其一

奔走河西胆气豪，平沙万里塞云高。

夜来饮马长城窟，点点霜花落战袍。

其二

将军下笔诗千首，战士御寒酒一杯。

饮马长城酬壮志，立功绝塞展奇才。[75]

残酷的政治现实，注定诗人不能心遂所志。据1924年4月28日《大公报》：

国会议员前此虽多兼任官吏，然以兼者过众，经查办则国会且为之一空，故无提议及此者。迩来因兼任官吏者为数渐稀，于是兼任官吏之议员，遂为人所特目。适于是时，又有景耀月将兼任筹备国会事务局局长之事，于是查办之声浪顿高，而兼任官吏之议员乃不免人人自危矣。

裴廷藩任事未久，即不得不登报声明辞职：

> 鄙人已辞去绥远清乡司令一职，特此声明。[76]

同年9月18日，第二次直奉战争正式爆发。10月23日，直系重要将领冯玉祥倒戈，软禁曹锟，与胡景翼、孙岳联名通电主和，同时强迫曹锟下令免去吴佩孚所兼各职。

吴佩孚咬牙切齿，发誓要报冯玉祥的反目之仇。对手胡景翼认为，吴耽于相术占卜，不懂政治，又看不起人，绝无卷土重来之可能。[77]

事实证明，胡景翼小量了吴佩孚——这位于1924年9月登上美国《时代》周刊封面的儒将，被认为比任何人都更有可能统一中国，很快他将东山再起。

瞧一瞧，1925年冬，他在武汉一次宴席上的神气。时恰裴廷藩在场，"孚威上将军"吴佩孚豪情万丈，得意之至，吟诗一首，令裴歆羡不已。裴慕其痛快淋漓，感篆中怀，遂熟记于心，收录进他的《退思堂诗稿》。吴诗云：

> 欧亚风云千万变，英雄事业古今同。
> 京华胜苑逢三月，人在蓬莱第一峰。[78]

说到湖北，自然要提及裴廷藩的鄂中友人——雷大同。雷与同窗董必武，1920年共创武汉中学。曾为早期同盟会领袖孔庚秘书。裴雷情好日密，甚为相得，时相唱和，大有梁启超先生一诗所述的风采写照：

颇愧年来负盛名，天涯到处有逢迎。
识荆说项寻常事，第一知己总让卿。

在诗集中，裴记录有雷大同所赠以及所示诗作十四首。其一写他们的深情厚谊，爰录如下：

海内方多故，传闻事已非。
论予时感慨，与子日因依。
萍迹随缘住，蓬心到处飞。
方知未来意，相对各嘘唏。[79]

除雷大同以外，裴廷藩还有一位十分要好的朋友，就是前文提及的同为陕籍众议院议员的朱家训（朱述斋）。朱家训为人，品格鲜明。史载：

（朱述斋）秉性刚直，不随俗浮沉，然谦虚好闻，喜闻苓言，人告以过，虽未尽当，必所欣然谢之。然使誉过其实，则反盛怒形于颜色。自幼慷慨好义，见人不平，常忿忿不自禁，过于身受。弱冠时，尝以是与人争，不顾己身之利害。及长，修养渐积，始稍趋和平。[80]

与如此急公好义之人为伍，为我们了解裴廷藩之心性提供了一个很好的参照。另仅《退思堂诗稿》所见，与裴廷藩往还者既有王雪樵（王光荫）、阎骏程（阎廷杰，图6-13）、陕籍众议院议员朱家训（朱述斋）、刘治洲（刘定五，图6-14）、著名将领胡景翼（胡笠

图6-13 阎骏程　　　　　图6-14 刘治洲　　　　　图6-15 胡景翼

僧，图6-15）诸位乡党，也有吴廷锡（吴敬之），吴佩孚（吴孚威）这样的达官显贵。裴廷藩在诗稿中对他们一律称字，而非直呼其名，即如朱家训这样的老友，他下笔亦毕恭毕敬"朱君述斋"。[81]

结交众多，大概和裴廷藩广泛的社会活动与游历不无关系。1917年10月1日，山西临猗人刘盥训日记：

> 早起，访伦哲如同学于泰安栈，以宋张择端《清明上河图》见示，长丈余，人至百九十余之多，种种社会情形惟妙惟肖……晚步至振华旅馆访丁鼎丞，不遇，适裴宜丞自杭归，久谈，步归。[82]

这只是笔者偶然发现别人日记中对裴廷藩的一笔记载。请设想一下，如果裴廷藩自己也有若此良好习惯，那么他留给我们的必定还有一份翔实而珍贵的文史资料，我们大概也一定会惊讶，原来他和那么多豪贵之士都有交集。

1920年1月8日，裴廷藩和沈钧儒等人相率不出席宪法会议，以示抵制推翻前日表决。1923年3月4日，黎元洪招宴裴廷藩和吴景濂、王家

襄、韩玉辰共商国是。5月，裴廷藩和林徽因之父林长民、褚辅成等人一起开小组会议……[83]

关于这些，若裴廷藩写有日记，则会展现更多细节，而不是像现在，看到他在诗稿中录有吊唁胡景翼的挽联，我们全然不知其余他们的任何交情点滴。1925年4月，河南军务督办胡景翼病逝开封。追悼大会，裴廷藩致哀：

君不虚生，念频年为国宣劳，藉酬壮志，英名冠三军，渭水华山皆增色；

谁能免死，惜今日大功未竟，顿失长城，放声同一哭，亲朋僚属共衔哀。[84]

这一年裴廷藩在河南开封愁肠郁结，作有十几首感怀诗，大多格调灰暗，情志废然。例如：

挥毫追溯自童蒙，四十年来转瞬中。
一事无成徒愧悔，空游南北与西东。[85]

空游南北与西东，绝非虚拟词章。据裴诗记载，他到过广东、香港、河南、上海、绥远、浙江、北京、湖北、重庆、河南、山西等地，甚至作为直系特使，北出山海关远赴沈阳城，与张作霖商谈"恢复法统事宜"。[86]

裴廷藩交游既广，影响力遽增，俨然政坛风云人物，先后参与组建了一些颇具影响力的政党派系。1923年，曹党以暴力逼走复位不久的黎元洪，此举引起部分议员的强烈不满。8月，国会议员纷纷离京南下。裴亦在其中，目的却是为曹锟贿选在上海积极活动，币厚言甘，收买了不少移沪议员北上返京投票。[87]

裴廷藩热心推毂家乡后进，著名书法家王雪樵，凭着他的引荐结识了诗人林琴南（林纾）、陕西省长李根源等社会名流，并得于1917年任陕西省省政府秘书、府谷麻地沟县丞。[88]

　　不特此也，裴廷藩的影响力辐射多个方面。第一次世界大战结束，英美为反对日本支持皖系独霸中国企图，希望中国南北统一。1919年2月，北京政府派朱启钤，广州军政府派唐绍仪，在上海举行和谈。和谈既开，皖系军阀首领段祺瑞继续支用日本提供的"参战借款"，且唆使亲信陈树藩进攻于右任领导的陕西护法武装力量靖国军。[89]

　　同年4月23日，裴廷藩、彭养光等25位国会议员联名指责唐继尧等南方地方将领以及唐绍仪等南方和谈代表：

　　　　（北廷）违约攻陕，本应科徐世昌之责任，代表诸公不敢指斥徐氏，所要求者不过撤换陈树藩，至今则并未撤换而不敢言也；要求退还侵地，至今则并无退还而不敢言也……诸公乃装哑装聋，一听北廷处置，是陕人不负西南，而西南竟弃陕西如敝屣也。曾亦知陕省为西南之屏蔽，陕省不保，祸必及于四川，次及于滇黔两粤……[90]

　　基于种种原因，唐绍仪愤卸仔肩。当此之时，眼见南北议和历时年余，未著成效，裴廷藩领衔致电唐绍仪劝其莫要辞职。

少川先生伟鉴：

　　国事蜩螗，重劳硕画，公诚爱国，遐迩同钦。近因八条提出，北廷不谅，和会再停。时局纠纷，益不可解。辞职之举，固属万不获已。顾人心未死，公理未伸。凤仰我公振导和平，口持国本，敝会与西南各省各军亦倚重有加。务恳任劳怨，勉为其难，廷藩等自当主持正论，为公后援。除电西南各省各军及国会同人一致主张外，专此布悃，祗颂公安。[91]

虽然，唐绍仪最终还是洗手不干，但在一定程度上，也反映出裴在议院中的声势。

裴廷藩朋友众多，树敌也不少，井岳秀即致命的死对头。1923年曹锟窃位成功，"陕北王"井岳秀曾前往京都为其祝寿，在那里见识到了志得意满的裴廷藩，其生龙活虎、左右逢源的形象令他黯然失色。井目裴远非等闲之辈，毕竟这曾是一个"手握半陕权"的厉害角色，他感到严重威胁[92]。1924年9月，井岳秀通电：

今年春间，陕籍国会议员裴廷藩，奉绥远都统马福祥委任为绥西清乡，竟率新招苏赵两营于陕省神木县属之牛定濠地方设司令部，陕北人民被派粮秣，恐惶万分，迭向各方请愿，始得无形消灭。[93]

1926年9月，卷土重来的吴佩孚委派裴廷藩为绥远"讨赤军"副司令（一说屯垦副司令或帮办，督办为马福祥）。裴率兵300余名驻扎东胜，企图发展势力。卧榻之侧，岂容他人鼾睡。裴廷藩与井岳秀代表着不同的政治势力。二者政见不合，裴对井多有反对言论，曾在天津《益世报》对井进行公开批评。[94]

新仇旧恨一齐涌上心头，井岳秀忍无可忍，决计除裴而后快。裴廷藩虽得消息，却不当回事。或许他忖思，井胖子不过是放出风声，吓唬吓唬本大人而已，要对我下手，何不趁早，我任清乡司令那会儿，也没见他动我一根汗毛。偏偏这一次他想错了，井岳秀在获悉廷藩的靠山吴佩孚在北伐战争中惨败的消息后，决定动真格。

1926年10月，裴廷藩回高家堡探亲祭祖返程途次，井岳秀侦知，密令驻神木的骑兵旅长高志清派金虎臣团北上截灭。裴部毫无设防，甫一交火，即缴械投降。金虎臣原系土匪出身，蒙古族，又名金叱唠，在1924年间，与另一位土匪头子赵有禄子，曾受时任绥远清乡司令裴廷藩的招收。

念及旧故，金虎臣私放廷藩潜逃。谁承想，裴仍优柔寡断，住在东胜陶家油坊，迟迟不行。真乃命该如此！井岳秀第二次派员将其杀害！裴至死，执迷不误，尚寄希望于山西军阀阎锡山，提供他四个师的军事支援。[95]

对于裴廷藩之死，许多人不明真相，以为是土匪所为，而不知背后的主谋竟是井岳秀。据当时《顺天时报》所刊登《谭部被匪包围，裴廷藩身死》：

某方消息，谭庆林所部在某地被土匪包围，副司令裴廷藩中弹身亡。该裴系参政院议员，两月前，经吴佩孚委为该军副司令云。[96]

生前身后名

笔者不才，啰唆辞费数万言，诸君亦未必清楚裴廷藩的人生梗概。那么，简单地说，他究竟何许人也？翻看皇皇巨著《民国人物大辞典》，其大名赫然在列：

裴廷藩，字宜丞，陕西神木人，1879年（光绪五年）生。1908年（应为1909），毕业于公立北京大学（其时名尚为京师大学堂）。旋任陕西高等工业学校（即三原宏道高等学堂）英文教员。后任陕北安抚使兼榆林道尹。1913年，被选为众议院议员。国会解散后，创办神木女子学校，并添设两等小学数处。后任警备队队长及保卫团团总。1916年国会恢复，仍任众议院议员。1917年，任护法国会众议院议员。1922年，第二次恢复国会时，再任众议院议员。[97]

丙辰初冬（1916）日人佐藤三郎所编著刊印的《民国之精华》所载裴廷藩传略主要记述的是他的早年事迹。该书以搜集民国现代之俊杰为主，特别是参众两院议员诸君。在佐藤三郎看来，他们是中华民族亿万群众中所遴选出来的精英人物，是翼赞共和建设的伟人。[98]该书以中、日、英三种文字记载近三分之二的国会议员列传，并分别配有传主一帧肖像。时裴廷藩居北京宣武门外椿树下头条，与由胡政之、任毓岑负责的中华通信社驻地同在一地[99]。传云：

> 君韶龄好学，颖悟绝伦，年方弱冠，睹清政府之衰颓，慨然以澄清中原为己任。光绪三十四年以优等一卒业于北京大学，旋任陕西高等工业学校英文教员。反正时，充任陕北安抚使，统带榆林巡防各队，兼权榆林道事。内平剧盗，外抚蒙族。三边人士，倚若长城。交卸后，被选为众议院议员。国会解散，君于里创办神木女子学校，并添设两等小学数处。旋经神木县知事焦、榆林道尹吴，先后详请陕西省长任用，而裴君矢志甚坚，不愿再列身于政界。本年全陕土匪四起，蒙匪亦狡焉思逞。君遂出任警备队队长、保卫团团总，与群寇转战数次，大败之，陕北得以保全。旋应国会召集，方将促装北上，闻蒙匪余党仓卒犯边，君犹复率领乡团，与悍贼接战，追奔逐北，驱使出塞。然复入都，就职云。[100]

不同于一般的人物简介，这段传略对裴廷藩的事功评价极高。唯一需要说明的是，该书迫于编写时日，不仅没能收录全部国会议员，而且还存在不少错误。如，手民将"廷藩"之姓"裴"误植为"斐"。事实上，这种讹差普遍存在。由于"裴""斐"二字字形相近，极易混淆。如1918年的《清末民初中国官绅人名录》，1920年的《最近官绅履历汇录》，以及1937年发行的《中华民国立法史》，都将"裴廷藩"刻成了"斐廷藩"，以致后来的不少书也跟着一错再错。[101]

由国学大师季羡林题名的《20世纪中华人物名字号辞典》，对裴廷藩事迹收录极为简略：

裴廷藩（1879—? ），陕西神木人。曾任陕北安抚使兼榆林道尹，众议院议员，警备队队长及保卫团团总，护法国会众议院议员等职。[102]

毫无疑问，裴廷藩在神木当属第一流人物，在榆林，在陕北，乃至长城内外，也称得上是时代的弄潮儿。

裴廷藩少年得志，学业腾达。误入官场，每每失意。又不幸一女早逝，二男夭折，深受创痛。他笔墨抒怀排遣苦闷，1925年属稿缮写的《退思堂诗稿》，人赞"字字珠玑二王体，句句金石民初史"（图6-16）[103]。惜乎这部诗集尚未定稿，仍在圈点修改，廷藩却不幸殒命敌手。

裴廷藩在自序中主要说明这部诗稿的缘起，是因为名场之偃蹇，伤时愤世。其曰：

图6-16 裴宜丞砚台铜盖，上有铭文：甲子仲春 裴宜丞制

嗟乎！诗教之流传，端姿风雅，而骚人之际遇，半出穷愁。此屈原失意，所以有离骚之篇；彭泽愤时，所以作归田之赋也。仆本恨人生逢乱世，慨山河之破残，敢笑袁安涕泣，叹名场之偃蹇，愿为阮籍狂吟。于是鲜花艳柳，胜地名山，凡情有所钟，辄形为吟咏，心有所感，即发为诗歌。然又恐直言不讳，取怨孔多，故对于愤世伤时之作，每托为无题、有感之篇。即艳词丽语，亦是藉以消愁。春怨、闺思，并非专为戏游。爰将隐衷，作为小序。[104]

他的诗作感怀愁苦，或拟为闺怨，或抒发个人愤懑，或感慨生民涂炭。而且，尤为重要的是，这部诗集收录有不少其好友作品。比如雷大同、吴敬之、朱述斋与他的唱和之作。也有一些淫词艳曲，多为他侘傺无聊时的消遣戏笔。譬如《咏上洋野鸡》，描写站街妓女，饶有趣味：

闲游马路要留神，柳放花开莫问津。
多少野鸡门外立，防他伸手便拖人。[105]

当下，随着城镇化的大力发展，讲故事的人和听故事的人已越来越少，城市文化的核心是无处无时不在的新闻消息。当年鼎鼎大名的裴大人的传奇逸闻已日渐淡漠。

得力于康公菴、武绍文、高亮宇等先生多方搜集与编注，今天我们方有幸读到裴廷藩的诗稿，从而一窥其内心世界。当初，廷藩在名利疆场，必不以此寻章摘句之雕虫小技为意，时人抑或也不拿他当诗人而对待，以为那些诗赋不过是官场老爷粉饰装点的附庸之作。百年将往，先贤之风流情事早已掩埋于一抔黄土，唯有他的诗稿继续流传于世！

咦！这大概就是文化源远流长的特性吧！井岳秀可以杀死政敌裴

廷藩，对于诗人裴廷藩，他能奈之何？诗人在他的诗句中诞生，他的命运牢牢掌握在读者手中！

嗟夫！人生之事业成败、穷通夭寿、休戚荣辱，固有其因。裴氏天纵颖悟，出身高门大第，经受了良好之高等教育，此在穷乡僻壤的陕北地区尤非易易。在"风雨如晦，鸡鸣不已"的清末民初，其家道初殷实，不缺银钱，无须为哺歠而奔走营求，遂能专志以一代伟人而自期，故可在安邦为民教化风俗等诸多方面皆有奏效，惜乎未能慎厥始终，及至门庭颓败债台高筑[106]，似不得已而周旋于义利之间，终起贪图爵禄之心，不惜卖身求荣。秽德腥闻，腾播宇内，既不能掩盖污行劣迹，便诡称为他人所诬蔑，实非君子所为。

时人章太炎语："六七年来所见国中人物，皆暴起一时，小成即堕。"其时偌大中国之英杰尚如此，何况在弹丸之陕北！在众人皆醉我独醒的愤懑之中，欲要长期廉隅自守何其难也。

裴氏结交五湖四海，且皆非一日之雅，在乡党观念深固的陕北人中应属另类。即便如此，他也没能逃脱通常陕北政治英才人物边缘化的宿命。

陕北黄土高原是中华文明的发祥地，在很长的时间内无疑是一个中心。北宋以后，在蒙古、突厥等北方游牧民族板块的不断挤压下，这个中心由黄河领域渐向长江流域转移。与此同时，陕北在变成另外一个游牧文化的中心，这也导致这里的居民性格发生演变，长于勇武而弱于谋略，间有草莽英雄横空出世，亦不能力挽狂澜扭转乾坤，多以穷途末路而告终。

裴廷藩虽然极为踊跃，但是始终没能跻身中国一流之政治舞台。在我们为他被井岳秀所杀而遗憾的同时，或许也要发问，若天假其年，他将如何结局？是流芳万古还是苟且眼前？基本可以断定，他只能盘桓在荒凉的边缘地带。

处在边缘，可能少成大器，却常常拥有一种粗粝的强大生命力。

成长于斯的志士仁人，无不深受此种地缘政治的影响，安土重迁，不求不富大贵，略得小康境地即心满意足。

我于此沙漠地带，每见三五成群的一簇簇沙柳，就要禁不住感喟，如果立身在此，我们永远也长不大，这里荒凉得根本长不出参天大树。纵是历经千年的神木，亦不过尔尔，一百年是那么高那么壮，三百年过去了还是老样子，即便五百年不死，一千年两千年仍然活着，却终不见再生长。

陕西边墙内外团练使裴廷藩呈报都督沿边地方利害情形文

文/裴廷藩

　　本年三月十七日据沿边榆林神木怀远府谷各县边民等公禀，内云恳请做主收回地权，以维邦本而免流徙事。缘边民等世居塞上，向与蒙古接交。每年春出秋归伙盘种地，历有年所。光绪二十九年间，前清垦务大臣贻谷招垦塞外地亩，令旧日领种地户，每顷上地出银三十两，中下依次递减。将前日租券，易为买契承领后，每年按等纳给岁租。上地二两，中下亦以次递减。先议每年岁租，地属某县，即由某县征收。边民等因耕种多年，且又两有裨益，只得遵允。不意垦务告竣，隶陕郡王旗地方，竟由山西设立东胜厅通判，专司收租事宜。凡种地者，即为晋民，输供亦属晋赋。春出秋归，变为土著，不遵其制，则无地可耕，失所依归。遵之，不惟安土重迁，不乐为之，且恐捕赋逃亡，官法不宥，致一身而两处兼顾，祖茔失其扫祭，屋宇任其凋零。窃思主权、人民、土地，为国家三大要素。前当专制时代，故不敢冒昧渎呈。当此共和告成，民国已立，自应各归各属，以清权限而固邦基。况一年所入租银，为数不赀。现值经济困难之时，无论何省，入此巨款，不为小补。是以边民等公议，按照旧界仍归陕治，庶几财不外益，民免流难，理合联具公禀，恳请做主等情前来。据此，职使复查该边民等所禀均系实在情形。况归晋归秦利害显判，不得不胪列陈之。查套地归晋其害于秦者有四。沿边人民，日少一日，失我人民，其害一。捕赋流徙，日盛一日，失我财富，其害二。禁运粮草，入我陕境，一遇荒年，饥民无食，流为乞丐，其害三。界限不明，互相推诿，盗寇潜伏，扰害人民，其害四。若能按照旧界，仍归陕治，不惟四害悉除，其利于秦者，厥有六端。河套出粮甚夥，由黄河可直达潼关。无论凶荒军兴，全陕皆能依赖，一利也。边民均属土著，一闻桑梓有警，谁不乐于从事，招军屯田，皆易举行，二利也。边租与内赋兼顾，民不虑逃，赋不至逋，三利也。河套向称逋逃薮，游匪土棍，混迹其间。苟能设官稽查，匪徒远飏，四利也。套地添设雄镇，练为劲旅，北门锁钥，全为我有，五利也。约计岁入租银，总在十万以上，诚为财政上一大补助，六利也。以上各端，特就其大者言之。若善后事宜，苟能布置得法，则利于全秦者，良非浅鲜。职使职应安抚，苟有所知，不能不竭蠡余虑，以备采择，是否有当，伏乞钧裁。[107]

陕西边墙内外团练使裴廷藩呈请都督划河套东胜厅等处仍归秦治文

文/裴廷藩

民国元年六月十三日

　　窃职使奉命安抚北山河套等处，业将所到地方各情形，先后驰禀在案。查河套乃黄河以内之地，历代皆归秦属。南界长城，东北西三处以黄河为界。南北约长一千余里，东西阔八九百里不等。详考历代史乘暨河图考，昔称秦为陕半壁者，即因河套之归秦附庸也。其地河流灌溉，地土肥沃，又产有盐池碱湖驼马牛羊，以及绒毛皮张等项，每岁所入，不下数万，非但沿边居民，藉以资生，即全秦历代用兵军粮战马，悉取诸此。盖黄河顺流而下，由河套起运，不数日可直达潼关。前清亦隶秦版，故神木设有部郎同知等官，安边亦设有同知一缺，皆专管蒙汉交涉，及命盗刑事案件。其地向系内蒙古鄂尔多斯西二盟蒙人居住。康熙时，命延边华民出塞耕种，迄今二百余年。秦民之徙居于河套者，不啻数十万户，以致内地沿边一带，土地荒芜，赋税减色。光绪二十九年，前清归化城将军贻谷奏请招民开垦，拓地数万里。然美其名则曰招垦，按诸实并非新辟，不过令旧日之垦户，每顷勒交银十数两，将旧日所据租券，易为买契而已。又定每年上地一顷，出赋银二两，中等一两六钱，下等一两二钱不等，计一年所入，约在数万之多。该将军初招垦时，本议赋银由附近州县征收，陕省亦有案可稽，后因争夺利权，藉口事权不一，竟由该省设立一厅，名曰东胜厅，距神木县城三百余里，专司每岁收赋。现在赋税所入，皆归晋有。刑事案件，尤为秦责。不惟塞外居民，事晋事秦，无所适从，诚恐沿边人民日少一日，将有人逋赋欠之虑。伏思秦晋以黄河为界，自古为然，当此共和告成，似宜不分畛域。然以各省财力，办各省要政。揆诸情理，方觉得当。况陕省素称瘠苦，财政本多困难，若再令河套诸地仍归晋属，则陕北一带，万难支持。矧当前事机，更有重要于此者。职使现在招抚鄂尔多斯七旗，该蒙人虽不反对，诸多观望。揆厥原因，一由借口于杨统带之故，不肯投诚，一由郡王旗设立山西东胜一厅。隶彼隶此，蒙人亦不能取决所致。且诸蒙旗自招垦以来，因地为秦晋交辖，于陕省沿边百姓，多方欺负，纵有一二控告，亦多违抗不遵。自去岁反正后，不但各处边民，欲套地仍归陕治，现今窥诸蒙情，亦因昔受东胜厅挟持，如归陕治，极为欢迎。职使为争还旧地维持利权起见，如蒙允准，请咨明山西都督府，俾秦晋两省各遵旧界，则北门锁钥，全为我有，而北顾可以无忧矣。愚昧之见，未知允协。仰候批示祗遵。[108]

裴君廷藩之时局谈

日昨记者无事，前往众议院议员裴君处叙谈，询及现在政局宜采何种政策，方能奠国。基于是问，裴君云，方今政潮全在争执私见。政府存一私见，不能融洽。新旧政团存一私见，不能化除畛域，以致内面行政立法多有冲突，外面省长督军跋扈，设长此以往，前途殊属可危。甚愿自今年始，中央及议会并地方长官实行法治之政策，摒除私见，共上轨道，则中国不患不强云云。噫！裴君诚洞悉今日之政局矣。[109]

裴廷藩声明与陕事无关

迳启者：日阅贵报载有陕边宁报新闻一则，内云宁夏镇守使马鸿宾与陕北镇守使井岳秀联电告急，谓党人郑思诚联络裴宜臣运械入陕，扰乱陕北等语。阅之不胜骇觉。窃以鄙人供职京师，数年以来，未曾归里，人所共知，安有分身之术在千里之外扰乱之理。本无置问之价值，况鄙人名廷藩，字宜丞，与报载"宜臣"字样亦不同，更无更正之必要。惟因鄙人世居陕北区，姓亦所罕，深恐道路谣传，以讹传讹，发生误会。认为有声明之必要，特请贵报登载以明真相而免混渚，是为至盼。此上。裴廷藩启。[110]

来函更正

迳启者：前阅贵报载有郑思诚"扰乱陕北"一则，阅悉之下，不胜诧异。窃鄙人居津为商已数年矣，毫未干预政治。贵报登载，恐系传闻失实。特诣贵报迅予更正，以免淆惑。专此。敬请著安。郑思诚启。[111]

旅沪国会议员何陶等致吴景濂、褚辅成函

（一九一九年四月二十五日）

　　自和议之说兴，附膻逐臭者认为干禄致富之良机，道路相传，丑难名状。日前更传有南北交换条件，南方牺牲国会，北虏以高官厚币力酬，以胡代表汉民长司法，以章代表士钊长教育，以吴议长长农商，诸现任护法要职而通款敌人效忠僭乱者，事定以后，省长、次长、金钱、勋位，赏赉有差。且传月前褚副议长之来沪，即自为道地，兼受吴议长嘱托，为其经营兔窟云云，胡代表汉民致书章太炎先生，亦谓买空卖空者实有其人。所谓买卖，含卖国会以买金钱权位外，更有何事。此中消息，不难推知，近据《中华新报》载，广州电称吴、褚两议长已赞成在南京制宪，请求各议员签名致函唐总代表，为国会多数之表示。并闻总统问题，除某派外均无异语等语。并有南方某代表亲语同院某君谓，唐总代表曾将国会让步。至南京制宪一节电征同意，

护法政府及吴、褚两议长均复电赞成云云。夫国会职权，根据约法，制宪地点孰能指定，行使职权孰能限制，其有承认南京制宪，而抛弃其他职权者，即破坏约法，禁锢国会，况南京制宪更又有恢复六年分子之阴谋，补缺者摈之不纳，解职者招之不来，于法不通，于事不顺，名为制宪，实即取消。如以上诸说不虚，则是公等已明白附逆，决心牺牲国会，并以鼓扇运动之长技，骗人签字表示多数，以自标卖国牙行之招牌，而坚北廷之信用，足证高官重赂之说，不为诬谤。公等如不甘顺受此言，则请宣言徐、段为肇乱僭立卖国罪魁，罪魁一日不除，一日不为北廷伪官，亦不往南京制宪，誓与合法国会共其去留，以息人言。如其不然，则是买卖已成，无可抵赖。仆等请正告公等，认贼作父，甘为人妾，始讨之而终事之，在公等牺牲一切，自不为人，他人何须辞费。若干求一己之权利，而盗卖约法国会以为交换之资，投降叛逆，望阙输诚，以护法为奇货，假国事以营商，仆等虽不敏，其敢忘护法讨逆之义。昔日逆在境外，西南群帅讨之，今日逆在会中，仆等职权所在，固不能闭目塞耳，任汝纵横也，驰书奉询，伫候宣言。

旅沪国会议员：何陶、张书元、牟琳、丁象谦、刘楚湘、王试功、陈荣广、彭介石、杨铭源、张我华、李积芳、刘英、彭养光、裴廷藩、茅祖权、张秋白、李锜、陈九韶、姚桐豫、黄汝鉴、袁彛臣、温世霖、居正同启。四月廿五日。

与吴景濂复何陶等旅沪国会议员函

诸兄均鉴：

　　展诵四月廿五号公函，不胜骇异。前接护法后援会快邮代电，曾据道路传闻，有景濂长农商，辅成长浙之说。当以和议告成在即，是否去议会而就官，不久立见。悠悠之口，何庸置辩，乃诸君来书亦复以此见疑，并责□□宣言，不为北廷伪官。比年以来，洞见国是之飘摇，病在民气之不振，尔后须群策群力，尽瘁于社会事业，方可补救。此志此愿，常与同人互相勖勉者久矣。言犹在耳，君岂忘心。且景濂自入世后，未尝作一日官，民国元、二年间，袁项城以总长、民政长多次相饵，犹不屑为。辅成元年在浙从事民政数月，旋即辞职就议员，被囚数年，守志弥坚。岂有亲倡护法之人，反生非法之举。展堂兄所谓买空卖空者，实为护法之蟊贼，请查明当与国人共弃之。

至来函所引《中华新报》记载各语，同一无稽，尤难缄默。制宪为吾人第一天职，无所谓主张，亦无所谓赞成。地点问题，□□固不赞成在宁，开会屡有表示，然究以何处为宜，仍当听诸公决。其他职权，具载约法，将来孰当行，孰不当行，在议员之自由行使，并国会多数之取决，断非少数所能左右之也。迩来人心不古，私欲横流，乘革命而攫取总长者有之；身为议长而牺牲国会以求荣者有之。诸君鉴于前车，疑及来者，何足深怪。虽然，君子出言不可不慎，诬曾参杀人，于曾参何伤，而告者之妄言共见矣。□□承诸君惠书督责，自当本无则加勉之意，敬拜嘉言，窃愿诸君亦有以自重焉，云天在望，不尽依依。专复。顺颂旅祺。弟吴、褚拜启。

【注释】

1 苏轼绝对　参见《古今绝妙对联汇赏》/余德泉、孟成英编著/广东人民出版社/1998，76页。

2 神童应对　参见《一代英才裴宜丞》，载《高家堡史话》范佩玮著/陕西人民出版社/2015，137—141页。另据武绍文先生整理《裴宜丞年谱》：裴赴榆林应童子试，考官见他人小着褐袍拖地，摸了一下他的头，出联：小童生褐袍扫地，裴接应下联：老大人洪福齐天。民间流传的故事　2017年1月4日，神木县委大楼《同人》杂志社，党长青为笔者讲述。党长青，1966年生，神木大保当人，著有长篇小说《驴路》。

3 创建京师大学堂　参见《当代北京古建筑保护史话》/北京市古建筑研究所著，当代北京编辑部编/当代中国出版社/2014，63页。

4 科举制终结　参见《中国历史常识世界历史常识全知道：不可不知的3000个中外历史常识（超值白金版）》/翟文明编著/中国华侨出版社/2010，178页。

5 成绩划分四等　参见《学奏京师大学堂预备、师范两科学生毕业请奖折（并单）（1909年8月3日）》，载《中国近代教育史资料汇编·高等教育》/潘懋元，刘海峰编/上海世纪出版股份有限公司/2007，35页。

6 裴学曾信息　参见《北京大学史料·第一卷（1898—1911）》/北京大学校史研究室编/北京大学出版社/1993，397页。需要指出的是，此处将"裴学曾"误为"裴学会"。殆因"曾"的旧体字形，极易与"會"混淆。其他相关书籍都写作"裴学曾"，如《北京大学纪事（1898—1997）》/王学珍、王效挺、黄文一等主编/北京大学出版社/2008，40页；《中国近代教育史资料汇编·高等教育》潘懋元，刘海峰编/上海世纪出版股份有限公司/2007，36页；《神木乡土志（全）》/台湾成文出版社有限公司/1970，33页。

7 降级　参见《北京大学史料·第一卷（1898—1911）》，397—399页。

8 裴廷藩排名　同上，396—403页。最优等计有23名，裴名列优等第1名。

9 裴在京师大学堂时的教习　参见《才·材·财》/陈明远著/河南人民出版社/2004，37页。据民国书法家王雪樵之子武绍文（1936—）对笔者讲，20世纪八九十年代，在高家堡裴平平先生处，他亲见林纾赠裴廷藩书法。2018年春，武绍文携子武广韬再次造访裴平平，林纾字迹已无，仅存一方铜砚，以及一幅残败不堪的本钧赠送裴廷藩的《山居秋暝》书法作品。

10 无一伟人　参见《北京大学史料·第一卷（1898—1911）》，397—399页。

11 师范科举人　同上，383页。裴廷藩任教　参见《神木县志》/杨和春主编/经济日报出版社/1990，588页："裴廷藩（1879—1926），原名学增，字宜丞，原籍高家堡人。出生于今大保当乡裴家梁村。13岁考取秀才。光绪三十四年（1908）毕业于京师大学堂，出任陕西三原宏道高等学堂教员"。县志中存在两处错误，需要订正：一是原名"学曾"而非"学增"；二是毕业于1909年8月，而非1908年，由此可知裴任教宏道中学不会早于这个时间。

12 三原宏道学堂　详见毛焕明《三原宏道书院》一文，载《咸阳文史资料·第五辑》/陕西省咸阳市政协文史资料委员会/1991，108—121页。

13 杰出校友　同上。于右任（1879—1964），原名伯循。陕西三原人。革命家、书法家、诗人。1897年往来宏道学堂。参见《于右任传》/许有成、徐晓彬著/复旦大学出版社/1997，275页。李仪祉（1882—1938），原名协，字宜之。陕西省蒲城县人。近代著名水利科学家，工程师，教授。1900年，入三原宏道学堂求学，与于右任结为学友。1904年，与兄长李约社同入京师大学堂。比裴廷藩入校尚早一年。李仪祉事迹可参见高立洪《一代水利大师——李仪祉》，详见《李仪祉纪念文集》/中国水利学会、黄河研究会编/黄河水利出版社/2002，116页。杜斌丞（1888—1947），原名丕功，字斌丞，自署秉诚。　陕西米脂人。著名民主爱国人士。　清光绪三十三年（1907）考入三原宏道高等学堂，约1911年毕业。参见《中国民主党派名人录》/汪新主编/江苏人民出版社/1993，192页。吴宓（1894—1978），字雨僧。诗人、文学家、教授。陕西泾阳人。1907年入读三原宏道学堂，1910年毕业。参见《吴宓传略》，详见《咸阳文史资料·第4辑》/陕西省咸阳市政协文史资料研究委员会编/1988，49—75页。张奚若（1889—1973），著名民主爱国人士、社会活动家、政治学家。字熙若，自号耘。陕西朝邑（今大荔）人。1907年入读三原宏道学堂，1908年，入中国公学。参见《张奚若》，载陈志凌主编《中共党史人物传精选本·第七卷》/人民日报出版社/2001，981页。张季鸾（1888—1941），报刊政论家，《大公报》总编辑。原名炽章，字季鸾，笔名一苇、榆民、老兵等。陕西榆林人。1903年入三原宏道高等学堂，1905年留学东京。1908年回国在关中高等学堂任教2年。参见程曼丽、乔云霞主编《新闻传播学辞典》/新华出版社/2012，104页。

14 亲授业师　由第13条注释可知，裴廷藩任教三原宏道学堂期间，吴宓和杜斌丞在校攻读。

15 师事裴廷藩　见《神木文史资料·第4辑》/神木县政协文史资料研究委员会/1989，32页。

16 裴尼臣　见范晓军、王巍著《1913选票与子弹》/新华出版社/2013，110-113页《聪明的榆林道》。李文正《榆林辛亥革命纪略》，载《陕西辛亥革命回忆录》/陕西省政协文史资料研究委员会编/陕西人民出版社/1982，125—140页。另外，将"裴宜丞"写作"裴尼臣"的文献还有：史书博《近代陕北匪祸见闻》，载《榆林文史·第2辑》/陕西省榆林市政协文史资料委员会编/2003，55—60页；高希直《府谷的一次农民请愿》，载《府谷县文史资料·第3辑》/陕西省府谷县政协文史资料研究委员会/1987，5—7页；袁文伟著《反叛与复仇——民国时期的西北土匪问题》/人民出版社/2011，155—156页；《中国黑道帮会（下册）》/易照峰编著/大众文艺出版社/2005，627—629页《陕西榆林哥老会》；《中国土匪》/冉光海著/重庆出版社/2004，82页。

17 哥老会与辛亥革命　哥老会起源甚神秘，为联络和引导起见，革命党人大力宣传其乃洪门中人潜入湘军而创立。其虽非革命主要力量，但属于革命党人积极统战的对象。譬如，黄兴就一直和哥老会保持着密切联系。榆林政治环境以及裴廷藩上任之后的斗争 参见李文正《榆林辛亥革命纪略》一文，载《陕西辛亥革命回忆录》/中国人民政治协商会议陕西省委员会文史资料研究委员会编/陕西人民出版社/1982，125—140页。裴廷藩夺权斗败杨昆山事迹，亦载于《陕西省志·第一卷·大事记》/三秦出版社/1996，281页。另杨文岩《塞上血影》/陕西旅游出版社/2002年第二次印刷，对这段史实予以精彩的引用发挥。郑思诚（1890—1945）又名庠、玉玺，字兴田。出身于农商兼业的殷实之家，定边砖井镇下蔡渠村人。少好武术，喜结交。为早期同盟会成员，参与张凤翔领导的西安辛亥革命，旋任榆林驻军中营管带。北伐期间，所率部队被编入国民革命军第二军，官至副军长。北伐失败后曾两次前往苏联进行军事考察，拟运一批枪械回定边，至包头装入棺材，企图瞒天过海，途经榆林，因与陕北镇守使井岳秀结有宿怨而为其警觉，事败，负责扶假灵柩者，除有一人脱逃，余皆被井所杀。九一八事变以后，郑寓居天津英租界，经营典当行业，与日人来往密切。面对汉奸猜疑，郑自辩说党国委有特别重任。1945年，郑思诚秘密身份泄露，遂向西逃亡，取道绥远前往西安，旅次内蒙古桃力民被随从杀害。国民党中统头目之一朱家骅发来唁电表示，郑思诚在天津时"曾为抗日战争的胜利做了不少有益的工作"。有关郑思诚更多更详细的资料见于《定边县志》/方志出版社/2003，1029页，以及《榆林人物志》/陕西人民出版社/2007，854—855页。武绩臣后来情况 参见《榆林人物志》/陕西人民出版社/2007，853页。

18 裴廷藩与张凤翔小说中的形象 见王东汉、王晓斌著《秦魂·上部·三秦辛亥》/太白文艺出版社/2013，429页。该书认为，裴廷藩是张凤翔的亲信。另据小说中张丰镇压万炳南等情节，结合史实，可知此处张丰即以真实的历史人物张凤翔为原型的。

19 《榆林人物志》相互矛盾的记述 杨昆山传略 详见《榆林人物志》43页。有关裴宜丞的引文 同上，866页。《榆林人物志》中"裴宜丞传略"基本沿用了刊登于《神木文史资料·第4辑》杨和春、康恭庵二位先生的遗作《裴宜丞》。

20 委任陕北各县县长 参见《神木文史资料·第4辑》，32页。

21 裴廷藩呈文张凤翔 详见《陕西边墙内外团练使裴廷藩呈请都督划河套东胜厅等处仍归秦治文》，载《最新行政文牍·第3册》/商务印书馆/1923，30—32页。所引语句见该书31—32页。

22 出使歌 参见《退思堂诗稿》/裴廷藩著/高亮宇编注/鄂尔多斯市党委印刷厂印刷/2008，46页。

23 黑界地 行成与弛禁请求 参见王晗《清代陕北长城外伙盘地的渐次扩展》，载《西北大学学报（哲学社会科学版）》/2006年第36卷第2期，89—93页。弛禁原因与贻谷放垦 参见2010年内蒙古师范大学乌云娜硕士学位论文《清末到民国时期乌审旗的蒙地放垦》。该论文详细分析了蒙地放垦的政治形势。

24 力主将河套划归陕西 详见裴廷藩《陕西边墙内外团练使裴廷藩呈请都督划河套东胜厅等处仍归秦治文》，载《最新行政文牍·第3册》/商务印书馆/1923，30—32页。

25 通岗浪的失去 民歌 参见乌云娜硕士学位论文《清末到民国时期乌审旗的蒙地放垦》。通岗浪河又译通嘎朗河。民国三十八年（1949）8月，曾属陕西神木的"飞地"（也称插花地）通格朗乡回归伊克昭盟领有。参见《鄂尔多斯年鉴（2002—2003）》/鄂尔多斯市人民政府编/内蒙古人民出版社/2005，第39页。蒙古王爷向吕侯旦借债 同上。

26 吕侯旦传略 参见《陕西省志·第二十九卷·商业志》/陕西人民出版社/1999，517页。

27 独贵龙反对私卖旗地 详见《锡尼喇嘛的故事》/道荣尕整理/荣·苏赫译/内蒙古人民出版社/1986，133页。

28 出卖大保当 参见《蒙古王爷卖封地给神木人 只因慈禧太后无钱办60大寿》，微信公众号"天祥商贸"，2016年4月9日推文。于苏军、奇景阳著小说《记名札萨克的家国》/民族出版社/2013，87—91页，叙述王爷将大保当抵债给了神木大边商吕侯旦。

29 裴廷藩作为边商巨贾的重要代表进而干预陕绥政治决策　参见2016年西安工业大学韩镔硕士论文《陕北新型知识分子与陕北社会的发展（1900—1935）》。该文称，裴廷藩聚集大量资金在内蒙古"设庄"，从事蒙汉贸易。暂缓化界　参见李金柱主编《古今名人话榆林》/陕西人民出版社/2007，43页。蔡成勋（1871—1946），字虎臣，直隶天津县（今天津市）人。民国初年任陆军第一师师长。1917年参与张勋复辟，被封为直隶提督。张勋复辟失败后，被冯国璋任为绥远都统，为直系骨干。1922年任江西督军，因不得人心，1924年为方本仁驱逐，回天津闲居。参见《中国历代人名辞典（增订本）》/邱树森/江西教育出版社/1989，1215页。有关高增爵可参见《榆林人物志》858页；《中国美术家大辞典（下卷）》/赵禄祥主编/北京出版社/2007，1649页；《现代名人咏三秦》/刘迈/陕西人民出版社/1993，649—650页。高增爵（1863—1932），字劲农，亦作少农，号北山。陕西米脂县人。光绪十七年（1891）中举，次年联捷进士。曾官四川成都、绵阳等地，镇压过义和拳运动，也惩处过传教士，同时也设法保护过革命党人。后任陕西民政长、总统府参议等，上书当政者减免陕北各县田粮赋税。晚年寓居天津。工书法，善作小楷。与关中名士宋伯鲁（字芝田）、宋联奎（字菊坞）、毛昌杰（字俊臣）相友善，时相唱和。著有《北山草堂诗稿》。兹录《中秋对月，寄怀芝田、菊坞、俊臣西安二首》。其一：故园今夜月当头，老友相逢念我不？百岁光阴如逝水，三年离别又经秋。垂杨灞上萦新梦，疏柳城南忆旧游。夜半屋梁星光渐落，谁家吹笛倚高楼。其二：万籁无声光满天，相思欲托寄琴弦。怀人雁塔三千里，看月燕台十二年。独我漂流随水梗，诸君清洁在山泉。举杯酌酒遥相祝，岁岁团圆健似仙。另外，高增爵、宋联奎是非功过详于沃丘仲子所著《当代名人小传》（近代中国史料丛刊三编第八辑）/沈云龙主编/台湾文海出版社，101—102页。传云：增爵，米脂人，字劲农。起甲科，官主事。以知府发蜀，历重庆、夔州、成都等府，有廉干名，擢巡警道，逐渐荒怠。其任监司，不能察吏，所举半贪滑，人亦以是少之。辛亥革命事作，适丁忧家居，被推管内务，已而晋民政长，改巡按使，倾心附袁，而缺竟为吕调元所攘。增爵官清时，颇高谈忠爱，以端谨受知锡良，而晚节乃贻羞于世。联奎字菊坞，亦陕人，亦官蜀，安民缉暴，时称循吏，已而简授云南永昌府知府，增爵任巡按时，荐管政务，后复摄省长，直实过于增爵。惟亦非济变之才。近方承政府，令察勘南北军战界，若军民分治，陕省长或当属之联奎焉。有关高增融，见《民国之精华》/佐藤三郎辑/北京写真通信社/民国五年（1916）刊印/台湾文海出版社影印出版177页高增融先生传记：高增融，字仲昭，岁五十四，陕西省米脂县人。君秉性诚笃，不事虚华。自幼聪颖好读，弱冠即以诗文著于乡里。

及长乃肆力举业，所造甚深，以县学廪生中光绪戊子科乡试，己丑成进士，以主事用，签分户部。是年，充顺天乡试受卷官。历任江南、四川两司正主稿，则例馆纂修，镀四库监理。三十二年，改组部务，任田赋司司长及统计处总办。嗣因丁忧出为湖南铜元局总办，及造币鄂厂会办，改充甘肃省清理财政监理官。著有《陇政私议》一书，于甘省吏治财政各利弊指陈详尽。武昌起义，西安响应，陕甘边境官民各军战争激烈，死伤枕藉，同人组织红十字分会，君被公推为会长。共和成立，被选为众议院议员。国会解散，君因丁内艰先期旋里。怵于时变读礼，家居丧服既除，国会重开，复就众议院议员。

30　高诵先文章　见《〈陕绥划界纪要〉叙》，载《府谷县志》/陕西人民出版社/1994，807页。文中"高少农诸君"所指即高增爵（字少农）、高增融、裴廷藩等在京陕籍议员。

31　裴廷藩助力报垦　参见　《土默特志·上》/内蒙古人民出版社/1997，217页。裴廷藩执管伊盟各旗垦务局　参见《民国时期垦务机关一览表》，载《社会学人类学论丛·第11卷·蒙古游牧社会的变迁》色音著/内蒙古人民出版社/1998，13页。伊盟各旗垦务局驻地在东胜，存在时间为1914年6月至1925年1月，裴廷藩在任时间不明。

32　诗　参见《壬子秋季，辞安抚使职后，由榆还家逗留数日，又赴神木，就同知职，途中有感》，载《退思堂诗稿》/裴廷藩著/高亮宇编注/鄂尔多斯市党委印刷厂印刷/2008，87页。

33　神木同知与神木二府衙门　二府衙门是理事司员署和同知署的合称。雍正元年（1723），清廷为加强对鄂尔多斯6旗蒙古族人民的统治，由宁夏议拨理事司员一员驻神木，处理蒙汉纠纷等事，因此设立理事司员署。其正副长官均系满族，由理藩院司员中拣选，朝廷委任。光绪二十八年（1902）裁撤理事司员及其官署。同知署，明弘治年间，榆林卫于本县设粮厅，置通判，专管延绥东路营堡粮饷、军马、边务，万历三十八年（1610）改设东粮同知。清代因之。乾隆九年（1744）撤粮厅，改设理事同知，由满族人充任，协助理事司员管理鄂尔多斯6旗蒙汉交涉事宜，兼粮捕及征收神木商税。设同知1员，师爷若干。民国四年（1915）取消同知署。参见《神木县志》/经济日报出版社/1990年，346页。1913年9月，那森达赖砸了神木的二府衙门，替伊盟人民出了一口冤气，不仅成了准格尔旗的独裁者，而且成了全伊盟的英雄人物。所谓神木二府衙门，是清廷设在神木专门受理伊盟七旗的王公仕官、蒙旗民众和汉人之间纠纷的机关。其主官虽便是五品顶戴，却有二品的职权。每年9月，神木二府主官出边巡视一次。到处敲诈勒索，伊盟人民不堪其苦。据说，达拉特旗因为接待神木二府先后有6个"德木齐"跳井，12个"德木齐"上吊。1913年神木二府官员又带了51人，鸣锣开道出了边墙，到了准格尔旗。那森达赖派兵将其围在树林里剥光衣裳，指责说：

"清朝已被推翻，神木二府怎能存在？你们是些假官，再要出来非杀不可。"从此神木二府再也不敢派人出来了。参见中国人民政治协商会议内蒙古自治区委员会文史资料研究委员会编/《内蒙古文史资料·第28辑·血雨腥风的年代·准格尔史料专辑》/1987，第12页。

34 壬子秋，卸安抚使任后有感　见《退思堂诗稿》/裴廷藩著/高亮宇编注/鄂尔多斯市党委印刷厂印刷/2008，136页。

35 对小照戏题　同上174页。

36 裴廷藩宣扬新文化　参见《神木文史资料·第4辑》刊登杨和春、康恭庵《裴宜丞》一文，32页。

37 裴廷藩为众议院议员　参见《第一届国会及其选举》一文，载教育部主编《中华民国建国史（第二篇）·民初时期（1—4册）》国立编译馆/1987，542页。根据民国元年临时参议院所制定的国会组织法，国会由参众两院组成。参议院议员由各省省议会选出，每省10名，全国22省，共220名，加上蒙古27名，西藏10名，青海3名，中央学会8名，华侨6名等配额，共274名。众议院议员数，原规定每人口80万选议员1名，因来不及调查人口，各省众议员名额，以清末谘议局议员数的三分之一为定额，共596名。参见《中华民国建国史（第二篇）·民初时期（1—4册）》536—537页。1913年4月8日，第一届国会在北京成立，参议院议员247名，众议院议员596名，统称国会议员。1914年1月10日，袁世凯下令解散。参见《二十世纪中国大事全书》/张宏儒主编/北京出版社/1993，56页。裴廷藩时34岁，国民党党派，当选票数31票。详见《民初第一届众议院议员党派表（1913年3月）》，载《民国初年的进步党与议会政党政治》/张永著/北京大学出版社/2008，185页。

38 凤凰麒麟在郊薮　见裴廷藩诗《癸丑二月，余当选众议□□□会与北京大学旧同学数十人相遇》，载《退思堂诗稿》170页。

39 袁世凯手段　参见《民国政党史》/谢彬撰/章伯锋整理/中华书局/2011，49页。

40 裴廷藩等被解散　参见《取消国民党党籍议员姓名录》，载《民国政党史》188页。

41 裴廷藩朋友朱家训简介　参见张宪文、方庆秋等主编《中华民国史大辞典》/江苏古籍出版社/2001，686页。

42 猪榜题名　详见《愿丰楼杂记》/丘复著/丘其宪、丘允明校注/黑龙江人民出版社/2009，306—310页。

43 天地洪炉造化神　见裴廷藩诗《感怀（甲寅春）》，载《退思堂诗稿》79页。

44 神木知县、榆林道尹推荐裴廷藩任职　参见《民国之精华》/佐藤三郎辑/北京写真通信社/民国五年（1916）刊印/台湾文海出版社影印出版355页裴廷藩先生传记。焦振沧，陕西关中人，民国五年（1916）任神木县知事。参见《神木县志》/经济日报出版社/1990年，351页。其人生平略详于李文《曾任绥德知事的焦振沧为于右任作〈美髯词〉》一文，载2014年7月19日《各界导报》第七版岁月：焦振沧（1860—1943），字东溟，号诚斋，山东长山县丁家庄（今淄博市周村区南郊镇清泉村）人。其父乃清末陕西地方官、陕西山东移民活动的发起人焦云龙。焦振沧是贡生出身，曾任山东峄山训导（未到任），后又任甘肃某县知事。民国时期，曾任陕西神木、旬邑、武功、绥德等县知事。为官清廉，有父风，所到之处，循声籍籍。有《诚斋诗稿》《於陵焦氏族谱》传世。西安碑林有其撰写的《五省会馆新建义园碑记》。裴注重家乡教育 参见杨和春、康恭庵《裴宜丞》一文，载《神木文史资料·第4辑》，32页。

45 吴廷锡奏折 见《政府公报1916年03月（一）》影印本，第82册512—516页。引文 详见《政府公报1916年03月（一）》影印本，第82册514页。

46 吴廷锡 详见《汉中最后一任知府吴廷锡》，载2015年4月22日《汉中日报》第A7版:文化·旅游。另，吴廷锡在1914年6月至1915年11月期间任榆林道尹。参见《陕西省志·第50卷·政务志》/陕西人民出版社/1997，182页。

47 《退思堂诗稿》收录的吴敬之诗作 参见《退思堂诗稿》148页。裴在诗前说得非常清楚，这是吴敬之来高家堡以后写的两首诗，之所以收录进《退思堂诗稿》纯属对自己与吴的这段交谊的一个纪念。在此需要指出的是，温亚洲先生主编《古今文人咏神木诗词选》/陕西师范大学出版社/2014，65页，将这两首诗误为裴廷藩作品，并改题为《过高家堡题留二章》。不久，笔者参与编纂《高家堡镇志》，负责收集艺文，因手边一时找不到《退思堂诗稿》，就转录了《古今文人咏神木诗词选》里的这两首有关高家堡且署名为裴廷藩的诗作。孰料，这一看似便利的承用，却致谬误。事实上，裴廷藩在《退思堂诗稿》中录有许多朋友之作。

48 讨袁 详见《辛亥革命及其后的榆林政局》，载《榆林史话》/陈智亮著/陕西人民出版社/1989，124—131页。

49 裴廷藩参与讨袁 参见《榆林市志》/三秦出版社/1996，589页。

50 诗 见《退思堂诗稿》，41页。

51 雷大同诗《别孔中将庚》 见《退思堂诗稿》44页。诗云：一自镇边塞，匈奴敷化来。丈夫酬愿日，儒将解兵回。鸟尽功谁首，弓藏罪有魁。今宵别子去，壮志已为灰。

52 匪徒绑架裴廷藩 详见袁文伟著《反叛与复仇：民国时期的西北土匪问题》/人民出版社/2011，98—99页；史书博《榆林匪患二十年》一文，载《近代中国土匪实录（上卷）》/《河北文史资料》编辑部编/群众出版社/1992，436—439页；冉光海著

《中国土匪》/重庆出版社/2004，82页。此次绑架，土匪索要大米的多寡说法不尽统一，袁、史文载10石，冉文载100石。

53 学生救裴 参见《榆林人物志》866页。

54 卢占魁 参与绑架 见冉光海著《中国土匪》82页。破高家堡 见《榆林市军事志》/陕西人民出版社/2006，789页。劫毁裴廷藩家财 见张尔杰《卢占魁与北洋军阀的斗争》一文，载中共呼和浩特市委党史资料征集办公室、呼和浩特市地方志编修办公室合编《呼和浩特史料·第八集》/1989，172页："卢占魁在昭皇庙受挫以后，即与高志清、张九才、张德义、赵有禄、张耀、武耀威、巴音豹、图森额等都捧着假皇帝大耳朵六吉（达尔六吉），取道神木的高家堡、伊盟的乌审旗、札萨克旗、郡王旗、达拉特旗，然后由包头的昭君坟渡黄河，穿过乌拉山，于1916年秋，回到公义明（固阳）。他们在经过高家堡时，把京议员裴宜臣的宅院纵火焚烧，藉泄积愤。"另外，此事也见于高亮宇整理《裴廷藩生平概略》，载《退思堂诗稿》187页。捣毁神木官碱局 见《陕西神木官碱局调查》，载《河南中原煤矿公司汇刊》/1932 年第6期，53—57页。 再次骚扰神木 见《神木县志》/杨和春主编/经济日报出版社/1990，6页。投靠于右任 详见王福堂《巨匪卢占魁的革命行动》一文，载《朔漠前尘》/孔庆臻、耿鸿钧、李吉吾主编/内蒙古自治区文史研究馆编/中华书局/2005，34页。

55 裴廷藩支持李根源 见《陕议员反对吕调元》，载1916年11月22日《申报》要闻二，全文如下：陕西省长本已简任李根源，因陕人纷起反对，故李氏迄未到任。近冯副总统忽电保吕调元堪胜此任，谓即出于陈督之意，陕西国会议员闻之乃电诘陈督，并表示反对之意。电文如后：西安陈督军鉴，冯电保吕云出尊意，事之离奇莫甚于此，陆吕虐秦，狼狈为奸，陆固首恶，吕难未灭，其不能再莅吾秦，尽人皆知，君纵不明，何至引狼复入，如成事实，吾辈决不承认，望将真相迅速见覆。李梦彪、范樵、张蔚森、钟允谐、高增融、谭焕文、张树林、高杞、王鸿宾、段大信、姚守先、杨诗浙、岳云韬、裴廷藩巧。

56 李根源保荐裴廷藩 见1917年3月25日《顺天时报》（6323号）。

57 井岳秀 独霸榆林 见《辛亥革命及其后的榆林政局》，载《榆林史话》/陈智亮著/陕西人民出版社/1989，126页。异闻 详见《赳赳武夫井岳秀》，载《不为人知的老兵传奇：我们从沙场归来》萨苏著/东方出版社/2014，106—108页。关于午睡翻身压姨太太，确有其事，只是一说主角为胡景翼。

58 国会议员不得任官 见《天坛宪法草案（1913）》第二十六条：两院议员不得兼任文武官吏。但国务员不在此限。载冯学荣著《亲历北洋：从共和到内战（1912—1928）》/中国工人出版社/2014，95页。

59 裴廷藩写诗抒怀 天降群雄将鹿逐 引自《癸丑秋，都门有感》，全诗如下：

"万里愁云扫不开，金风冷落夕阳台。伤时泪向枕边洒，厌世心由战后来。天降群雄将逐鹿，我难双手拯鸿哀。共知大局何尝定，恨少安邦治国才。"载《退思堂诗稿》140页。救国有心徒抱恨 引自《癸丑冬，在京赠友人四章（其一）》，全诗如下："百战名场剩此身，也曾戎马苦风尘。看来时事翻新样，除却琴书少故人。救国有心徒抱恨，回天乏术暗伤神。儒林循吏都无意，愿隐江干垂钓纶。"载《退思堂诗稿》142页。不生此后不生前 引自《乙丑冬时事感怀四章（其三）》，载《退思堂诗稿》165页。需要说明的是，这些所引诗句多作于乙丑年（1925）。或有人言，这与裴廷藩参与贿选之前的时间不符，心境亦恐迥异。然而，一种文学，常有经年累月之酝酿。据笔者通读《退思堂诗稿》而揣测，在两次护法运动期间，裴的心绪一直较为低落。故而，我想说的是，所引虽然是裴作于贿选以后的诗句，但这些后来的诗句，却颇能代表反映他从前的心境。佛生今日亦难救 引自《乙丑冬时事感怀四章（其一）》，同上164页。文人错入武官场 引自《乙丑春，在京感怀十首（其一）》，同上103页。解甲归田多是假 引自《丙寅春，在京寓偶成》，同上166页。自言于国于家没有贡献 参见《乙丑四月在京有感》："为争虚利与虚名，辛苦勤劳过一生。父母深恩毫未报，国家大事亦无成。寡情自悔轻贵胄，负债犹难对弟兄。聚少离多妻妾恨，仰天长叹两三声。"载《退思堂诗稿》161页。蛟龙自有腾飞日 引自《乙丑春，在汴自勉》，诗云："万种凄凉只自知，英雄末路竟如斯。蛟龙自有腾飞日，且看春雷动地时。"见《退思堂诗稿》103页。

60 裴廷藩追随孙中山 参见裴廷藩《丙寅初夏，国会同人由汉来京，法统重光有感》。诗云："皇皇国会庆重开，十五年来志未灰。忆昔屡遭□□□，而今再上发言台。同人聚散浑如梦，数载飘零叹时乖。川北岭南都走遍，这番又向武昌来。"裴在川北岭南句旁批："民国七八年在粤开会，民九年在重庆。"

61 孙中山轶事 详见《民国国父孙中山》，载《民国大人物》/民主与建设出版社/滕征辉著/2015，37页。

62 裴廷藩厌战诗 见《退思堂诗稿》43页《感怀》，52页《乱后吟》（作于1925年乙丑秋），89—92页《哀湘女十章》（作于1918年戊午夏），127页《时局纷乱在京有感》，140—141页《癸丑冬，都门有感二章》（1913）。

63 第一次直奉战争 参见《二十世纪中国大事全书》/张宏儒主编/北京出版社/1993，96页。促进南北统一 参见《二十世纪之中国宪政》/张学仁、陈宁生主编/武汉大学出版社/2002，105页："所谓的'恢复法统'便是曹、吴玩弄的政治骗术之一。曹锟、吴佩孚上台之时，正值南北对峙，护法和北伐如火如荼，各地军阀叫嚣'联省自治'之际。曹、吴为了确立直系军阀在全国的'合法'统治地位，便不失时机地打出'恢复法统'的招牌，把自己装扮成'法统'的维护者和继承者，以消除南北障碍，一统全国。"另可参见《恢复法统的怪剧》，载《中国现代史初编》/平心著/香港国泰出版公司/1940，336—340页；以及《癸亥政变纪略》/刘楚湘编撰/中华书局/2007，17页，可知"恢复法统"为"天才政客"吴景濂的擘画。

64 裴廷藩随同吴景濂出使东北 据丁中江著《北洋军阀史话（三）》/商务印书馆/2012，487页："旧国会议长吴景濂也曾到过奉天，游说张作霖用'恢复法统'来促进南北统一，张作霖建议召开统一会议就是以恢复旧国会，改造政局为内容的一种做法。"结合裴廷藩诗句，可知裴当属吴景濂一行出使代表的一员。另据《申报》1922年8月27日："有谈及副议长三字者，辄谓褚辅成无问题。其时益友派尚未来京，在京之政学派亦居少数，其口头推重褚氏者，皆中原公司宣南寄庐之人，大半非旧国民党。且彼时不独众院副议长推褚，即四十八日后之参议院长改选，亦有使林森得一席之说。说者颇疑为招沪、粤议员北来之条件，盖正在黄明新、邵瑞彰、裴廷藩赴奉迎吴景濂至津之时也。"而在该年8月23日，众议院召开第二期常会，选举副议长，最后检票：褚辅成得八十三票，张伯烈得七十五票，蒲伯英四十票，吕复十八票，裴廷藩得四十二票，均不足法定票数。见《申报》1922年8月26日报道。转引自王天松编著《褚辅成年谱长编》/中国文史出版社/2012，304—305页。吴景濂（1873—1944），东北辽宁人，1902年考入京师大学堂优级师范科，1907年以最优等毕业。后为众议院议长。1923年帮助曹锟贿选成功却又没能如愿当上国务总理，一气之下来到了天津，做了寓公。有人说，20世纪初东北籍名人中，也只有张作霖父子可与之相比。吴景濂事略可看张淑娟著《国会议员与民国宪政（1916—1923）：以吴景濂的政治活动为中心》/中国政法大学出版社/2013；以及《吴景濂旧居》一文，载《天津小洋楼：名人故居完全档案（第四卷）》/牛一兵、王宏主编/天津教育出版社/2011，179—181页。五首诗 详见裴廷藩《退思堂诗稿》134—135页。其中《沈阳城》诗云："遥望灯光点点明，夜深始抵沈阳城。只因法统遭中断，不避辛劳有此行。"大概是裴廷藩对最末一句，不太满意，于是又写了一句"京奉长途冒险行"。到底用哪一句，他推敲良久但并没有最后的定夺，是故有此异文现象。

65 "恢复法统"的目的 参见《吴景濂旧居》一文。

66 网罗议员 参见《北京民国政府议会政治研究》/刘景泉著/天津教育出版社/2006，650页。

67 裴廷藩拥护曹锟 可见于时人谢彬撰《民国政党史》/章伯锋整理/中华书局/2011，86页："顺治门大街二百号……民国五年之平社、民国八年之石行会馆分子，多入其中。中坚人物为余绍琴、裴廷藩、钱崇恺等，号称六七十人。……乃诚意拥护曹锟之团体也。"另可参见刘景泉著《北京民国政府议会政治研究》/天津教育出版社/2006，648页："由于种种政治关系，有形无形中复发现不少议员结派活动，到众议院补选副议长时，各派乃争相组党，以便竞选。致使国会内小党林立，势力较大者为益友社、政学会、新研究系及讨论会四大政团，党争又随之而起。……除以上四大政团外，因曹锟欲借黎元洪驱逐徐世昌，假国会以便贿选，故失意官僚、政客各组团体，以为政治活动。其中影响较大的政团有：（一）顺治门大街200号，主要人物为余绍琴、裴廷藩等人。'民五'之平社、'民八'之石行会馆分子多在其中，而后正名为壬戌俱乐部……"裴廷藩参与驱逐黎元洪　详见《申报》1922年11月16日的《各方面之总统问题观》："以上各团体，大概以石驸马大街三号、化石桥五十六号、宣外200号为中坚，其出头人物亦可得而数，为吴莲炬、景耀月、宋汝梅、裴廷藩、江天铎、张汉等二三十人。苟其倾向果为一致，颇有左右国会之势。"转引自李兴辉《曹锟贿选前参院"驱黎提案"发起人应是吴莲炬》，载《学术研究》1990年第5期，88—89页。

68　邓中夏诟病贿选　见《邓中夏全集（上）》/人民出版社/2014，265页。

69　曹锟收买吴景濂　参见《王宠惠与中华民国》/虎门镇人民政府编/广东省出版集团/2007，36页；以及《吴景濂旧居》一文。裴廷藩参与责骂吴景濂　参见1919年4月25日《旅沪国会议员何陶等致吴景濂褚辅成函》，载《近代史资料·总42号》/中国社会科学院近代史研究所、近代史资料编辑组/中华书局/1980，100—101页。吴、褚回应骂电　详见《与吴景濂复何陶等旅沪国会议员函》，载《褚辅成文存》/嘉兴市政协学习和文史资料委员会编/中国文史出版社/2011，86页，亦见于《近代史资料·总42号》101—102页。

70　咏变　见裴廷藩《退思堂诗稿》173页。诗题旁标注写作日期"甲子冬"，即1924年冬季。诗云："年来时局真纷乱，民国伟人多善变。变来变去妙且幻，为到妙处难判断。何似变得难判断，因为两方穿暗线。暗线穿好不可见，转瞬变成新局面。昨日拥曹今拥段，再拥何人亦难限。宗旨安在谁能辨，人心如此实可叹。昔日有恩今成怨，恩怨何尝有定见。翻云覆雨成习惯，有势结合无势散。虎变豹变煞好看，幻术令人目光炫。花样翻新争权限，心腹反成心腹患。野心军阀谁厌乱，招兵买马听其便。因果循环无有限，变成黑暗鬼世界。"

71　但愿守身如白璧　引自《癸丑夏，都门感怀四章（其三）》，见《退思堂诗稿》138页，全诗如下："满目沧桑感慨增，一朝亡后一朝兴。推翻专制原无我，辜负名山悔不僧。但愿守身如白璧，没教逐臭类苍蝇。繁花过眼都为幻，水中明月风下灯。"书生面目今犹在　引自《癸丑夏，都门感怀四章（其四）》，同上。全诗如下："虚度光阴数十秋，几经偃蹇几优游。书生面目今犹在，名利心肠昔已钩。自愧负家兼负国，谁教多病复多愁。放开冷眼观当局，哪是人才第一流。"何时雪得从前耻　引自《丙寅仲春时事感怀四章（其三）》，载《退思堂诗稿》168页。"山林"句，原阙第一、二字，为笔者根据语义补充。裴廷藩为自己辩解　参见《丙寅仲春时事感怀四章

（其三）》。

72 时人记载裴廷藩参与曹锟贿选　赵晋源《贿选记（节录）》，载中国史学会、中国社会科学院近代史研究所编《北洋军阀：1912—1928（第四卷）》/武汉出版社/1990，445页："至于沪上方面，自张鲁泉、裴廷藩、黄明新等两下接洽后，沪上议员亦颇有为金钱所动者。"谢彬《民国政党史》86页提到铁心拥护曹锟贿选的顺治门大街二百号的组织者即裴廷藩。刘楚湘《癸亥政变纪录》/中华书局出版/2007，351页："（1923年）九月十八日《北京报》云：前晚王承斌、边守靖、高凌蔚、王毓芝、吴秋舫、熊炳琦、刘梦庚、袁乃宽、程克等，即在甘石桥大典筹备处召集各政团领袖紧急会议，如吴景濂、张伯烈、钱崇恺、裴廷藩、王谢家、宋汝梅、黄明新及民治社直系之某代表，与各俱乐部之代表彭汉遗、汤松年等，为数计有七十余人，专为讨论大选票价支付方法与选举后应得优先权条件。席间意见庞杂，莫衷一是。"另据寒霄编述《六月十三》/灵隐刊行/1924，248—249页记载，裴廷藩曾两次提案，要求解释黎元洪任期以及改选总统。

73 混乱的贿选　参见《曹锟的总统生涯：混乱时代的"贿选"总统》，载《民国那些年（1911—1924）：你所不知道的秘史逸闻》/凤凰书品编著/团结出版社/2015，303—304页。

74 丁文江痛批　参见章清著《学术与社会：近代中国"社会重心"的转移与读书人新的角色》/上海人民出版社/2012，257页。

75 一天风雨暗神州　引自《甲子秋季，在绥远充清乡司令□□发生有感而作（其二）》："烽烟满地令人愁，击楫中原志未酬。半壁江山遭浩劫，一天风雨暗神州。文章莫补将残局，身世浑如不系舟。南北战争何日息，吟诗聊解寸心忧。"见《退思堂诗稿》159页。甲子冬诗　题为《甲子冬在绥西有感》，见《退思堂诗稿》102页。

76 裴廷藩辞职启事　见中华民国十三年（1924）五月二十五日第二千九百三十七号（2937）《政府公报》广告三，载《政府公报（1924年05月）》影印本，第208册363页。

77 冯玉祥倒戈以及胡景翼轻视吴佩孚　参见《吴佩孚——第一个登上〈时代〉周刊的中国人》，载《民国大人物》民主与建设出版社/滕征辉著/2015，200—204页。

78 裴廷藩羡吴佩孚诗　参见《退思堂诗稿》121页，裴在吴诗前写有小引："乙丑冬，吴孚威来汉，在宴席上赋诗一章，余慕其痛快淋漓，故录之。"吴孚威即吴佩孚。1914年，袁世凯裁撤各省都督，建立将军府，任命了大批将军，用以削弱各省军阀的兵权，同时又表示是对他们的尊荣。1918年，段祺瑞和曹锟矛盾日益加剧，段为了拆曹的台，亲自拉拢曹手下的大将吴佩孚。身为内阁总理的段祺瑞与还只是师长的吴佩孚直接通电，并于6月3日任命吴佩孚为"孚威将军"。参见王新生、孙启泰主编

《中国军阀史词典》/国防大学出版社/1992，358页。吴佩孚蓬莱诗　见石叟、刘慧勇选编《中华民国诗千首》/海南出版社/2013，108页："欧亚风云千万变，英雄事业古今同。花开上苑春三月，人在蓬莱第一峰。"第三句异于裴所录，殆为裴记忆有误。不独此书，其他书籍也明确记载的是"花开上苑春三月"。如《民国猛士吴佩孚》/杨潜著/山东画报出版社/2014，154页。关于此诗的写作日期以及地点各书记载不一。《中华民国诗千首》标注的是1920年，《民国猛士吴佩孚》一书中这首诗题为《五十自寿·民国十一年二月洛阳》，再查台湾文海出版社1971年出版《吴佩孚先生集》211页（内载《蓬莱诗草》179页），方知原题如此。令人困惑的是，吴佩孚生于1874年，则五十寿辰在1924年，而民国十一年为1922年。但是做寿讲究"过九不过十"，取"长长久久"之意。也就是说，吴佩孚的五十寿辰是在他49虚岁（48周岁）的时候举行的，如此计算则在1922年。也有人说作于吴佩孚初膺"孚威将军"的1918年，如《吴佩孚大传·下》/郭剑林著/2012，339页。所以，这首诗究竟成于何时，殊难考证。极有可能写得很早，只是"诗人军阀"吴佩孚，往往在场面上要显露一下即兴赋诗的才华，于是不明真相的宾朋，以为他真的秉有七步之才。事实证明，吴佩孚对这首"蓬莱"诗十分满意，1929年他刊印诗集即起名《蓬莱诗草》。所以，可能的情况是，这首诗有可能作于1918，也有可能是1920，还有可能是1922，也有可能是像裴廷藩所记录的乙丑年（1925）。总之，笔者认为此诗作于1929年之前，也就是《蓬莱诗草》刊印之前。该诗应为吴即兴了很久很多遍，刊印进书的时候，临时编加了一个"五十自寿·民国十一年二月洛阳"的题目。不论何时何地，但凡是在得意场合，吴想必是要吟诵一番的，以致像裴廷藩这样的不知情者，以为是他的即兴之作。

79 雷大同 与董必武创办武汉中学　参见夏燕月《董必武与中国共产党的创建》，载中共一大会址纪念馆编《中国共产党创建史研究》/上海人民出版社/2012，367页："在办学经费上，大家商议由创办人募集解决。董必武的一位文普通学堂同学、同乡雷大同从广东回家路过武昌，听说董必武等要办中学，极表赞同，出资120元；其他创办人董必武、张国恩等人各捐20元。董必武为凑足20元钱，数九寒天即当了身上的皮袍。1920年春学校开学。"至于雷大同生平事迹，仅知其为湖北蒲圻人，民国年间曾任湖北崇阳县县长，并在广东大元帅府孙中山身边工作。参见《雷大同：一颗划过历史天空的流星》，载《冯晓光——赤壁传奇》的新浪博客http://blog.sina.com.cn/s/blog_67c40f430100rze9.html，最后访问日期2017/7/25。为孔庚秘书　参见包惠僧《大革命时代在黄埔》一文，载《回忆黄埔军校》/全国政协文史和学习委员会编/中国文史出版社/2015，113页："孔庚带着一个国民党右派分子雷大同当秘书……"以及裴廷藩《退思堂诗稿》44页收录雷大同诗《别孔中将庚》。梁启超诗　见张振华编著《情缘缠绵：民国才子佳人的爱恨情仇》/金城出版社/2013，141页。该诗为梁写给自己的爱慕者何蕙珍。雷大同赠裴廷藩诗 见《退思堂诗稿》43—44页。《退思堂诗稿》所录雷大同诗作见88—89页，149—152页。

80 朱家训性格 详见《民国之精华》/佐藤三郎辑/北京写真通信社于民国五年（1916年）刊印/台湾文海出版社影印本，57页。裴与朱的唱和 详见《退思堂诗稿》96—99页。

81 裴廷藩的朋友们 王雪樵（1894—1939），陕西神木人。名光荫，字雪樵。1915年肄业于北京法政大学。曾任陕督李根源秘书、北洋政府农商部主事、府谷麻地沟县丞等职。书法在陕西省与于右任、李棠齐名。参见祯祥主编《书坛评粹》/陕西人民出版社/1991，133—135页；杨吉平著《中国书法100年（1900—2000）》/山西人民出版社/2010，195页。《退思堂诗稿》156—157页所载《清明时节雨纷纷（辘轳诗）》，裴在诗前小引：壬戌春，三月友人王君雪樵命余用唐"清明时节雨纷纷"句作辘轳诗……因勉强而成，兹录于下。阎廷杰（1875—1944），字骏程。陕西神木人，前清廪生（一说附生）。1912年任府谷知县。1914年，裴廷藩转奉大总统孙文任命状委任其为米脂县长。后又至山西浮山县、高平县等为官。善理词讼，倡导办学。参见《府谷县志》/陕西人民出版社/1994，496页；《米脂县志》/陕西人民出版社/1993，427页；李文正《榆林辛亥革命纪略》一文。其人事迹尤详于《红色沃土（第四卷）》贺斌主编/陕西科学技术出版社/130—137页文章《阎廷杰》。《退思堂诗稿》73页收录有《挽友人阎骏程之妻》："驾鹤返瑶池，祈夫人早会王母；鼓盆谈逸事，愿老友亦学庄生。"刘治洲，字定五。陕西凤翔人。早年曾入上海理化学校学习。1911年曾在家乡组织地方民团。1912年任陕西省议会议员。1913年为众议院议员。1915年4月任农商部次长。1925年5月至1926年4月任陕西省省长。见李盛平编著《中国近现代人名大辞典》/中国国际广播出版社/1989，172页。《退思堂诗稿》74页，收录有《挽刘定五之母》："唯母是女中杰，知清将废，知汉将兴，而今福寿全归，驾返瑶池无遗憾；有子皆天下才，将武在韶，护法在粤，所恨板舆未遂，泪涌珠江有余哀。"胡景翼（1892—1925），字笠僧，亦作丽生、励生。陕西富平人。1920年1月，任陕西靖国军副司令兼总指挥。1921年9月，所部被吴佩孚收编。在第一次直奉战争中与直军联合作战，并归附曹锟、吴佩孚。1924年秋，第二次直奉战争中暗与冯玉祥、孙岳谋划，发动北京政变。旋与冯、孙组织国民军，任副司令兼第二军军长。同年12月，出任河南军务督办。参见杨立强、刘其奎主编《简明中华民国史辞典》/河南人民出版社/1989，377—378页。1925年5月，胡病死，裴廷藩悼致挽联。

82 刘盥训日记提及裴廷藩 见郑梅玲、高晓英《刘盥训及其遗著》，载《山西省图书馆职工优秀论文集（2004—2009）》/石焕发主编/山西人民出版社/2009，280页。刘盥训（1875—1953），山西临猗人，1906年京师大学堂毕业。曾任参议院议员，中央文史研究馆馆员。详见《中央文史研究馆馆员传略》/中央文史研究馆编/中华书局/2001，109—110页。

83 裴与沈钧儒等十六人相率不出席　参见1920年1月29日《广州参众两院议员致孙中山等电》，载《各方致孙中山函电汇编·第5卷（1919.8—1920.12）》/桑兵主编/2012，237页。黎元洪宴请裴廷藩　参见王天松编著《褚辅成年谱长编》/中国文史出版社/2012，328页："（就金佛郎咨文）四日黄陂宴请吴景濂、王家襄、汤漪、张伯烈、褚辅成、马骧、韩玉辰、裴廷藩、刘彦、田桐、王源瀚、蒲伯英、骆继汉、黄云鹏、牟琳、饶孟任、钱崇恺等二十余人之结果，一致反对，不应先行咨询，不如直接交议。"与林长民等开小组会　参见《中华民国史事纪要（初稿）》/中华民国史事纪要编辑委员会编/1979年，688页。

84 裴廷藩挽胡笠僧督办　见裴廷藩《退思堂诗稿》72页。

85 挥毫追溯自童蒙　引自《乙丑春，在京感怀十首（其四）》，载裴廷藩《退思堂诗稿》104页。

86 游览各地　见裴廷藩《退思堂诗稿》51页，52页，70页，86页，93页，96页，99页，103页，117页，121页，134页，135页。

87 参与组建政党派系　参见韩玉辰《政学会的政治活动》，载《文史资料选辑合订本·第十七卷·总第48—50辑》/中国文史出版社/2011，121—146页。　国会议员离京　参见韩玉辰《政学会的政治活动》以及聂鑫著《中国近代国会制度的变迁：以国会权限为中心》/上海人民出版社/2015，65页："1923年8月，国会议员离京南下的已有385人，但南下者亦多为利而来，初无一定宗旨。8月24日北京议员开谈话会，议定议员每次出席费100元以利诱南下议员回京，再加上众议员任期当年10月10日即将届满，又提议延长任期至下届议员选出为止。于是南下议员纷纷返京。"裴廷藩游说在上海的议员　参见《北洋军阀：1912—1928（第四卷）》/武汉出版社/1990，445页。

88 裴廷藩引荐王雪樵　详于武绍文《书法家王雪樵先生》一文，载《神木文史资料·第1辑》/神木县政协文史资料研究委员会/1986，118页。据《高家堡镇志》/张宏智主任/范林虎主编/陕西人民出版社/2016，596页方镜堂传略，裴宜丞还推荐他的表哥、蒙师方镜堂任李根源的秘书。方镜堂（1866—1942），神木大保当人，曾随李根源南下广州参加护法运动，其间与章太炎往来密切。王雪樵任府谷麻地沟县丞　见《政府公报·1917年04月(二)》/四月二十九日第四百六十六号/第107册/418页。林琴南（1852—1924），名纾。福建人，翻译家、文学家。1906年任教京师大学堂。参见郑宝谦主编《福建省旧方志综录》/福建人民出版社/2010，634页。李根源（1879—1965），云南腾冲人。1913年被选为众议院议员。1917年任陕西省长，参与组织政学会。1918年参加护法运动，任驻粤滇军总司令兼师长。1922至1923年先后任北洋政府农商总长与代总理。抗日战争期间，倡议组织老子军抗击日寇。中华人民共和国成立后历任西南军政委员会委员、全国政协委员等职。著有《永昌府文徵》《曲石文录》等。参见尚海、孔凡军编《民国史大辞典》/中国广播电视出版社/1991，832页；《中国国民党史大辞典》/李松林主编/安徽人民出版社/1998，441页。裴廷藩与李根源的交往 中华民国八年（1919）十一月，李母阙太夫人六十四岁寿辰庆典在广州举行，岑春煊撰寿文，章士钊手书，孙文、伍廷芳、唐绍仪、谭延闿、于右任、李烈钧、胡景翼、胡汉民、马君武、刘治洲、张炽章（张季鸾）、裴廷藩等约150名社会名流共同敬祝。参见《曲石丛书·观贞老人寿序录》。不久，裴即由广东乘船返回上海。有诗为证。见《退思堂诗稿》99页《庚申正月由粤返申时在海船中偶成》："茫茫大海苦无边，北望申江路几千。水势随风翻碧浪，三天结得枕头缘。"

89 段祺瑞破坏上海和会 参见余耀华著《民国太疯狂·卷2·群魔乱舞》/中国广播电视出版社/2013，236—239页。

90 联名指责唐绍仪 参见《旅沪国会议员彭养光等致军政府各总裁等电》，载桑兵主编《各方致孙中山函电汇编（第四卷）1919.1—1919.7》/社会科学文献出版社/2012，249—251页。该电最早发表于1919年4月23日《申报》，题为《旧国会议员对陕事之愤慨》。

91 裴廷藩领衔劝告唐绍仪不要辞职 载1919年5月28日《大公报》所刊《旅沪议员致唐总代表函》，详见汤锐祥编著《护法运动史料汇编（二）：国会议员护法篇》/花城出版社/2003，271页。

92 井岳秀为曹锟祝寿 参见《蒲城文史资料·第3辑》/陕西省蒲城县政协文史资料研究委员会编/1987，107—109页。

93 井岳秀控告裴廷藩 见《绥区侵扰陕北之呼吁》，全文见1924年9月10日《申报》06 版。

94 裴廷藩任职 屯垦副司令 参见《榆林人物志》866页，1990年《神木县志》588页；《神木文史资料·第4辑》34页。裴廷藩反对井岳秀 参见《高家堡镇志》张宏智主任/范林虎主编/陕西人民出版社/2016，597页裴宜丞传略。除此，裴廷藩极有可能是反对为井岳秀建生祠者。参见《蒲城文史资料·第3辑》/1987，124页：1921年7月20日，陕北各县军政首脑和地方士绅齐集榆林为井"祝寿"时，为了逢迎，倡议建立"井公祠"，于是发动捐款（实是摊派），共捐得四万元，名为修复钟楼（又称长寿楼），实则为井建立"生祠"。镇川堡人申凤台奉派赴上海铸造铜像，因陕北旅京人士在天津《益世报》上提出反对，铸铜像之事遂告中辍。

95 井岳秀杀害裴廷藩 参见《榆林市军事志》/陕西人民出版社/2006，791页："（1926年）10月初驻东胜'讨赤军'副司令裴宜丞带兵70余人回神木大保当探亲，返程途经陶家油房时，井岳秀命高志清派1个营的兵力包围歼灭，裴宜丞被击毙。"金虎臣与赵有禄子受裴廷藩招抚　参见《榆林人物志》866页，《神木文史资料·第4辑》34页。阎锡山答应借兵给裴廷藩　参见武绍文先生20世纪80年代在高家堡大保当对裴家人的采访日记。

96　报道裴廷藩之死　见1926年10月7日《顺天时报》（8081号）。

97　裴廷藩传　见《民国人物大辞典》/徐友春主编/河北人民出版社/2007，2308页。

98　佐藤三郎的看法　详见《民国之精华》/佐藤三郎辑/北京写真通信社/民国五年（1916），绪言。

99　裴廷藩与胡政之为街坊邻居　《中华民国史档案资料汇编》/中国第二历史档案馆/凤凰出版社，386页。胡政之（1889—1949）民国时期著名新闻记者、新闻评论家、报刊经营家。他是现场采访巴黎和会和约签字的唯一中国记者。1926年，与张季鸾、吴鼎昌接办新记《大公报》。参见柳斌杰主编《中国名记者（第3卷）》/人民出版社/2014，1页。

100　裴廷藩中、日、英文传记　详见《民国之精华》，355页。该书所载裴廷藩的英文名Pei Ting-Fan，其中陕西省的英文名与现在不同。英文传记如下：Mr.Pei Ting-Fan,otherwise called I Cheng.age thirty eight,is a native of Shen Mu,Shan Hsi province.While young he was deeply interested in study and distinguished for his supper power of understanding.In his youth he felt the decline of the Chinese government.As soon as he graduated in 1908,from the Peking university he was appointed an instructor of Hsiu hsi technical school.At the time of the Revolution be occupied various important posts and particulary showed his merit by pacifying bandits.He was then returned for the House of commons.With the dissolution of the parliament he returned to his native country where he was interested in the establishment of the schools.When the bandits trouble broke out in Hsiu hsi,he was the leader of expedition against the mand after a series of brilliant victories restored pace in his province.He was summoned to Peking when mounted bandits assaulted the frontier of the province.He fought against them and defeated them completely.Afterwards he entered Peking and was elected a member of the parliament. 该书对裴廷藩的日文记载见581页。田原祯次郎（1862—1923），又名田原天南，著有《中国的研究》《清末民初中国官绅人名录》等书，堪称日本较早的一位中国通。参见《日本人眼中的慈禧》/故宫出版社/2013，215页编后记。

101　其他将"裴"误刻成"斐"的书籍《清末民初中国官绅人名录》由田原天南主编，中国研究会1918年印行的一部日文书，台湾文海出版社1995影印。《最近官绅履历汇录》北京敷文社编印，1920年刊行，后收入台湾文海出版社1970年印行《近代中国史料丛刊》，为第一辑。该书对裴廷藩的记载见273页：裴廷藩，字宜丞，年四十二岁。陕西神木人。北京大学卒业。陕北安抚使、榆林道尹、众议院议员，本邑警备队长及保卫团长。《中华民国立法史》谢扶民编著，正中书局1937年出版发行。该书对裴廷藩的"裴"错见16页。后来将裴廷藩的"裴"错印为"斐"如《中华民国史事纪要（初稿）》/1920，82页；《中国近现代人物像传》/南京图书馆编/上海古籍出版社/2011，959页；《他们是怎样争权的》/文昊主编/中国文史出版社/2005，184页。

102 裴廷藩简介　见《20世纪中华人物名字号辞典》周家珍编著/北京法律出版社/2000，614页。

103 家庭不幸　参见高亮宇《裴廷藩生平概略》。对诗稿的赞美　见高亮宇《序裴廷藩〈退思堂诗稿〉》，载《退思堂诗稿》，7页。

104 裴廷藩自序　见《退思堂诗稿》，2页。

105 咏上洋野鸡　同上，93页。原有两首，其一诗云："两两三三手共携，看她头发与眉齐。要知此辈居何等，不是家鸡是野鸡。"

106 裴家债台高筑　参见裴诗《乙丑春，在京感怀十首（其二）》："十年辛苦客京华，高筑债台费转奢。壮志不因穷困减，傲霜窃愿比黄花。"载《退思堂诗稿》104页。

107 陕西边墙内外团练使裴廷藩呈报都督沿边地方利害情形文　见《最新行政文牍·第3册》/商务印书馆/1923，67—69页。

108 陕西边墙内外团练使裴廷藩呈请都督划河套东胜厅等处仍归秦治文　见《最新行政文牍·第3册》/商务印书馆/1923，30—32页。

109 裴君廷藩之时局谈　见1917年1月8日《顺天时报》（4693号）。

110 裴廷藩声明与陕事无关　见中华民国十年九月廿五日即辛酉年八月廿四日《顺天时报》第6333号（七）。

111 来函更正　见中华民国十年九月廿四日即辛酉年八月廿三日《顺天时报》第6332号（七）。

112 旅沪国会议员何陶等致吴景濂、褚辅成函　见《近代史资料·总42号》/中国社会科学院近代史研究所近代史资料编辑部编/知识产权出版社/2006，100—101页。

113 与吴景濂复何陶等旅沪国会议员函　见《褚辅成文存》/嘉兴市政协学习和文史资料委员会编/中国文史出版社/2011，86—87页。

韩寿萱/

中国第一位博物馆教育家

有一本小小的纪念册，为一个女孩随身携带珍藏六十年。这位小姑娘，就是民国著名学者、作家陈西滢和著名女作家凌叔华夫妇的小女儿陈小滢。纪念册中的赠言和寄语，一小部分出于她的同龄人，其余大多则来自父执，其中不乏一代文化精英。2012年由商务印书馆编选刊行的《乐山纪念册（1936—1946）》完整地收录了这些赠语。其中，一幅硬笔题字，格外吸引笔者注意。[1]

猛进中的青年

韩寿萱敬题

在题词图片的右边，有一段说明文字：

韩寿萱（1899—1974），中国博物馆学家。字蔚生。陕西神木人。1930年毕业于北京大学。1931年留学美国，获博物馆学硕士学位。1947年回国，任北京大学教授。他一生主要从事博物馆学与文物藏品保管的研究和教学工作。[2]

韩寿萱（图7-1）在故乡鲜为人知，极少年事已高的文史工作者说起他，也多是泛泛之谈。这些老者习惯以字称其为：韩蔚（yù）生。诚如他们称呼另一位神木籍革命先辈"刘文蔚（wèi）"为"刘文蔚（yù）"。晋方言普遍存在的异读现象，使得在声口相传的过程中，一些地方文献将"韩蔚生"记录成了"韩愈生"，虽有欠妥当，却也习惯成自然，并没有人去深究。[3]

不只在神木，在全国，韩寿萱的知名度也较为有限。博物馆学是一门偏冷的社会学科，这方面的专家，声名不可能像文学家那样，能在普罗大众之中也有广泛的传扬。韩寿萱的社会活动涉及领域较广，姓名踪迹零散地见诸许多时人如胡适、杨联陞、王重名、冯至、启功、夏鼐、陶行知、蒋彝的笔端，甚至竺可桢、常任侠的日记，季羡林年谱对他也有提及。[4]

图7-1　韩寿萱

来自小说家的怨言

沈先生的转业并不是十分突然，是逐渐完成的。北平解放前一年，北大成立了博物馆系，并设立了一个小小的博物馆。这个博物馆是在杨振声、沈从文等几位热心的教授的赞助下搞起来的，馆中的陈列品很多是沈先生从家里搬去的。历史博物馆成立以后，因与馆长很熟，时常跑去帮忙。后来就离开北大，干脆调过去了。[5]

现在，我们能轻易查找到的韩寿萱的一些资料，多和沈从文联系在一起。汪曾祺行文中所说的馆长，即韩寿萱。其时，汪是北平历史博物馆的职员，归韩寿萱领导，具体负责整理陈列、改良说明、导引参观，以及研究鉴定古器物事宜。[6]

抗战胜利后，西南联大解散，北大、清华、南开迁回平津复校。1946年7月，经傅斯年大力举荐，胡适卸任驻美大使，转任北京大学校长。胡在就任致辞中说抗日战争期间，虽做了几年驻美大使，甚感惭愧，没有替国家借过一文钱买过一支枪。[7]但是，他对再造北大踌躇满志。他广泛网罗各方人才，聘请许多后进有为的青年学者执教北大，韩寿萱即其中之一。[8]

身为韩寿萱的授业恩师，胡适给予了他无私而鼎力的关照。无论是在北平还是美国，韩都曾得到胡的热情帮持。[9]韩寿萱对胡适的提携深为感激，1947年胡适决定在北大增辟博物馆学专科，邀请他回母校效力，他毅然听从师命，放弃在美工作。

此时，内战已经全面爆发，国内政治、经济一团糟糕，生活也处于朝不保夕的境地，韩寿萱却遵照胡适的吩咐，剑及履及，有条不紊地做着开办博物馆学专科的前期准备工作。启程之前，韩寿萱就该事与胡适书信往来，向其提供了不少重要建议，而胡适也非常信任他，全权委托他一手操办。[10]

1948年2月，北京大学文学院博物馆专修科正式成立，以副教授韩寿萱为主任，聘请唐兰、裴文中、陈梦家、沈从文等兼任教授，设历史博物馆和自然博物馆等专业方向。博物馆学教育在中国最著名的北京大学立足，在国际上处于前沿水平。这是中国博物馆学教育的一个里程碑。[11]这一开创性的工作能顺利完成，除了胡适的倡导与重视，韩寿萱当然也功不可没。

在韩寿萱的主持下，北京大学还开始筹备博物馆，相关工作得到了诸多名流如作家沈从文、冯至、陈梦家，学者张充和等的支持，[12]尤其是沈从文，虽非筹委却非常卖力，与韩寿萱建立了密切的联系。沈将多年来搜罗到的一些具有历史或艺术价值的文物赠送给博物馆筹备处，并做了大量事务性工作，表现出莫大的激情。沈从文不仅本人热心，还动员语言学家周定一等人捐献文物。[13]几乎同时，一盆冷水从天而降，浇在了沈从文头上。香港的一份期刊，赫然有一篇郭沫若的文章《斥反动文艺》，剑指沈从文，称其为"桃红小生"，将之定性为"一直是有意识的作为反动派而活动着"。

以当时天翻地覆的社会变革背景，以郭沫若在文艺圈和政界的影响力，这对沈从文无疑是一记毁灭性的攻击。[14]但此时，沈从文对国家与个人前途依然满怀信心，认为"大局玄黄未定……一切终得变。从大处看发展，中国行将进入一个崭新时代，则无可怀疑"。[15]他拒绝北大校方当局送来的直飞台湾的机票。

和沈从文一样倾向于中国共产党而选择留下来的知识分子不在少数，如韩寿萱、朱光潜、杨振声等等。事实却并不如沈从文所设想的那般乐观。不久，北京大学的一些学生发起了猛烈的批判与攻击，校园里贴满了"打倒新月派、现代评论派、第三条路线的沈从文"的条幅。沈从文的精神世界彻底崩塌了，一度企图刎颈自杀，遇救后被送入精神病院。[16]

最终，北大副教授兼历史博物馆代馆长韩寿萱与国家文物局局长郑振铎对沈从文施以援手，将其从北大调往历史博物馆。[17]由此，1949年也成为了沈从文的一个重要的转折点。他的一生由此判然分成鲜明的两段：文学创作和文物研究。

沈从文在开始文学创作之前就对文物产生了浓厚的兴趣[18]，将他调往博物馆也不失为一种微妙的人事安排。郭沫若在政治上对的贬低一时很难消除，许多馆领导对他心存偏见，对他在文博专业方面的知识与才华也缺乏足够的了解，认为他的转行纯属是文人避风，在文物界"有他也五八，没他也四十"，以致他要一间办公房，都得不到批准[19]。

陈徒手先生认为，在那漫长的岁月里，难以从沈从文那里得到他对博物馆领导的意见，[20]此是事实。不过，后来沈从文针对当时许多人事都发表过牢骚太盛的看法。比如，在1978年的一封信中，他这样说：

我虽在馆中工作已卅年，始终对业务上待解决问题无发言权。陈乔馆长也相识了快三十年，可是事实上至今还像是彼此都缺少应有理解。他主持业务，情形和韩馆长实在差不太多，似乎至今还不明白做馆长业务应当如何才算尽职。或许在新情形下，别有难心苦衷，不得而知。他主持的业务可能和我认识的"业务"不是一件事，所以过去偶尔谈及业务，不到三句话，即连打哈欠，只得告别。[21]

1955年4月，博物馆书记张文教找沈从文谈话，让他检讨自己的工作；多年好友、业务馆长韩寿萱也告诉他，损失一张照片也是损失国家文物，有违宪法。沈从文不寒而栗，赶忙写信给韩寿萱做检讨，在信中他甚至不敢称呼韩的名字，而是改称"馆长"。[22]

沈从文对自己在工作方面的过错进行了反思，也谈及馆中所存在的一些问题，并请求安排他从事纺织物方面的研究。

馆长，实在可惜！因为这工作并不好搞，我既摸了过万种丝绸，又有些比较杂的文物知识，这一点能让我放手搞，不知道要节省年青人多少走弯路的浪费！不知可以帮其他方面多少忙！同时，也不知还可以为国家保留多少有用材料！即由于大家彼此认识不同，你又缺少向局中去说一句话的担当，工作也可能就那么搁置下去了。[23]

这封信写好以后，一直压放着没有投送。

　　沈从文对韩寿萱颇多微词，觉得在：政治上有压力，学术，业务理念得不到认可。这些事汇聚在一起，让他很长时间里难以释怀。

　　1974年2月，沈从文给张兆和写信（图7-2），絮絮叨叨，谈及在"文革"中相比冰心、巴金、韩寿萱、唐兰，自己相对幸运许多，并没有受到太大冲击。并且表示"为了你，为了孩子，我充满了勇气和信心"。另外，还动用很大的篇幅回忆之前张兆和并不知情的他工作上的一些事务。[24]

　　我在午门工作时，不是老×总说我"不安心学习，不安心工作。终日玩玩花花朵朵，只是个人爱好，一天不知干些什么事！"还作为鉴定，向局中上交。郑振铎、王冶秋当然不听。他说的倒像真话，充分反映了他的水平，因为至今还不知我在干什么。他真正担心处，是十分敏感的，不必要的聪敏，怕我有一天要占他的位置。多愚蠢的想法！可这又正是典型"齐人"的必然。所以曾经故意要一个学生（你通通不知道），有意恐吓我，在隔房说："凡是馆中人向局里乱谈馆中事情的，就是'越级'。"我明白那时"越级"二字的严重性，就是反

图7-2　沈从文和张兆和

领导。[25]

　　这封信收录在《沈从文全集》，对所涉及的人名做了一些处理。信中的"老×"即韩寿萱，李扬所著《沈从文的家园》对此没有刻意回避。[26]在此，有必要提及《北大岁月》一书中有关韩寿萱的一个片段：

　　韩先生说，他回国时曾向一个中国通的外国朋友询问中国不好的原因，那个朋友回答说：你们中国人太聪明了。因此，韩先生劝同学们学习傻的精神。[27]

　　在信中，沈从文通常以"我们前院那一位"或"邻居"之类模糊的称谓来代指韩寿萱：

　　你想想看，以我们前院那一位来领导业务，那能明白什么是研究，谁又买他的账？[28]

　　前院老韩等大致也将以在家养息为主。[29]

　　可是邻居知道的，还只是我不会占他那个位子，放了心。或许是他在美同学冀朝鼎（是党有意派去之一人，另二人是乔冠华、杨刚）露了点什么"风"，听到了某某人，说了我的好话，为邻居知道了，于是一阵子又忽然对我格外亲热问寒问暖起来。[30]

　　沈从文自述经见既多，对于这些有失公正的待遇，全然没往心里去，还是甘当一个"无名小卒"，做热情尽职的讲解员。[31]更加难能可贵的是，当韩寿萱落难时，他努力阻止伤害扩大化：

卅六个人还包括他学生等等，写信要上报公开反对他。³²

"卅六天罡"把逐韩公开信要送《人民日报》（拟好，由一个姓李的动笔），请我签名时，我不仅拒绝，还极力劝说不能上报。无形中挽救了不少人！³³

1974年11月23日，韩寿萱因心肌梗死病逝于北京。同年12月，沈从文致信单位的一位后学：

（韩）把我买来的，内中有汉《艺文志》提及的"望云气说"古代抄本兵书，以为迷信物，放在特开的"废品展览会"存心糟蹋我。我一切全用个微笑回答，总是个不在乎。同时近十个教授级研究员，都在办公室围炉烤火坐而论道时，我就一切无所谓这么学习下去，不仅懂了文物，同时也懂了人，取舍之不同，真如古诗所说"巢许让天下，商贾争一钱"，相去悬远。³⁴

该信还特别提到他丰富的文物"常识"使一位日本漆器专家深深折服。这也是让沈从文引以为"廿六年来最高兴的一件事"，因为于他而言，学术上的交流过从也是战场³⁵。信中沈从文还讲了一件"我们吃过鳖"的外宾的参观往事：

日本帝室博物馆长，作特别代表来参观，照规矩，座谈时，主要发言归代表团长和我们馆领导韩寿萱（专家提问题我才能回答）。那位八十岁的馆长见所答非所问，最后却在客气中充满轻视神情，问老韩："你是干什么的？"我们这一位业务领导谄媚媚地笑着回答："我们是同行，我们是同行！"于是座谈结束。在座的馆中还有几个

同志，似乎都无感觉，他自己也无感觉，可气死了我！国家博物馆的负责人，怎么能这么丢脸！ [36]

文人独有的敏感气质，加之联想起近百年来中国所遭受的来自列强的屈辱，这一切使得沈从文在普通的学术交流中，都可以轻易而灵敏地嗅到敌意与火药味：

我们近百年来，被日本侵略，和别的国家的侵略，重要文物也因之盗去不少。八年抗战，我们死去了两千多万人，更有机会被盗抢了大量文物……他们搞中国文物研究，似乎占先了一着。……其实一到主席来领导国家，定下了个文物保护政策，从极普通常识出发也看得出，很快我们就会赶过世界上所有的什么"东方文化专家"。新的任何一回发现，就会惊得这些"专家"目瞪口呆。有百万千万新材料在手边，这"文化仗"还不好打吗？ [37]

这也就是，何以沈从文在历史博物馆是那么的苦闷、伤感、孤独、彷徨无依，遭受刁难与冷遇，仍然钉着不动不愿离开的重要原因。在这里，他意识到了自己的价值，且在一定程度上加以了实现。当他辗转听到那位日本瓷器专家对他的钦佩之情时，竟然高兴得如同一个孩子，像是打乒乓球打了个全胜一样，认为总算是替韩寿萱报了一回仇。[38]同一封信中沈从文又说：

我或许照他另外一时说的，我有点神经病，还说不多不少……总是希望从种种方面造成一种气氛或压力，让我即早离开，可是我就偏不离开。除了求作到"及格说明员"，再进一步才作个名实相副的"研究员"。 [39]

陈徒手《历史瘦弱的背影：午门城下的沈从文》一文，并未将沈在博物馆的冷遇加诸韩寿萱名下，倒是指出对沈采取"冷处理"的主要是王冶秋、张文教等人[40]。

韩寿萱先生为人治事到底如何？曾担任中央文化部文物局博物馆处处长的于坚在文章中谈到历史博物馆的由来以及对韩寿萱的印象：

北平历史博物馆（今中国历史博物馆）：1912年，中华民国成立第一年，由教育总长蔡元培提议，社会教育司科长周树人（鲁迅）经手，于当年7月成立历史博物馆筹备处，是我国最早筹备的、公立的公共博物馆。馆址在国子监，后移至故宫的午门、端门，以两侧房舍为馆址，以午门上城楼及西侧亭庑为陈列室。

当时，暂由北京大学代管，馆长由北京大学博物馆专修科主任、博物馆学家韩寿萱兼任。韩留美多年，在美国纽约大都会博物馆工作近十年，1947年归国，无党无派，倾向进步，热爱博物馆事业。馆藏珍品为避日寇，也于1933年南迁去大后方，时滞南京未归。馆内尚藏有文物四万余件，全馆职工20人在馆长领导下坚守岗位，闭馆等待北平解放和接管。

韩寿萱馆长不高不矮，不胖不瘦，戴着一双大镜片的眼镜，见人总是微笑着，平易近人，和蔼可亲，虽然留美十多年，但身上看不出有什么"洋气"。他哭丧着脸对我说："拨给馆里的每月行政费还不够买邮票的。"[41]

无党无派的说法并不准确。1924年，韩寿萱尚在山西汾阳铭义中学读书，已是一个十足的革命青年，也是在那里，韩寿萱遇到了他生命旅程中的两个重要人物：恒慕义与冯家昇。

1924年秋，社青团太原地委派神木籍太原中学学生蔡雪村（又名蔡振德）来汾阳开展团组织工作。蔡到达汾阳以后，发展了汾阳基督教青年会干事武子程、铭义中学高二学生韩寿萱为社青团团员，并指示他们进一步发展团员，以建立团组织。[42]韩寿萱表现积极，于次年即加入中国共产党，为汾阳最早的中共党员之一，1925年"五卅惨案"发生后，铭中同学上街游行示威，韩当选沪案后援会主席，带头上街检查仇货（日货），并于同年10月起至1926年8月担任中共汾阳特别支部书记。[43]

1926年考入北京大学中文系以后，韩寿萱在政治思想方面已经更加成熟，一直在北大地下党与千家驹等秘密开展革命工作。[44]1929年，中共北平市委书记张友清被捕入狱。韩寿萱为营救这位日后职居中共八路军北方局秘书长的乡党同志早日出狱，大力奔走呼告，从而被狱中的同志称为"及时雨"。[45]

在韩寿萱担任北大地下党支部书记期间，通过他可以联系到许多在津京地区活动的革命党人。[46]不可思议的是，他竟然在大学毕业时（1930年）和党组织失去了联系。如果发生在1931年出国以后还好解释，偏偏这时则殊难理解。[47]

与党组织失联时，韩寿萱尚在国内北京慕贞中学教书。这已经不是他第一次走进桃李杏园。在铭义中学毕业以后，他就曾在家乡短暂地执过教鞭，北大攻读期间，他还代课北京慕贞女子中学，这一切皆因家境衰困，出于求生起见。为了多赚外快，他一度还兼职《大公报》副刊编辑。

所有的努力，显示出了韩寿萱对学业的无比珍重。据曾任我国驻丹麦大使、韩寿萱的同学王森回忆，早在1926年，铭义中学校长恒慕义牧师就许诺韩寿萱，只要他专心学业，教会将负责其在大学的全部学杂食宿费，且于大学毕业后每年还会继续支助他1200大洋用于赴美留学。韩寿萱便一心扑在书本中，无暇进行革命了。[48]

在美国的交游

1931年，韩寿萱远涉重洋，赴美留学。以他贫寒的家境，得之机会实属不易。这除了天赋与勤奋外，还与他的北大恩师胡适（图7-3）有着莫大的关系。

胡适与门墙弟子多保持着亦师亦友的亲密关系。他天生具有一种"磁性人格"，每到一地，总能交到许多朋友，上至总统主席，下至贩夫走卒。[49]《胡适遗稿及秘藏书信》收有近千人致胡适的书信5400余通，为我们提供了这方面的确信力，与其鱼雁往来者，几乎涵盖了民国时期各行各业的领衔人物。[50]

胡适具有前瞻敏锐的文史意识，细心保存了大量音邮与文件。若非如此，今天我们恐怕看不到皇皇巨著《胡适遗稿及秘藏书信》，更不可能读到韩寿萱写给他的六封手札。甚至，让人稍感意外的是，他还保存了陶孟和致韩寿萱的一通信笺。

韩寿萱写给胡适的信（图7-4），涉及内容较广。信末虽只标注了月日，仍可根据内容判定其年份。第一封时在1931年抵美不久，韩报告离京行程所见，问询胡适近况，确认胡是否将任课耶律大学。第二封写于胡适1937年欧游之前，主要致谢胡帮助争取基金资助一事。第三封内容大略是1946年胡适出任北大校长以后，有意延聘韩寿萱回国任教，韩对这一好意表示极愿接受，顺便提了些许要求。第四封为1947年韩寿萱谨遵师命初拟《北大博物馆计划草案》，请胡过目，其中韩提出创办博物馆的宗旨乃是"为长远计，为二三百年以后的学生着想"。还表示回国后，除了可胜任博物馆学各科的教学以外，亦可讲授中国美术史。第五封的起因是1946年初胡适推荐韩寿萱至联合国博物馆工作一事，数月未有着落，韩于是专函恳请玉成其事。此外，报告了自己近来遍历全美博物馆。最后，对胡的健康表达了关切。第六封是为治疗冯家昇的精神疾病而出谋划策。结合冯家昇1948年致胡

图7-3　胡适

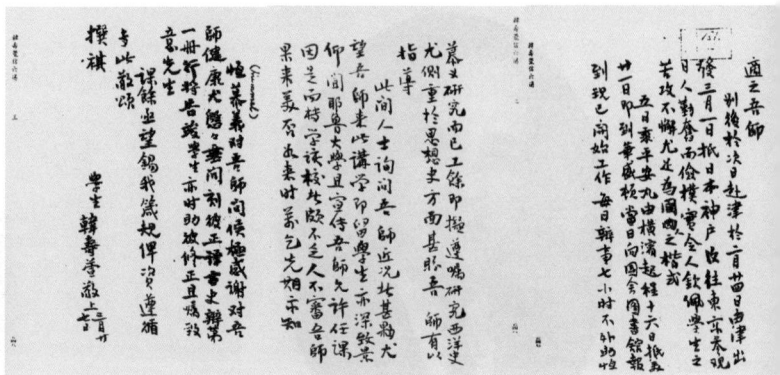

图7-4　1931年韩寿萱致胡适信

适信以及韩在信中所说可以初步判断，维时应在1947年韩归来以后，其中尤以1948年的可能性较大。[51]

1938—1942年间，胡适担任中华民国驻美国特命全权大使，卸任后的1942—1946年间，胡又旅居纽约，也就是说1938—1946年这段时间，韩寿萱与胡适大约是用不着书信往来的，因为他们几乎同处一地。

现在公开的韩寿萱致胡适的这六封信，所涉及的人物计有：恒慕义（图7-5）、傅斯年（孟真）、胡先晋、陶孟和、全汉升、赫胥黎、陈通伯（陈西滢）、冯先生（冯家昇）、王有三（王重民）等十数位，多为韩寿萱的师友，也都是名重一时的大学者，皆在相关领域获有杰出的造就。[52]

恒慕义（Hummel Arthur William1884—1975），美国牧师，著名汉学家。1915年来山西汾阳传教，任教会附属中学铭义中学校长。1924年，任教燕京大学，与胡适、顾颉刚、冯友兰、蒋梦麟等中国学者交谊深厚。1927年归国出任美国国会图书馆中文部（很快改名为东方部）首任主任，为该馆有史以来第一位全职的中文专家，[53]任职期间多次来京购书，从而使国会图书馆的中文藏书由十万册增至近三十万

图7-5　恒慕义

册。[54]由于编目整理工作量巨大，恒慕义就聘请了一批中国青年学者协助他工作，其中比较知名的有韩寿萱、王重民、邓嗣禹、吴光清等。[55]恒慕义在学术研究方面同样成就斐然，所主编《清代名人传略（1644—1912）》一书影响巨大，胡适作序盛赞。[56]

　　韩寿萱在信中尊称这些人为先生，甚至密切如王重民者也不例外，这是彼时的风雅。论年齿，陈通伯仅长他三岁，却是名副其实的先生。1922年陈已是北大教授，而韩在1926年才入学北大。

　　1946年，陈通伯、赫胥黎均在联合国教科文组织任事。陈通伯是以一本《西滢闲话》就足以跻身中国现代散文大家之列的陈西滢，那个颇为鲁迅所痛恨的"落水狗"。他曾求学英国，获博士学位。1922年，应蔡元培的邀请任北京大学外文系教授、系主任。1927年，由胡适介绍与凌淑华结婚。1946年，经胡适推荐，任国民党政府常驻法国巴黎联合国教科文组织首席代表。[57]至于赫胥黎·朱利安（Julian Huxley），则是英国著名生物学家，也是世界名著《美丽新世界》一书作者阿道斯·伦纳德·赫胥黎（AldouS Leonard Huxley）的哥哥，在1946—1948年间任联合国教科文组织总干事。[58]

胡适四海名士无所不交,大有"天下谁人不识君"的广泛知名度,相比于和陈西滢的熟络,和赫胥黎·朱利安的联系貌似较为疏远,这完全可从韩寿萱在信中向他提供了赫胥黎的地址而看出。[59]

胡适大力举荐韩寿萱,韩也对此差事非常向往,说"联合国博物馆工作既可得经验,又可赴欧参观实最好之教育机会"。[60]不久胡适便对他的前途另有安排,那就是回北大创办博物馆系。

回国之前,韩寿萱已具有博物馆学方面相当丰富的教育背景与从业经验,他所学即博物馆教育专业(表7-1),硕士毕业之后,又供职全球十大著名博物馆之一的纽约大都会博物馆(The Metropolitan Museum of Art)近十年。

表7-1 陕西省留学欧美公自费生一览表(1938年7月30日造)

国别	姓名	籍贯	研习学校	所学科目	费别	入学及补费时期	呈报毕业年月	入学后已满时期	留学证号数	备注
美国	李国桢	渭南	农业机械学院	农艺系	公	1936.7发费,9月入学	1940.9	不足二年	未报	
	王德崇	高陵	哥伦比亚大学教育学院	教育学	公	同前	同前	同前	674	
	杨汝金	宜君	美利坚大学	市政学	自	1932.9入学;1933.9补费	1937.9	将及六足年	美字529	该生原为补助费生,因已届毕业,费依期截止,已改为自费生
	韩寿萱	神木	哥伦比亚大学师范研究院	农村教育	自	1934.9入学并补费	1936.9	将满四足年	未报	同前
	白树堂	榆林	华盛顿大学	农村经济	自	1936.9入学	预定1939.9毕业	不足二年	1257	
	刘德敬	三原	麦迪逊大学	农科	自	1934.9入学	预定七年	将满四年	1335	

续表

国别	姓名	籍贯	研习学校	所学科目	费别	入学及补费时期	呈报毕业年月	入学后已满时期	留学证号数	备注
德国	刘美荫	洋县	卡成工科大学	电机科	补	1933.11入学，1934.1补费	1938.4	将满五足年	未报	该生至本年四月领费已满规定四年，费即依期停发
	张善钧	华县	明星大学	眼科	补	1935.11入学，1935.7补费	1939.6	至本年11月即满足三年	7480	
	白荫元	榆林	明星大学	林科	公	1936.7发费，1936.10入学	1940.10	不足二年	未报	
	贺邦墉	韩城	柏林大学高等工业学院	水利工程科	补	1935.4入学，1935.7补费	1937.10转德后报称1939.12完毕	留学已满足三年	1464	该生所报1939年完毕，未经该核证明，尚未核准
英国	吴之杰	神木	伦敦大学	经济科	补	1935.6入学，1934.7补费	未报	留学已满四年	未报	该生已回国，现在补助费经停发
	王崇素	蓝田	伦敦大学	电机工程	公	1936.7发费，1936.10入学	1940.9	不足二年	公字676	
	杨觉天	南郑	牛津大学	农村经济	公	1937.1入学，1936.10发费	1941毕业	不足一年半	公字721	
	岳劼毅	长安	帝国学院	航空工程	自	1936.10入学	预定1939.10	不足二年	1809	
法国	王富祖	三原	巴黎大学	法科	补	1932.11入学，1933.8补费	未报	将及六足年	未报	该生补费已满规定四年，本年一月停发
	王启贤	三原	葛城大学	电机科	补	1934.10入学，1935.2补费	1938.8	将满足四年	未报	
	袁葆华	醴泉	中央无线电学校	无线电科	补	1934.10入学，1935.2补费	未报	将满足四年	未报	
丹麦	甄瑞麟	麟游	国际民众教育学院	民众教育	补	1936.2入学1936.5补费	1939.12	不足一年半	15672	

1.凡未呈报毕业时期而已知自行回国者均未填列。2.留美生杨汝金、韩寿萱、刘德敬，留德生刘美荫、贺邦墉、留法生王富祖、王启贤、袁葆华等八名出国留学已满足三年以上，由厅按照限制留学暂行办法，于七月二十二日函请各驻外使馆饬令于本年九月以前回国。3.本省留学章程规定，除公费生定有回国川资外，所有补助费及自费生均无发给川资规定。4.已报呈毕业而已发给回国川资者亦未列入。5.未经呈准本厅核发任何费用之自费生无从调查，故未列入。

1936年"双十二事变"的发生，直接影响到了陕西在外公费留学生补贴的发放。1937年2月，韩寿萱与老乡杨汝金联名致函教育部：

自西安发生事变以来，生等留学费用直接即受影响，惟身处异国，举目无亲。今事变不幸延长，则生等生活即成问题，除恩驻美大使馆将生等姓名费额，即日电呈钧部外，特函呼吁请予设法救济，俾生等安心学业，无任盼切之至，肃此，敬上。[61]

不久，国共两党达成协议，抗日统一战线初步形成，蒋介石囚张逐杨。1937年5月，杨虎城迫于蒋介石命令，前往欧美考察[62]，7月底至纽约，次日中国驻纽约总领事通知在哥伦比亚大学读书的韩寿萱与另外两位陕西学子一起去杨将军下榻的酒店访问会晤。

其间由冀朝鼎负责接洽纽约华侨举行欢迎杨虎城将军访美大会。随后，哥伦比亚大学中国学生邀请杨先生讲演，提问环节，有人以西安事变责难杨虎城，多亏韩寿萱等人解围。拥护着杨将军撤离会场后，他们又偕游一百零五层的摩天大楼，一直上到最高层，并在上边共进晚餐合影留念。据唐得源写于1979年的回忆文章，那一天杨先生兴致极好，谈笑风生。

杨将军在纽约的六天时间里，韩寿萱、唐得源等陪同他游览了格兰特墓以及百老汇大街，并参观了一些超级市场。其间，杨虎城曾让秘书传达了一些国内的抗日信息，并询问他们英文报纸上的相关消息。杨很惊讶纽约竟然随处可见中餐馆，又问及贫民窟，韩寿萱等三人所知无多，因为他们都没有去过。

可能正是杨虎城对贫民窟所表现出的兴趣，促使韩寿萱以后进行了实地走访。1950年10月，抗美援朝爆发，11月17日，《人民日报》第三版发表时任北大教授韩寿萱的文章《纽约贫民窟居住的实况》（图7-6）。该文对纽约贫民窟情形介绍颇详，旨在揭露"美帝国以民

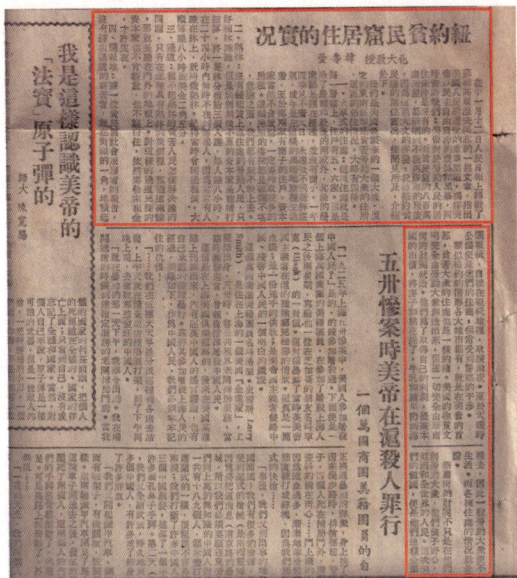

图7-6　《人民日报》刊登韩寿萱文章

主自由自夸的虚伪和黑幕，同时告诉我们美帝对于劳动人民的居住条件是没有的"。

韩、杨之交最早可追溯到1931年，当时韩寿萱出国留学，杨将军予以慷慨支助。[63]杨虎城离开纽约前夕，韩寿萱等人建议他到欧洲以后多游览一些地方，并且为了人身安全起见，最好是在时机比较成熟的时候，再动身回国。杨表示，前方将士正在流血，他实在无心游山玩水。分别在即，韩寿萱他们将杨虎城一直送上轮船，其头等舱位房间里的设备之豪华之完备，着实震惊了这三个贫穷的留学生。写字台、沙发、洗澡间，应有尽有，进到里边，就好像是置身于高级酒店房间。这对只能搭乘三等舱的韩寿萱等人来说，简直是见所未见的。杨离开不久，他的夫人和儿子到了纽约，韩寿萱等陕西老乡又参加了接待陪同。

类似这样偶尔的一些新鲜事情并不常有，韩寿萱在美平日里的生活是极其乏味的，没有丝毫波澜。特别是抵美初期，空气中总有一股难以排遣的孤寂的思乡之情。如何抵抗由此而产生的空虚？他在给胡适的信中说，工作之外他打算按照胡的建议开始从事学术研究：

> 每日办事七小时，不外助恒慕义研究而已。工余即拟遵嘱研究西
> 洋史，尤侧重于思想史方面，甚盼吾师有以指导。[64]

韩寿萱在美的学术研究成果并不像他的友人王重民、冯家昇那么
丰富，以目前所见，他几乎没有什么论文著作问世，仅是在1943年，
与美国著名汉学家富路特合作撰写了《明实录》一文。另外，编写了
《四库全书》的中文提要，参与了由恒慕义主编的《清代名人传略》
项目。[65]

韩寿萱并未将自己封闭于繁忙单调的学业与工作，他加入了仁
社，并和社员保持着密切联系。1937年，仁社美国分社何培元《美国
分社同仁近讯》中提到韩寿萱：

> 老韩硕士学位于寒假完成，近应Metropolitan Museum之聘，定于
> 下星期前往，老韩藉此可转学哥大教育学院，再行深造，华盛顿支社
> 失此一员健将，损色不少。

1940年，韩寿萱也曾为仁社南京总出版的《仁社通讯录》撰写《美
国分社近讯》。[66]

历来时间并非治愈孤寂的良药，只有朋侣往来可以稍稍纾解。截
至1947年，杨联陞已经在美6年有余。该年2月21日，他致信胡适，不
可避免地说到了游学异国的孤单。

> 美术馆的陈设虽有更动，远东方面可没有变化。走过韩寿萱办公
> 的那一区那个楼梯，又有凤去楼空之感。韩寿萱、冯家昇、王重民都
> 回去了。谈学问的朋友越来越少。[67]

这种入骨的疏离与寂寞，在祖国天翻地覆强大的诱惑下，变得特别难以忍受。正如杨诗所言"买舟归客正连翩，佣笔无须论执贤。强慰闺人夸远志，应知异国误华年。"[68]中华人民共和国成立前后，大批赴美中国史家相继回国。

杨联陞（图7-7）信中提到的这几位朋辈，以韩寿萱年龄最长，他与冯家昇（图7-8）、王重民（图7-9）均出生于1900年左右。年龄最小的杨联陞生于1914年，比韩整整小了15岁，所取得的成就却一点都不容小觑。杨于1940年赴美留学，1942年获哈佛大学硕士学位，1946年完成《晋书食货志译注》，获博士学位。后留在哈佛远东语文系执教，誉满海内外，有"汉学界第一人"之美誉。[69]

在美国，杨联陞与他们几个人，时相盘桓，切磋交流。如今朋友既走，伤感不可化解。曾几何时，大家在一起海阔天空，多么温馨。在胡适担任国民政府驻美大使期间，这些门生弟子，隔三岔五结伴去拜访请益胡先生，生活并不觉得无聊。

1942年9月，胡适辞去驻美大使职务，移居纽约，从事学术研究。1943年1月应聘为美国国会图书馆东方部名誉顾问。该年1月1日，他在日记中说：

图7-7　杨联陞　　　　图7-8　冯家昇　　　　图7-9　王重民（1936年）

与Rily午饭；朱士嘉来谈；北大同学胡先晋、王毓铨、韩寿萱、张孟休来谈。[70]

同年12月17日，是胡适的五十三岁生日，韩寿萱与一些北大同学相约为胡适庆生。适之先生爱书，他们就联合出资购买了一套小说赠予尊师，并在书的扉页题记：

敬为
　　适之先生五十晋三寿辰纪念
后学
　　王毓铨、刘修业、胡先晋、朱士嘉、傅安、吴光清
　　王重民、尤桐、韩寿萱、陈鸿舜、胡敦元、冯家昇
　　　　　　　　　　　　　　　　　　　　仝祝
　　　　　　　　　　　　　　　　卅二年十二月十七日[71]

1944年12月12日，将近五十四岁生日时，胡适自己买了一些小说庆祝，并提及去年所收到的生日礼物。

五十三岁生日，纽约与华盛顿的朋友们朱士嘉、王重民、冯家昇、吴光清、韩寿萱、张伯训、陈鸿舜诸位先生买了九册司各特的小说送给我。诸公的盛意可感，我当继续买全"人人丛书"的司各特小说，以作纪念。[72]

与其说王重民、冯家昇、韩寿萱去美归国是出于思乡心切的感召，毋宁说是胡适磁性人格魅力的吸引。1946年8月，韩寿萱在信中对胡适说"将来何时返校服务，何时可以效劳，一惟先生之命令

是听"[73]。9月，杨联陞写信亦说"胡先生叫我什么时候回去我就回去"。杨还在该信中逐一报告了在美诸位朋友的近况与行踪，其中提及韩寿萱和曾宪华的婚事（图7-10）。

八月二十一有两桩喜事：韩寿萱跟曾小姐（裘太太的妹妹）在裘家结婚，随即到纽约去了，听说房子还没找着。[74]

裘太太，即美国图书馆第一位华人馆长裘开明的夫人曾宪文，也即曾宪华的二姐。[75]此非韩寿萱首婚，赴美之前，他曾在家乡娶妻陕北名儒方镜堂的千金，并生儿育女。[76]

曾宪华毕业于北京大学，中华人民共和国后在河北北京师范学院（位于北京，前身是1902年创办的顺天府学堂，1949年更名为河北北

图7-10 韩寿萱与曾宪华新婚合影

京高级中学，1956年更名为河北北京师范学院）马列主义教研室工作过一段时间，后担任历史老师、教导处主任，负责教学工作。[77]

丈夫殁后，曾宪华为神木县政协（图7-11）提供过相关的文史资料《博物馆学家韩寿萱》，对于我们更进一步了解韩先生颇有帮助。然而，其中的错谬亦不容忽视。

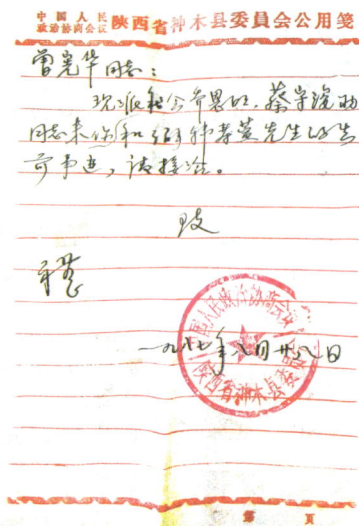

图7-11　神木政协派员采访曾宪华的介绍信

大学毕业后，韩寿萱先生在慕贞中学任教，由于他擅长英语和中文，被慕贞中学校长恒慕义推荐至美国留学深造。一九三一年，韩寿萱先生怀着"读万卷书，行万里路"的宏愿，远涉重洋，奔赴美国，分别在哥伦比亚大学、纽约大学研究院攻读博物馆学和教育学，获得硕士学位。后任美国华盛顿国会图书馆东方部中文编目员，纽约都市艺术博物馆远东部中国艺术副研究员。他精益求精的治学精神，作风严谨的工作态度，很受美国学术界人士的赞赏。[78]

虽无确凿证据显示韩寿萱得以留美是胡适的推荐，但似乎给予帮助的不仅仅是恒慕义。而且，目前缺乏实证资料说明恒慕义曾为北京慕贞中学校长。

回国以后的情况

1947年，韩寿萱义无反顾地选择回国，甚至放弃了博士论文答辩，很大程度上是遵从先生胡适的师命，但也不能完全排除其他的因素。例如美国汉学的边缘性与薄弱性，美国学界对华人学者的歧视，漂泊国外的无所归依的寂寞心境，以及强烈的民族使命感，新中国的吸引力与感召力。[79]

韩寿萱对回国做事充满激情，也对中国共产党寄予了莫大的希望，对新中国更是抱以无限信心。可是，国内形势大大超出了他的始料所及。在他赴美之前国内一片白色恐怖，及至足踏美利坚土地，又遇经济大萧条，在美整整16年后，归国面对的却又是内战的炮火纷飞。战争给人民的生活造成了极大的灾难。原本优游的教授生存状况急剧恶化，竟至要为一日三餐而发愁。

1948年5月，韩寿萱在北大、清华和北平研究院教职人员因为国民政府"拼命发行通货，促使物价狂涨，逼迫我们和饥饿挣扎，被死亡威胁，反面则取消原来配面的办法，使我们难以为生"而拟的抗议宣言上签名。同年10月28日，包括韩寿萱、沈从文、周作人、金克木、马坚、季羡林在内的北大82名教职在《致胡校长函》上签名，要求改善生活困境。

物价迫着我们不能不忍痛停教三日，兹将我们停教的宣言附呈，事非得已，尚祈鉴谅，为维持目前生活起见，我们要求学校在一周内借支薪津二月，以免冻馁至为盼切![80]

即便身处如此恶劣的生存环境，仍有人宁愿一死都要保持知识分子的高贵气节。抗日战争结束后，美国支持蒋介石发动内战，运来一批面粉，低价出售，救济水深火热中的国人，以收买民心。清华大学教授、著名散文作家、诗人、学者朱自清先生，宁愿自己和家人饿死填沟壑，也不愿领取美国救济粉苟活度日。饥饿加剧了朱先生的胃病，终于他在贫病交加中死去了。[81]毛泽东高度表扬，说他"表现了我们民族的英雄气概"，他的这种精神也为社会各界名流所景仰，其中韩寿萱致哀敬送挽联：

抱璞怀真，素位而行，械朴作民传雅化；

攀经论史，昭融有序，菁莪失仰痛斯人。[82]

在国共的尖锐斗争中，知识分子普遍政治化，且立场越来越分明。他们开始四处发表演说，在联合宣言上签名，逐渐走上政治舞台，就社会公共事务表达自己的见解。

1947年5月，胡适发起成立倾向于国民党的独立时论社，邀请韩寿萱加入，韩欣然慨诺。这个通过学缘（教育背景）而聚集起来的社群，由于知识分子的政治化而发生内部分化，未久不解而散。[83]

政治与学术交相感染。此种不合不仅是政治上的，也表现在了学术的理想前途上。胡适出任北大校长以后，开始雄心勃勃地设计"教育救国"方案。不断恶化的内战局势，以及随之而来的各种危机，将梦想击得粉碎，学术研究基本处于停顿状态。

1947年9月，胡适将"学术独立十年计划"拿到教授会上讨论，结果大家所谈所想皆是温饱问题。向达更是直言不讳："我们今天愁的是明天的生活，哪有工夫去想十年二十年的计划？十年二十年后，我们这些人都死完了！"这让胡适深受打击，觉得这样的校长简直没法再做了。[84]当生存都成问题，教授们更加无法保持纯粹的学者姿态，从而不可避免地卷入了政治斗争的旋涡。

韩寿萱在国外学习工作时日之久，与国民党及其政府基本没有什么直接联系，更谈不上会有多少感情。即使他与胡适的私交很好，也不会如同《独立时论》的核心成员那样坚定地站在国民党一方。何况，韩寿萱在中学就已加入中国共产党，虽然大学毕业后失去组织联系，但在感情上，毫无疑问地他是倾向于共产党的。在政治上，他已经与恩师胡适渐行渐远。中华人民共和国成立后，经九三学社发起人许德珩以及袁翰青的介绍，韩寿萱加入了九三学社，任九三学社中央常务委员和秘书长。[85]甚至，接二连三的政治运动，使得他不得不对曾经屡荷提携、尤为感激的先生胡适，发表一些言不由衷而有负知遇之恩的批评。[86]

1955年，九三学社北京沙滩区支社为动员社员同志积极参加学术讨论，批判学术研究中的资产阶级唯心主义思想，于11月21日下午举行扩大座谈会。到会的有楼邦彦、俞平伯、阴法鲁、廖可兑、张宗英、曾宪华、过祖源等同志，韩寿萱作为特邀人士参加。会上，俞平伯首先强烈地要求发言，说自己从事红学是从兴趣出发的，根本没有站在人民立场上从事研究；在观点方面，是沿胡适的道路用资产阶级的唯心主义的实验主义的方法，为考据而考据，这就自然而然走到了支离破碎、钻牛角尖的路上去。

韩寿萱在发言中指出，多年来，"北大"流传一种说法：胡适是政治上的白痴，学术上的能手。这说明很多人深受胡适反动思想毒素的影响。他安慰老朋友俞平伯，说自己如果做学术研究的话，一定也会犯同样的错误。最后，他表示决心参加此次学术讨论联系自己所学的专业批判资产阶级学术思想来改造自己。[87]

胡适选择了飞赴台湾，和他的不少门生，甚至儿子胡思杜分道扬镳。[88]韩寿萱等人坚定地留在了大陆。1949年解放军进入北京前夕，北大地下党投放给时任北大博物馆系主任兼北京历史博物馆馆长韩寿萱一份传单，略言：

素闻先生热心公务，致力社会事业极具声誉，因此我们希望当解放军即行进城的今天，能对亲友及所属员工详加说明解放军的城市政策，并希在过渡期间督率所属尽心保护一切机器、资材、档案、文卷，使不受任何破坏与损失。如能适当地达成任务，则不仅将受到应得的奖励，而且将为人民所拥戴，时机已经很紧迫，望共同努力以赴。[89]

韩寿萱没有辜负这份重托，积极寻求保护古城文物免于兵燹的办法与对策。1949年1月31日，北平和平解放。3月2日，北平军事管制委员会文化接管委员会派尹达、王冶秋接管北平历史博物馆，宣布韩寿萱留任馆长。同年10月1日，北平历史博物馆更名北京历史博物馆[90]，1959年并入新建的中国历史博物馆，国务院任命陈乔、任行健、韩寿萱、高岚四人为副馆长，陈乔为第一副馆长，主持全面工作。[91]自此以后，韩寿萱的工作似乎缺乏可圈可点之处。烦琐平凡的接待活动中，最值一提的是，1954年5月在故宫为毛泽东讲解"全国基本建设出土文物展览"。时人吴岩回忆：

一天下午，快要闭馆了，韩寿萱馆长忽然接到中南海的电话，请他独自留下，陪一位中央领导同志参观出土文物展览，作些解说。在晚霞的红光里登上午门城楼的，是毛主席。毛主席仔细地看着一件件的展品，透过文物看着历史。天渐渐暗下来。当时为了防止火警，故宫的任何宫殿都是不安装电灯的，陪同参观的人便给毛主席打着手电筒。毛主席听着解说，借着手电筒的白光，看祖国历史的长河重新在他眼前流过。第二天，晚霞映红午门时分，毛主席又在韩寿萱同志的陪同下参观着出土文物。看得天黑了，毛主席摸出两个橘子，一个自己吃，一个给韩馆长解渴。韩馆长舍不得吃，藏在口袋里，一直用手捂着它，他自己也不知道：究竟捂的是橘子还是自己的激动的心。据说韩馆长回家以后，连夜开了个家庭会议，商量着怎么吃才好。我不知道老韩同志一家子后来怎样把这橘子吃掉的，只记得文物局从这件事得到启示，从此把配合基本建设保护、发掘历史文物作为坚定不移的方针，并且开始训练考古发掘队伍，以保证这个方针切实贯彻执行。[92]

韩寿萱在博物馆学上的成就超过了他表面上的平淡，他的工作绝非像心生罅隙的沈从文所说的那样不堪。当他从美国回到母校北大，莘莘学子争睹这位博物馆专家、历史系新教授的风采，他开设的课目有：博物馆学、中国美术史、中国雕刻史、编目与陈列、中国美术史实习。[93]他带回来大量国内见所未见闻所未闻的幻灯片和世界美术图册，在教学实践中发挥了良好的效果，切实开阔了学子们的眼界。

由于具有专业的博物馆学理论知识和丰富的实践经验，韩寿萱对博物馆、博物馆学以及中国博物馆学专业教育都有深刻的认识。归国之初，即发表重要文献《中国博物馆展望》，洋洋洒洒，旁征博引，系统地阐述其博物馆学思想。他的理念影响渐深，多年以后，著名博物馆学家宋伯胤仍不忘其谆谆教导：

> 归根结底一句话，要使我国博物馆走上新的道路，必须从博物馆教学做起。[94]

从历史上看，韩寿萱并不是我国最早传播近代博物馆理论和实践的博物馆学家。在他之前，已有陈端志、费耕雨、曾昭燏等编著的博物馆概论一类专书。然而，他却是中国最早接受系统的博物馆学教育的学者，他也是第一个提出"博物馆教学"并且在高等学校办起"博物馆专修科"的专家，同时他是我国第一位名副其实的博物馆教育家。[95]

在一定程度上，韩寿萱似乎师承了恩师胡适敏锐的文献意识。1948年1月3日，由韩寿萱主持在故宫午门举办"海外文物展览"。在介绍展品时，他说：

> 搜集这些文物，须有远见和眼力。保藏和研究这些文物也要有长远计划和扎扎实实的根基。一个博物馆得为后几辈人或几十辈人筹划。

王重民先生也说了几句："敦煌遗物是1900年发现的。这一年，北平城里开始有了外国人的租界。今天韩先生主办这个展览会，会上展出的图片或文物，在当时或是司空见惯的，或是不为人所重视。如果没有卓识远见的人把他们收藏起来，并且进行研究，今天我们怎能在这里看到呢？……在这个时候举办这个展览更有意义，因为就在本周我们收回了东交民巷。"接着，韩寿萱环顾周围的同学，很风趣地问：

收回东交民巷的这一天的报纸，不知你们收藏了没有？没有，那让后人看什么呢？[96]

这种意识在1948年、1949年之交表现得尤为强烈。解放军兵临城下之际，傅作义守城部队用几百辆汽车拉来大批炮弹，摞了两米多高，一排排摆码在博物馆所在的故宫午门前广场，作为要挟。正当此时，更为凶险的情况发生了。一位"奉命"占据博物馆办公室的营长在要求"参观"仓库遭拒后，试图动枪强闯。千钧一发之际，馆长韩寿萱闻讯，致电故交、傅作义的城防司令方才化解了危机。[97]

那段时间，韩寿萱曾多次和故宫博物馆馆长马衡商量保护文物事宜。[98]并与梁思成、林徽因、徐悲鸿等文化名流致力于北平古城的保护。这些知识分子其实完全有条件选择离开，却义无反顾地留了下来，决心与这座城市共存亡[99]。

这种大无畏的担当精神在平时化为了眼力与识见。1949年7月，韩寿萱在得知山西文水县人民政府保存有敌人杀害刘胡兰的铡刀及毛泽东"生的伟大、死的光荣"的题词原件后，与军代表王冶秋联名致函文水县人民政府，请代为征集有关刘胡兰烈士的文献和实物。[100]

韩寿萱对具有教育性质的展览活动非常关心，总是不厌其烦地为从事展览活动的"及门弟子"讲授博物馆常识，并且手把手教他们怎样制订展览计划，怎样进行现场布置。他非常重视博物馆实习，学生可以不写论文，但是必须要有一项实习作业。[101]身为人师，他的关爱不仅表现在学业上，在生活中也无微不至，虽然他的讲学生涯为时甚短，却仍让人印象深刻。[102]

在家居邻里生活中，韩寿萱也总是为大家着想。以至多年之后，有人还记念着他的慈爱仁厚的长者风范：

在二十世纪五六十年代初期，电话还是凤毛麟角，只是一些领导同志和社会贤达才可能配给。那时我们院子就安了一部电话……每逢电话铃响，我们这些半大小子可高兴了，争抢着去接、去传电话。倘若遇到学校登记联系电话一类的事，我们更是要大声地报告自己的电话号码，就像是做了一件十分露脸的事。直到长大了才知道，这部电话是单位为韩寿萱伯伯配装的，本应装在韩家室内。韩寿萱伯伯考虑到院内住的都是本单位职工和家属，为方便他人，寿萱伯伯就把电话由室内改在室外，将桌机换成墙机，使为自己配装的电话成为一部大家集体使用的"公用电话"了。[103]

在文博业务理念上，沈从文着眼的经验，强调常识；韩寿萱则高瞻远瞩放眼大局，所重视的是思路与严谨。所处地位不同，导致二者识见迥异。[104]

中华人民共和国成立后，韩寿萱在历史博物馆工作，除了管理工作，积极参与学术文化活动。政治运动开始后，韩寿萱因留学脱党问题，屡遭冲击。"文化大革命"期间，被下放文化部湖北咸宁五七干校，但他积极乐观，常说："这点儿打击，比起在美国受到的歧视又能算什么呢？"1972年夏，抱病回京休养的韩寿萱，完成了近50万字的中国革命人物传记的英文翻译汉语工作（图7-12）。[105]

1974年11月23日下午，韩寿萱因心肌梗死病逝于北京医院。曾宪华遵其遗愿将其生前所藏图书1076种、4268册，悉数捐赠给中国历史博物馆（图7-13）。12月4日，在北京八宝山革命公墓举行追悼大会，文化名流严济慈、许德珩、茅以升、启功、胡厚宣、费孝通、沈从文、夏鼐、马非百等出席吊唁（图7-14）。[106]

韩寿萱先生践行了自己的信念，没有混事混饭浪费半生，为我国的博物馆事业做出了贡献。他在北大任教期间，搜集国内外大量资料，编写了许多教材讲义，为培养博物馆学专业人才奠定了基础。后来转事行政管理工作，想来是他人生中的一大遗憾。他世寿75岁，已逾古稀之年，却也稍显短暂，尤其是多居政治动荡的年代，因为形格势禁的缘故，而不能放手发挥他的学识，这也不能不令人扼腕。设若天假以年，韩先生活到"文革"结束以后，则也许会发挥更多余热，产生更加长远的影响。母校山西铭义中学对他的一生高度评价："热血之士，敢负天下兴亡大任；校之骄子，学识渊博淹贯古今。"[107]

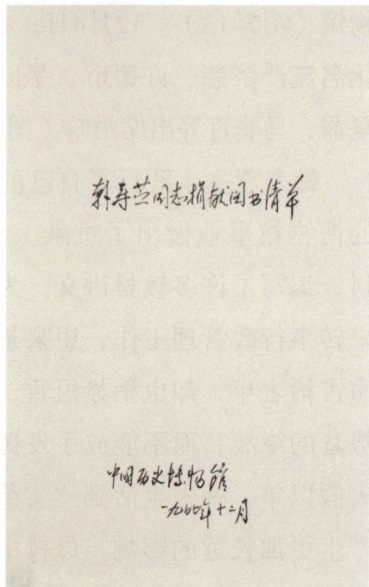

图7-12　韩寿萱晚年翻译手迹

图7-13　韩寿萱捐献图书清单封面

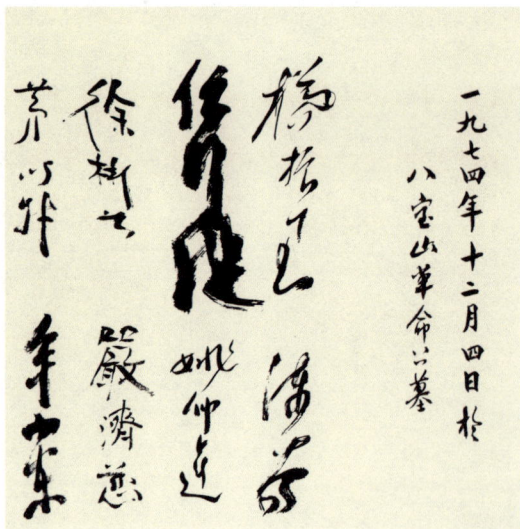

图7-14-2　韩寿萱追悼会出席者签名（局部）

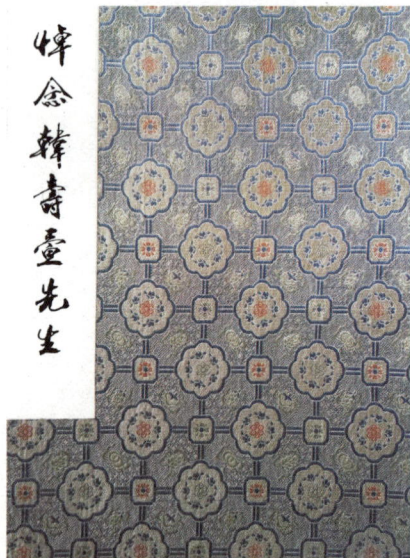

图7-14-1　韩寿萱追悼会签名册

韩寿萱致胡适信六通

1

适之吾师：

别后于次日赴津，于二月廿四日由津出发。三月一日抵日本神户，复往东京参观。日人勤奋而俭朴，实令人钦佩。学生之苦攻不懈，尤足为国人之楷式。

五日，乘车平安丸，由横滨起程，十六日抵美，廿一日即到华盛顿。当日向国会图书馆报到。现已开始工作，每日办事七小时，不外助恒慕义研究而已。工余即拟遵嘱研究西洋史，尤侧重于思想史方面，甚盼吾师有以指导。

此间人士询问吾师近况者甚夥，尤望吾师来此讲学。即留学生已深致景仰，闻耶鲁大学且宣传吾师允许任课，因是而转学该校者颇不乏人。不审吾师果来美否？如来时，万乞先期示知。

恒慕义对吾师问候极感谢，对吾师健康尤殷殷垂问，（此）刻彼正译《古史辨》第一册，行将告竣。学生亦时助彼修正，且嘱致意先生。

课余亟望赐我箴规，俾资遵循。专此敬颂撰祺！

学生韩寿萱敬上
三月廿七日

2

适之先生赐鉴：

奉手示敬悉一切，请求津贴事，承先生于万忙中为我斡旋，心感之至，此后当努力所学，尽心所事，以期副高谊于万一。至基金会，值国内百废待举，其负债繁重，自是实情实况，凡属文化界同人，胥能想见，其穷境也。兹于先生欧游之前，特申谢忱。并颂撰祺！

后学 韩寿萱 敬上
廿五日

3

适之先生赐鉴：

奉电告一切，兹将个人意见敬呈于下：

一、在先生领导下返母校服务，与先晋同学合办博物馆学，我对此事很愿接受。不过，此科是新办，可否由母校提出一点款，由我与先晋代置些书籍杂志诸照像幻灯片等，此事我认为必要，未审先生以为然否？

二、历史博物院是从新创办，易于做事，较入旧机关混事好得多矣。先生与孟真先生在董事会中更使我放心。但不知馆事长是谁，希望不是个官僚。还有，经费是否够我们苦干一番？美术是否在内？这些我要先和先生详谈一次，然后再下决定。总之，我是想返国做事，不愿混事混饭浪费半生。

不日即先通电,约时请教。专此先达,顺颂时绥!

受业韩寿萱敬上
十二月五日

4

适之校长赐鉴:

数月前在谈话中,先生曾令拟北大博物馆计划,兹拟定草案统上,敬请正是。古人说,办学校是百年之计,我们办博物馆要有更远的眼光,起码要为二三百年后的学生着想,使他们有实物研究,有实物作证,同时也可使文化的演进具体表现,真是件功德无量的事。可是,在中国现在情形之下,此等为远为久之计划,恐无人过问。幸先生于健康完全恢复之后,多为博物馆提倡,以开风气之先,则数百年后的学生真是拜赐无既矣。至于所能担任之课,除博物馆学各科外,中国美术史亦可负责,至于将来应何时到校,请先生于返校后早为示知是荷。专此敬颂健进!

受业韩寿萱敬上
三月一日

附:北大博物馆计划草案

北大博物馆在创设时期暂以中国历史文物为主。其次,设科学室,至于美术古物则逐渐收集,将来也设专室。

暂时的设备先设之陈列室

1.历史文物室,2.特别陈列室。此外,研究室、办公室、工作室及贮藏室各一而陈列。室以坐南朝北者最宜。至于馆内用具概拟仿造。馆内的职员,在创办期内,馆长由校长自兼,以资提倡,对各院系收集藏品亦易于着手。其下设副馆长一,编目员、科学助理员、照像师各一,校警、工人各一。

开始的办法，先将国学门图书馆及各院系之文物标本模型字物收集存贮于馆内，重新编目，依新法先陈列中国文物。

采集的范围

1.关于中国历史文物方面，先自近代开始，如旧式手工业的机器与其制造品。此外，如货币，家居，旧式兵器，以往衣冠，版画，织造，宗教法器，戏票，乐器，碑碣，飘瓦等皆可收集，新疆蒙古满洲苗族文物亦应征收。

2.科学的标本模型实物及照片亦应同时开始收集。

3.照像及幻灯片与摹拓影印等资料为比较研究上之必要资料，实大学博物馆应有之设备，应向国内外博物馆收集。关于博物馆学书籍杂志与其他应有之参考书，可与北平图书馆合力购买。

4.关于古物方面，将来由北大联合各文化机构协力发掘以增收藏，至于字画陶瓷等则可自近代开始收集。

5.关于西洋文物、美术，北大博物馆正式成立之后，可开始向国外博物馆征收。

此项之照像与仿本模型等经费的项别：

1.开办费，须先拨定。

2.永久费，除博物馆职员薪金外，应在学校经费项下规定每年之展览费及收集费，而收集费尤关重要。

一、收集的经过

一九四五年秋间，与陶孟和先生在纽约商谈，在欧美收中国古物照片事，陶先生即嘱草拟计划，设法筹款。即将收集计划与个人参观博物馆草案一并交付陶先生。至一九四六年初，由陶先生寄美金三千五百元，内一千元专作个人参观博物馆之费。余两千五百元，充收集中国古物照片与专书之用。当即于是年开始向美国博物馆选其精英，订买照片与其影印中国古物的专书，直至今年一月止，计收到照片约两千张，专书十二本，用款一千二百余元。余款本已带回，但被陶先生借去，充全汉升等之返国川资。顷接陶先生函，知此款已拨还驻美大使馆，并函傅安先生代为保管矣。

二、提议的办法

请校长函朱部长，请此项照像及专书和余款全拨北大博物馆。照片由馆整理，公之于众。余款则继续向欧洲博物馆订印中国古物照片，如此则北大博物馆可成国内研究古物的中心，且借校内教学之比较参考。幸为图之。

附注：账目收据均已理出，待交涉妥当后即向校长呈报账目。

5

适之校长赐鉴：

顷接南京友人函敬悉，先生已赴北平主持北大，窃为母校幸，为学界幸。惟先生甫行返国返校，万端待理，公私山集。千祈俯从，众愿重祝健康，良以先生关系天下仕林，非他人可比也。受业辱承不弃，屡荷提携，心时感之。联合国博物馆工作，既可得经验，又可赴欧参观，实最好之教育机会。承先生推荐，尤为感激，惟时间数月，赫胥黎先生尚未来函。顷接伦敦友人来函，云该缺尚空，如先生能函赫胥黎及陈通伯两先生，定能玉成其事，用敢冒昧奉牍敬恳。

先生向赫、陈两先生处说项，倘能实现，则他日稍有所成就，胥出所赐矣。

再者，近数月来，曾在纽约附近及美国中部参观。历地十四所，所参观之博物馆五十余，对博物馆教材收集尤多。惟加拿大方面因入境问题未能前往。而美国较进步之博物馆大都亲见，获益匪浅，将来何时返校服务，何时可以效劳，一惟先生之命令是听，赴汤蹈火均所不辞。学界全人均如常，时关切先生之健康。海天万里，神与墨俱。转肃敬颂著祺！

受业韩寿萱敬上

赫胥黎通讯处：（韩寿萱手书英文，卒难辨讯，故略去）

　　附启者：将来如所图事成，前所领路费，即如数奉还。

6

适之先生赐鉴：

　　今晚我们谈到冯先生的问题，因受业知他较久，知他的病情亦多，因此再将些一得之见献给先生。

　　（一）如在相谈时慨允对他的现在的事和他将来的安全负完全责任，担保无虞，便可免了他对北平研究院同人排挤他的忧虑，同时也可减少了他受侦探包围的畏惧心。

　　（二）先生如遇诸史学界的名人时，请他来作陪，但同时不要邀请任何我们一辈的及少壮派，他自可觉得光荣，恢复他自己的自信心，不至于常疑人轻视他，要开除他。

　　（三）先生如有事到北平研究院分些时间到他屋坐谈一次，也可使他的自尊心再行复原。

　　这是我一时想到的一些方剂，不知有用否？

　　在纽约市，先生的一封信曾给了他无限的安慰和愉快，他曾让好些朋友看，大引以为光荣，胜过许多神经病专家的医药。

　　这次我相信先生一定会成功，一定治好了许多专门大夫不能医治的病。

　　神经病深了的人是最可怜最可悯的人，他又是我自幼的一位好友，故敢向先生做一个难题的请求，请恕之，专此奉恩，即祝晚安。

受业韩寿萱敬上

十七日晚十二点

　　他的生活方面我与有三先生想为他改善一些，已代浩铁办矣。

【注释】

1 陈小滢珍藏纪念册　见高艳华《感动的包围之中（编后记）》，载《散落的珍珠：小滢的纪念册 》/陈小滢著/百花文艺出版社/ 2008，245—249页。

2 韩寿萱题词与简介　见《乐山纪念册 1936-1946 》/陈小滢、高艳华编著/商务印书馆/2012，358页。

3 韩愈生　见《汾阳县志》/刘锡仁、王希良主编/北京海潮出版社/1998，65页、563页、673页。

4 韩寿萱社交广泛　胡适提及韩寿萱　见《胡适全集·第33卷》/胡适著/安徽教育出版社/2003，473页，1943年1月1日日记：……Rily（赖利）同吃午饭。朱士嘉来谈。北大同学胡先晋、王毓铨、韩寿萱、张孟休来谈……590—591页，1946年6月5日，日记：……李国钦兄，胡敦元，韩寿萱也送我上船。船上有许多朋友候我告别。Virginia（弗吉尼亚）与Florence（弗洛伦斯）最后别去。下午三点半开船。此次留美国，凡八年八个月(Sept. 26, 1937到June5, 1946) 别了，美国！别了，纽约！675页，1948年1月5日日记：目前在Library of Congress（国会图书馆）的MissBon—chard（伯切德小姐）来谈，我邀她认识的王有三夫妇，韩寿萱与袁守和来吃茶。1945年9月6日，胡适致信王重民，说："《水经注》题诗在甲午二月中，毫无可疑。即题在初次进呈之清抄本之上。我另写了一篇'后记'与前二篇，均嘱韩寿萱带上，不知他已交到否？"见《胡适全集·第25卷》164页。1950年5月29日夜，胡适致信杨联陞，说："王毓铨来信，他现在午门历史博物馆做工，韩寿萱主持其事。王信上说，王有三与韩、冯三人请他夫妇吃饭。"见《胡适全集·第25卷》447页。杨联陞提及韩寿萱1947年2月21日，杨联陞致胡适，信中说："韩寿萱、冯家昇、王重民都回去了：谈学问的朋友越来越少。毓铨还在哥大念书，不过夫妇两个人一大部分时间都得放在孩子身上。富路特（Coodrich）回来了，可是我还没见他。"见《胡适来往书信选·下》/

中国社会科学院近代史研究所中华民国史研究室编/中华书局 /2013，943页。同年3月16日，杨联陞致胡适，信中说："美术馆的陈设虽有更动，远东方面可没有变化。走过韩寿萱办公的那一区那个楼梯，又有凤去楼空之感。据嗣禹说，他们夫妇俩跟冯家昇、王岷源两位都到了北平了。"见《胡适来往书信选·下》，948页。王重民提及韩寿萱 1946年3月1日，王重民致胡适信中说："袁先生（袁同礼，也即袁守和）第二计划是合组一研究部，后来他又致韩寿萱兄一信，说这研究部拟设在团城。但经费从何而来，研究部尚未确定，焉能先请美籍教授？"见《胡适来往书信选·下》，884页。冯至提及韩寿萱 见冯至《怀念北大图书馆》："一天，我在书房（北大图书馆）最上层一些未编目的书籍中见到一本德文《反杜林论》，我取下来翻阅时，里边掉下来一页信纸，是一个苏联人用德文写的。收信人的姓从拼音可断定是罗章龙。据说，罗章龙曾经是德文系早期的学生，是北大'马克思学说研究会'的成员。我认为这页信与马克思主义在中国的传播有关，把它交给当时讲授博物馆学并计划在北大建一个小型博物馆的韩教授（韩寿萱，陕西人，时为史学系副教授）后来博物馆的设想没有实现，韩教授也逝世了，那页信也不知下落如何了。"载《冯至全集》/冯至著/河北教育出版社/1999，80页。启功提及韩寿萱 见启功《故宫古代书画给我的眼福》："那时文献馆还增聘了几位专门委员：王之相先生翻译俄文老档，齐如山先生、马彦祥先生整理戏剧档案，韩寿萱先生指导文物陈列，每月各送六十元车马费。"载《启功论艺》/启功原著/2010，208页。夏鼐提及韩寿萱 见《夏鼐日记》/华东师范大学出版社/2011。1957年5月4日星期六记："上午郭沫若院长接见日本考古学访华视察团，陪见者有裴丽生秘书长、潘梓年主任、尹达、翦伯赞、杨钟健、唐兰、韩寿萱、王冶秋和我，谈至12时赴西长安街全聚德用膳，几瓶茅台酒，关野、杉村、杉原皆有醉意，到2时半始散。"见《夏鼐日记·卷5·1953—1958》，305页。1964年10月1日日记："今天为国庆15周年。上午与侯外庐同志同车赴中山公园，上西二台，遇及裴文中、韩寿萱、张玺等诸同志，游行10时开始，至12时始毕返家。"见《夏鼐日记· 卷7·1964—1975》，62页。同年10月13日日记："陪小野赴颐和园，至听鹂馆用午餐。乃由石舫侧租船返至知春亭，已2时余。赶进城，以与历史博物馆约好3时前往参观也，韩寿萱馆长在门口迎接，我乃返所。"见《夏鼐日记· 卷7 ·1964—1975》，65页。1965年10月5日星期二记："上午与韩寿萱副馆长通电话，到历史博物馆参观有波斯文铭刻的银碗及咸亨三年砖，遇到陈乔馆长。"见《夏鼐日记·卷7·1964—1975》，159—160页。1950年7月14日星期五记："下午阎文儒君来，偕往历史博物馆，晤及韩寿萱馆长及傅振伦君，至陈列室及储藏室，参观景县封氏墓出土各物及接收来之古物。"见《夏鼐日记·卷4·1946—1952》，310页。同年7月22日星期六日记："赴北大访汤锡予先生未遇，晤及韩寿萱君，参观其博物馆陈列室。又访曾昭抡先生。"见《夏鼐日记·卷4·1946—1952》，311页。1952年3月31日星期一日记："傍晚韩寿萱君来商谈展览会事。"见《夏鼐日记·卷4·1946—1952》，474页。同年9月5日星期五日记："下午偕苏君（苏秉琦）至北大开会，为专业事也，教育部派滕君出席，社管局有郑局长与裴文中、张葱玉二处长，北大则为郑毅生主任，向觉明、韩寿萱二教授，谈至5时许始完毕。"见《夏鼐日记·卷4·1946—1952》，504—505页。1959年2月21日星期六日记："历史博物馆韩寿萱馆长等来，商谈协助布置新馆事，昨天下午即来过，要我所大力协助。"见《夏鼐日记·卷6·1959—1963》，11页。同年4月30日星期四日记："晚间王世民同志与历史博物馆荣丽华同志结婚，在所中举行婚礼，我前往参加，并致贺辞，韩寿萱馆长亦来参加。"见《夏鼐日记·卷6·1959—1963》，26页。同年11月27日星期五日记："上午吉谢列夫同志来所参观，所中研究人员中高级人员接待，谈至12时始告辞。下午由我陪同去历史博物馆，虽闭馆重行整理，但特别开放给他参观。由韩寿萱、任行健二馆长，及沈从文、王振铎二同志招待，至6时余始毕。返家倦极，上床休息……"见《夏鼐日记·卷6·1959—1963》，63页。1961年1月31日星期二日记："下午赴政协礼堂，参加为抗议美帝劫运我国存台湾珍贵文物赴美的座谈会，乃政协文化教育组所召开，由胡愈之部长主持，王冶秋局长报告详细情况，到会者纷纷发言，我亦以考古工作者的资格作发言，至5时半始散。发言者有侯外庐、吴仲超、韩寿萱、梁思成、唐兰等诸人（见2月1日《光明日报》及2日《人民日报》新华社报道）"见《夏鼐日记·卷6·1959—1963》，149页。同年3月24日星期五日记："傍晚偕秀君至文化俱乐部购水果及用餐，遇及向达、裴文中、韩寿萱诸同志，知今天政协在京委员有小组会。"见《夏鼐日记·卷6·1959—1963》，160页。1962年1月27日星期六日记："下午偕秀君上街购物，小炎儿于今日放假，也一起赴市场，并一起至南河沿文化俱乐部用晚餐，遇及韩寿萱馆长。"见 《夏鼐日记·卷6·1959—1963》，233页。同年4月1日星期一日记："下午赴政协文化俱乐部购物，遇及韩寿萱馆长，正在那儿读《水经注》。"见《夏鼐日记·卷6·1959—1963》，247页。同年6月29日星期五日记："赴历史博物馆参观鄂伦春族文物展览，由韩寿萱馆长陪同观看一周，提了一些意见，离馆时已过12时矣。"见《夏鼐日记·卷6·1959—1963》，264页。1966年5月18日星期三日记："晤及韩寿萱馆长，知历史博物馆正在整风。"见《夏鼐日记·卷7·1964—1975》，215页。陶行知提及韩寿萱 见《陶行知全集·第12卷》/陶行知著/四川教育出版社/2005，346页："韩寿萱S.H.Han 纽约市西114街622号第34公寓。"蒋彝提及韩寿萱 参见蒋彝1956年12月致女儿信，载《五洲留痕》/蒋彝著/商务印书馆/2007，272页："梅兰芳与我二十三年前在伦敦一起住过，但我同他不很熟。邵力子是伯伯的朋友，我只会个（过）一面。傅作义的官及'力'都大，有用有可用的地方，官大无小仇，官小仇却大。这是'毛子'问题很容易发生的原因。曹禺和老舍，一九四六年我们在纽约华盛顿见过。在北京办英文报的萧乾是我比较好的朋友。还有李儒勉、陶孟和、王崇武、韩寿萱，很多很多的都是从前很谈得来。"竺可桢提及韩寿萱 1949年9月15日星期四日记："八点半赴七条16号永利公司晤任叔永，遇陶孟和、卢析薪及侯德榜，约共赴午门看历史博物馆及故宫博物馆。与侯、卢、任三人同乘车至午门故宫博物院。先看历史博物馆，由曾在纽约Metropolitan Museum大都会博物馆居留十年之韩寿萱君为介绍一切。"见《竺可桢全集·第11卷》，525页。1949年11月29日星期二日记："二点偕孟和赴东四头条五号（前华文学校旧址）文委会三楼，到陆定一、钱俊瑞、乔木、冯乃超、阳翰笙，北大汤锡予、曾昭抡、罗□、韩寿萱，文化部沈雁冰、王重民，静生胡步曾，科学院严慕光、丁瓒、恽子强等。"见《竺可桢全集·第11卷》/竺可桢著/樊洪业主编/2006，578页。1953年7月5日星期日日记："上午北京历史博物馆韩寿萱介马非百来。"见《竺可桢全集·第13卷》，185页。1954年5月17日星期一日记："十点至午门北京历史博物馆出展的全国基本建设程中出土文物展览会。由馆长韩寿萱及耿君招待参观。有华北全区新石器时遗址四十多处。"见《竺可桢全集·第13卷》，432—433页。常任侠提及韩寿萱 1949年10月11日日记："上午曾赴北大博物馆访韩寿萱，因侄子法援考博物馆科，以此托之。彼适外出未晤。晤裴文中略谈，并参观博物馆一周。"见沈宁整理《常任侠一九四九年日记选·下》，载《新文学史料》2004年第4期，153页。顾颉刚提及韩寿萱 今日（1959年4月29日）所晤人：李相符、刘锡瑛、刘王立明、陈豹隐、韩寿萱、周总理、陈毅、谷霁光、熊十力、徐伯昕、张执一、申伯纯、刘瑶章、许广平、唐弢、陈新彦、周叔弢。详见《顾颉刚日记·卷八》/中华书局/2011，612页。季羡林年谱提及韩寿萱 见《季羡林年谱长编》/蔡德贵编著/长春出版社/2010，56—58页："北平图书馆经过初步整理后挑选《赵城金藏》部分经卷，邀请各界人士举行展览座谈会，商讨如何修复和收藏办法。出席座谈会者，华北人民政府方面有杨秀峰、于力、晁哲甫，华北大学有范文澜、张文教、程德清，北平图书馆有王重民、赵万里，文管会有王冶秋、李风雨，各界人士有马衡、向达、孙文淑、周叔迦、巨赞、韩寿萱、季羡林等。"

　　5 沈从文调任博物馆　见汪曾祺《沈从文专业之谜》，载《旧人旧事》/汪曾祺著/江苏文艺出版社/2010，引文部分见217页。

　　6 汪曾祺工作事宜　见李万万《管辖权迭更期的历史博物馆展览研究》一文，载《文物天地》，2016年第2期，54—60页。其中涉及韩与汪的部分在58页："国民政府于1947年9月任命北京历史大学博物馆专修科主任韩寿萱兼任历史博物馆馆长。之后，各项工作得到了进一步的发展，而其中最为突出的一点，就是馆务会议于每月定期召开。据《国立中央博物院北平历史博物馆第一次馆务会议记录（1948年8月2日）》记载，此次会议首先明确了馆中各职员的职务分配：张文勋，总务兼办会计事宜；史树青办理文书稿件、编辑藏品目录并研究鉴定古器物事宜；汪曾祺，整理陈列、改良说明、导引参观，以及研究鉴定古器物事宜。……"

7　胡适就任北大校长致辞　见邓广铭《担任北大校长时期的胡适》一文，载《北大岁月：1946-1949的记忆》/北京大学出版社/2013，175—177页。关于胡适致辞见该书175页。

8　胡适聘请韩寿萱　见《韩寿萱信六通》，载《胡适遗稿及秘藏书信·40》/耿云志编/黄山书社/1994，547—558页。其中聘任事宜见551、557页。

9　胡适提携韩寿萱，同上。

10　韩寿萱给胡适的建议　见《韩寿萱信六通》。

11　北大成立博物馆专科　见《全球化下的中国博物馆》/李文儒主编/文物出版社/2002，100页。

12　支持韩寿萱　见韩寿萱《北京大学五十周年纪念博物馆展览概略》/国立北京大学出版部/民国三十七年十二月/武汉大学图书馆藏/复印本，10—12。该文末，韩寿萱写道："此文脱稿后，经沈从文、王逊两教授修正多处，并添入资料，谨特注出致谢。"

13　沈从文的热情　见《北大之旅》/马伯寅编著/浙江人民出版社/2004，74页。

14　郭沫若斥沈从文　见杨建民《郭沫若斥责沈从文前沈对郭的批评》一文，载《2014年中国散文排行榜》/周明、王宗仁主编/百花洲文艺出版社/2015，315—327页。据该文分析郭沫若之所以剑指沈从文，有可能是因为20世纪30年代，沈从文曾对郭沫若多有批评。

15　沈从文满怀信心　引文见汪曾祺《沈从文专业之谜》，载《旧人旧事》/汪曾祺著/江苏文艺出版社/2010，引文部分见215页。

16　沈从文的抉择及处境　见《救赎与超越：中国现当代作家直面苦难精神解读》/卢军著/齐鲁书社/2007，76页。

17　韩寿萱、郑振铎帮助沈从文调动工作　见温儒敏、李宪喻《沈从文与北大》一文，载《北大红楼　永远的丰碑（1898-1952）》/杜家贵主编/社会科学文献出版社/2012，310页。

18　沈对文物早有兴趣　见汪曾祺《沈从文专业之谜》，载《旧人旧事》/汪曾祺著/江苏文艺出版社/2010，216—217页。"他（沈从文）对文物的兴趣比对文学的兴趣产生得更早一些。他18岁时曾在一个统领官身边做书记。这位统领官收藏有百来轴自宋至明清的旧画。几十件铜器及古瓷，还有十来箱书籍，一大批碑帖。这些东西都由沈先生登记管理。由于应用，沈先生学会了许多知识。"

19 沈从文在博物馆处境　见陈徒手《历史瘦弱的背影：午门城下的沈从文》一文，载《中国文史精品年度佳作 2013》/耿立主编/贵州人民出版社/2014，255—263页。该文称："在老同事的记忆中，历史博物馆的几任领导尽管情况各异。但都依据上面精神，把沈从文看成是'统战对象'，采取冷处理的办法。"虽然如此，作者并没有直接点名说韩寿萱习难沈从文，只列举了王冶秋、张文教对沈的态度。

20 陈徒手原话　见陈徒手《历史瘦弱的背影：午门城下的沈从文》一文，载《中国文史精品年度佳作 2013》，259页："在那漫长的岁月里，我们很难从沈从文的口中、笔下得到他对领导的意见。他是一个沉默的人：只是到了1968年'大批走资派'的年代，我们才在沈从文的检查稿中读到那样的激愤：这是谁的责任？我想领导业务的应负责任。他本人对文物学了什么？只有天知道！说我飘飘荡荡不安心工作，到我搞出点成绩，他又有理由说我是'白专'了，全不想想直接领导业务，而对具体文物业务那么无知而不学，是什么？"

21 评论陈乔　见1978年6月沈从文信《复一美术工作者》，载《沈从文全集·25·书信·修订本》/沈从文著/2009，250—251页。想不到沈在信中却如此评论这样一位在《沈从文的后半生》的作者燕舞看来对沈礼遇有加的领导。燕舞文称："通读完《沈从文的后半生：1948—1988》（以下简称《沈从文的后半生》，张新颖著，广西师范大学出版社，2014年6月），我为晚年沈从文在中国历史博物馆的边缘、寂寞而时时扼腕……按理说，在官本位文化异常发达的体制内文博和学术研究机构，来自中共高层的礼遇，本应迅速转化为沈从文研究条件和生活待遇的直接改善，可时任文化部文物局局长的王冶秋，以及中国历史博物馆彼时的历任领导韩寿萱、龙潜和杨振亚等，在执行那些礼遇政策时都大打折扣，对沈从文极其冷落甚至多有刁难，与后来礼遇沈从文的副馆长陈乔形成鲜明反差。"详见《经济观察报》 2014年8月18日，第51版：阅读。

22 改称"馆长"　见《细说民国大文人：那些文学大师们》/民国文林编著/2014，144—145页。

23 沈从文抱怨韩寿萱无担当精神　见1955年4月下旬，沈从文致韩寿萱信，载《沈从文全集·25·书信·修订本》/2009，416页。信末附有编辑说明："据废邮存底编入。"

24 沉从文称呼张兆和　1949年起，沈从文在书信中将妻子张兆和的称呼由"三姐"改为"小妈妈"，可见沈对妻子的强烈的依赖感。见《沈从文的信和情》，载《谈史色变：大历史中的人性观察》/王开林著/中国工人出版社/2015，184—185页。

25 沈从文信中谈馆中遭遇　见1974年2月，沈从文致张兆和北京，载《沈从文全集·25·书信·修订本》/2009，49、51页。

26 对于韩寿萱没有刻意回避　见《沈从文的家国》/李扬著/上海交通大学出版社/2014，257页。原文如下："事实上，历史博物馆的许多领导对沈从文都心存偏见，副馆长韩寿萱说他'不安心学习，不安心工作，终日玩玩花花朵朵，只是个人爱好，一天不知干些什么事！'"

27 韩寿萱劝学　见《北大岁月》/罗荣渠著/商务印书馆/2006，144—145页。

28 前院那一位　见1974年2月，沈从文致张兆和信，载《沈从文全集·24·书信·修订本》/北岳文艺出版社/2009，52页。原文："你想想看，以我们前院那一位来领导业务，那能明白什么是研究，谁又买他的账？反右前已走了一批，反右时三位，到大学和研究院去了。卅六个人还包括他学生等等，写信要上报公开反对他。若只反对他一人，肯定必然反掉，不巧却把文教（张文教）放在里边。"结合沈从文更多书信内容可知，这位业务领导即韩寿萱。可参见《沈从文全集·27·集外文存·修订本》，247页："这是谁的责任？我想领导业务的应负责任。从一系列特种展和新楼陈列展，他本人对文物学了什么？只有天知道！说我飘飘荡荡不安心工作的也就是他，到我搞出点点成绩，他又有理由说我是'白专'了。全不想想直接领导业务，而对具体文物业务那么无知而不学，是什么？别人一切近于由无到有，却学了那么多，方法、原因又何在？总以为我学习是从个人兴趣出发，一点不明白恰恰不是个人兴趣。正因为那种领导业务方法，不可能使业务知识得到应有的提高，许多同志终于各以不同原因离开了。"

29 前院老韩　见1972年，沈从文复张兆和信，载《沈从文全集·23·书信·修订本》/北岳文艺出版社/2009，101页。

30 邻居　见1974年2月，沈从文致张兆和信，载《沈从文全集·24·书信·修订本》/北岳文艺出版社/2009，54页。冀朝鼎（1903—1963），山西汾阳县建昌村人。中共党史乃至当代史上一位相当重要的人物。与韩寿萱为哥伦比亚大学同学。冀朝鼎在完成于1935年的经济学博士论文《中国历史上的基本经济区》序言中说："作者愿向华盛顿国会图书馆全体工作人员，特别是东方部主任A.W.赫梅尔（Hummel）博士以及他的助手B.A.克莱特（Clay—cor）先生、坂西志保博士和韩寿萱先生等表示诚挚的谢意，他们使作者得以利用馆内浩瀚的藏书，实际上还为作者提供了查阅资料的方便条件。"冀朝鼎其人其事传奇性极强，可看资中筠《我所知道的冀朝鼎》，以及谢泳《胡适的直觉》。

31 沈从文自言不计较　同上。

32 欲公开反对韩　见1974年2月，沈从文致张兆和信，载《沈从文全集·24·书信·修订本》/北岳文艺出版社/2009，52页。

33 卅六天罡　同上，53页。

34 废品展览会 见1974年12月28日，沈从文致洪廷彦信，载《沈从文全集·24·书信·修订本》/北岳文艺出版社/2009，222页。

35 日本专家佩服沈从文 见《沈从文全集·24·书信·修订本》/北岳文艺出版社/2009，223页："有一个日本搞漆器的七十岁专家，日本所谓十二个活的'国宝'之一，和我谈得满开心，临上飞机以前那天，又还来谈了二三小时，末了却正式邀我最好趁十月间正仓院开库晒宝物时，欢迎我去看看，因为还有不少材料没公开过。为什么?因为在技术上，他比我懂得具体，联系文献，我的'常识'可把他说服了。这也可说我廿六年来最高兴的一件事。因为这也等于战争。"

36 外宾参观往事 同上，见223页。类似的意思沈从文早在1963年4月9日，致时任中国历史博物馆馆长龙潜信，就曾说过。不过，语气较之客气缓和许多。略云："快有十年了，有次日本帝室博物馆长和原田淑人、水野清一等文化访华代表团到馆参观，座谈时因为提起某一问题回答不得体，极不客气地问韩馆长：'你是干什么的?'馆长只笑笑，'我们是同行。'人家不再作声。我们业务上责任感若一加强，本有条件不管什么问题，不管什么日本大专家，都只有向我们请教的事，哪会受人这种轻蔑? 若只是凡事'磨'下去，当然是即向人求教，也不知从何说起! 我觉得这么下去实对不起国家给我们的任务。我学得比较杂，就为的是感觉到党既然把我放到这个岗位上，这种文化仗一定得打好它。"见《沈从文全集·21·书信·修订本》，308页。

37 文化仗 见1974年12月28日，沈从文致洪廷彦信，载《沈从文全集·24·书信·修订本》/北岳文艺出版社/2009，223—224页。

38 替韩寿萱报仇 见1974年12月28日，沈从文致洪廷彦信，载《沈从文全集·24·书信·修订本》/北岳文艺出版社/2009，224页。

39 沈从文抱怨韩寿萱 同上，224—225页。

40 沈从文的政治意识 1952年他要求工资不要高于韩寿萱 见沈虎雏《沈从文年表简》，载《沈从文全集·附卷》/张兆和主编/北岳文艺出版社/2003年，45页。做出类似官僚举措的还有韩的哥伦比亚校友、同门师弟、著名明史专家王毓铨。参见何龄修《永远的怀念——记王毓铨先生》，载《炎黄文化研究·第3辑 》/王俊义主编/2006，287—288页："新中国成立初，实行以小米为计算标准付酬。先生（王毓铨）新从海外归国，所定小米数额标准较高，高出副馆长韩寿萱一大截，而韩先生也是海外归国人员，但归国是在中华人民共和国成立前，所以未蒙优待。于是有人动员先生申请削减小米数额。他慨然递上书面申请，要求降低一半小米数额给酬，得到批准。"这两个事例说明，在当时，纵然是漂洋过海留学归来的中国的顶级知识分子，一旦涉入官场即难免俗，封建等级思想在其头脑中依然根深蒂固。

41 历史博物馆与韩寿萱印象　见于坚《接管北平文博单位始末》，载《城市接管亲历记》/杨玉文编/中国文史出版社/1999，394、395、399页。

42 蔡雪村发展韩寿萱入团　见《中共汾阳历史大事记述（1919夏—1949.9）》/中共汾阳县委党史研究室编/中共党史出版社/1995年，21页。武子程，1925年8月—1925年9月，曾短暂地担任中共汾阳特别支部书记，随后韩寿萱继任。参见《汾阳县志》/海潮出版社/1998，563页。

43 韩寿萱任沪案后援会主席　见王森《难忘的铭中革命生涯》，详于《山西文史资料全编（第6卷）》/1999，470—471页。韩寿萱担任中共汾阳支部书记　见《汾阳县志》/海潮出版社/1998，563页。

44 在北大　韩寿萱在北大主要受业于胡适、马裕藻、钱玄同、孙楷第诸位先生门下。参见韩新桥、韩新民《怀念祖父韩寿萱》一文，载《陕西榆林韩氏高家堡支脉家谱》，207—216页。

45 韩寿萱在北大地下党　见千家驹《我在北大》，载《文史资料选辑·合订本·第三十二卷·总第93—95辑》/中国人民政治协商会议全国委员会文史和学习委员会编/中国文史出版社/2011，336页。及时雨　见曾宪华、韩廉之供稿，王荣祖整理《博物馆学家韩寿萱》，载《神木文史资料·第4辑》/神木县政协文史资料研究委员会/1989，45—46页。另据杨文岩先生为神木中学的创始人所撰《王季明》一文，可知韩似有助人为乐之天性。参见《神木文史·第7辑》/陕西省神木县政协文史资料委员会编/1999，139页："1930年秋天，王季明来到北平，考上了北平师范大学地理系。入学才两三个月，随身带的钱就全部花光了，幸遇神木老乡韩寿萱（高家堡人）介绍他到北平的一个报社利用课余时间搞校对，以便半工半读，完成大学学业。"

46 通过韩寿萱联系京津革命人士　见《我的回忆》/张明远著/中共党史出版社/2004，140页。其略言："（1928年）在天津被捕在警司关押期间，我通过革命济难会的周佑楠和北平市委取得了联系，一起关押的北平市委记张又清也给了我几个党员的地址，记得有北大的支部书记韩蔚生，民国大学的孙荫沂（陕北府谷人）等。所以我出狱后很快就找到了党组织。我先通过北大的韩蔚生找到东城区委，与一个叫杜润生（外号叫杜麻子）的取得了联系。"张明远在该书中《在榆林女师》一章，还提到了韩寿萱与张友清："在北平时，我曾从张又清和韩蔚生那里了解到榆林建党很早，以为到榆林以后，可以很快和党组织接上关系。但与此以后，经过一段观察和了解，却出我的意料，这里的党组织早已遭破坏，不但没有见到党的任何活动，连一些进步的群众性活动也没有。"见该书191页。

47 韩寿萱脱离组织　韩寿萱脱党原因现在还不能考辨清楚。在一些人眼中，韩的革命意志不够坚定。如刘绍南《艰难的历程》一文称："铭义中学党的组织叫支部干事会。韩愈生、刘罕生、高如山他们是高年级的共产党员。韩愈生当过支部书记，后来留美回来脱党不革命了。"参见《山西革命回忆录·第三辑》/山西社会科学院历史研究所编/山西人民出版社/1985年，298页。事实上，韩在留美之前就已经和党失去了联系，而且留学也不一定就脱党。如冀朝鼎也是留美多年，但是一直和党保持联系。蔡雪村发展的两位革命分子都没能革命到底。1929年7月，神木籍革命烈士，时任中共太原市委书记的汪铭，即因武子程的叛变告密而被捕牺牲。同年10月，蔡雪村（蔡振德）亦被开除出党。或许是因为革命低潮、党的内部纷争，与胡适的影响，从而使韩专心学业，革命意志退化。

48 韩寿萱在《大公报》兼职　参见曾宪华、韩廉之供稿，王荣祖整理《博物馆学家韩寿萱》，载《神木文史资料·第4辑》/神木县政协文史资料研究委员会编/1989，46页。另，由1931年韩寿萱写给北大校长蒋梦麟的信可知，韩和《大公报》的张季鸾、胡政之等人均有交情。详见民国二十年六月二十九日《北京大学日刊》第二版。韩寿萱无暇革命　参见山西社科院庞伟民先生2012年整理《关于蔡振德的有关情况一文》，22页。

49 胡适的磁性人格　见唐德刚《胡适》一文，载《名士风流》张晓春、龚建星编/上海社会科学院出版社/1995，141页。

50 胡适通信之多　见《学术与社会：近代中国"社会重心"的转移与读书人新的角色》/章清编著/上海人民出版社/2012，268页。

51 冯家昇（1904—1970）中国民族史学家。1934年获燕京大学硕士学位。1937年赴美国工作和进修。1947年回国，任北平研究院史学研究所研究员。中华人民共和国成立后，历任中国科学院考古研究所研究员、中央民族学院教授、中国科学院民族研究所研究员。论著有《辽代源流与辽史初校》《辽史证误三种》《中国火药的发明和西传》等，主编《维吾尔族史料简编》。参见《大辞海·民族卷》/夏征农，陈至立主编/上海辞书出版社/2012，346页。冯家昇是韩寿萱山西铭义中学的同窗好友。1926年12月—1927年7月，担任中共汾阳地方执行委员会候补委员。冯归国任职北平研究院犯精神疾病，韩寿萱曾为此致信胡适以求疏导解救。韩在信中说："（适之先生）今晚我们谈到冯先生的问题，因受业知他较久，知他的病情亦多，因此再将些一得之见献给先生。……神经病深了的人是最可怜最可悯的人，他又是我自幼的一位好友，故敢向先生做一个难题的请求，请恕之，专此奉恳。"冯家昇精神疾病　参见1948年1月10日冯家昇致胡适信，载《胡适来往书信选·下》/中国社会科学院近代史研究所中华民国史研究室编/社会科学文献出版社/2013，1032—1033页。全信如下："适之先生：去年十二月，先生南返，见报说先生有小恙，因而未去拜寿。过了年的第三天，去给先生拜年，适先生外出，因而留下一张名片。记得一九四三年的夏天，正在心理分析医院受'酷刑'的时候，身心交困，万念俱已成灰。一天的早晨，忽接得先生的一封长信，教以'不忧不惧'，并由毓铨转来一册《明儒学案》，晚上写了一篇长的日记，决定从此下手自己修养，不再留院活受罪。几经央求院方，最后到了秋季间真是出来了，总共消磨了九月另三天。出院以后，并未见佳，到了前年冬天更坏，乃决心返国。一年来情形之坏较在外国时不如，身体一天不如一天，所以没有好的成绩。如此下去，且与性命亦大有关，奈何！奈何！今天午后整理旧信，打算把十年流落外国的生活，作一综合的叙述，留在今年的日记上。拆开先生的那封信，又读了一遍。读后感激涕零，不能自已！很愿和先生谈一谈后学的病况，请教先生补救之法，但不知先生何时能有空独与一谈？匆匆，敬颂。安好。后学冯家昇谨上。一九四八年一月十日。"值得注意的是，后来在美任教于哈佛大学的杨联陞亦为精神疾病所困，可参看葛兆光《"正晌午时说话，谁也没有家"》。

52 韩寿萱在信中所提及的人 见《韩寿萱信六通》，载《胡适遗稿及秘藏书信·40》/耿云志编/黄山书社/1994，547—558页。信中所涉及到的人物，其具体姓名，均为笔者一一考证。胡适赠送韩寿萱签名照 参见http://bbs.tianya.cn/post-books-16120-1.shtml，最后访问日期2017年3月5日：我在一个朋友的鼓动下，买了一张胡适签赠韩寿萱的照片，16开大小，是1942年的照片。

53 恒慕义在山西、北京 见《美国第一批留学生在北京》/顾钧著/大象出版社/2015，137页。文称："（恒慕义）在山西工作近十年后，1924年恒慕义受华文学校裴德士校长之邀移居北京，担任华文学校中国史讲师，教授'中国文化史纲''中国社会习俗'等课"。也有资料记载恒慕义在北京任教的是燕京大学。如昔海胜《恒安石和他的父亲恒慕义》一文。两种说法都不算错。据李孝迁著《域外汉学与中国现代史学》/上海古籍出版社/2014，314页："1925年夏，华语学校与燕京大学合并，易名'燕京华文学校'，成为燕大的一部分。"《华文学院研究》/徐书墨著/人民出版社/2012，10—11页："华北协和华语学校"，这一名称自1910年开始使用，直至1924年华文学院与燕京大学合作，成为燕京大学的一个独立系。

54 恒慕义购书 见《美国第一批留学生在北京》/顾钧著/大象出版社/2015，137页。

55 恒慕义的中国助手 见《卢子博文集》/南京图书馆编/南京大学出版社/2007，413—414页，以及《韩寿萱信六通》。

56 胡适评价恒慕义著作 见《美国第一批留学生在北京》/顾钧著/大象出版社/2015，138—139页："作为一部近三百年的传记辞典，在目前还没有其他同类的著作（包括中文的著作在内）能像它那样内容丰富、叙述客观并且用途广泛。"

57 陈西滢 见《鲁迅和陈西滢——势不两立，水火不容》一文，载《恩恩怨怨嘴仗趣》/梁刚建主编/卢莉编撰/中国广播电视出版社/2013，123页。

58 赫胥黎家族　见《中国人的生命精神：徐复观自述》/徐复观著/胡晓明、王守雪编/华东师范大学出版社/2004，106页："朱利安·赫胥黎为著名生物学家。其祖父汤玛斯·赫胥黎与《进化论》作者查理士·达尔文同时代，也是著名生物学家。其昆仲阿道斯·赫胥黎因天生视力弱，只好进入人文科学领域，结果成为著名文学家，即《美丽新世界》一书之作者，此书被誉为二十世纪十大小说之一。"赫胥黎在联合国见《联合国辞典》/杨宇光主编/黑龙江人民出版社/1998，690页。

59 胡适与朱利安·赫胥黎　见周运《胡适与朱利安·赫胥黎》一文，载 2011年12月18日《南方都市报》。文称，1945年朱利安·赫胥黎与胡适同为联合国教科文组织筹备会委员会成员，其间朱利安曾送胡适自己的著作《论革命中的生存》（On Living in a Revolution, 1944），而且胡适受赫的祖父老赫胥黎影响很大。

60 联合国博物馆工作　见《韩寿萱信六通》，载《胡适遗稿及秘藏书信·40》/耿云志编/黄山书社/1994，547—556页。

61 陕西省留学欧美公自费生一览表　见《抗战时期我国留学教育史料·第5册·各省考选留学生》/林清芬编/国史馆（台湾）/1998，315—316页。韩寿萱与杨汝金联名致函教育部　同上，222页。

62 囚张逐杨　见亢心栽《杨虎城将军欧美之行》，载《回忆西安事变》/全国政协文史和学习委员会编/中国文史出版社/2015，370页。

63 韩寿萱在纽约陪同杨虎城　详见唐得源《杨虎城将军在纽约》，载《十七路军军史资料（2）》/中共渭南市委党史研究室/2008，195—200页。《杨虎城年谱》/贾自新编撰/中国文史出版社/2013，450页："1937年，44岁。7月31日，应同乡留美学生王子休、韩寿萱、唐得源来邀。出席数学生之会餐。并讲话。"另参见《杨虎城出国前及在国外日记》："1937年，44岁。7月31日，应同乡留美学生王子休、韩寿萱、唐得源来邀。出席数学生之会餐。由余并讲话，历一小时始散。"载《文史资料选辑（合订本 ）第32卷·总第93-95辑》/中国人民政治协商会议全国委员会文史和学习委员会编/2011，315页。杨虎城资助韩寿萱　参见《蒲城文史资料·第4辑》/陕西省蒲城县政协文史资料研究委员会/1989，35页："杨虎城……还资助过留德的张乃华（曾任陕西省医专校长。解放后，任西北医学院教授、陕西省政协常委等职）和留美的杨汝金、韩寿萱等。……杨虎城对这些青年十分关心。经常写信鼓励他们刻苦学习。以便将来学成回国后，报效祖国。此外，还和他们约定每三个月写一篇有关国际政治形势分析的文章。以便了解他们的学习情况，并作为自己分析和认识国际形势的参考。这些青年，没有辜负杨的愿望，大多能勤奋学习，学有专长。"另据韩新桥、韩新民《怀念祖父韩寿萱》一文："每当您（韩寿萱）和父亲谈到杨虎城将军时，总是深情地说杨将军是个好人，我去美国留学时，杨将军送我300块大洋，还曾写信勉励我。"可知，韩寿萱和杨虎城在国内就已经认识。详见2011年8月编讫《陕西榆林韩氏高家堡支脉家谱》，207—216页。

64 韩寿萱拟研究西洋史 见《韩寿萱信六通》，载《胡适遗稿及秘藏书信·40》/耿云志编/黄山书社/1994，547—548页。

65 韩寿萱与富路特合作 参见彭靖《〈明代名人传〉续写中美史学家合作佳话》，载《中华读书报》/2015年11月04日，14 版。富路特（也译傅路德，1894—1986）系美国传教士之子，生于北京通州，义和团事变后回美就学，大学毕业后以学生海外传教人员身份再次到中国；1926年后又回到美国，入哥伦比亚大学东方语言学系攻读硕士学位，1927年获硕士学位后任教于哥伦比亚大学，达35年之久。富路特是美国著名汉学家，一生致力于中国历史与文化研究，主编有《明代名人传》。除与韩寿萱合作外，富路特还在1946年与冯家昇合作撰写《中国火枪的早期发展》，1949年与瞿同祖合作撰写了《隋文帝时期宫廷中的外来音乐》。在美的其他学术工作 见韩新桥、韩新民《怀念祖父韩寿萱》一文，载《陕西榆林韩氏高家堡支脉家谱》，207—216页。

66 韩寿萱学业优秀 见《抗战时期我国留学教育史料·第5册·各省考选留学生》/林清芬编/国史馆（台湾）/1998，292页：教育部函汉教字第2136号：据陕西省教育厅呈略称：该生留美学生韩寿萱奖学金美金四百元，请本部转兑等情，相应函请迅予转知中央银行，以便照购美金兑由驻美大使馆转发，即祈查照办理见复为荷。此致。财政部。仁社 1919年3月，由董泽等留学美国哥伦比亚大学的中国学生在美国发起的学术团体，取"以文会友，以友辅仁"之意。"仁社"成立，发展很快，留学世界各国的学子，踊跃加入。数年间，分社遍及欧、美、亚等洲及国内一些大中城市。其社员多是在学术上有高深造诣的知识分子，如著名化学家侯德榜、曾昭抡，医学泰斗应元岳，数学家兼教育家熊庆来，建筑学家梁思成，诗人徐志摩等。各地社员都定期聚会，进行时事学术的交流和讨论。参见《董泽》/中共云龙县委员会，云龙县人民政府编/云南民族出版社/2006，101页。《仁社通讯录》为仁社社刊。总社设于南京，分社遍及全国及美欧等地。主要报道该会会务，登载会员之间及会员与组织之间的往还信件，介绍会员状况等。关于1937年5月韩寿萱近况，见何培元《美国分社同仁近讯》，载《民国文献类编·社会卷·51》/民国时期文献保护中心，中国社会科学院近代史研究所编/韩永进，王建朗主编/国家图书馆出版社/2015，181—183页。关于仁社，可参见胡彦云《我所知道的仁社》一文，载中国人民政治协商会议全国委员会文史和学习委员会编《文史资料选辑·合订本·第四十九卷·总第143—145辑》/中国文史出版社/2011，273—276页。另据韩新桥、韩新民《怀念祖父韩寿萱》一文，韩在哥伦比亚期间与冀朝鼎一起组织成立了兄弟会。此说存疑。据《徐永煐纪年》/徐庆来编著/中央文献出版社/2011，72—73页："兄弟会是顾维钧、孔祥熙、宋子文、李迪俊等人搞的，留学生参加的不少……"韩寿萱为《仁社通讯录》撰文 见《仁社通讯录》/1940年/渝字第18号，6—7页：

文山仁兄有道，年来牵于课业，未能肃笺致候，至以为歉。尊况奚如，尤时在念中。敬启者，此次年会，举行于纽约之Huntington ，始于八月三十一日，终于九月二日，在此三日中，除举行正式会议之外，有合作网球之战者，有乘桴浮于海者，有结队入林探胜者，庄谐兼备，到会同仁俱极满意。身负重责之任嗣达、侯德榜两同仁，能拨冗出席参加，尤为会中生色不少，亦以见吾社之精神。至于会中重要事件，分别述之于下：

第一，所选之新职员：社长郑宝南，会计王英保，书记韩寿萱，社员沈选，委员会潘祥河、萧勃、胡祖望、唐祖诏、陈子奇，社刊委员会魏菊峰、邹禹烈、郑宝南，职业委员会黄仕林、李荣坤、白树堂，学生奖金委员会侯德榜、郑宝南、韩寿萱。

第二，捐款之踊跃。抗战以来，每次年会均有捐款，此次年会同仁，俱各慷慨轮将，至于因故未能出席者，亦分别通知，俟款项收齐，即汇返祖国，赈济被难同胞。

第三，学生奖金之募集。此间原有学生奖金，专为贫苦之大学生，而品端学粹，又研究实用科学者而设，兹以基金不多，议决由各地支社分别募捐，将来实施办法，亦决由学生奖金委员会重行计划。

至此外详情，将于社刊中载出，一俟出版，即为寄上。总社通讯录，以后请多寄一二是荷。

至弟个人向在此间美术博物馆服务半日，顷又承哥伦比亚大学中文图书馆约在该馆服务半日，因是读书时间，仅限于晚间。在校所学系乡村教育，已完硕士学位，年来仍在哥大师范院继续研究，知关锦注，用敢附及，因风寄怀，恕不一一。专此即颂。近祺。

书记韩寿萱敬上

九月三日

67 杨联陞自述孤单 见《杨联陞致胡适》，载《胡适来往书信选·下》/中国社会科学院近代史研究所中华民国史研究室编/社会科学文献出版社/2013，943页。王重民（1903—1975），字有三。图书目录版本学家。1934年留学海外，1947年同韩寿萱等人一起返国，参与创办北大图书馆学系。参见《王重民之死》，载《逃向苍天》/雷颐著/浙江大学出版社/2013，107页。

68 杨联陞诗 参见1947年2月21日，杨联陞致胡适信，载《胡适来往书信选·下》，943页。略云："我平常只作打油诗，不作律诗，前些日和梁方仲一首：买舟归客正连翩，佣笔无须论孰贤。强慰闺人夸远志，应知异国误华年。万鱼湖海渐忘我（这是住纽约的感觉），何日升平苦问天。惟有两般豪气在，不辞杯上与尊前。诗虽酸，倒也代表我的心境（特别在挤地下车的时候）。"

69 杨联陞简历《国学常识一点通·插图版》/李维东，冯春萍主编/中国纺织出版社/2012，289页。

70 胡适日记 见《胡适全集·第33卷》/胡适著/安徽教育出版社/2003，473页。

71 为胡适赠书题记 参见《胡适研究论丛》/欧阳哲生，宋广波著/黑龙江教育出版社/2009，306页。

72 胡适日记生日纪念 同上，309页。

73 听命胡适 见《韩寿萱信六通》，载《胡适遗稿及秘藏书信·40》/耿云志编/黄山书社/1994，557页。

74 韩寿萱与曾宪华结婚 见1946年9月6日，杨联陞致胡适信，载《论学谈诗二十年：胡适杨联升往来书札》/胡适纪念馆编/安徽教育出版社/2001年，87页。

75 裘太太曾宪文 参见《附："积善之家，必有余庆"——曾家名人谱》，载《协和医魂 曾宪九》/北京协和医院编著/生活·读书·新知三联书店/2014，30—31页。

76 韩寿萱第一次婚姻 参见《高家堡镇志》/张宏智主任/范林虎主编/陕西人民出版社/2016，622页韩寿萱长女韩廉之简介。

77 曾宪华 （1909—1990）祖籍安徽省安庆市，早年留学美国，1947年归国从事教育工作。参见曾宪华简介，载《陕西榆林韩氏高家堡支脉家谱》，90页；以及《附："积善之家，必有余庆"——曾家名人谱》一文，载《协和医魂——曾宪九》，31页。

78 神木政协采访曾宪华 1987年8月28日，神木县政协开具介绍信如下：曾宪华同志：现派我会乔恩明、蔡守浚两同志前来和你了解韩寿萱先生的生平事迹，请接洽。致礼。一九八七年八月廿八日（印章）。韩寿萱国内外履历 参见曾宪华、韩廉之供稿，王荣祖整理《博物馆学家韩寿萱》，载《神木文史资料·第4辑》/神木县政协文史资料研究委员会/1989，46页。

79 韩寿萱放弃博士论文答辩 见韩新桥、韩新民《怀念祖父韩寿萱》。归国原因参见吴原元《新中国成立前夕在美中国史家归国原因探析》，载《东方论坛》2014年第2期，32—36页。

80 致胡校长函 参见《北京大学史料·第四卷·1946—1948》/王学珍，郭建荣主编/北京大学出版社/2000，167页。

81 朱自清不食救济面粉 参见《日历上的百科知识366天》/胡建中编/中国少年

儿童出版社/1982年，279页文章：《"表现了我们民族的英雄气概"》。

82 韩寿萱哀致朱自清挽联 见季镇淮收集整理《朱自清治丧期间的挽联挽诗词和唁电》，载《朱自清全集·第十二卷·外编》/朱乔森编/江苏教育出版社/1998，388页。

83 独立时论分化 参见郑志峰《"独立时论"群体研究》，载《华东师范大学学报（哲学社会科学版）》2008年第3期，48—54页。该文将韩寿萱归入"独立时论"的边缘人物。

84 向达发言 见《1945—1949年间学界阵营分合研究》/贺金林著/湘潭大学出版社/2014，103—104页。

85 韩寿萱加入九三学社 参见《中国大百科全书·9》/中国大百科全书出版社/2009，177页；《北大人·3》/董耀会主编/华夏出版社/1995，150页。

86 违心批评胡适 事实证明，胡博士对来自弟子们的这种逼不得已的评判，很能理解。1949年中华人民共和国成立之后，中共号召海外留学的知识分子归国，王毓铨回国之前辞行胡适。胡给了两个意见：第一，建议王毓铨最好待在待遇优厚的美国，不要回国；第二，如果非要回国，最好要写文章批判胡适。但王回国后，不仅没有批评胡适，还冒着风险给胡适写信。详见林建刚《英文与隐语背后的心境》，载2013年9月2日《经济观察报》第55版:文化。

87 批判俞平伯以及韩寿萱的发言 详见《俞平伯同志检查"红楼梦研究"中的错误观点》，载《九三学社北京市分社简报》九三学社北京市分社编/1955年第一号/1955年02月，11—14页。

88 胡思杜与胡适 详情可参见《胡思杜之死》，载《南渡北归·第三部·离别（增订版）》岳南著/湖南文艺出版社/2015，84—91页。事实证明，这种政治立场的不同，很难影响内心深处真正的师生情谊。1950年，王重民致信在美国国会图书馆的袁同礼说："寿萱很好，思杜即毕业。……生已搬入新房，很舒适。……毓铨夫妇已在东四七条买一所大房，因愈大愈便宜，不过房税较重一点，但平均也仅每年每间十斤小米而已。"袁同礼将这封信给在美的胡适看，胡将此信的大略内容记进了当天的日记。参见《胡适日记选编：离开大陆这些年》/胡适著/新世界出版社/2013，36页。

89 韩寿萱极具社会声誉 见《北大地下党投给韩寿萱先生的一份传单》，载《战斗的足迹：北大地下党有关史料选编·历史篇》/王效挺，黄文一主编/北京大学出版社/2001年，476页。

90 韩寿萱留任 参见《北京志·文物卷·博物馆志》/北京出版社/2006，47页。

91 任命国家博物馆副馆长 参见《国家文物局暨直属单位组织机构沿革及领导人名录》/国家文物局编/文物出版社/2002，146—147页。

92 韩寿萱为毛泽东讲解　参见吴岩《在团城的时候》，载《郑振铎纪念集》/王莲芬，王锡荣主编/2008，281—289页。关于韩寿萱为毛主席讲解的部分见284—285页。

93 韩寿萱在北大历史系开始课目　参见牛大勇《北京大学史学系五十年变迁（1899—1949）》，载《北大讲座精华集（历史）》/北京大学出版社/ 2014，345页。

94 宋伯胤回忆韩寿萱　参见《中国博物馆教育家韩寿萱》，载《宋伯胤文集·博物馆卷》/文物出版社/ 2009，370—375页。

95 韩乃中国最早系统接受博物馆教育者　同上。另外，据《记忆：北大考古口述史1》/北京大学考古文博学院编/北京大学出版社/2012，424页载王克林采访："韩寿萱是中国最早学校博物馆学的，他讲的是博物学起源。"陈端志，一名陈光辉，今上海金山人，日本庆应大学毕业，南社会员，著名历史学家、博物学家、教育家。著有中国第一部博物馆学专著《博物馆学通论》。围棋大师陈祖德外祖父。费耕雨（1896—1932），原名费毂祥，浙江峡石人，中国昆虫学先驱之一，曾任浙江昆虫局（1924—1928）首任局长。精通英、德、日文，出版有多种中外文专著，如《西湖蝶类志》《博物馆学概论》等。曾昭燏（1909—1964），中国第一个女考古学家，曾国藩大弟曾国潢曾孙女。1933年毕业于中央大学中文系。1935年赴英国伦敦大学学习考古学，获硕士学位。1938年回国，在中央博物院筹备处任职。1950年后任南京博物院副院长、院长。主要著作有《博物馆》（合著）、《云南苍洱境考古报告》（合著），主编《南唐二陵》和《沂南古画像石墓发掘报告》等。

96 韩寿萱的文献意识 同上。

97 韩寿萱化解危机　参见丁大华《文物守护神——杨文和》，载《文史精华》2007年第12期，36—40页。

98 韩寿萱与马衡商量保护文物　见马衡1949年1月13日日记："到院始知昨日南池子、南河沿公安局皆曾落弹。韩寿萱来商保护文物事，嘱余参加。余告以呼吁之事请以超然派任之，余负典守之责，愿任正面交涉。下午院来电话，报告传心殿落二弹，玻璃皆震碎，房屋无损失。旋又报告禁城东南角楼亦中弹，已派人调查。"详参《马衡日记：一九四九年前后的故宫》/紫禁城出版社/2006，32页。另外，还有两则日记提及韩寿萱。"四月三日（星期）。晴。韩寿萱来。李响泉来。下午蒋朴庵来。晚观《白毛女》歌剧于国民戏院。""四月四日（星一）。晴。风。韩寿萱来谈，知维本入历史博物馆补其南下工作团人员缺额。约下午同往团城看燕下都文物。三时诣团城候之。寿萱偕维本同来，决定由该馆估价迁移，由原经手人维本整理之。诣王述勤长谈。"见该书53页。

99 保护北平　《上上之役：北平和平解放的实现》/陈静主编/中央文献出版社/

2009，171页。

100 有关刘胡兰　参见《百年风云收眼底——中国革命博物馆》/胡惠强、郭俊英等编著/中国大百科全书出版社/1998，117—118页。

101 韩寿萱重视展览　参见《中国博物馆教育家韩寿萱》，载《宋伯胤文集·博物馆卷》/文物出版社/2009，374页。

102 学生回忆韩寿萱　如王伯敏在《非"唯汉人有之"：谈几钮少数民族肖形印》一文中说："那时我正在北平读书，有一次在韩寿萱先生家中做客，看到一篇新从法文杂志中译出来的文章，韩先生是北京大学文学院的美术史教授，他指着译文对我说：你看看，可以使你生点气，也可以使你长点爱国的志气。"再如宁可《我在北大的读书生活》一文中也说："韩寿萱先生讲博物馆学。那时，他是北大博物馆筹备处主任，地址在图书馆西的一座四合院里，三间北房，中间一间陈列了一些文物，两侧是库房和办公室。有天，我去参观，因一件青铜器上的铭文与一位高班同学略有争执。我说那字应释为'旅'。正好韩先生陪陈梦家先生来博物馆，问及此事。我的释文得到陈先生的肯定，也受到韩先生的赞赏。他对我说，以后可以随时来办公室看书查书。" 具体参见《博览群书》/2008年第4期，16—23页。再比如周其湘《饱经沧桑沙滩大院》："1948年底，解放军已包围北平，正在同傅作义商谈和平解放北平的协定。但被围困的国民党军部队，困兽犹斗，每当傍晚我们住在北河沿'三院'的男同学从沙滩回宿舍时，他们就连续炮击红楼一带。有一次击中马路上的一位孕妇，母子均丧生，惨不忍睹。为了安全，"三院"的同学一度集中住到北楼二楼教室。地下党还派了一些同学到沙滩附近的教授宿舍，夜间通宵值班巡逻，随身带上化学系同学自制的密封在玻璃管内的催泪瓦斯。我和另一同学被分配到刚从美国回来的历史系教授韩寿萱家。他家十分热情地招待我们，三餐都是他老家陕北榆林风味的美食。"详见《北京晚报》/ 2013年11月16日， 第18版：人文印记。

103 韩寿萱为邻里着想　详见杨春立《那院·那人·那事》，载2013年《中国收藏》第9期，129页。由杨立春先生文章可知沈从文、韩寿萱、章毅然、史树青为邻居。

104 夏鼐评价沈从文　1962年1月26日，夏鼐日记里的一笔记载很值得玩味："阅沈从文、王家树《中国丝绸图案》，竟没有说明材料来源及断代根据。"参见《夏鼐日记》/华东师范大学出版社/2011，233页。沈从文更多博物馆学成绩，可参看宋伯胤《敬礼：乡土博物馆学家沈从文》："总之一句话，沈先生的爱历史文物，爱博物馆事业，亦就是他的'爱乡土'的忠诚和热忱的深化与扩大，但令人遗憾的是沈先生对历史文物的科学认识和方法以及有关博物馆理论的重要阐述，和极度艰难的具有创造性的实践，并未引起国内博物馆界的重视。在我们这个领域里，对待这位"寂寞的作家"更加寂寞些。"详于《博物馆人丛语：宋伯胤博物馆学论著选》/陕西人民出版社/2002，290—297页。

105 政治运动开始后的韩寿萱　2018年4月28日上午，在北京朝阳区金地名京韩寿萱之子韩一民先生家，韩一民为笔者讲述了他印象中的父亲韩寿萱并出示了大量相关的图文资料。

106 韩寿萱遗愿　见曾宪华、韩廉之供稿，王荣祖整理《博物馆学家韩寿萱》，载《神木文史资料·第4辑》/神木县政协文史资料研究委员会/1989，48页。

107 铭义中学评价韩寿萱　见《高家堡镇志》/张宏智主任/范林虎主编/陕西人民出版社2016，600页韩寿萱传略。

王雪樵/
塞上书家第一人

图9-1　王雪樵

　　在过去，陕北读书人少得可怜，经常是盖村都找不到一个会写对子的人。每逢过年，总要贴春联吧，只好跑到几里乃至几十里之外的地方求人写，渐渐就不免心生厌烦，索性把吃饭的碗底子蘸墨，然后在红纸上拓一绺黑乎乎的圆圈就算了事。

　　如此贫瘠不毛的人文地理环境，竟能造就王雪樵这样的大书家，真是一种奇迹。清光绪廿年（1894），王雪樵（图9-1）出生在神木县城一个屠户家庭。屠家在封建社会是很低贱的职业，尽管有知识分子为之抱屈鸣不平，说什么"仗义每多屠狗辈，负心多是读书人"的风凉话，仍不能改变雪樵之父对知识阶层的向往，他竭尽全力，供子念书，期望他们有朝一日出人头地。[1]

　　王雪樵不负父愿，蒙童时就在书法方面显露了过人的天赋。十二岁受师荐，为"凯歌楼"题匾额，从此便有"神童"之誉。这件事增加了他的自信，也格外坚定了他对翰墨之事愈发苦心孤诣的志向，他开始以伟大的书法家而自期。[2]

1913年，王雪樵入读北京法政大学，但凡得空就出入琉璃厂一带的书坊古肆，每获名帖，手慕心追，把玩不已。在此期间，他有幸与乡党、国会议员裴宜丞时相过从。裴虽名炙一时且长王十五岁，然极愿提携家乡后学，引荐王雪樵与自己京师大学堂的老师、著名诗人林纾相识。[3]

1916年，王雪樵肄业，得裴宜丞推荐而为陕西省长李根源秘书，自此算是涉身官场政坛了，1917年4月，即府谷麻地沟县佐[4]。然而，他最为心系的还数书法。终其一生，若说仕途，他不过是辱在泥途的微官小吏"王光荫"（图9-2）；若论书法，却是声名日隆的巨擘宗师"王雪樵"。

辞华综王孟，字意得颜欧。[5]王雪樵将文学和书法相提到同样的高度。他清楚，没有文学支持的书法必然其行难远。遗憾的是，他在两者之间并没有取得真正的平衡。以书名而言，他在当时就蜚声长城内外。[6]以文学成就来看，他原创极少，仅存诗五首。

这五首诗，除与裴宜丞唱和的两首纯属写景之作以外，《游岫岩

图9-2-1 王雪樵遗物砚台

图9-2-2 王雪樵遗物眼镜

寺》《赠瑞堂》《赠张紫垣》三首都具有一定的研究价值，特别是从中流露出来的作者心志尤值得注意。

1926年，王雪樵带领学生秋游杏花滩时作诗：

> 问水寻山汗漫游，绝无人迹亦勾留。
> 可怜冷落岫岩寺，只有斜阳满树头。[7]

这首《游岫岩寺》，完全模仿张问陶的《华林驿》[8]。张问陶（1764—1814），字仲冶，号船山，四川遂宁人。清朝著名诗人。乾隆五十五年（1790）进士，官至知府。[9]王雪樵十分欣赏张问陶（图9-3），自号"慕陶馆主"，经常以其诗作为书法创作的内容。

清末榆林地区诗人杨江，也颇得王雪樵青睐。杨江（？—1855），字芍坡，榆阳人。所著《榆林府志辨讹》《河套图考》二书，极具文献价值。王雪樵书作中，可偶见杨江之诗。[10]

《游岫岩寺》一诗充满了息影山野的气质，结尾更加意蕴深长，

图9-3　张船山画像

表达了作者对岫岩寺的情有独钟与恋恋难舍。但是，这种心境并非一成不变，面对乱世风云，王雪樵切身感受到了身为书生的无奈，用裴宜丞的诗来说，就是"书生无法扫群魔"。1931年，他书赠神木南乡青年瑞堂（路茂槐）的诗句，看似激励瑞堂，其实也是对自己的反省与黾勉：

> 日悔诗书误，贫愁日月长。
> 静思调恶马，投笔战沙场。[11]

如果说张问陶和杨江给予的是精神寄托，那么张紫垣（图9-4）则缓解了王雪樵的身体痛苦。1935年，王雪樵经多方医治无效的腹泻宿疾，让榆林名医张紫垣治愈了。[12]他感篆中怀，赠了大量书作（图9-5），仍觉得不能表达感恩深心之万一，于是又作诗一首，对张紫垣的医术给予了极高的评价：

> 国手张紫垣，儒医亦是仙。
> 修园绵世泽，景岳继家传。
> 燥湿方分地，阴阳症辨天。
> 丹溪当把臂，青主欲齐肩。
> 半载深交缔，数年宿疾痊。
> 临歧无所赠，一纸愧寒毡。[13]

让人意外的是，王雪樵对感佩不已的张先生不称字竟然直呼其名。是他们相交很深的缘故，还是为了诗句的押韵，抑或他根本就不在乎这些封建礼数。这又让人想到有的资料介绍，雪樵乃先生之字，终究感觉有点儿奇怪。[14]因为在先生的遗墨中，"王雪樵""雪樵"这

图9-4　张紫垣

样的落款署名随处可见[15]。

一般而言，古人不自称字，虽然也有一些例外，为顾炎武所注意，但绝非主流[16]。没见张炽章在文末署名张季鸾的，更没见裴廷藩发表启事用裴宜丞的。

名与字的意思总有一定的关联，要么相近，如李白字太白，杜甫字子美；要么相反，如韩愈字退之，朱熹字元晦。光荫与雪樵，意思明显不相近，却似截然相反。笔者揣测，雪樵可能就是王光荫的表字。毕竟，先生在归隐神木提倡新学与放足的时候，享有"王疯子"的绰号，做过一些惊世骇俗的举措。直呼朋友其名与自称字这样轻狂的行径，对他来说也许远不算什么咄咄怪事。至于王雪樵先生那些极具传奇色彩的故事，以及他与贤达权贵如于右任、高志清、井岳秀等流的往来，已经有武绍文先生的大作广为传介了，不再一一赘述。[17]

我想，设若王雪樵先生成长在书本文化发达的江南或是全国任一大都会，那么他的造就可能就不足为奇了。难能可贵之处正在于在如此偏远的荒凉之地，他还能横空出世，独自破茧成蝶，翻飞在中国这一方阔大久远的艺术天空（图9-6）。

王雪樵能在陕北这样封闭贫瘠的文化沙漠踽踽前行一直臻至今日之殿堂，先天的聪明禀赋纵然是一个基础，但后天坚持不懈的勤学苦练恐怕才是真正重要的原因。他每日晨起，不先盥洗，即开始临摹，数十年如一日，以致家人、学生、亲友因为他磨墨洗砚而多有怨言。他常常教导弟子：

千万不要偷懒，就是很有书法天分的人，也需要垛两三房子的纸

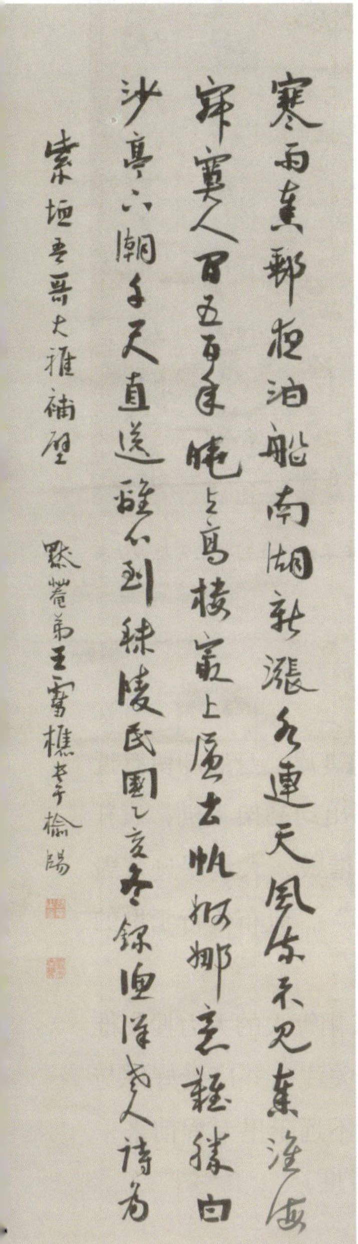

图9-5　王雪樵书王渔洋诗赠张紫垣

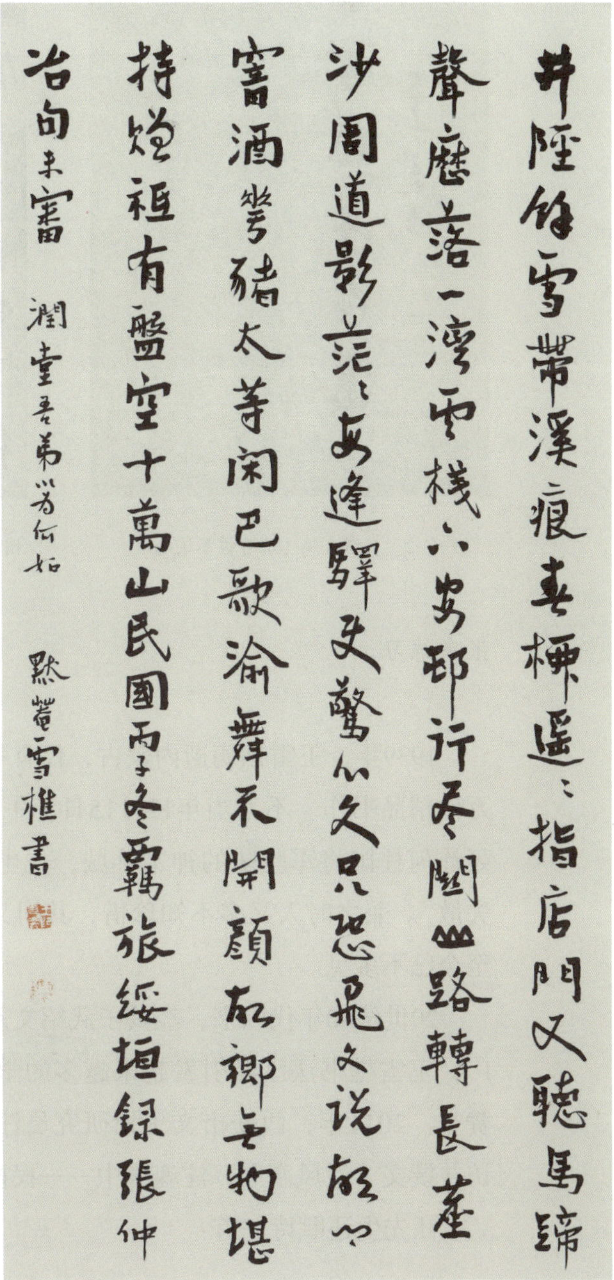

图9-6-1　王雪樵书法

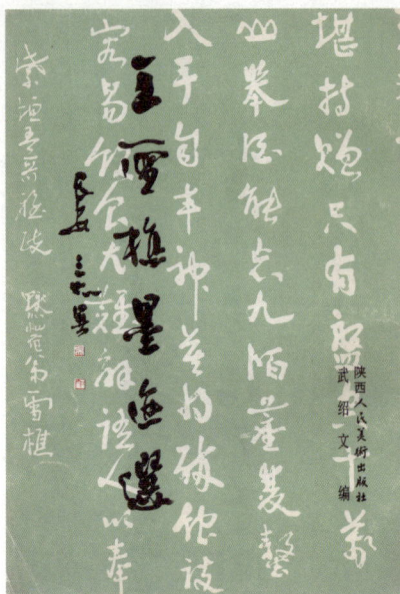

图9-6-2　武绍文编《王雪樵墨迹选》

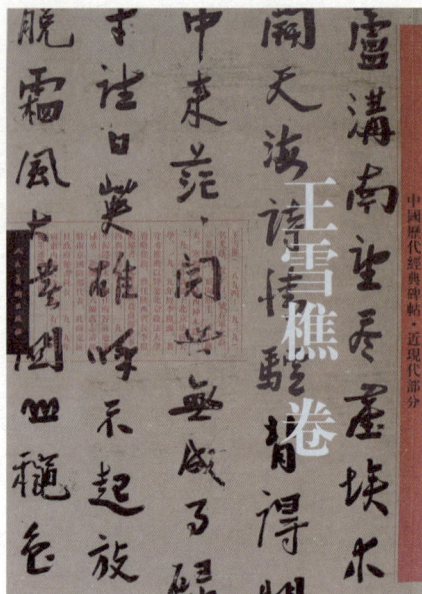

图9-6-3　人民美术出版社刊行王雪樵书法集

张来练习。

1939年，王雪樵病逝内蒙古，仅有一袭烂皮袍裹尸，身后却留有近万件精品书作。不幸当年12月15日上午8时，日军出动35架飞机，疯狂轰炸何柱国将军驻防的神木县城，先生书屋惨遭摧毁，大量墨迹焚毁失散[18]。兼之时人又多不知珍惜，其间又经"文革"，流布传行于世的至今已不多见。

20世纪80年代以来，经其子武绍文及其孙武广韬等人的大力搜集推广，王雪樵书法已经引发越来越多的学者与方家关注，并广受好评与赞誉。2011年，西安市文史馆研究员汪运渠先生不远千里专程前来采访并撰文《逆风塞上，注魂墨中——民国书家王雪樵》。

汪先生还赋诗一首：

亲见先生遗墨珍，笔挟风雨迥出尘。

斗转星移名不没，塞上书家第一人。[19]

  《书谱》有言：人书俱老。实在可惜，王雪樵先生46虚岁就病故了，不能于炉火纯青的境地更进一步。如果天假以年，其成就必定远非今日之观。

  诗书传家远。王雪樵的子嗣后人，亦多出类拔萃者，这大概就是文化之于一个家族无形的浸染与影响吧。1937年春，先生应扎萨克旗沙王之邀赴内蒙古。行前，应侄子之索，书张问陶诗两首，可看作这句古训的注解：

其一

夜雨泠泠画武连，王郎泼墨便天然。

从今两幅鹅经卷，竟作吾家故事传。

其二

不妨衣食老风尘，诗酒清寒骨肉真。

留得千年遗像在，儿孙须仿画中人。[20]

  诗意虽显凄别之悲凉，似有决绝意味，但仍流露着一种对子嗣久远的人文观照与深切的谆谆愿嘱。读罢这两首诗，又看先生墨迹，再端详他敦厚儒雅的留影，即便旁人似乎亦感受到了一种无言的教益与向上的砥砺。

陕西神木县各团体报告灾情并请求救济函

敬恳者：窃查敝邑地居寒带界接蒙疆，幅员之中，非沙即石，间有可耕之地，而碛瘠不堪，岁仅一收，虽极稔之年，每亩止获斗许。平时食料，全恃口外山西等处接济。

自民国六七年间，芦（卢）匪犯境，往复兹扰，草牌一带，遍遭蹂躏，由通岗浪至高家堡，延袤三百余里，十室九空，户鲜盖存。又兼连岁荒歉，冰雹为虐，被灾之处，率皆无所得食。而常平仓粮，早经变价。城乡义社各仓，亦复毫无积蓄。所恃以弥缝补救者，只就地方筹画，或设平粜，或散赈款，酌量分配，以解倒悬。

迨去年自夏徂秋，数月不雨，遂成大灾。怀仁等迭奉敝县长委派分途下乡调查，只见乡村之景物荒凉，男妇之形容枯槁。其被灾较重之区，早已室如悬罄，日不举火，种种惨状，触目伤心。敝县长闻之恻然，因饥溺为任，筹款集议设立贫民教养局一所，收容失业贫民，使习粗浅工作计。所内收养者共一百余人，其余城乡灾黎俱分别登记。对于次贫之户，设平粜以周济之，该领粮之户，现共有二千三百九十六人。对于极苦之户，立粥厂以全活之，本城与高家堡各设一处，约共食粥之民一千八百四十三人。然此特就目前力所能及者言之，若再按全县十九万五千余人，依迭次调查册报，次贫户口四万一千七百四十二人，极贫户口二万二百六十六人，通盘核计无所得食之民，尚不下四五万名。

年前数个月中，饥民无聊，均采棉蓬、登相各草子，杂以糠核为末和汤，苟延残喘。现在草根树皮，罗掘亦尽。入春以后，何堪设想。兼查敝县气候较寒，植物之发育最迟，是以不望夏禾，独赖秋成，非至七八月间，不能必其丰歉。将半载之余，青黄不接，数万灾黎何以生为？

总计全县各区灾情之所最重者，莫如西路四保正许家洼等三十八村，并中路三保正石槽村等二十九村，于旱灾之余，益以雹灾，百谷既被损伤，田畴竟成赤地，哀鸿遍野，终日不获一食，即粃糠亦如珍馐，非赖人完全救济，必无生理。

匪灾之所最惨者，莫如沿边西北石板台等一百一十三村，自去年十一月间，东胜会匪倡乱，侵扰县境，焚杀掳掠，所过为墟。居民扶老携幼，转徙流亡，时值严寒，积雪遍地，饥寒交迫，在野外冻毙者多至二百余人。不意此股土匪，甫经大军荡平，而武匪一股，又复接踵而起，如水益深，如火益热，草牌全境，虽小康之家，转瞬亦变为极贫之户。小民何辜，遭此荼毒。幸蒙陕北镇守使派队迎击，贼势披靡。然西北一隅，已无一寸干净土矣。因以饥馑加之师旅，旱雹匪灾，三者相继，倘非迅筹救济，则灾民数巨，难保不别酿变端。

先是敝县长莅任伊始，考察地方情形，提倡水利，创修窟野河渠于兴利之中，仍寓恤贫之意。以工代赈，咸称盛举，不意工程将竣之际，河水暴涨，坍塌坝堰，现在续修无力，废置可惜。兼以商务停滞，银根奇紧，商家资本，皆被皮毛所积压。市面一洋一钱，竟至无法周转，致由甘肃所来之粮，无法销售，贩者坐困无聊，率皆赔累以去。自此以后，恐粮路亦将断绝。

怀仁等忝列绅界，目击此等情状，午夜焦灼，思所以急救之方，只以灾区过广，金融穷迫，无米之炊，巧妇难为。倘得大宗巨款，藉资挹注，不特维持现状，兼可开辟利源，而数万生灵，庶有生望。凤稔大君子胞与为怀，休戚相关，谅必有茌筹硕画，造福此邦，尚祈溥一视同仁之量，为借箸代筹之举，则坐于涂炭者，不难登诸衽席矣。为此合词泣恳，伏希矜察。此致华北救灾协会公鉴。

劝学所所长：郭怀仁；

高小学校校长：姜治齐；

教育会会长：贺伟；

警察所警佐：王德富；

商会：正会长张国琇，副会长姜封齐；

农务会：正会长乔济，副会长王光晖；

财政局：正局长姜封齐，副会长张国琇；

保卫团：团总姜封齐，副团总杨树华；

防城局：正长杨光标，副长屈汝益；

贫民教养局：正长王德富，副长张国琮；

水利局经理：张国琇；

毯业工厂经理：乔济；

平粜局管理员：张绍光、乔镇豫、张国琇；

粥场经理：耿生明、乔镇扬；

赈抚局调查员：李荟蹊、贺心信、王光荫、树孙德、尚天文；

高家堡绅士：刘培英、刘毓麟、康希舜；

高家堡平粜分局管理员：李怀琛、王泽霖；

南乡绅士：王守恭、贺茂时、王启运、王荣绶；

西乡绅士：解鸡炳、孙万英；

东乡绅士：杨初荣、侯家实；

北牌草绅士：杨海、白凤翔、杨芝林、张问崇。

——《救灾周刊》1921 年第21期

重修古佛洞碑记

文/王雪樵

　　今之古佛洞者，昔之董家庵也，位于文昌阁下，岩深崖峻，耸然矗立。上有石室，萦回盘曲，奇幽逼人，其创建年月，远不可稽。清同治间，毁于火，荒凉数十余载，无复过而问之者。邑人郭子镇西等，于民国九年夏，步游郊野，遥见半山恍惚有人，心疑之，攀藤附葛而上，比至，则阒无焉。历数阶，俯首而入，有石洞几所，阔丈许，深十有五六尺，中列石佛数尊，尘封蛛网，黝暗无光，呼人缒而下，彷徨无所归。转思佛祖随缘应化，自有朕兆，乃持短簿，遍告同志。不逾月，上洞石像，颇加绘饰，而岩下石佛、栏墙因经费支绌，仍埋没于荒烟莽草间，如是者有年。迨至己巳春，孟君富春、郭君尚万，与住僧周振欲募重新竟其全功。旋值岁比不登，民鲜盖藏，而以力绵中辍者屡矣。会定边高公志清，驻节斯土。公余馀数偕三二幕僚览胜，目击心伤，毅然慨助，并劝孟君赓续经营，毋隳前功。城乡绅衿，复能仰体高公德意，各出资力，以助不给。由是而洞像而缭垣而禅厨罔不丹腹暨茨，视昔有加。时二十一年孟秋也。余湖海归来，养疴于斯，抚景枨触，百感交集。落成之日，凭栏四顾，驼峰西峙，龙眼北拱，窟野蜿蜒如修蛇奔环。槛外遥望，杏花滩浓荫青葱，扑人眉宇也。俯瞰城市房屋栉比，烟火万家也。少顷，月出于斗牛之墟，虫声唧唧，凉气侵人，则又有雕栏曲室，焚香静坐，诵秋水一篇，盖不知其天上人间也。噫！此仙境也，谁实为之。既而考其颠末，则孟君等之栉风沐雨，思得聿观厥成者，固不可没。而高公以名人恢复名胜，其功固不伟哉！惟愿后之览者，知斯洞之兴而废，与废而兴，承承相因，庶无负今日诸公董率之苦衷也。是为记。

——《中国历代经典碑帖（近现代部分）王雪樵卷》

李根源入陕之迎拒

  李根源长陕之命令发布，陕人中，有一部分反对者，又有一部分反对反对者，文电书函络绎不绝，而最近陈树藩督军亦表示拒却意，兹将两方对于李氏之函电，略述一二，此中消息殆与陕中政局不无关系也。

  拒李入陕者，陕西督军陈树藩，闻李根源到京，即电请政府筹款五六百万，以资救济。昨又电致政府，自请辞职，谓自李根源有长陕之命，人心惶惶，军情摇动。树藩百计维持，极力镇抑，以为李省长必携有大宗巨款来陕，则补苴调停，当可渐臻融洽。讵李省长来电，启节有期，筹款无望，绕屋徬徨，未知所措。目前，财政罗掘俱穷，而一般人士慷慨激昂，纵能抑制暂时，终恐一旦横决。树藩自计庸愚，弥缝无术，与其获谴事后，不如陈情于事先，恳另简贤能，俾得解甲读书，借遂初志。又电云，据省垣巡警厅报告，有公民二千余人，因反对李根源，欲拒入陕，故向省议会请愿，与梁议员冲突，议场秩序紊乱，派警弹压，即时解散，恐道途传闻失实，合先电闻云云。

促李入陕者，陕西旅京公民，致国会陕议员书云：参众议院陕西议员诸君鉴：天相中国，共和复活，黄陂继任，政局稍安。吾陕积弊之余，幸得李公长陕之命。贤者在位，乃国家之休征；抚字得人，实灾黎之幸福。公民等不禁为吾陕贺，尤不禁为中国前途贺也。君子不阿，所好誉者，必有所试。查李君印泉之为人，其行义事业，彰彰在人耳目。武汉起义之时，李君手提义旅，与蔡松坡诸人，勠力以滇独立，是其于共和之肇造，厥功不鲜。去岁帝制发生，李君又与唐蔡诸人，首树义帜，为全国倡，中国所以不亡，共和所以复苏，凡我国民，孰无良知，能不饮水思源耶。迩来李君经政府之敦促，陕民之电请，将赴陕视事，竟有少数金任挟私反对。阅本月一号觉报专电栏载陕西公民电，一则曰祸滇，再则曰祸粤，三则曰祸陕。夫以滇独立，即为祸滇，粤省响应，即为祸粤。是必于武汉首义之时，滇省不独立相应，而后乃为不祸滇也；帝政发生时，两粤不表示反对，而后始为不祸粤也。若然，则专制不除，帝政复活，吾恐我辈胥为亡国之奴，尚敢得参预政治，反对省长耶！况该电署名各人，从无省中人望，即谓全省反对，则省议会乃代表全省人民机关，何以不见一字来京？其为一部分人之私意，灼然可见。尤可怪者，该电署名有张绍庭、谭秀亭二人。查张君绍庭素表欢迎，现已登报声明，该电系捏名伪造，决不承认，此其谬妄者一；谭君秀亭，业于七月二十四日病故，在法律上早失其自然人之行为能力，而该捏造伪电者，一味颟顸，冥然罔知，是其谬妄者二；况即使谭君未死，张君反对，然电自陕来，而谭张住京事实牴牾，显系捏造，是其谬妄者三。方今共和国家，凡我国民首重信义，尤尚法律，似此光天化日之下，而一二宵小，竟敢为此等不法之举动，凡我同乡、凡我国民，应视为人群败类贪众弃之。借日偶然同名，则一人姓名相同容或有之，安有二人并列而二人姓名并同一字不差之理？况二人同住京师，同系闻人，而同误于一电，是又天下之至奇，而吾人之所罕见者也。更可异者，日昨欢迎会，以大多数之同乡欢迎省长，而刘某等三人，竟敢以少数专制多数，以强暴妨害正当之集会，甘犯刑律第二百二十条之罪，迨由警士带区，该三人又供称，并非反对，实系误会，供词具在，结案可查，乃释放后，仍复多方反对，似此奇奇离离，尤难揣测。总之，公理具在，人心法律具在。国家议会诸公，既有代表人民之资格，当然有维持桑梓之义务，敢请转达政府，饬李君早日赴陕，实为公便。公民等情切桑梓，不得不呼吁陈词，惟诸公留意幸察。

薛正清　党子屏　舟春华　李蔚亭　甄寿山　罗崇诚　郭宝菴　赵殿卿　童笃生
陈子贞　周孝明　雷明轩　王式铃　王缦卿　高者卿　张幼南　侯敬修　苏果哉
包楚林　李养泉　李养初　杨雨轩　孙五洲　陈汉峰　石幹峰　孟宗舆　载联芳
李端甫　毕俊夫　刘翰章　张思敬　李鸿儒　张蔼臣　母子骏　玉殿英　田芝芳
高　健　胡重韬　刘述吾　梁寿臣　张依仁　程展云　李伯馨　田德三　尚星府
乔崇山　柳子明　张瑞庵　郭石青　郭榭晴　徐文魁　白玉峰　蔡静臣　张书绅
郭　昭　尚焕堂　阎郎轩　党兴业　尚启垣　曹振民　解秉刚　张集贤　孙增辉
田培兰　张益如　刘墨臣　邢子宏　刘兹庶　李恩绫　冯绍芳　赵国宾　周友箎
李士英　姚明道　严建章　杨懋昌　南雪亭　高致堂　王光荫　马醒民　柯伟于
杨瑞亭　王孔生

——1916年11月8日《申报》

农商部二次裁员
——又裁去一百三十八人

农商部自李根源到部以来，共添员一千四百十二人，除顾问咨询六百余人外，分派各厅司科行走任事者共计八百六十四人，每月预算由七万增至十五万二千余元，为历来所罕有。现在高凌爵等既标榜裁员，对于李根源所用之人，当然首开刀。昨日袁乃宽又将该部不当到部之职员共计一百三十八人，共下六道部令，分别开去职务。兹分志如下：

（一）技正上任事：朱炳文、卫梓松、王希柏、王四田、梁士梓、李人□、赵世芳、卫国垣，著即开去职务，勿庸到部办事。

（二）技士上任事：黄民思、张联唐、李铭、王锡祉、吴焕堂、王育瓒，著即开去职务，勿庸到部办事。

（三）佥事上任事：徐之麟、杨凤翔、李奇、王有蓉、龙宗荫、李志元、张鹏飞、黎民镇、宋佩荃、缪云台、黄杰、顾韶、刘寿彝、陶景明、卢维、周潘保、程战、龙翔、张标、杨发锐、李秋谈、长治、高维昆、黄坚、张笃纶、马伯骥、李濬源、胡源深、于龙门、王吉盛、洪孝康、黄序鸿、顾祖、文素松、樊钟贤、莫正高，著即开去职务，勿庸到部办事。

（四）主事上任事：陈湘衡、马树声、邓茂初、龙章、徐树芬、卞汉丞、邓二纲、檀家邺、张亮曾、彭锡瓒、<u>王光荫</u>、王葆华、战世楷、龙焕纹、林梦超、刘振煦、安维泰、董文琨、陈谟、周伸迁、谷符时、程铭西、郭璋、周炳武、胡文豹、李证寰、王聂、廖子、赖庆时、傅宗均、李瑛、韩葆良、聂从铎、彭昶、洪承德、刘铜铭、朱芹生、周鼎，著即开去职务，毋庸到部办事；

（五）办事员：振罗琳、欧杨楷、唐业麓、龚元凯、熊冲、高际勤、耿木正、张贤林、许宝光、林炳炎、王尊贤、黄铖、缪钦、吕韩子、木宗馨吾、张崇善、叶增荣、黄章、张湘浦、陈开运、吴绍汉、关意诚、万永龄、黄守玉、王金铭、杜光还、钱勋、李邱卿、何泽贶、革克敏、钟之瑛、方拭、党毓秀、孙绍康、吴震、金仁恕、俞培笙、屠维、桂璠、钱养鹏、徐志诚、邓崇基、杨夺魁、陈翘、刘德煌、张允良、陈兆祺、金兆魁，著即开去职务，毋庸到部办事；

（六）编辑员：席上珍、钟建围、郭□，著即开去职务，毋庸到部办事。

——1923年10月27日《申报》

【注释】

1　王雪樵身世　参见武绍文《书法家王雪樵先生》一文，详于《神木文史资料·第1辑》/政协神木县委员会/1986，116页。

2　神童　同上，117页。苦钻书法　参见武绍文《王雪樵年谱》，详于《樵子文存·集雪樵遗墨》/武绍文著/55页。

3　受裴宜丞引荐　参见《书法家王雪樵先生》一文，详于《神木文史资料·第1辑》/政协神木县委员会/1986，117页。武绍文先生还记载王雪樵与袁伯玉友好，但关于其人目前发现的记载极少。仅见《武汉市志·对外经济贸易志》/武汉地方志编纂委员会/武汉大学出版社/1996年，51页记载其从事报关职业。另据1924/07/29《大公报（天津版）》报道《天津织染同业会开会记》也提到了"袁伯玉"这个名字。据笔者推测，袁伯玉极有可能是王雪樵北京政法大学的同学。1931年，王雪樵在砚台上自题追溯了自己学书起始以及砚台的来历："砚系袁君伯玉所赠，余浸淫秦汉六朝碑碣，垂廿年矣，此石有劳焉。民国二十年春，雪樵题。"

4　任府谷麻地沟县佐　参见《政府公报·1917年04月（二）》/四月二十九日第四百六十六号/第107册/418页。

5　辞华综王孟，字意得颜欧　见《中国历代经典碑帖（近现代部分·王雪樵卷）》/人民美术出版社/2015，44页。

6　书法需要文学支持　没有诗文，只有书法和绘画，要真正传世很难。孔子的言论还在，笔墨早就不见了，屈原的诗文至今传唱，屈原的书法却消失无踪。《红楼梦》成书短短两三百年，作者手稿恐怕也已灰飞烟灭。许多时候，文学比任何文化形式都要永久。详见《成为小说家》/谢有顺/北岳文艺出版社/2018，169页。书名蜚声长城内外　1936年秋，北平笔会，王雪樵书作被评为北方第六。参见《书法家王雪樵先生》一文，详于《神木文史资料·第1辑》/政协神木县委员会/1986，122页。

7 游岫岩寺　见《樵子文存·集雪樵遗墨》/武绍文著/94页。

8 张问陶《华林驿》诗　可参见《中国古代邮亭诗钞》/刘广生编著/北京邮电学院出版社/1991，162页。原诗如下："问水寻山汗漫游，绝无人处亦勾留。可怜冷落花林驿，只有斜阳满戍楼。"王雪樵很推重张问陶，《中国历代经典碑帖（近现代部分·王雪樵卷）》收录的书作，约有百分之八十的内文是张问陶的诗。

9 张问陶简介　参见《中华传统文化观止丛书·清诗观止》/《清诗观止》编委会编/学林出版社/2015，186页。

10 杨江简介　杨江（？—1855），字芍坡，榆阳人。清道光二十四年(1844)举人。做过训导、教谕之类的低级官吏。此人博古通今，文采横溢，曾壮游关中、陕南、中原、江南等地，遍考名山大川。其诗宗少陵，或写山河壮美，或泻怀古胸臆，间或讽今喻人，针砭时弊。所著《榆林府志辨讹》《河套图考》二书，引证资料丰富翔实，文图并茂，对于研究榆林及河套的历史地理颇具价值。他客死西安以后，由胞弟杨文广编纂其生平著作，交关中书院刊刻发行。详见《榆林人物志》/《榆林人物志》编纂委员会编/陕西人民出版社/2007，43页。

11 王雪樵《赠瑞堂诗》　详见《樵子文存·集雪樵遗墨》/武绍文著/94页。

12 张紫垣简介　详见《榆林百年医粹》/郭冠英著/中国中医药出版社/2014，295页：张紫垣（1889—1951），字昆明，号星耀，陕西榆林榆阳城区人。幼时体弱多病，因求医艰难，立志学医。先拜张炳南老中医为师，后自学于古刹。攻读经典医籍数年，而得其要长于妇科、时疫、杂病。善以温热药治寒凉，应用自如，有"温热派"之称。对痢疾之病因、治疗尤有独特见解。行医四十年，医名颇显。曾设馆授徒于榆林普济寺，其学生亦有因医而名于世者。需要指出的是，《榆林百年医粹》一书记载张先生的卒年似有误。据李霁《人间重晚晴——记政协特邀文史委员张紫垣》一文，1981年张紫垣曾应陕西省政协邀请，以古稀高年赴西安协助他人写文史资料。1982年回榆林后，先后担任政协六届委员，七、八届常委。详见《榆林文史资料·第十四辑》/政协榆林市委员会文史资料委员会编/1994，59页。《人间重晚晴》所载"张紫垣"，1990年，年过八旬，显然不是《榆林百年医粹》所载生年1889年的"张紫垣"。然而两书都说张紫垣善于治疗妇科病。据《人间重晚晴》一文："张紫垣还给省中医管理局贡献妇科病验方，经专家审定，选入《陕西验方新编》一书。"不知两文所载是否为同一个"张紫垣"，存疑待考。至2018年6月，笔者通过武广韬律师与名医张紫垣孙张文辉大夫取得联系，始确认实为两个重名者，张文辉先生还为笔者提供了他祖父　张紫垣（1889—1951）的一帧小照。

13 王雪樵书赠张紫垣的诗　见《中国历代经典碑帖（近现代部分·王雪樵卷）》/人民美术出版社/2015，95页。该诗为王雪樵书法作品内文，书末落款：紫垣老哥雅鉴，民国乙亥冬，弟王雪樵倚装。《赠张紫垣》这样的标题应是武绍文先生所编拟。

14 王雪樵在书法作品中直书张紫垣其名　王对张的称呼为"紫垣吾兄""紫垣吾哥""紫垣老哥""紫垣仁哥"。详见《中国历代经典碑帖（近现代部分·王雪樵卷）》/人民美术出版社/2015，86—89页以及94—105页。

15 王雪樵落款　详见《中国历代经典碑帖（近现代部分·王雪樵卷）》一书。

16 古人自称字　见《日知录校释·下》/（明）顾炎武著/张京华校释/岳麓书社/2011，0936—0937页。

17 王雪樵轶闻　详见《书法家王雪樵先生》。

18 日机轰炸神木　《倭戮略·侵华日军制造的大屠杀事件罪行辑录》/彭明生主编/中山大学出版社/2015，214页。另外，据陕西省委党史研究室编《陕西省抗日战争时期人口伤亡和财产损失》/中共党史出版社/2015，88页：1938年9月13日，两架日机轰炸神木县，投弹15枚，伤亡37人。

19 名家评论王雪樵　详见《王雪樵墨迹选》/陕西人民美术出版社/1989，以及《中国历代经典碑帖（近现代部分·王雪樵卷）》一书。这些名家是钟明善、延增成、赵熊、谢小青、黄君、陆明君、刘守安等。汪运渠推介王雪樵文章《逆风塞上，注魂墨中——民国书家王雪樵》一文，载《收藏界》/2011年第5期，108—110页；《华商报（今日陕北）》/2012年8月15日，第Y7版：塞上人文；《艺术品鉴》/2013年第2期；《艺术品》/2014年第9期，44—47页。《观雪樵先生遗墨》诗　见汪运渠新浪博客http://blog.sina.com.cn/s/blog_5cfc8fcd010159on.html，最后访问日期2017年7月28日。

20 王雪樵书张问陶诗二首　详见《中国历代经典碑帖（近现代部分·王雪樵卷）》/人民美术出版社/2015，120—121页。这两首诗原是张问陶题清代画家王学浩（号椒畦）为自己所画《武连听雨图》而作的，原诗共有四首。原诗与王雪樵所书录的稍有出入："夜雨泠泠画武连，王郎泼墨便天然。从今两幅鹅溪绢，画作吾家故事传。""不妨衣食老风尘，诗酒清寒骨肉真。留得千秋遗像在，儿孙须仿画中人。"王学诚主编《杏雨东风》、李涛主编《榆林历代诗词全集》等书这两首误在王雪樵名下，兹特订正。详见《剑门蜀道诗选》/贾映斌等著/巴蜀书社/1989，273页。

吴我怡/

民国陕北名士

图10-1 青年吴我怡

1 吴我怡（1904—1994），名之傑，小名汉三。陕西神木人。财政专家。1930年留学日本，1934年留学英国，1946年任中华民国财政部汉口直接税务局局长。在学生时代，他用名吴之傑，出仕以后，用名吴我怡。"汉三"取意"汉初三杰"，听起来颇通俗，"我怡"则文气十足，这大概就是乡人多知吴汉三而不识吴我怡（图10-1）的缘故吧。

过去取名讲究，吴我怡兄弟几个，之俊、之倬、之俣、之健……第二字都带有单人旁。

1904年即清光绪卅年，吴之傑出生于陕西神木城内一家皮商富户。

神木地界长城内外，清末民国，煤炭还不起眼，"（煤）就在地面，只要整块的打下来运走，据说一块钱可买一千多斤"，所以少有以之而发家者，倒是出过许多有名的边商，主营皮货和地毯。据1938年5月，由延安北上而经神木的欧阳山尊写道：

神木以地毯著名，一条地毯可以用二百多年。以前可以从天津出口，目前交通断了，已不可能，所以改织小的马毯或椅垫卖给蒙古人。[2]

时神木边商知名者，有"蔡七万，杨八万，沈十万，张百万"之说。吴家虽不比这四大家富庶，但也家财不赀，银洋堆在仓库中，一垛一垛，比人还高。吴家的皮货生意闻名遐迩，远在河北邢台都有商号。

1933年，吴之傑的弟弟吴之倬（1923—2011）前往邢台教会医院疗治腿疾。由于商号和教会有来往，美籍医师犹太人恒大夫服务态度极好。术后，建议骑自行车进行腿部锻炼。

于是，吴家通过关系为少掌柜吴之倬买回神木有史以来的第一辆自行车。彼时，边塞小城的交通工具多凭牛马驴骡驼，规格稍高的则是人抬轿子。自行车此等稀奇玩意儿，售价不菲，大概只有经济实力雄厚如吴家者方可承受。[3]

历史上，陕北和山西因地缘人文更为亲近，在商贸、婚嫁、交游等方面多有往来，西安虽是陕省首府，神木与之却联络得非常疏松。

吴之傑聪颖好学，髫龄入私塾，未几，清帝逊位，各地新学渐成主流，像本城大多数有志上进的少年一样，他选择前往山西太原高等小学校修业，三年后进入天津南开中学继续深造。在南中，他仍不失为佼佼者，积极活动于学生会，为平校干事（图10-2）[4]。

2 1928年，吴之傑入读上海大夏大学。大夏大学，取"光大华夏"之意，时誉“东方哥伦比亚大学”，1924年6月初，厦门大学三百多名师生因学潮离校至沪而创建，目下与“之江大学”“中国大学”“燕京大学”等并称“中国大陆消失的16所著名大学”。

出版发行于民国十七年（1928）6月的《大夏大学一览》一书，为我们提供了一些时为预科一年级学生吴之傑的一些信息（图10-3）：

籍贯：陕北神木

永久通讯处：陕北神木五道上巷十一号[5]

此时，五四运动将近过去十年了，若非女校，一般学堂，女子依然少见，与吴之傑同年级者七十名，女生仅四人。

吴的同学多家居江浙东南沿海一带，大夏大学，北方生源甚寥落，预科一年级，陕西、直隶两省，各仅占一名。

图10-2 《南中周刊》封面

學生名錄

王士琦	浙江淳安	浙江淳安威坪義昌號轉王公和號
王正儀	湖北孝感	湖北廣水汪洋店王家冲
王重政	江蘇泰興	泰興黃橋韓裕大交
丁慧娟女士	雲南鶴慶	漢口新碼頭教和里七號
王家棟	江蘇吳縣	上海同孚路三瑞里一七號
王　俊	浙江慶元	浙江龍泉南鄉月溪轉上原
王明珍	廣東定安	廣東瓊州定安雷鳴市濟安堂轉龍門市裕隆號
任從元	浙江東陽	浙江東陽前園
李植丹	江蘇泰興	泰興橫橋李慎祥號
呂若枋	安徽阜陽	安徽阜陽北鄉茨河舖
余蘭英女士	江蘇興化	興化北小街陽家巷對過
吳之傑	陝北神木	陝北神木五道上巷十一號
周希旦	江西金谿	景德鎮新當舖街周永盛瓷莊
邵經謨	廣東電白	廣東電白華陂村
袁學謙	浙江桐廬	浙江桐廬焦山

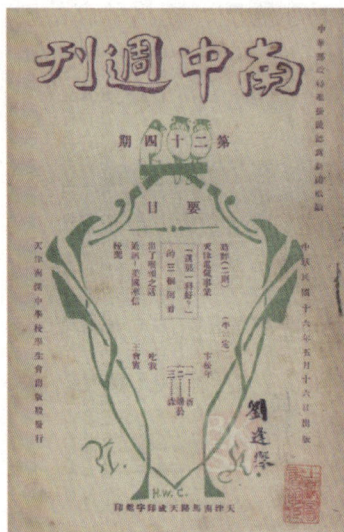

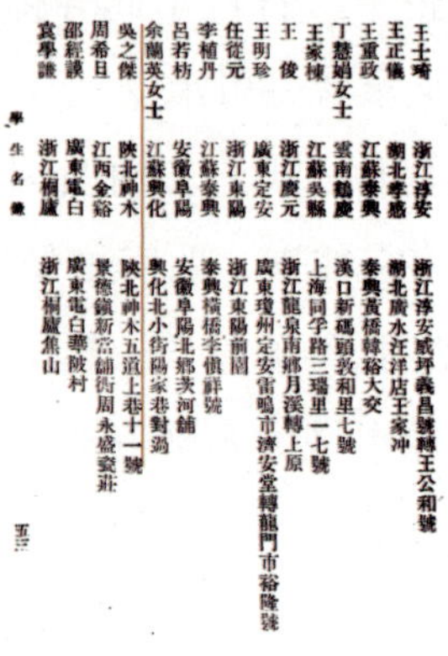

图10-3 《大夏大学一览》所载吴之傑信息

美不美，家乡水；亲不亲，故乡人。上海虽是十里洋场的不夜城，有时，吴之杰仍难免会感到一丝远离故土的淡淡哀愁。那座塞上边城，通常被文人雅士目为穷山恶水的僻壤之地，依然有他的心之所系。

这时的吴之杰已经出落得仪表堂堂，斯文儒雅之间不失钢骨之气，他全心全意将精力投注于学业。

吴之杰一生似乎注定漂泊，少小离家游学大江南北，以后还会远涉重洋负笈异地他乡，在日本，在英伦，在台湾，直到风烛残年，重返故里。

上海三年，吴之杰的日常，除了学业，其余生活，现在很难了解。他的同学，尽管均是陶冶新旧文化，研究深邃学术，技有所长的专门人才，毕业之后在社会上多能谋得一份体面的工作，或官场，或商海，或学林，多为一时精华，然而终是历史云烟，飘散了，消逝了，了无痕迹。相对而言，吴之杰还算幸运。这不仅因他是其中出类拔萃者流，更主要的是，有人为我们及时整理记述了他的一些遗闻逸事。

3 吴之杰人生中晚期伴侣严淑宝，也毕业于上海大夏大学。关于这位女士，目前我们所知甚少，仅有一段其学妹陆采莲的回忆：

（严）淑宝是我在大夏同学中交往最久最深的好友，我们彼此倾心，无所不谈。记得她在学校时，曾和一个交大的学生叫谢长生的常有往来，她还帮谢君抄写过毕业论文。只是她和谢君真是君子之交，她告诉我，如果她们一起吃饭，她都要自己付账，这样使谢君感到很尴尬，所以隔了一段时候，就没有再来找她。不久，就给她寄了一张喜帖，如此的结束了她们间的一段情，因为她太理智了，所以也就没有什么。她很有孝心，她有年高的老母。本来卅八年她可以来台，只是她母亲又晕机又晕船，所以她陪伴着老母，一直留在上海。好友不能聚首真是遗憾，回忆在校时的终夜畅谈，联袂出游，往事如梦，能不依依。[6]

通过这段简短的文字，陆采莲为我们着重强调了她的闺蜜严淑宝的三种个性：独立、理智、孝顺，此外并无交代多少有价值的信息，尤其是这段对严淑宝一直记叙到民国三十八年（1949）的文字，大书特书严淑宝过往情史，独对她民国三十六年（1947）与吴我怡订婚一事只字未提，颇令人费解。吴严文定，事先在上海《大公报》上发表过启事（图10-4）：

吴我怡、严淑宝订婚启事

谨詹于国历三十六年十二月十二日在沪订婚，特此敬告诸亲友。[7]

图10-4 1946年12月12日《大公报》（上海版）刊登吴我怡、严淑宝订婚启事

毕业在即，严淑宝为学姐陆采莲赠言，热情洋溢，又不失旁观冷静。她以超脱的笔调，审视评价各自的心性，诉说离别的愁肠。末了，不忘畅想未来的美好前程。严淑宝以"她"自称，几乎使读者难以区分何者是淑宝，何者是采莲。这种人称代词的含混不清，将离别之难舍难分情绪表达得极其准确。

在这复杂的人群里，不期然地认识了你。一个真诚纯洁的姑娘，她是何等的快乐啊！彼此的相识，虽然只有半年，但她已透视了你的一切。你具有坚强的意志，刻苦的精神，冷静的头脑，丰富的思想，壮健的体魄，而且也是一个童真未失的孩子。她了解你，同情你，正是她的一个同志。可是骊歌频起，行将分离了，怎能不叫她黯然泣下呢！她认为具有真心实意、古道热肠的人，正会使她陷入痛苦的深渊；因为在这充满虚伪黑暗的社会里，怎能容许他们的真挚存在呢？但是，采莲！你也不要畏惧退缩。要知道，你有一腔沸腾的热血，可以改革险恶的环境；你有一副矫健的身手，可在荆棘的途径中，找到光明的出路。我相信最后胜利必将属于你的，努力吧！努力！（廿五年四月）[8]

据吴家人说，严淑宝出身名门，为名教授之女（一说银行家之女）。而现在，我们只能搜集到几段不确的记载，且不敢遽断此必其人。1937年8月4日上海《申报》发表广告《〈妇女月报〉征稿推销启事》：

本报自三卷七期起，改由严淑宝女士担任编辑，并自第八期起充实内容……

4 1987年10月15日，台湾当局宣布开放台湾居民到大陆探亲。10月16日，经国务院批准，国务院办公厅公布《关于台湾同胞来祖国大陆探亲旅游接待办法的通知》。至此，两岸打破了长达38年的冰封期。消息一出，那些分散海峡两岸的亲人异常兴奋。

诗人余光中诗云：乡愁，是一湾浅浅的海峡，我在这头，大陆在那头。殊不知，这浅浅的海峡，却承载着最深的乡愁！世间情人，半生望眼欲穿，却无法泅渡这隔断血脉相思的一泓海水。最知名也最让人读之哀伤的于右任先生的《望大陆》，道尽其中苦楚：

> 葬我于高山之上兮，望我故乡；故乡不可见兮，永不能忘。
> 葬我于高山之上兮，望我大陆；大陆不可见兮，只有痛哭。
> 天苍苍，野茫茫，山之上，国有殇！

当然，忍受这种煎熬的，何止于于右任先生（图10-5）。被他誉为"民国第一清官"的乡党吴之傑，早在1950年，就表现出急切的归乡之情。当时，好友赵守钰（1881—1960，国民党陆军中将，字友琴，号式如，与孔祥熙同乡，均为山西太谷人）七十大寿，吴之傑作祝寿诗（图10-6）：

> 人生七十古来稀，宝岛称觞映素晖。
> 矍铄康强济上寿，明年祝嘏喜同归。[9]

这种美好的愿景经过十年，直至赵守钰终老都未能实现。幸运的是吴之傑高寿，得以在有生之年落叶归根。

图10-5　于右任　　　　　　　图10-6-1　赵守钰　　　　图10-6-2　吴我怡赠赵守钰诗稿

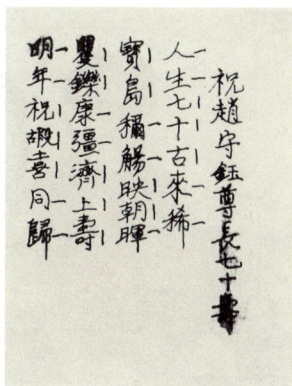

5　1987年深秋。北京。从沪上赶来的老太太严淑宝，手捧一束鲜花，候在机场出口，准备迎接阔别了几近四十年即将从台湾归来的吴先生。四十年，多么漫长如水的岁月，流经了那么多的人，那么多的事，其间多少波澜，多少沉寂，无人知晓。

两位饱经风霜的老人，在相互确认过眼神之后，紧紧拥抱在了一起，久违重逢使得他们的动作略显生疏。此时，改革开放已经十年，此西方式问候方式，仍引起周围人们的瞩目。这对留学海外将近十年的名流吴之杰以及经受了良好教育的名媛严淑宝来说，却是再正常不过的礼仪（图10-7）。

然后，吴之杰注意到在机场企盼他归来的神木亲人，其中有他的弟弟吴之悼，一位在陕北神木享有声誉的老中医。（图10-8）。

20世纪五六十年代，大陆政治运动接二连三，尤其是"文化大革命"开始，这位曾经让神木吴氏家族引以为荣的精英人物（据相关资料，时神木留学欧美者仅两位，即韩寿萱与吴我怡），给他们造成了不少的连累，吴之悼全家被下放农村。[10]

1987年深秋，吴家被一种欢乐的气氛所包围着，荣耀与耻辱不再重要，大家被浓烈的亲情所感染了。吴之杰与严淑宝随同吴之悼，一起

图10-7　晚年吴我怡与严淑宝（右）

图10-8　吴之侔

返回神木这座塞上小城，两位步入桑榆晚景的老人，浑身上下散发着一种来自异乡的新鲜气质。

严淑宝在神木待了一些时日，因沪上侄女婚期将近便告辞返程。虽说在上海，她无儿无女，也是孤寡老人一个，毕竟故土难离，那可是生身终老之地。

关于吴、严之间不幸的似有还无的婚姻，除了前文所提及的一则启事，据说还有很多书信往还。在那特殊的年代，有一段时期，他们互传音讯，全靠英文写信，先寄旅美"两岸转邮人"葛丕兴（1925—？榆林镇川人，1979年去台赴美），再行中转投递大陆或台湾（图10-9）。这些书信何存？一部分当在严淑宝那里，另外一部分却被吴之傑弄丢了。[11]

离台前，吴之傑身后尚留大量书画收藏和书信手札，全权委托台籍学生彭富发办理托运，旋即被告知全让海关扣押了。1994年吴我怡驾鹤西行之前，遗嘱曾孙吴强（1970年生，定居西安，从事医药医疗器械产研销）务必联络此人，以便追踪其在台资产。

初困孤岛，吴我怡任教台北大学，学生彭富发家贫，受其资助直至成家，后吴我怡倦勤解职，长期闲居彭家，外人多以二人为父子关系。

吴我怡逝世三周年，彭富发前来神木扫墓，言及正为恩师撰一著作。可惜，渐渐地吴家与他断了联系。2018年9月18日，笔者网上检索，发现有"台湾前中国时报资深记者、现任彰化忠孝国际狮子会常务监事"之彭富发者，与吴我怡侄女吴玉花（1948年生，2002年退休于神木文管办）为笔者提供的信息高度相似，几经周折，联系未果（图10-10）。

吴我怡老大而还，受到了神木官方欢迎，那段时间，他心情极好，告诉家人自己拟写一书，却未引起足够注意，终于不了了之了。惜神木相关单位部门亦无意识，未能动员他尽快动笔撰写一部回忆录之类的东西。或曰，一位老人去世，即一座图书馆消失。非常痛心的是，吴我怡静悄悄地故去了，带走了没有人懂得珍惜的图书馆，只余几纸零碎的诗章和耳边隐约的传闻。

图10-9　葛丕兴

图10-10　1996年彭富发来神木为恩师吴我怡扫墓，与吴玉花等合影

6 "卢沟桥事变"既发，由王兆相等共产党人领导的神府抗日红军独立第一师，虽在边区，却准备着挺进前线，大有满腔热血酬国难之气概。1937年第396期《新中华报》报道《神木红军出动抗战，群众纷纷前往慰劳》：

自从大同失守消息传来后，神木特区人民，无时不在准备着上前线去！

尤其是独立师的战斗员，他们每个人的心沸腾了。每个人都抱着一个志愿：要同日寇决一死斗。

日前接到毛主席的电报，限期五天出动，他们吵成一团，这个说："让我去。"那个说："让我去。"大家都说："机会到了，这一次我们痛快地出一口恶气，不把日本杀出中国，誓不回神木。"他们都愿去前方打日本，后方的人差不多都走完了。谁都不能打断他们上前线的决心。最后用命令来执行，才解决了这一问题。

当地群众听到军队离开上前方去打日本，高兴得了不得。各地纷纷前往慰劳。有些战士家属，自动的来信给他的丈夫兄弟儿子，鼓励他们安心在前线杀敌人，因之战士的情绪非常高涨。

与此形成鲜明对比的是，那些尝到倭寇残忍血腥的国民党部队先后退守长城一线以南。神木，"南卫关中，北屏河套，左扼晋阳之险，右持灵夏之冲"，黄河揽怀南奔，长城环腰西飞，自古为兵家必争之地，以致一时驻军云集，计有原地方驻防部队左协中二十二军，撤守东北的马占山挺进军与何柱国骑二军，以及从绥远败阵下来的白海峰蒙旗独立旅与傅作义三十五军。

1938年，去"九一八"已经七载，日军势焰更炽，吴之杰留英归来，小住家乡神木。他听说在休整的国军纪律涣散，时常骚扰百姓，便出面邀请各军将领共进西餐。酒宴上，他适时进言："诸位今天光临寒舍，实乃我吴某之荣幸。现今日寇猖狂，扬言亡我中华，在此国难当头之际，我代神木父老略备薄馔慰劳大家，尚祈诸位将军振奋精神，一致对外，早将小日本驱逐出我大中国。同时，万望各位严管部下，秋毫无犯。"赴宴的将军们深为吴之傑的爱国真情所感，承诺一定严明军纪，坚决抗战到底。[12]然而，名目浩繁的科派依然存在，神木财政罗掘一空，老百姓叫苦不迭（表10-1）[13]。

时有国民党中央军某部，退经神木，派下一万六千元（银洋）公粮，神木县长夏馥棠（1901—1954，安徽宿县人）不顾民疲财乏如数支付，无形中加重了神木人民的负担。吴之傑闻知后，与神木县教育局局长、神木中学倡建者张君彦等地方名士，联名上书向国民党中央政府反映，要求将业已支付的款项悉数归还。经他不懈努力，国民政府最终同意补拨神木县一万六千元（银洋）。

在控诉过程中，吴之傑因公关活动，借款花销大洋五百元，要求在补拨款中予以报销，县长夏馥棠坚不允可。夏正堂此举，事出有因，之前出差西安期间，他三次拜谒这位在西北联大任教的陕北名士，吴之傑因对该县劣政早有耳闻，三次闭门不见。这自然极大地挫伤了堂堂一县之长的夏馥棠，他认为吴我怡目空无人，所以要借着这一次机会出一口恶气。吴我怡无法，只得自掏腰包，卖了神木城的一座老宅，填补亏空。十几年之后，六弟吴我悾（之侠，1925—1998），在台北街头偶遇夏馥棠，回去向吴之傑言及此人，其仍恨恨未消。

7 现在所知吴我怡唯一珍贵的文献，来自强旭华的著作《深情回眸，沧桑岁月：一个跨世纪经济学家的传奇故事》（图10-11）。强旭华，1918年生，河南信阳人，曾任陕西财经学院副教授。在书里，他花了

表10-1 神木县政府填报陕西省政府本县抗战期间临时支出等项表（1939年11月）

机关名称	支用年度	放空费	迁移费	救济费	抚恤费	优待出征军人家属费	军队过往应供应	其他临时紧急支出	合计
神木县政府	二十八年	1,000,000元	140,000元					2,400,000元	3,540,000元
	二十九年	2,750,000元		240,000元				4,000,000元	6,990,000元
	三十年	6,700,000元							6,700,000元
陆军第二五八师第八十六团	二十八年				3,500,000元	4,500,000元		6,450,000元	14,450,000元
	二十九年	350,000元				2,400,000元	1,100,000元		7,000,000
骑二军	二十八年				250,000元		3,200,000元		3,450,000
	二十九年					5,000,000元			3,450,000
挺进军	二十九年					3,700,000元	4,200,000元	2,460,000元	10,360,000
先遣军	二十九年							1,620,000	1,620,000
骑七师	二十八年				3,200,000元		2,000,000元	3,200,000	8,400,000
蒙旗独立师	二十九年				3,150,000元		3,140,000元	1,250,000	7,540,000
总计									78,200,000

说明：表内各项支出，均以各该年度当时物价指数估计

不少笔墨回忆这位性格怪癖的汉口直接税务局"吴局长"。从相识到向他学英语以及为他介绍伴侣，娓娓道来，不觉厌烦。

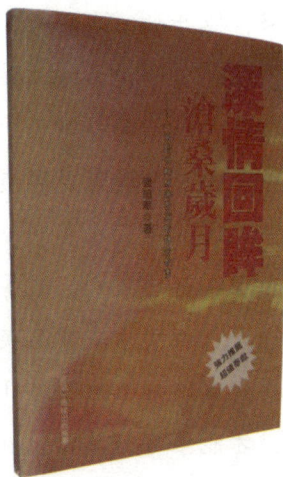

图10-11　强旭华在书中对吴我怡多有回忆

一天上午，直接税处视察（官职）吴我怡来访。他是陕西人，留学英国，伦敦大学财政系毕业，是川康直接税局崔敬伯留学英国的校友。归国后，他先在西北大学当教授，后来在重庆直接税处当视察。我和吴我怡是在甘肃平凉认识的，那时他赴西北视察各局的税务工作。吴为人诚实，平易近人，在平凉直接税局住了几天，是我招待他食宿，并向他汇报工作。他以后又到西宁、银川、定西等地视察，结束后回到重庆。他让我给他写"西北税务视察报告"，并代为"报销出差旅费"。我应允效劳，并请他吃午餐。在吃饭时，他问我在立信会计专科学校读书，有什么困难。我说所学课程最困难的是英语，两节课竟讲了课文八页，复习时得查"英语字典"三十多个生词，翻译中文很吃力；而且我现在是选科生，暑期还要报考正规高等专科生，入学考试的课程，最难的是英文。他听后安慰我说："不要紧，我帮你辅导英语。"我喜出望外，当即商定每周辅导两次，周三下午他来我办公室辅导"大学英语散文选"，周日下午，我到他宿舍辅导"高中英语"课本。我上班时抽空给吴我怡视察编写"西北税务视察报告"，我根据他写的草稿，只修改文字，不变更内容和数据，做抄写和整理工作。……我将写好的"西北税务视察报告"和"出差旅费报销表"送给吴我怡视察，他看后很满意。他请我吃过午饭后，就在他宿舍里给我补习英语。他也购买了一本"大学英语散文选"和一套"高中英语"课本并备好了课，他开始给我补习高中英语第一册第一课，他先读课文，翻译中文，结合句子讲语法。然后让我读课文并翻译中文，他边听边指正。休息时，我们品茶聊天，他说："你立信学校的英语教授，是那个大学毕业的？"我说是留美的博士。他说："我是留学英国的，说的是伦敦英语，是标准英语，好像中国的北京话，你的老师说的美语，从语音上也有些差别，就像你说河南话，我说陕西话，同北京话有差别一样。"他要求我学习英语，一要学习国际音标，加强语音的练习；二要背诵单词，短语四千字、条以上；三要加强语法的学习，勤学苦练，才能学习好英语。在吴老师的辛勤教导和辅导下，使我本期英语学习跟上了班级，并为考正科生打下了基础。[14]

可见，吴我怡为人随和，愿意提携后进。另外，这段文字还提供了一重吴我怡重要的人脉关系：他和著名财政学专家崔敬伯（图10-12）是校友。崔敬伯（1897—1988），河北宁河县人。1927年，赴日本东京大学学习。1928年秋，任河北省政府秘书。1930年，到英国伦敦大学政治经济学院学习。"九一八"以后，为赴国难，提前于1932年春回国，曾任燕京大学、中国大学教授。1936年后任财政部川康直接税务局局长。[15]

吴我怡前半生履历与之非常相似。他是1930年东渡日本留学，在那里认识了著名革命将领胡景翼五弟胡景通（图10-13）。胡景通（1910—1998，陕西富平人，曾任陕西省政协副主席）晚年撰写大量"三亲"资料，其中一篇回忆在日生涯，特别提到"认识了陕北名士吴我怡……"[16]。"九一八"以后，留日中国学生激于爱国热情，组织退学救国团，不顾日本政府威胁阻拦，纷纷退学回国，吴我怡即其中之一。

1932年5月21日，杨虎城主持召开陕西省政府第97次政务会议。省府委员李百龄、李志刚、王一山、韩光琦出席，省府秘书长南汉宸等

图10-12　崔敬伯　　　　　　　　　图10-13　晚年胡景通

列席。会议议决，补助陕籍留日学生吴之傑路费1000元，送英留学。[17]

1933年吴之傑去日归来，稍作勾留，旋又起程往，于1935年6月，入读英国伦敦大学政治经济学院。吴我怡在英留学资料，现在发现得很少，仅一件民国二十六年（1937）三月三十一日《驻英大使馆函教育部为转送陕西省留英学生吴之傑呈文一件请核办意见复》[18]：

逕启者：顷准陕西留英学生吴之傑称：谨呈者兹有呈教育部令饬陕西省教育厅补发违法折扣应领学费国币七百八十四元文一件，并附陕西省教育厅通知一份、该厅经费管理处便笺证明一纸，均请代为函转，并乞证明事实，则不胜感祷之至等语；相应连同附件，一并函转，即希核办见复为荷。

英国伦敦大学政治经济学院著名的中国校友费孝通，则要晚吴之傑一年多即1936年底才入学。1938年，费孝通以论文《江村经济》获哲学博士学位，并于同年夏返回云南大学任教。也就在这一年，吴我怡业已留学满四年，回国任教国立西北联合大学。

今人多知西南联大，鲜有提及西北联大者，兹略加介绍。"七七"事变以后，全面抗战爆发。东北平津华北一带的大学，不得已只能西迁。之前，社会上早有改变西北地区落后的教育状况和开发西北的舆论与呼声。1936年1月，陕西省政府邵力子主席函陈行政院，指出：

> 西北自中央主持开发以来，物质建设成就渐显，唯教育一端依然落后，诚以陕甘宁青新等省，人口总数在二千万以上，乃竟无一所大学作高深之培养，实不足以应事实上之需要。[19]

这种不断的吁求终见奏效。1937年9月10日，国立西北联合大学（简称"西北联大"），由国立北平大学、国立北平师范大学、国立北洋工学院和河北省立女子师范学院合组而成；初名国立西安临时大学，设校西安，次年4月2日迁陕南后改为国立西北联合大学。

1938年11月30日，国立西北联合大学常务委员会召开第五十一次会议决定……聘江之泳、汪奠基、凌乃锐、王希和、罗仲言五先生为法商学院政经系教授，翟桓、刘世超两先生为政经系副教授，吴我怡先生为政经系专任讲师……1939年8月8日，国立西北联合大学改为国立西北大学，国立西北医学院、国立西北师范学院。[20]吴我怡的任教生涯结束于何时，尚不确切，可以肯定的是不足两年。据中华民国《财政部公报》1940年第1卷第24期所载任免令渝秘字第二四四八号（二十九年十二月二日）（图10–14）：

> 兹派吴我怡代理本部直接税处视察，着支荐任九级俸。此令。

吴我怡在业内颇有影响，据《财经生涯五十年:赵既昌忆往》：

> 当时督察室内有十几个人，其中最重要的是税训三期出身的陈梦虬先生及税训一期出身的吴我怡先生。[21]

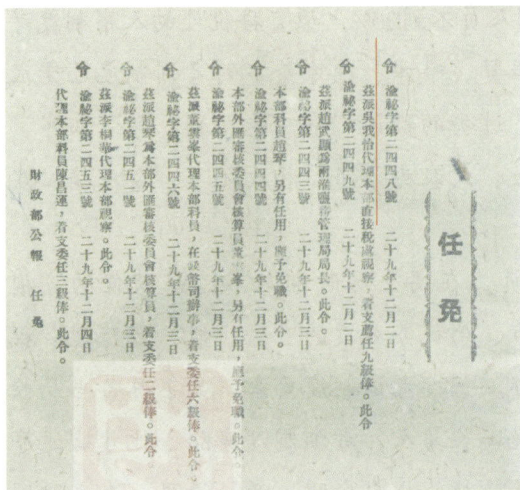

图10-14　中华民国《财政部公报》（1940年第1卷）对吴我怡的任命

8　强旭华在自传中继续回忆吴我怡，并再一次提及籍贯与学历，而且他经过一番详细分析，认为吴我怡之能当上局长实非易事而算官运亨通。在"贪污、无能、懒散、无毅力"已成普遍现象的国民党官场，吴我怡这样的清官洁吏，是一股难得的清流。

局长吴我怡，陕西人，留学英国伦敦大学财政系毕业，原任直接税处视察，是我在重庆时的英语辅导老师。见我来局工作，热情接待，安排我在审核室当助理审核员。

直接税和货物税（间接税）虽然早已合并，中央政府财政部之下设国税署，各省、市、县设国税局或分局。但汉口市是中央直辖市，所以直、货两税仍然分设机构办理。汉口直接税局的机构：局长以下设四科两室，还设有江汉区、武昌区和汉阳县三个查征所。局帮办、审核室主任、一、二科长是原直接税处的考训人员；三、四科科长和会计、统计室主任以及三个查征所所长不是考训人员。全局的税务员和税务助理员近百人中，考训人员不到20%，原直接税处的人事制度考训制度，已废除无存。用人唯贤、唯才、德才兼备的考训制度已变成现在的用人唯亲和裙带关系；过去的税训"廉、能、勤、毅"四字，已变质为"贪污、无能、懒散、无毅力"了！相比之下，令人痛心疾首，感慨万千！

局长吴我怡不是考训人员，在高秉坊时期只不过是聘任的"视察"，专职视察全国各省、市、局税务人员的"廉、能、勤、毅"税训执行情况，并检举上报查办。若按考训制度要求，吴不具备当局长的资格。只因财政部长和国税部长易人，考训制度废除，他才官运亨通。但吴我怡当视察几年生活简朴，公私分明，两袖清风，在当时国民政府上层官吏中是比较好的。但当局长后是否表里如一，我也不得而知。[22]

1946年9月28日，《大公报》（天津版）刊发新闻消息《津汉两税局局长同易人》：

（本报南京二十七日发专电）财政部直辖之天津、汉口两直接税局长易人，天津局长改派川康区直接税局长焦宗华接充，汉口局局长由直接税署督查吴我怡继任。吴曾留英专攻财政，任职直接税署亦历年所。

10月22日，《大公报》又报道《汉直接税局舞弊案，局长更换，有关人员送法院，财政部欢迎纳税人员检举》（图10-15）：

（本报南京二十日发专电）汉口直接税局稽征营业税发生手续费舞弊一案，财政部极为注意，曾于七八月间先后派财政部视察暨直接税署督察驰往彻查，查得纳税人缴纳手续费证据多起，经将有关人员

图10-15　1946年10月22日《大公报》（上海版）有关吴我怡的报道

杨子铎等移送汉口地方法院检察院处究办，并将局长许志藩更换，另派吴我怡接充。该部对于汉口直接税至业务人事决心整饬，纳税人如被勒索，欢迎检举。另悉，吴局长已首途赴汉。[23]

10月31日，《大公报》（上海版）报道：

新任汉市直接税局长吴我怡，货物税局长关子高，均于廿八日抵汉，闻定下月一日分别接钤视事。

吴我怡在任期间，官声很好，坚守底线，拒绝拉拢，公私分明，不谋私利，抵抗住了腐蚀与诱惑。其在神木的一堂弟，家人为了帮助他戒掉鸦片烟瘾，打发投靠吴我怡谋一美差。吴以堂弟没文化仅安排他到运输队当搬运工。又，时有武汉巨商，贩卖烟土偷税漏税被稽查。此大贾神通广大，投起国民党军政界要人何健说情，并答应送二十根金条，为吴断然斥绝。最后，巨商多方打听，得知吴我怡一直与大夏大学的英文老师沈亦珍（1900—1993，著名教育家，江苏省高邮人）教授师生情谊密切，便请来沈教授说情。碍于尊师面子，吴我怡坚决的态度稍有缓和，说："烟土没收，税款补交，至于坐牢，我把他送进去，你改天把他说出来，我不过问就是了。"

20世纪50年代，吴我怡闲居，生活拮据，主要依靠朋友接济，特别是赵守钰的关照。于右任知情后，拟邀他到自己担任院长的国民党政府监察院任一散职。吴我怡鉴于社会上流传的"监察院现在办成了养老院"的言论，不想尸位素餐，谢绝了于老的好意而备受于老称誉："我怡真乃民国第一清官！"现存李迈赠吴我怡的小楷书法作品，似可证吴、于二人交往（图10-16）。兹录释文如下：

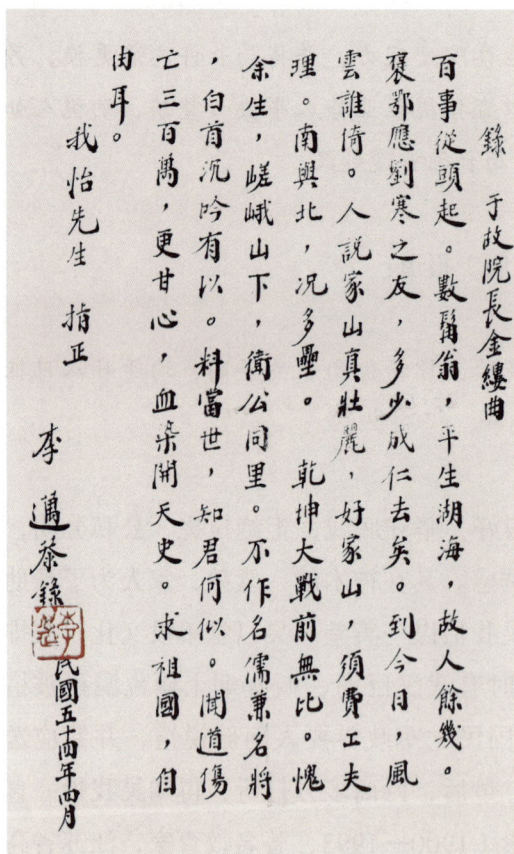

图10-16 李迈书于右任《金缕曲》赠吴我怡

录 于政院长金缕曲

百事从头起。数髯翁，平生湖海，故人馀几。襄郑应刘寒之友，多少成仁去矣。到今日，风云谁倚。人说家山真壮丽，好家山，须费工夫理。南兴北，况多垒。

乾坤大战前无比。愧余生，嵯峨山下，卫公同里。不作名儒兼名将，料当世，知君何似。闻道伤亡三百万，更甘心，血染开天史。求祖国，自由耳。

我怡先生 指正

李 迈恭录 民国五十四年四月

录于故院长金缕曲

百事从头起，数髯翁，平生湖海，故人余几。襄鄂应刘寒之友，多少成仁去矣。到今日，风云谁倚。人说家山真壮丽，好家山，须费工夫理。南与北，况多垒。　乾坤大战前无比。愧余生，嵯峨山下，卫公同里。不作名儒兼名将，白首沉吟有以。料当世，知君何似。闻道伤亡三百万，更甘心，血染开天史。求祖国，自由耳。

我怡先生指正　李迈恭录　民国十四年四月

9 1987年，神府煤田大开发拉开了序幕，12月16日《人民日报》第1版发表新闻《神木北部矿区煤储量145亿吨》：

我国最大的煤矿之一——神木北部矿区优质煤储量达145亿吨，比普查时新增储量15.9亿吨，已具备建设大型煤炭基地条件。1982年底，地质队在陕北这个被称为世界八大煤田之一的神府煤田勘探，探明远景储量达877亿吨，在国内外引起轰动。

这则重磅新闻，刺激着广大神木人民的神经末梢，吴我怡却更多地被天伦之乐所包围着。他将自己从台湾携带回来的生活照分散族中亲人。在送给孙子吴钟毓的一帧照片上，他还题字：

送长孙灵秀，时年八十有二。

据强旭华回忆：

吴我怡局长性格孤僻，不喜女色，五旬有余，还是个鳏夫。记得他给我辅导英语时，曾经讲过他在英国伦敦大学读书时，有一位英国女同学，两人来往较多。但没有涉及爱情之事。审计室主任龙级翠，身材窈窕，貌若天仙，在上大学时是"校花"。由于择偶条件过高，高不成低不就，徐娘半老仍是一位处女。我想给他俩搭鹊桥，以成全两人之美。经旁敲侧击和调查了解，吴、龙联婚没有可能性，故不便启齿。据传吴到汉口当局长时，经他的留英同学介绍，认识上海的一位老处女，俩人一见钟情，正在通信谈情说爱中，拖拖拉拉一直未结婚。1949年春武汉解放前夕，吴我怡单身潜逃到香港，不知后事如何。[24]

文中的"老处女"自然是严淑宝了。其实，在故乡吴我怡经历过婚姻，并遭受了丧妻失子的巨大创痛。

抗战爆发之后，一些国民党部队退守神木，日军受制于黄河天险无法追击，却时常派出飞机进行轰炸。特别是，1939年转战晋西北的何柱国部移驻神木以后，日寇的轰炸更加疯狂。当年12月15日上午8时许，日军出动飞机35架轰炸神木县城，在北川和东门外炸死居民30余人，炸毁民房百余处（表10-2）。

表10-2 抗战初期陕西省神木县敌机空袭损伤调查表[25]

空袭年月	敌机数量（架）	投弹数量（枚）	伤亡人数（口）	房屋炸毁数量（间）
1938年9月13日	2	15	37	84
1938年11月19日	3	21	40	220
1938年12月17日	1	8	0	25
1938年12月19日	5	40	26	258
1939年12月15日	35	不详	30余人	百余处

其间，吴我怡发妻杨氏不幸遇难。吴、杨所育一子，名吴适生（1918—1940），患有肺结核，娶妻王云仙（1919—2016）。婚配

后，吴适生祖母杨氏（？—1962，杨八万之妹）谨遵医嘱，一直让二人分居城中城外两地，勿得亲近。一天，日机又来轰炸，王云仙往城外吴适生居地吴庄则躲避，当日阻雨同居一晚，便有了身孕，日后诞下一遗腹子，取名吴钟毓（1940年8月生，小名灵秀，内科主治医师，2000年退休于神木县医院。见图10-17）。

1940年6月，吴适生病情加剧，驻守神木的国民党258团团长杨仲璜派驾窝子运送他前往西安就诊。不料，走至杨老家富平地方附近，吴适生就病故了。后王云仙另嫁1990年《神木县志》主编杨和春，生有二子一女。

吴我怡、杨仲璜（图10-18）之间的交往，可追溯到1938年。该年3月，日军黑田旅团由山西保德县城，渡河而过侵占府谷城川，后幸赖驻扎高家堡的杨仲璜营星夜驰援方才克服，进而涉河攻克保德，毙敌十余人，俘虏日军队长增山隆岁。[26]

杨部俘虏日军小队长的消息不胫而走，民众受好奇心驱使，都想看看鬼子模样。令人失望的是，该寇长相和国人并无区别。不过，部分神木百姓在该年五月底，见到过一位黄发碧眼高鼻梁的真正的"洋鬼子"。

图10-17　吴我怡嫡孙吴钟毓
（2017年11月3日上午采访时摄）

图10-18　晚年杨仲璜

1938年5月25日早晨，神木，阴雨，由陕甘宁边区文协和八路军总政治部组织而成的文艺工作组受到了热烈欢迎。该组成员有刘白羽、欧阳山尊、汪洋、金肇野、林山等人，他们由延安出发，巡行华北敌后抗日根据地。虽然，这些人在文艺界享有一定声望，但是最引人注意的当属与他们同行的美国驻中国大使馆武官卡尔逊（Evans Fordyce Carlson，1896—1947），他是"卡尔森突袭者"的传奇领袖，所著《中国的双星》（Twin Stars of China）一书，详细记载了那次华北敌后之行的史实。欢迎会经神木国民党政府县长夏馥棠介绍后，卡尔逊发表演讲，他说英语，欧阳山尊用中文翻译，两人一递一句：

神木的朋友们，八十六师的弟兄和妇女儿童们，我非常高兴能和你们在北方的前线见面，同时感谢你们对我的欢迎。我非常钦佩你们的精神，尤其是在不久前，你们曾在县长和旅长的领导之下打跑了敌人，收复了府谷和保德……[27]

演讲让民众回想起两个月前那个容貌与国人相仿的日本鬼子，只见他叽里呱啦，究竟说的什么？一个字都听不懂，不禁觉得索然无味。这时，有人想到新从英国留学归来的吴家大少爷，他曾在日本读书，一定能与之对话。于是，杨仲璜出面邀请吴我怡担任翻译。谁承想，吴我怡因此在"文化大革命"中被歪曲诬陷成了"汉奸"，致使在大陆的家人蒙受了许多不白之冤。

吴我怡随孔祥熙赴台后，其第二任夫人严淑宝远在上海，孤独终老。吴我怡在台湾近四十年，亦孑然一身。据说，吴我怡当时跟着孔祥熙是去台湾考察，并没想到自己竟会在台淹留半生，迟暮之年才归去来兮。

【注释】

1　吴我怡家事　来自笔者2017年10月15日下午采访吴我怡之弟吴我恒女儿吴玉花、2017年11月3日上午采访吴我怡嫡孙吴钟毓、2018年2月3日采访吴我怡侄女吴翠花的笔记资料。

2　1938年神木的煤炭与地毯　见欧阳山尊《三月日记——陪同埃文思·福·卡尔逊巡行华北敌后》，载《中国之友卡尔逊：纪念埃文思·福·卡尔孙诞辰一百周年》/中国国际友人研究会编/辽宁人民出版社/1996年，139—140页。

3　吴之傑的弟弟吴之倬治腿病　详见武绍文《神木第一辆自行车》，载2018年第2期《神木政协》杂志。

4　吴之傑在天津南开中学　见中华民国十六年五月十六日出版第二十四期《南中周刊》68页。民国学制　见《浙江省教育志》/浙江大学出版社/2004年，105页。

5　吴之傑在上海大厦大学　见中华民国十七年（1928）六月出版《大夏大学一览》243页。

6　陆采莲回忆严淑宝　见《私立大夏大学》/陈明章著/南京出版有限公司/1982，200—201页。

7　吴我怡与严淑宝订婚启事　见中华民国三十六年十二月十二日《大公报》星期五第二张第八版。

8　严淑宝临别赠言陆采莲　见《私立大夏大学》/陈明章著/南京出版有限公司/1982，200—201页。

9　吴我怡诗稿　在吴我怡之弟吴我恒女儿吴玉花处，2017年10月15日下午，笔者采访时曾翻拍得以下几诗，虽少文学艺术，但仍具有一定的文献价值，兹录如下：《维五吾兄、文秀吾嫂令郎联衡世讲花烛之喜，学弟吴我怡敬贺》：佳音忽报不胜喜,蓊郁庭花引凤凰。国内订盟誓偕好,异邦好合悦高堂。髫龄曾见读书奋,他日可知事业昌。前路百年美似锦,赋诗一首贺新郎。《文人失节有感》:肉麻谄颂令人呕,舐痔歌功丧肺肝。正气不持屈威武,奴颜卑膝可嗟叹。《仲春游武昌蛇山,民国四十六年作于汉口》:远近闻名好风景,最令人爱是梅花。暗香疏影互争艳,悦目赏心春兴赊。《抗日时在重庆生活》:倭奴侵略众西流,巴蜀多人结朋俦。生活虽云极辛苦,每周牙祭乐悠悠。另有一首无题诗:相谈别后未多时,展送回书慰我思。墨宝传来非易事,感君盛意赋新诗。

10 抗战时期神木留学欧美者 见《陕西省留学欧美公自费生一览表(1938年7月30日造)》 载《抗战时期我国留学教育史料·第5册·各省考选留学生》/林清芬编/国史馆(台湾)/1998,315—316页。

11 葛丕兴更多资讯 详见马金钟《旅美华侨葛丕兴传略》,载《榆林文史资料·第十四辑》/1994,79—82页。

12 吴我怡在神木宴请国军将领 参见杨文永手稿《神木县第一个留学生吴汉山》,此文后发表于神木内刊《人文赶集》杂志,所配照片与名字均有误,为中华人民共和国开国少将吴子杰(1913—2004,湖北省天门人)。吴我怡与夏馥棠 见杨文永手稿《神木县第一个留学生吴汉山》。夏馥棠(1901—1954),安徽宿县人,1901年(清光绪二十七年)生,毕业于私立上海大学,历任安徽省《民国日报》社社长,国民会议代表,安徽凤台、陕西甘泉、吴堡、神木等县县长,安徽省政府驻京办事处处长,第十四"绥靖"区政务处处长,行宪后任立法院立法委员。见徐友春主编/《民国人物大辞典·上》/河北人民出版社/2007,1144页。夏馥棠其人 据相关资料记载,夏馥棠其人对共产党甚反动,可见之于欧阳山尊《三月日记——陪同埃文思·福·卡尔逊巡行华北敌后》。另据1938年9月24日《新中华报》报道《"个人利益高于民族利益"——神木县长的惊人言行》:当日寇法西斯更进一步地荼毒中国,中华民族正号召保卫西北、保卫东南、保卫大武汉的时候,只要有一点民族的意识,只要他不是神经失常者,对内力求精诚团结,对外抵抗日本帝国主义,将不会有和这个原则相反的行为,但我们看到神木县长——夏馥棠先生最近的一般行径,实使人可惜!(一)他一方面,派民团队长解生龙率领壮丁数十名向边区神木县属的五区进行扰乱,不但派款拉丁、缴租、索债,而且随意打骂群众,破坏农具,即就武家沟一村简言,被打者已有十八名,使群众害怕,登山露宿,不敢回家。当我们为了避免纷争到城内向夏先生交涉时,他的答复,真使人听了受惊不已!他说:"我因为推销救国公债和征拉壮丁没有完成任务,被上峰记大过两次,再来一次,岂不革职,所以这件事决不能让步。"同时,他又造了一个不大的谣言说:"王明在武汉数传军,破坏抗日团结。若有命令,我在二十四小时内就要消灭边区。"(二)另一方面,当边区战地服务团到达神木城，宣传抗战动员工作，并在街上抢写"抗议蒋委员长，抗战到底"之类的标语时，他反而加以限制，下令把周围所写抗日标语，洗刷净尽，这还是小事，甚至国民党临时代表大会所通过而为各党各派所拥护的抗战救国纲领，竟亦束之高阁，秘而不宣。我们希望夏县长能够在"抗日高于一切"的立场上，使大家更亲密地团结起来，不要把个人利益看得比民族利益还要高。

13 神木县政府抗战期间临时紧急支出调查表（1939年11月）　见《陕西省抗日战争时期人口伤亡和财产损失》/陕西省委党史研究室编/李忠杰主编/中共党史出版社/2015，292页。

14 强旭华回忆和吴我怡学英文　见《深情回眸，沧桑岁月：一个跨世纪经济学家的传奇故事》/强旭华著/中国国际（香港）传媒出版集团/2006，97—98页。

15 崔敬伯履历　详见《崔敬伯纪念文集》/慧定戒主编/2005.10，7—9页。

16 吴我怡为陕北名士　见胡景通文章。

17 吴之杰受陕西省政府资助留学路费　见《杨虎城年谱》/贾自新编撰/中国文史出版社/2013.11，第211页。

18 驻英大使馆函教育部为转送陕西省留英学生吴之杰呈文一件请核办意见复《抗战时期我国留学教育史料·第5册·各省考选留学生》/林清芬编/国史馆（台湾）/1998，250页。

19 西北联大　见姚远、王展志、张文峰、伍小东《基于西北联大档案的几个历史疑点澄清》，载《陕西档案》/2018年第1期，26—29页。

20 邵力子力陈陕西教育落后　同上。

21 吴我怡在业界　见《财经生涯五十年：赵既昌忆往》/台北商周文化事业股份有限公司/1993，319页。

22 吴我怡官运亨通　见《深情回眸，沧桑岁月：一个跨世纪经济学家的传奇故事》/强旭华著/中国国际（香港）传媒出版集团/2006，113—114页。

23 《大公报》报道吴我怡任局长　信息来源于北京大学图书馆大公报数据库。

24 吴我怡情史　见《深情回眸，沧桑岁月：一个跨世纪经济学家的传奇故事》/强旭华著/中国国际（香港）传媒出版集团/2006，114页。

25 抗战初期陕西省神木县敌机空袭损伤调查表　由笔者根据《抗日战争时期中国人口伤亡和财产损失调研丛书·陕西省抗日战争时期人口伤亡和财产损失》/中共党史出版社/2015，161—162页所载《神木县政府据呈为遵令查明本县遭受敌机摧毁情形，列表呈报，请核备，令准存候汇办由》，以及《倭戕略：侵华日军制造的大屠杀事件罪行辑录》/彭明生主编/中山大学出版社/2015，214页载《神木县惨案》而制作。

26 克服府谷保德　见《国民党二十二军参加抗日战争的片段回忆》，载《陕西抗战史料选编》/政协陕西省委员会文史和学习委员会编/三秦出版社/2015，697页。

27　卡尔逊在神木的演讲　见欧阳山尊《三月日记——陪同埃文思·福·卡尔逊巡行华北敌后》，载《中国之友卡尔逊：纪念埃文思·福·卡尔孙诞辰一百周年》/中国国际友人研究会编/辽宁人民出版社/1996，139—140页。

附 录

17—20世纪神木与中国大事对照表

17世纪中国与神木大事对照表

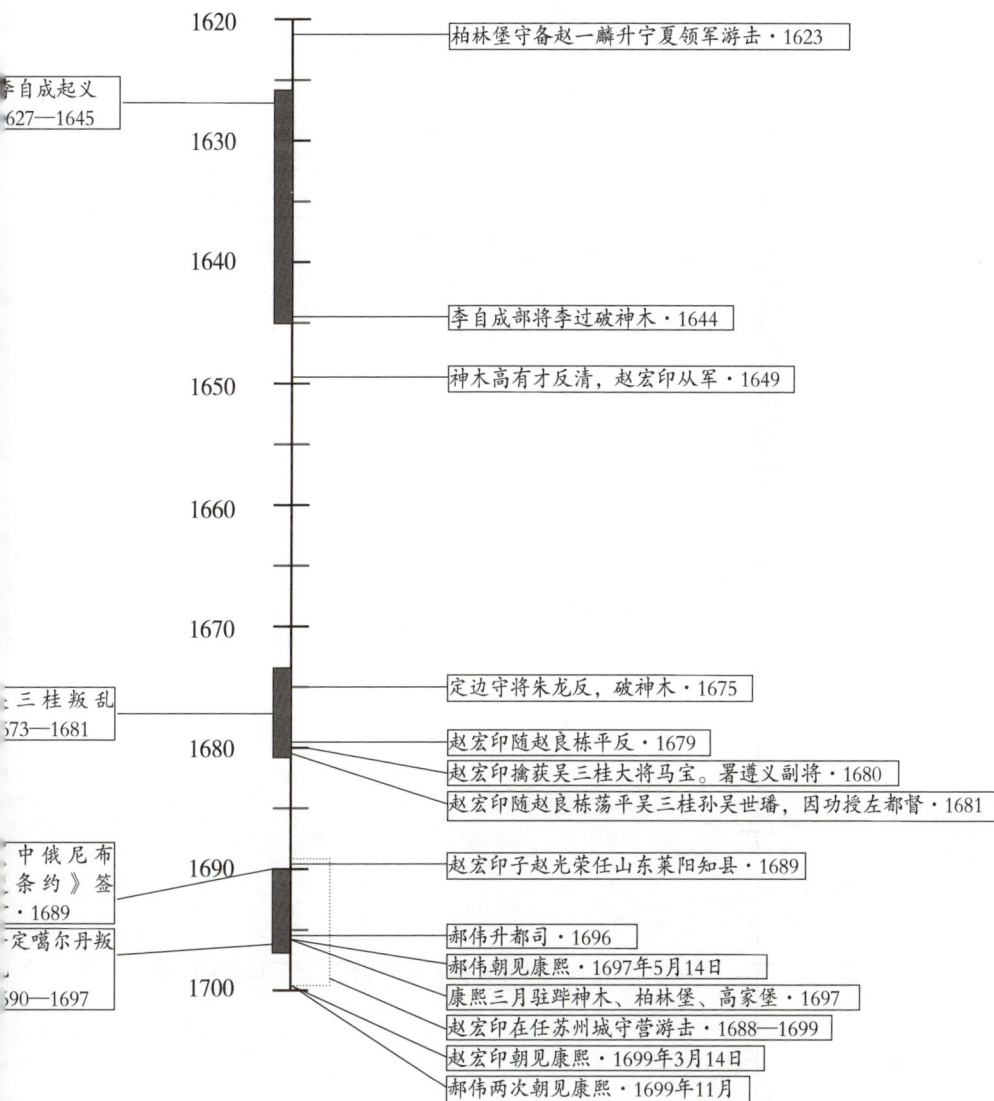

	柏林堡守备赵一麟升宁夏领军游击·1623
1620	
李自成起义 1627—1645	
1630	
1640	
	李自成部将李过破神木·1644
1650	神木高有才反清,赵宏印从军·1649
1660	
1670	
三桂叛乱 673—1681	定边守将朱龙反,破神木·1675
1680	赵宏印随赵良栋平反·1679
	赵宏印擒获吴三桂大将马宝。署遵义副将·1680
	赵宏印随赵良栋荡平吴三桂孙吴世璠,因功授左都督·1681
中俄尼布 条约》签 ·1689	赵宏印子赵光荣任山东莱阳知县·1689
1690	
定噶尔丹叛 690—1697	郝伟升都司·1696
	郝伟朝见康熙·1697年5月14日
1700	康熙三月驻跸神木、柏林堡、高家堡·1697
	赵宏印在任苏州城守营游击·1688—1699
	赵宏印朝见康熙·1699年3月14日
	郝伟两次朝见康熙·1699年11月

注:对照表中中国与神木大事仅限本书所载。

18世纪中国与神木大事对照表

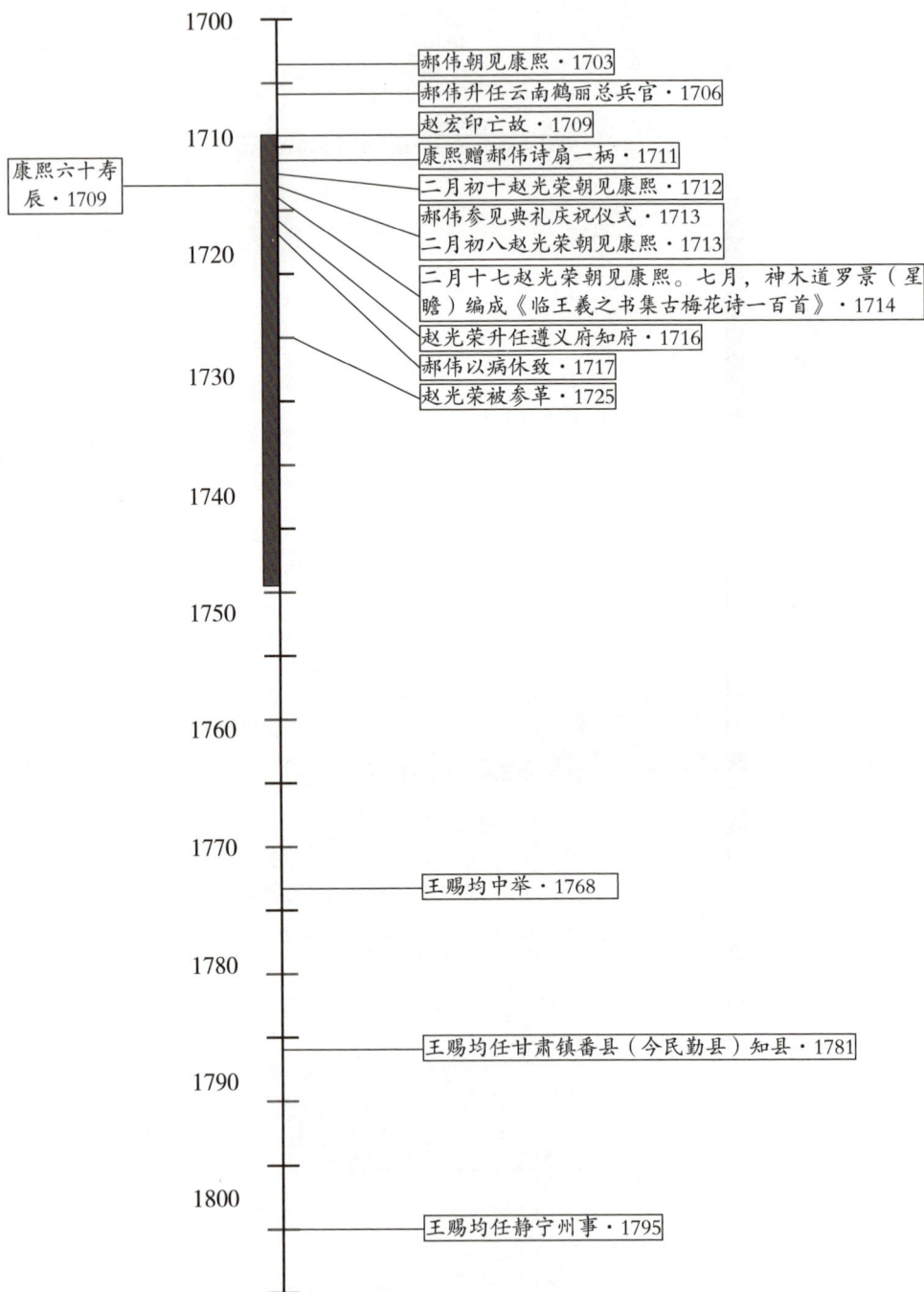

1700

郝伟朝见康熙·1703

郝伟升任云南鹤丽总兵官·1706

赵宏印亡故·1709

1710

康熙六十寿辰·1709

康熙赠郝伟诗扇一柄·1711

二月初十赵光荣朝见康熙·1712

郝伟参见典礼庆祝仪式·1713

二月初八赵光荣朝见康熙·1713

1720

二月十七赵光荣朝见康熙。七月,神木道罗景(星瞻)编成《临王羲之书集古梅花诗一百首》·1714

赵光荣升任遵义府知府·1716

郝伟以病休致·1717

1730

赵光荣被参革·1725

1740

1750

1760

1770

王赐均中举·1768

1780

王赐均任甘肃镇番县(今民勤县)知县·1781

1790

1800

王赐均任静宁州事·1795

19世纪中国与神木大事对照表

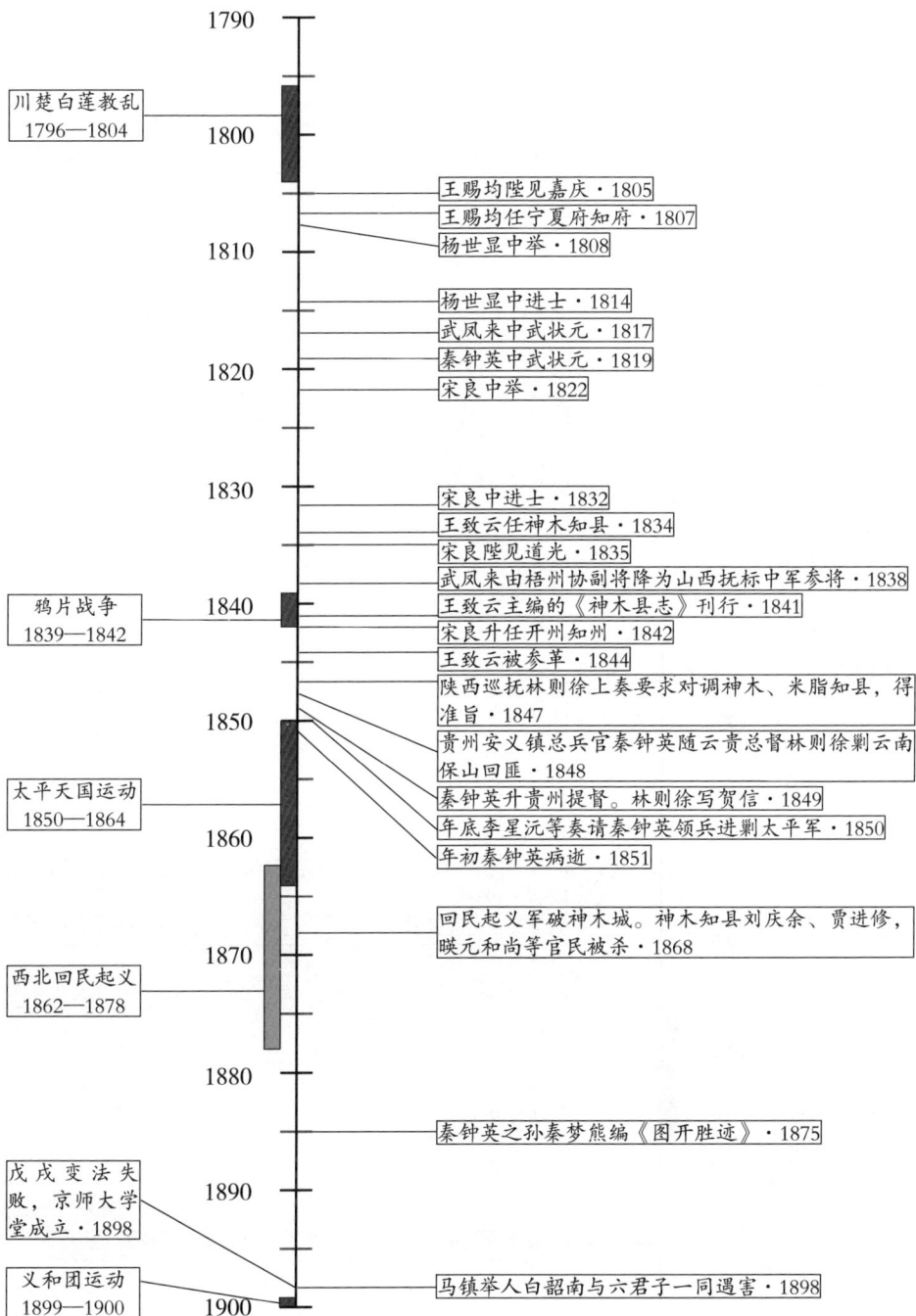

| 川楚白莲教乱 1796—1804 |
| 1790 |
| 1800 |

王赐均陛见嘉庆·1805
王赐均任宁夏府知府·1807
杨世显中举·1808

| 1810 |

杨世显中进士·1814
武凤来中武状元·1817
秦钟英中武状元·1819
宋良中举·1822

| 1820 |

| 1830 |

宋良中进士·1832
王致云任神木知县·1834
宋良陛见道光·1835
武凤来由梧州协副将降为山西抚标中军参将·1838

| 鸦片战争 1839—1842 |
| 1840 |

王致云主编的《神木县志》刊行·1841
宋良升任开州知州·1842
王致云被参革·1844
陕西巡抚林则徐上奏要求对调神木、米脂知县，得准旨·1847

| 太平天国运动 1850—1864 |
| 1850 |

贵州安义镇总兵官秦钟英随云贵总督林则徐剿云南保山回匪·1848
秦钟英升贵州提督。林则徐写贺信·1849
年底李星沅等奏请秦钟英领兵进剿太平军·1850
年初秦钟英病逝·1851

| 1860 |

回民起义军破神木城。神木知县刘庆余、贾进修，暎元和尚等官民被杀·1868

| 西北回民起义 1862—1878 |
| 1870 |

| 1880 |

秦钟英之孙秦梦熊编《图开胜迹》·1875

| 戊戌变法失败，京师大学堂成立·1898 |
| 1890 |

| 义和团运动 1899—1900 |
| 1900 |

马镇举人白韶南与六君子一同遇害·1898

20世纪中国与神木大事对照表

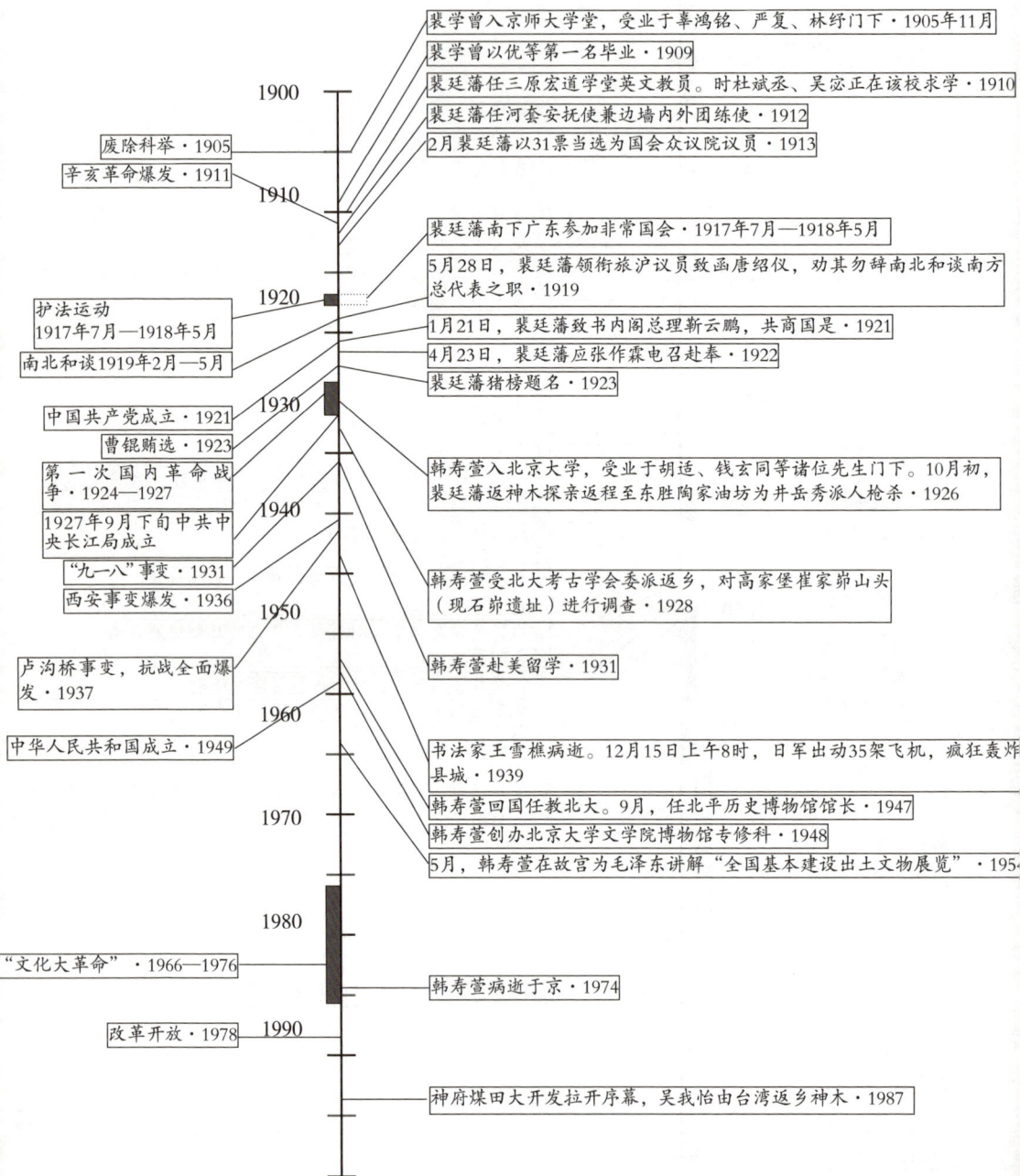

裴学曾入京师大学堂，受业于辜鸿铭、严复、林纾门下·1905年11月

裴学曾以优等第一名毕业·1909

裴廷藩任三原宏道学堂英文教员。时杜斌丞、吴宓正在该校求学·1910

裴廷藩任河套安抚使兼墙内外团练使·1912

2月裴廷藩以31票当选为国会众议院议员·1913

废除科举·1905

辛亥革命爆发·1911

1900

1910

裴廷藩南下广东参加非常国会·1917年7月—1918年5月

5月28日，裴廷藩领衔旅沪议员致函唐绍仪，劝其勿辞南北和谈南方总代表之职·1919

1月21日，裴廷藩致书内阁总理靳云鹏，共商国是·1921

4月23日，裴廷藩应张作霖电召赴奉·1922

裴廷藩猪榜题名·1923

1920

护法运动
1917年7月—1918年5月

南北和谈1919年2月—5月

中国共产党成立·1921

曹锟贿选·1923

第一次国内革命战争·1924—1927

1927年9月下旬中共中央长江局成立

"九·一八"事变·1931

西安事变爆发·1936

1930

韩寿萱入北京大学，受业于胡适、钱玄同等诸位先生门下。10月初，裴廷藩返神木探亲返程至东胜陶家油坊为井岳秀派人枪杀·1926

1940

韩寿萱受北大考古学会委派返乡，对高家堡崔家峁山头（现石峁遗址）进行调查·1928

1950

韩寿萱赴美留学·1931

卢沟桥事变，抗战全面爆发·1937

中华人民共和国成立·1949

1960

书法家王雪樵病逝。12月15日上午8时，日军出动35架飞机，疯狂轰炸县城·1939

韩寿萱回国任教北大。9月，任北平历史博物馆馆长·1947

韩寿萱创办北京大学文学院博物馆专修科·1948

1970

5月，韩寿萱在故宫为毛泽东讲解"全国基本建设出土文物展览"·195

1980

"文化大革命"·1966—1976

韩寿萱病逝于京·1974

改革开放·1978

1990

神府煤田大开发拉开序幕，吴我怡由台湾返乡神木·1987

主要参考文献

[1] 段木干主编.中外地名大辞典[M].台中：人文出版社，1981.06.

[2] 徐平主编.甲午战争·中日军队通览 1894—1895[M].北京：解放军出版社，2015.01.

[3]郑秦主编.二十六史大辞典 典章制度卷[M].长春：吉林人民出版社，1993.09.

[4]（清）施鸿保著.读杜诗说[M].上海：上海古籍出版社，1983.09.

[5]李春元著.明朝榆林总兵[M].陕西师范大学出版总社有限公司，2011.

[6]凤凰出版社编选.中国地方志集成 陕西府县志辑 37 康熙陇州志 乾隆陇州续志 光绪靖边县志稿 雍正神木县志 道光神木县志[M].南京：凤凰出版社，2007.05.

[7]（清）李熙龄纂修；陕西省榆林市地方志办公室整理；霍光平，张国华总校注；马少甫校注.榆林府志[M].上海：上海古籍出版社，2014.11.

[8]曹颖僧著.延绥揽胜[M].史学书局，1945.06.

[9]神木县志[M].台湾：成文出版社，1970.

[10]神木乡土志[M].台湾：成文出版社，1970.

[11]（清）李云生撰.榆塞纪行录[M].李氏代耕堂，1886.

[12]张立德.榆林县志五十卷[M].1929.

[13]（清）杨江.（咸丰）榆林府志辨讹[M].关中书院，1857.

[14]《大明熹宗悊皇帝实录（87卷）》[DB/OL].

[15]府谷县志编纂委员会.府谷县志[M].西安：陕西人民出版社，1994.03.

[16]许焕玉等主编.中国历史人物大辞典[M].济南：黄河出版社，1992.05.

[17]中国历史研究社.中国历史研究资料丛书[M].上海：神州国光社，1936.03.

[18]中国历史博物馆藏捐赠文物集萃[M].北京：长城出版社，1999.09.

[19]孙文良，董守义主编.清史稿辞典 上[M].济南：山东教育出版社，2008.11.

[20]六盘水市地方志编纂委员会编.六盘水市志 地理志[M].贵阳：贵州人民出版社，1997.12.

[21]张聪贤修.长安县志民国36卷[M].台湾：成文出版社，1969.

[22]沈青崖，吴廷锡撰.陕西通志续通志[M].台湾：华文书局，1969.07.

[23]刘洪杰.顺康两朝的提镇[D].北京：中央民族大学.2006.

[24]曹允源等.吴县志[M].台湾：成文出版社，1970.

[25]政协黔东南州委员会编.黔东南人物 1368—1911明清卷[M].昆明：云南民族出版社，2013.06.

[26]隆德县志编纂委员会编.隆德县志[M].银川：宁夏人民出版社，1998.01.

[27]固原地区地方志编纂委员会.固原地区志[M].银川：宁夏人民出版社，1994.08.

[28] 吴如嵩主编.中华军事人物大辞典[M].北京：新华出版社，1989.09.

[29] 范林虎主编.中国名镇志丛书·高家堡镇志[M].北京：方志出版社，2018.10.

[30] （清）李铭皖，（清）谭钧培修；（清）冯桂芬纂.同治苏州府志[M].南京：江苏古籍出版社，1991.06.

[31] 遵义市志编纂委员会办公室编.遵义府志[M].遵义：市人民印刷厂印刷（内部发行）1986.03.

[32] 杨启樵著.周汝昌红楼梦考证失误　增订新版[M].上海：上海书店出版社，2014.03.

[33] 书同文古籍数据库.清代历朝起居注合集　清圣祖　卷三十八　康熙三十八年三月[DB/OL].第15页，总页号：9947.

[34] 书同文古籍数据库.清代史料文献　清代地理文选类　江南通志　卷一百十一[DB/OL].第22页，总页号：88146页.

[35] 西安市地方志馆，西安市档案局编.西安通览[M].西安：陕西人民出版社，1993.09.

[36] 嘉庆重修一统志[M].北京：中华书局，1986.05.

[37] 李大海.台湾成文出版社影印《神木县志》成书年代小考[J].中国地方志，2015（1）.

[38] 贵州省文史研究馆点校.贵州通志　宦迹志[M].贵阳：贵州人民出版社，2004.05.

[39] 莱阳市史志编纂委员会办公室编.莱阳古今杰出人物[M].山东省新闻出版局，1998.02.

[40] 孙葆田等撰.山东通志[M].台湾：华文书局股份有限公司，1969.01.

[41] 山东省莱西县志编纂委员会编.莱西县志[M].济南：山东人民出版社，1990.02.

[42] 书同文古籍数据库.清代历朝起居注合集/清圣祖/卷四十七/康熙五十一年二月[DB/OL].第16页，总页号12509.

[43] 书同文古籍数据库.清代历朝起居注合集/清圣祖/卷四十八/康熙五十二年二月[DB/OL].第17页，总页号12851.

[44] 书同文古籍数据库.清代历朝起居注合集/清圣祖/卷五十/康熙五十三年正月[DB/OL].第16页，总页号13192.

[45] 遵义市地方志编.黔北古近代文学概观[M].北京：中国文史出版社，2013.03.

[46] 清代吏治史料·官员管理史料 10 影印本[M].北京：线装书局，2004.04.

[47] 万彩霞著.遵义地方志编修及读志用志的渠道和方法研究[M].北京：中国文史

出版社，2015.06.

[48] 江北县县志编纂委员会编纂；重庆市渝北区地方志办公室整理.江北县志稿（溯源—1949）[M].2015.01.

[49]《可爱的神木》编委会编.可爱的神木[M].西安：陕西人民出版社，1994.

[50]《神木县志》编纂委员会编.神木县志[M].北京：经济日报出版社，1990.12.

[51] 刘小婷，乔艳芳.郝总兵的故事[J].神木：黄土文化，2011（3）.

[52] 杨文岩编著.神府煤田故事集[M].西安：陕西人民出版社，1991.08.

[53] 书同文古籍数据库.清代历朝起居注合集/清圣祖/卷三十一/康熙三十四年八月初五日甲午[DB/OL].

[54] 书同文古籍数据库.清代历朝起居注合集/清圣祖/卷三十三/康熙三十五年九月 十七日庚午辰时[DB/OL].

[55] 书同文古籍数据库.清代历朝起居注合集/清圣祖/卷三十五/康熙三十六年五月十四日癸巳[DB/OL].

[56] 书同文古籍数据库.清代历朝起居注合集/清圣祖/卷三十九/康熙三十八年十一月 十九日癸丑，二十九日癸亥[DB/OL].

[57] 书同文古籍数据库.清代历朝起居注合集/清圣祖/卷四十一/康熙四十年十一月二十八日辛亥[DB/OL].

[58] 书同文古籍数据库.清代历朝起居注合集/清圣祖/卷四十三/康熙四十二年十月十八日庚寅[DB/OL].

[59] 书同文古籍数据库.清实录/大清圣祖仁皇帝实录/卷之二百二十六/康熙四十五年七月至九月[DB/OL].

[60] 书同文古籍数据库.清实录/大清圣祖仁皇帝实录/卷之二百七十一/康熙五十六年正月至三月[DB/OL].

[61] 书同文古籍数据库.清实录/大清圣祖仁皇帝实录/卷之二百七十七/康熙五十七年正月至二月[DB/OL].

[62] 话说神木[M].陕西人民出版社，2015.

[63]（清）康熙著；卜维义，孙坯任编.康熙诗选[M].沈阳：春风文艺出版社，1984.08.

[64] 温亚洲.康熙皇帝宠臣郝总兵[OL].http://blog.sina.com.cn/s/blog_7256947c0100vouf.html，最后访问日期2017/6/26.

[65] 苏同炳著.书蠹余谈[M].北京：紫禁城出版社，2013.04.

[66] 清代历朝起居注合集 清圣祖/卷四十五/康熙四十五年十二月/二十日丁未[DB/OL].

[67] 卫庆怀编著.陈廷敬史实年志[M].太原：山西人民出版社，2009.06.

[68] 彭勃主编.中华监察执纪执法大典 第2卷[M].北京：中国方正出版社，2002.01.

[69] 哈佛大学燕京图书馆珍藏.万寿盛典初集·五十二卷[M].清康熙五十六年（1717）内府刻本.

[70] [美]A.W.恒慕义（A.W.Hummel）主编；中国人民大学清史研究所《清史名人传略》翻译组译.清代名人传略[M].西宁：青海人民出版社，1995.

[71] [美]史景迁著.康熙 重构一位中国皇帝的内心世界[M].桂林：广西师范大学出版社，2011.01.

[72] 齐木德道尔吉，黑龙，宝山等编.清朝圣祖朝实录蒙古史史料抄 下[M].呼和浩特：内蒙古大学出版社，2003.10.

[73] 满汉名臣传[M].哈尔滨：黑龙江人民出版社，1991.12.

[74] 书同文古籍数据库.清代历朝起居注合集 清圣祖 卷五十三 康熙五十六年正月 二十五日庚辰未时[DB/OL].

[75] 云南省编辑组，《中国少数民族社会历史调查资料丛刊》修订编辑委员会编.白族社会历史调查 4[M].北京：民族出版社，2009.06.

[76] 赵禄祥主编.中国美术家大辞典 上[M].北京：北京出版社，2007.07.

[77] 中国人民政治协商会议神木县委员会文史资料研究委员会.神木文史资料 第4辑[M].1989.11.

[78] 王赐均草书乌金拓本八条幅[OL].http://pmgs.kongfz.com/detail/152_640694/，最后访问2017/6/27.

[79] 许协修，谢集成纂.镇番县志[M].成文出版社有限公司，1970.

[80] 静宁县县志编纂委员会编.静宁县志[M].兰州：甘肃人民出版社，1993.06.

[81] （清）升允，安维峻修纂.甘肃新通志[M].江苏广陵古籍刻印社，1989.

[82] 刘雁翔著.伏羲庙志[M].兰州：兰州大学出版社，1995.10.

[83] 武威通志委会编纂.武威通志 人物卷[M].兰州：甘肃人民出版社，2007.07.

[84] 许凤.天水伏羲庙清嘉庆十二年立重修伏羲庙碑考析[J].丝绸之路，2015，（第16期）.

[85] 赵尔巽等撰，许凯标点.清史稿 4卷 105-140[M].长春：吉林人民出版社，1995.

[86] 滕征辉著.民国大人物[M].北京：民主与建设出版社，2015.06.

[87] 《线装经典》编委会编.中国通史[M].昆明：云南教育出版社，2010.03.

[88] 刘子扬著.清代地方官制考[M].北京：故宫出版社，2014.03.

[89] 胡富国离开山西时的视频[OL].56视频网http://www.56.com/u52/v_
NTQ3OTE1Njk.html，最后访问日期2017/02/23.

[90] 山西人民的好书记胡富国[OL].56视频网http://www.56.com/u74/v_
MTMxNjAyMjE1.html，最后访问日期2017/02/23.

[91] 刘军洛著.中国式金融魅影 地方债的危机与救赎[M].北京：东方出版社，
2014.03.

[92] 张昆著.新闻与信息传播论坛 2013卷[M].武汉：华中科技大学出版社，
2015.04.

[93] 中国人民政治协商会议甘肃省民勤县委员会文史资料工作委员会.民勤文史
资料选辑 第1辑[M].1988.09.

[94] 乾隆五十年三月十八日.陕甘总督福康安.奏请以王赐均升署静宁州知州事
[DB/OL].中国第一历史档案馆.档号：04-01-12-0209-008.

[95] 翁礼华著.县官老爷 解读县史两千年[M].杭州：浙江古籍出版社，2007.06.

[96] 常治国，韩志荣编著.天下名胜八景[M].北京：经济日报出版社，1994.04.

[97] 靖边县地方志编纂委员会编.靖边县志[M].西安：陕西人民出版社，1993.07.

[98] 胡庆和.谁作《七笔勾》[J].贡嘎山，2014（4）.

[99] 榆林地区地方志指导小组编.榆林地区志[M].西安：西北大学出版社，1994.

[100]严懋功著.清代微献类编 上下[M].台湾中华书局，1968.12.

[101] 乌鲁木齐都统署陕甘总督高杞.奏为查明卸任宁夏府知府王赐均并无亏饷情
弊唯年力渐衰请勒休事[DB/OL].中国第一历史档案馆.档号03-1556-053.

[102] 肖振才.江南贡院[M].北京：当代中国出版社，2007.12.

[103] 朱保炯，谢沛霖编著.明清进士题名碑录索引[M].上海：上海古籍出版社，
1980.

[104] 邢向东著.神木方言研究[M].北京：中华书局，2002.11.

[105] 贵阳市地方志编纂委员会办公室校注；周作楫辑；朱德璲刊.贵阳府志 上
[M].贵阳：贵州人民出版社，2005.07.

[106] 书同文古籍数据库.清代科举朱卷集成/附录/清代朱卷集成/卷四十八[DB/OL].

[107] 乔振民主编.马镇镇志[M].西安：陕西人民出版社，2016.04.

[108] 道光二十三年.陕西巡抚李星沅.奏为官民捐资修建书院义学请奖励事[DB/
OL].中国第一历史档案馆.档号04-01-038-000185-0062-0000.

[109] 神木宋铫家传.宋良科举朱卷[M].

[110] 高振铎主编.古籍知识手册[M].济南：山东教育出版社，1988.12.

[111] 陈谷嘉，邓洪波主编.中国书院史资料 中[M].杭州：浙江教育出版社，

1998.08.

[112] 中国人民政治协商会议即墨市委员会文史资料研究委员会.即墨文史资料第8辑[M].1992.12.

[113] 李文海，夏明方，朱浒主编.中国荒政书集成 第4册[M].天津：天津古籍出版社，2010.03.

[114] 贺斌主编.文史风物 上[M].西安：陕西科学技术出版社，2015.

[115] 张小兵主编.陕北历史文化与杨家将文化学术研讨会论文集[M].西安：陕西人民出版社，2012.01.

[116] 王鸿鹏等编著.中国历代武状元[M].北京：解放军出版社，2002.02.

[117] 武绍文著.樵子文存 师心友情[M].北京：陕内资图批字（2014）EY7号.

[118] 武义厚主编.武氏族谱[M].神木：内部资料，2013.11.

[119] 中国人民政协会议江苏省响水县文史资料委员会研究委员会.响水文史资料第2辑[M].1986.10.

[120] 邹绍志，桂胜编著.中国状元趣话 修订本[M].武汉：武汉大学出版社，2002.02.

[121] 李子迟编著.中国历代名人情感揭秘[M].北京：中国经济出版社，2010.06.

[122] 卢志丹著.毛泽东品国学[M].北京：国际文化出版公司，2012.06.

[123] 杨联陞著.中华现代学术名著丛书 东汉的豪族[M].北京：商务印书馆，2011.12.

[124] 王炜编校.《清实录》科举史料汇编[M].武汉：武汉大学出版社，2009.08.

[125] 滨海县地方志编纂委员会编.滨海县志[M].北京：方志出版社，1998.07.

[126] 刘继兴.晚清状元与榜眼的考前"暗战"[J].各界，2015（9）.

[127] 王俊良撰.中国历代国家管理辞典[M].长春：吉林人民出版社，2002.06.

[128] 刘丹枫.清代武进士仕途研究[D].沈阳：辽宁大学，2012.

[129] 秦国经主编；唐益年，叶秀云副主编.中国第一历史档案馆藏 清代官员履历档案全编 3[M].上海：华东师范大学出版社，1997.09.

[130] 林则徐全集编辑委员会编.林则徐全集 第4册 奏折卷[M].福州：海峡文艺出版社，2002.10.

[131] 马颖生.马颖生史志论著选[M].昆明：云南民族出版社，2006.12.

[132] 贵州省文史研究馆古籍整理委员会编.《〈清实录〉贵州资料集录》[M].汕头：汕头大学出版社，2010.12.

[133] 吴廷燮等纂.北京市志稿 12 人物志 下[M].北京：北京燕山出版社，1998.06.

[134] [美]孔飞力（Philip A.Kuhm）著；陈兼，刘昶译.叫魂 1768年中国妖术大恐慌[M].上海：上海三联书店，1999.01.

[135] 道光二十八年五月初十日.秦钟英.奏为遵旨再请陛见仰祈至鉴事[DB/OL].中国第一历史档案馆馆藏档案.档号03—2935—044.

[136] 道光十八年三月初八.两广总督邓廷桢.奏为梧州协副将武凤来声名平常不胜副将之任请以参将降补事[DB/OL].中国第一历史档案馆馆藏档案.档号03—2905—012.

[137] 道光十八年三月初八.两广总督邓廷桢.奏为查明梧州协副将武凤来请旨降补并委任德年暂署梧州协副将事[DB/OL].中国第一历史档案馆馆藏档案.档号04—01—16—0149—023.

[138] 罗尔纲著.中华现代学术名著丛书 绿营兵志[M].北京：商务印书馆，2011.12.

[139]（民国）刘显世，谷正伦修；任可澄，杨恩元纂.民国 贵州通志 2[M].

[140] 陈鹏飞编著.中国人脉[M].北京：世界知识出版社，2010.04.

[141] 本社编.太平天国文献史料集[M].北京：知识产权出版社，2013.01.

[142] 夏征农，陈至立主编；熊月之等编著.大辞海 中国近现代史卷[M].上海：上海辞书出版社，2013.12.

[143] 张文达编.中国军事人物辞典[M].哈尔滨：黑龙江人民出版社，1988.08.

[144] 清馨编著.清宫秘史[M].北京：中国华侨出版社，2014.05.

[145] 崔跃峰著.咸丰王朝[M].北京：中国青年出版社，2014.01.

[146] 咸丰元年正月初四日.贵州提督秦钟英.奏为自陈病危事情[DB/OL].中国第一历史档案馆.档号：03-4189-022.

[147] 任可澄总纂；陈廷策，陈廷荣，杨恩元协纂；柳惠希，黄元操分纂.续修安顺府志辑稿[M].贵阳：贵州人民出版社，2012.10.

[148] 完颜绍元著.走官界仕途[M].上海：上海辞书出版社，2014.08.

[149]（清）曾国藩撰.湖湘文库 曾国藩全集 1[M].长沙：岳麓书社，2011.12.

[150] 蒋星德著.曾国藩[M].北京：中国文史出版社，2012.01.

[151] 武汉市汉阳区地方志办公室编.新辑汉阳识略[M].武汉：武汉出版社，2013.12.

[152]（宣统）湖北通志局编著.湖北艺文志附补遗 上[M].武汉：湖北教育出版社，2002.08.

[153] 张志哲主编.中华佛教人物大辞典[M].合肥：黄山书社，2006.02.

[154] 中国人民政治协商会议陕西省横山县委员会文史资料委员会.横山文史资料 第2辑[M].1989.02.

[155] 关枫主编；王兆明，傅朗云主编.中华古文献大辞典 地理卷[M].长春：吉林文史出版社，1991.08.

[156] 榆阳文库 图开胜迹[M].上海：上海古籍出版社，2016.05.

[157] 清国史 嘉业堂抄本 第九册[M].北京：中华书局，1993.06.

[158] 榆阳文库 榆林县志[M].上海：上海古籍出版社，2016.05.

[159] 清实录 宣宗成皇帝实录 卷四〇一至卷四七六[M].

[160] 沈迪云主编.地方文献论文集 萧山·地方文献国际学术研讨会[M].太原：三晋出版社，2010.07.

[161] 道光十三年八月二十二日.陕西巡抚史谱.题请以王致云署理神木县知县事[DB/OL].中国第一历史档案馆，档号：02-01-03-10001-021.

[162] 曲万法编.中国历代官制[M].济南：齐鲁书社，2013.09.

[163] 乔晓军编著.中国美术家人名辞典 补遗一编[M].西安：三秦出版社，2007.07.

[164] （清）马疏撰.日损益斋古今体诗校注[M].天津：天津古籍出版社，2014.01.

[165] 甘肃省古籍文献整理编译中心编.西北稀见方志文献 第6卷[M].北京：线装书局，2006.09.

[166] 马希桂主编；首都博物馆编辑委员会编辑.首都博物馆建馆十周年纪念文集[M].北京：北京市燕山出版社，1991.10.

[167] 钱实甫编.清代职官年表[M].北京：中华书局，1980.07.

[168] 王天有，徐凯编.纪念许大龄教授诞辰八十五周年学术论文集[M].北京：北京大学出版社，2007.12.

[169] 李鹏年等编著.清代六部成语词典[M].天津：天津人民出版社，1990.08.

[170] 叶孝信主编.中国法制史 新编本[M].北京：北京大学出版社，1996.

[171] 道光二十三年七月十四日.陕西巡抚李星沅.奏为陕西神木县知县王致云等官绅捐资修建义学请奖励事[DB/OL].中国第一历史档案馆，档号：04-01-038-000185-0062-0000.

[172] 杨育棠，张大元主编；《中华大典》工作委员会，《中华大典》编纂委员会编纂.中华大典 法律典 刑法分典 第3册[M].重庆：西南师范大学出版社；巴蜀书社，2010.12.

[173] 大清律例 犯奸[M].

[174] 大清律例 刑律 人命 杀死奸夫[M].

[175] [美]史景迁著.王氏之死 大历史背后的小人物命运[M].桂林：广西师范大学

出版社，2011.09.

　　[176] 曾宪义主编.中国法制史[M].北京：北京大学出版社，2000.07.

　　[177] （清）陆以湉撰；崔凡芝点校.冷庐杂识[M].北京：中华书局，1984.01.

　　[178] 陈重业主编.《折狱龟鉴补》译注[M].北京：北京大学出版社，2006.01.

　　[180] 田竞.李星沅年谱 [D].兰州：兰州大学，2016.

　　[181] 胡平仁编著.中国传统诉讼艺术案例[M].湘潭：湘潭大学出版社，2009.10.

　　[182] 余德泉，孟成英编著.古今绝妙对联汇赏[M].广州：广东人民出版社，
1998.10.

　　[183] 范佩玮著.高家堡史话[M].西安：陕西人民出版社，2015.10.

　　[184] 武绍文整理.裴宜丞年谱.手稿.神木档案馆.

　　[185] 北京市古建筑研究所著.当代北京古建筑保护史话[M].北京：当代中国出版
社，2014.02.

　　[186] 翟文明编著.中国历史常识世界历史常识全知道 不可不知的3000个中外历
史常识 超值白金版[M].北京：中国华侨出版社，2010.07.

　　[187] 潘懋元，刘海峰编.中国近代教育史资料汇编 高等教育[M].上海：上海世纪
出版股份有限公司；上海：上海教育出版社，2007.04.

　　[188] 王学珍，郭建荣.北京大学史料 第1卷 1898—1911[M].北京：北京大学出
版社，2000.12.

　　[189] 王学珍，王效挺，黄文一等主编.北京大学纪事 1898—1997 [M].北京：北
京大学出版社，2008.04.

　　[190] 陈明远著.才·材·财[M].郑州：河南人民出版社，2004.01.

　　[191] 中国人民政治协商会议陕西省咸阳市政协文史资料委员会编.咸阳文史资料
第5辑[M].1991.

　　[192] 许有成，徐晓彬著.于右任传[M].上海：复旦大学出版社，1997.08.

　　[193] 中国水利学会，黄河研究会编.李仪祉纪念文集[M].郑州：黄河水利出版
社，2002.05.

　　[194] 汪新主编.中国民主党派名人录[M].南京：江苏人民出版社，1993.02.

　　[195] 中国人民政治协商会议陕西省咸阳市政协文史资料委员会编.咸阳文史资料
第4辑[M].1988.

　　[196] 中共党史人物传精选本 第七卷[M].北京：人民日报出版社，2001.04.

　　[197] 程曼丽，乔云霞主编.新闻传播学辞典[M].北京：新华出版社，2012.01.

　　[198] 范晓军，王巍著.1913选票与子弹[M].北京：新华出版社，2013.06.

　　[199] 中国人民政治政治协商会议陕西省政协文史资料研究委员会编.陕西辛亥革

命回忆录[M].西安：陕西人民出版社，1982.07.

[200] 中国人民政治协商会议陕西省榆林市政协文史资料委员会编.榆林文史　第2辑[M].2003.

[201] 中国人民政治协商会议陕西省府谷县政协文史资料研究委员会编.府谷县文史资料　第3辑[M].1987.

[202] 易照峰编著.中国黑道帮会　（下册）[M].北京：大众文艺出版社，2005.01.

[203] 冉光海著.中国土匪[M].重庆：重庆出版社，2004.05.

[204] 陕西省地方志编纂委员会编.陕西省志　第1卷　大事记[M].西安：三秦出版社，1996.09.

[205] 陈兴旺主编；定边县志编纂委员会编.定边县志[M].北京：方志出版社，2003.08.

[206] 王东汉，王晓斌著.秦魂　上部　三秦辛亥[M].西安：太白文艺出版社，2013.01.

[207] 商务印书馆编译所编辑.最新行政文牍　第3册[M].上海：商务印书馆，1923.05.

[208] 裴廷藩著，高亮宇编注.退思堂诗稿[M].鄂尔多斯市党委印刷厂印刷，2008.07.

[209] 王晗.清代陕北长城外伙盘地的渐次扩展[J].西北大学学报（哲学社会科学版），2006（2）.

[210] 乌云娜.清末到民国时期乌审旗的蒙地放垦[D].呼和浩特：内蒙古师范大学，2010.

[211] 鄂尔多斯市人民政府编.鄂尔多斯年鉴　2002—2003[M].呼和浩特：内蒙古人民出版社，2005.08.

[212] 陕西省地方志编纂委员会编.陕西省志　第29卷　商业志[M].西安：陕西人民出版社，1999.08.

[213] 道荣尕整理；荣·苏赫译.锡尼喇嘛的故事[M].呼和浩特：内蒙古人民出版社，1986.03.

[214] 蒙古王爷卖封地给神木人　只因慈禧太后无钱办60大寿[OL].微信公众号：天祥商贸，2016年4月9日推文.

[215] 于苏军，奇景阳著.记名札萨克的家国[M].北京：民族出版社，2013.08.

[216] 韩镔.陕北新型知识分子与陕北社会的发展1900—1935[D].西安：西安工业大学，2016.

[217] 李金柱主编.古今名人话榆林[M].西安：陕西人民出版社，2007.11.

[218] 邱树森主编.中国历代人名辞典[M].南昌：江西教育出版社，1989.03.

[219] 赵禄祥主编.中国美术家大辞典 下[M].北京：北京出版社，2007.07.

[220] 刘迈主编；《现代名人咏三秦》编委会编.现代名人咏三秦[M].西安：陕西人民出版社，1993.02.

[221] 沃丘仲子.近代中国史料丛刊三编 当代名人小传 [M].台湾：文海出版社，1986.01.

[222] 佐藤三郎.民国之精华[M].台湾：文海出版社，1916.

[223] 土默特左旗《土默特志》编纂委员会编.土默特志 上[M].呼和浩特：内蒙古人民出版社，1997.05.

[224] 色音.社会学人类学论丛 第11卷 蒙古游牧社会的变迁[M].呼和浩特：内蒙古人民出版社，1998.06.

[225] 中国人民政治协商会议内蒙古自治区委员会文史资料研究委员会编.内蒙古文史资料 第28辑 血雨腥风的年代 准格尔史料专辑[M].1987.12.

[226] 教育部主编.中华民国建国史 第2篇 民初时期 3[M].国立编译馆，1987.03.

[227] 张宏儒主编；华夏文化促进会、华夏图书研究所《二十世纪中国大事全书》编辑委员会编.二十世纪中国大事全书[M].北京：北京出版社，1993.05.

[228] 张永著.民国初年的进步党与议会政党政治[M].北京：北京大学出版社，2008.03.

[229] 谢彬撰；章伯锋整理.民国政党史[M].北京：中华书局，2011.09.

[230] 张宪文等主编.中华民国史大辞典[M].南京：江苏古籍出版社，2001.08.

[231] 丘复著.愿丰楼杂记[M].哈尔滨：黑龙江人民出版社，2009.12.

[232] 李飞.曾任绥德知事的焦振沧为于右任作《美髯词》[N].各界导报，2014.07.19（第七版：岁月）.

[233] 政府公报 1916年03月 1[M].

[234] 沙建国，熊建华.汉中最后一任知府吴廷锡[N].汉中日报，2015.04.22（第A7版:文化·旅游）.

[235] 陕西省地方志编纂委员会编.陕西省志 第50卷 政务志[M].西安：陕西人民出版社，1997.10.

[236] 温亚洲主编.古今文人咏神木诗词选[M].西安：陕西师范大学出版社，2014.01.

[237] 陈智亮著.榆林史话[M].西安：陕西人民出版社，1989.08.

[238] 榆林市志编纂委员会编.榆林市志[M].西安：三秦出版社，1996.12.

[239] 袁文伟著.反叛与复仇 民国时期的西北土匪问题[M].北京：人民出版社，

2011.05.

[240] 《河北文史资料》编辑部编.近代中国土匪实录 上卷[M].群众出版社，1992.09.

[241] 郝明如主编；榆林市军事志编纂委员会编.榆林市军事志[M].西安：陕西人民出版社，2006.03.

[242] 中共呼和浩特市委党史资料征集办公室，呼和浩特市地方志编修办公室.呼和浩特史料 第8集[M].1989.

[243] 陕西神木官碱局调查[J].河南中原煤矿公司汇刊，1932 年第6期.

[244] 孔庆臻，耿鸿钧，李吉吾主编；内蒙古自治区文史研究馆编.朔漠前尘[M].北京：中华书局，2005.12.

[245] 裴廷藩等.陕议员反对吕调元[N].申报，1916.11.22（要闻二）.

[246] 陕西省长拟保荐榆林道尹[N].顺天时报，1917.03.25（6323号）.

[247] 萨苏著.我们从沙场归来[M].北京：东方出版社，2014.04.

[248] 冯学荣著.亲历北洋 从共和到内战 1912—1928[M].北京：中国工人出版社，2014.07.

[249] 张学仁，陈宁生主编.二十世纪之中国宪政[M].武汉：武汉大学出版社，2002.06.

[250] 平心.中国现代史初编[M].香港：国泰出版公司，1940.08.

[251] 刘楚湘编撰.癸亥政变纪略[M].北京：中华书局，2007.04.

[252] 丁中江著.北洋军阀史话 3[M].北京：商务印书馆，2012.12.

[253] 王天松编著.褚辅成年谱长编[M].北京：中国文史出版社，2012.

[254] 牛一兵，王宏主编.天津小洋楼 名人故居完全档案 第4卷[M].天津：天津教育出版社，2011.01.

[255] 刘景泉著.北京民国政府议会政治研究[M].天津：天津教育出版社，2006.05.

[256] 李兴辉.曹锟贿选前参院"驱黎提案"发起人应是吴莲炬[J].学术研究，1990（5）.

[257] 邓中夏著.邓中夏全集 上[M].北京：人民出版社， 2014.05.

[258] 虎门镇人民政府编.王宠惠与中华民国[M].广州：广东人民出版社，2007.02.

[259] 中国社会科学院近代史研究所近代史资料编辑组编.近代史资料 总42号[M].北京：中华书局，1980.09.

[260] 嘉兴市政协学习和文史资料委员会编.褚辅成文存[M].北京：中国文史出版社，2011.01.

[261] 中国史学会，中国社会科学院近代史研究所编；章伯锋，李宗一主编.北洋军阀 1912—1928 第4卷 直系军阀的兴衰[M].武汉：武汉出版社，1990.06.

[262] 寒霄编著.六月十三[M].灵隐刊行，1924.06.

[263] 凤凰书品编著.民国那些年 1911—1924 你所不知道的秘史逸闻[M].北京：团结出版社，2015.03.

[264] 章清编.学术与社会 近代中国"社会重心"的转移与读书人新的角色[M].上海：上海人民出版社， 2012.08.

[265] 政府公报 1924年05月[M].

[266] 王新生，孙启泰主编.中国军阀史词典[M].北京：国防大学出版社，1992.04.

[267] 石叟，刘慧勇著.中华民国诗千首[M].海口：海南出版社，2013.04.

[268] 杨潜著.民国猛士吴佩孚[M].济南：山东画报出版社，2014.02.

[269] 赵恒惕等编.吴佩孚先生集[M].台湾：文海出版社，1971.

[270] 郭剑林著.吴佩孚大传 下[M].北京：团结出版社，2012.08.

[271] 中共一大会址纪念馆编.中国共产党创建史研究[M].上海：上海人民出版社，2012.01.

[272] 冯晓光.雷大同：一颗划过历史天空的流星[OL].新浪博客冯晓光—赤壁传奇：http://blog.sina.com.cn/s/blog_67c40f430100rze9.html，最后访问日期2017/7/25.

[273] 全国政协文史和学习委员会编.回忆黄埔军校[M].北京：中国文史出版社，2015.01.

[274] 张振华编.情缘缠绵 民国才子佳人的爱恨情仇[M].北京：金城出版社，2013.04.

[275] 祯祥主编.书坛评粹[M].西安：陕西人民出版社，1991.12.

[276] 杨吉平著.中国书法100年 1900—2000[M].太原：山西人民出版社，2010.01.

[277] 米脂县志编纂委员会编.米脂县志[M].西安：陕西人民出版社，1993.03.

[278] 贺斌主编.红色沃土 第四卷[M].西安：陕西科学技术出版社，2015.

[279] 李盛平主编.中国近现代人名大辞典[M].北京：中国国际广播出版社，1989.04.

[280] 杨立强，刘其奎主编.简明中华民国史辞典[M].郑州：河南人民出版社，1989.11.

[281] 石焕发主编.山西省图书馆职工优秀论文集 2004—2009[M].太原：山西人民出版社，2009.07.

[282] 启功主编；中央文史研究馆编.中央文史研究馆馆员传略[M].北京：中华书局，2001.09.

[283] 桑兵主编；谷小水编.各方致孙中山函电汇编 第5卷 1919.8—1920.12[M].

北京：社会科学文献出版社，2012.03.

[284] 中华民国史事纪要编辑委员会编.中华民国史事纪要 初稿 中华民国十二年（1923）一至六月份[M].1979.09.

[285] 文史资料选辑合订本·第十七卷·总第48—50辑[M].北京：中国文史出版社，2011.

[286] 聂鑫著.中国近代国会制度的变迁 以国会权限为中心[M].上海：上海人民出版社，2015.05.

[287] 中国人民政治协商会议神木县委员会文史资料研究委员会.神木文史资料 第1辑[M].1986.12.

[288] 张宏智主任，范林虎主编.高家堡镇志[M].西安：陕西人民出版社，2016.09.

[289] 政府公报 1917年04月 2[M].

[290] 郑宝谦主编.福建省旧方志综录[M].福州：福建人民出版社，2010.01.

[291] 尚海等主编.民国史大辞典[M].北京：中国广播电视出版社，1991.09.

[292] 李松林主编；凡理撰写.中国国民党史大辞典[M].合肥：安徽人民出版社，1993.08.

[293] 李根源辑.曲石丛书 观贞老人寿序录[M].腾越李氏.

[294] 余耀华著.群魔乱舞[M].北京：中国广播电视出版社，2013.02.

[295] 桑兵主编；谷小水编.各方致孙中山函电汇编 第4卷 1919.1—1919.7[M].北京：社会科学文献出版社，2012.03.

[296] 旧国会议员对陕事之愤慨[N].申报，1919.04.23.

[297] 汤锐祥编.护法运动史料汇编 2 国会议员护法篇[M].广州：花城出版社，2003.03.

[298] 中国人民政治协商会议陕西省蒲城县委员会文史资料研究委员会.蒲城文史资料 第3辑[M].1987.12.

[299] 绥区侵扰陕北之呼吁[N].申报，1924.09.10（06）.

[300] 武绍文.20世纪80年代在高家堡大保当对裴家人的采访日记.

[301] 谭部被匪保卫，裴廷藩身死[N].顺天时报，1926.10.07（8081号）.

[302] 徐友春主编；王卓丰等编撰.民国人物大辞典[M].石家庄：河北人民出版社，1991.05.

[303] 中国第二历史档案馆编.中华民国史档案资料汇编[M].南京：凤凰出版社，2010.01.

[304] 柳斌杰主编.中国名记者 第3卷[M].北京：人民出版社，2014.09.

[305] [日]田原祯次郎著.日本人眼中的慈禧[M].北京：紫禁城出版社，2013.09.

[306] 田原天南编.近代中国史料丛刊三编 第80辑 清末民初中国官绅人名录[M].文海出版社，1995.04.

[307] 敷文社编辑.最近官绅履历汇录 第1集[M].敷文社，1920.

[308] 谢扶民编著.中华民国立法史[M].正中书局，1937.01.

[309] 中华民国史事纪要 初稿 中华民国9年（1920）[M].

[310] 南京图书馆编.中国近现代人物像传[M].上海：上海古籍出版社，2011.12.

[311] 文昊编.他们是怎样争权的[M].北京：中国文史出版社，2005.01.

[312] 周家珍编著.20世纪中华人物名字号辞典[M].北京：法律出版社，2000.06.

[313] 裴君廷藩之时局谈[N].顺天时报，1917.01.08（4693号）.

[314] 裴廷藩声明与陕事无关[N].顺天时报，1921.09.25（6333号）.

[315] 来函更正[N].顺天时报，1921.09.24（6332号）.

[316] 陈小滢讲述.散落的珍珠 小滢的纪念册[M].天津：百花文艺出版社，2008.01.

[317] 陈小滢，高艳华编著.乐山纪念册 1936—1946[M].北京：商务印书馆，2012.11.

[318] 刘锡仁，王希良主编；汾阳县志编纂委员会编.汾阳县志[M].北京：海潮出版社，1998.12.

[319] 胡适著.胡适全集 第33卷[M].合肥：安徽教育出版社，2003.09.

[320] 胡适著.胡适全集 第25卷[M].合肥：安徽教育出版社，2003.09.

[321] 中国社会科学院近代史研究所中华民国史研究室编.胡适来往书信选 下[M].北京：社会科学文献出版社，2013.07.

[322] 冯至著.冯至全集[M].石家庄：河北教育出版社，1999.12.

[323] 启功原著.启功论艺[M].上海：上海书画出版社，2010.01.

[324] 夏鼐著.夏鼐日记 套装共10册[M].上海：华东师范大学出版社，2011.08.

[325] 陶行知著.陶行知全集 第12卷[M].成都：四川教育出版社，2005.05.

[326] 蒋彝著.五洲留痕[M].北京：商务印书馆，2007.11.

[327] 竺可桢著；樊洪业主编.竺可桢全集 第11卷[M].上海：上海科技教育出版社，2006.12.

[328] 竺可桢著；樊洪业主编.竺可桢全集 第13卷[M].上海：上海科技教育出版社，2006.12.

[329] 沈宁.常任侠一九四九年日记选(下)[J].新文学史料，2004（4）.

[330] 顾颉刚著.顾颉刚全集 顾颉刚日记 卷8[M].北京：中华书局，2011.01.

[331] 蔡德贵编著.季羡林年谱长编[M].长春：长春出版社，2010.01.

[332] 汪曾祺著.旧人旧事[M].南京：江苏文艺出版社，2010.06.

[333] 李万万.管辖权迭更期的历史博物馆展览研究[J].文物天地，2016（2）.

[334] 北京大学校友会编.北大岁月1946—1949的记忆[M].北京：北京大学出版社，2013.05.

[335] 耿云志.胡适遗稿及秘藏书信 40[M].合肥：黄山书社，1994.12.

[336] 李文儒主编；国家文物局，中国文物报社编.全球化下的中国博物馆[M].北京：文物出版社，2002.05.

[337] 韩寿萱.国立北京大学五十周年纪念博物馆展览概略 中国漆器展览概略[M].国立北京大学出版部，1948.12.

[338] 马伯寅编著.北大之旅[M].杭州：浙江人民出版社，2004.12.

[339] 周明，王宗仁主编.2014年中国散文排行榜[M].南昌：百花洲文艺出版社，2015.01.

[340] 卢军著.救赎与超越 中国现当代作家直面苦难精神解读[M].济南：齐鲁书社，2007.12.

[341] 杜家贵主编.北大红楼 永远的丰碑 1898—1952[M].北京：社会科学文献出版社，2012.09.

[342] 耿立主编.中国文史精品年度佳作 2013[M].贵阳：贵州人民出版社，2014.02.

[343] 沈从文著.沈从文全集 25 书信 修订本[M].太原：北岳文艺出版社，2009.09.

[344] 燕舞.沈从文的后半生[N].经济观察报.2014.08.18（第51版:阅读）.

[345] 民国文林编著.细说民国大文人 那些文学大师们[M].北京：现代出版社，2014.01.

[346] 王开林著.谈史色变 大历史中的人性观察[M].北京：中国工人出版社，2015.01.

[347] 李扬著.沈从文的家国[M].上海：上海交通大学出版社，2014.11.

[348] 罗荣渠著.北大岁月[M].北京：商务印书馆，2006.06.

[349] 沈从文著.沈从文全集 24 书信 修订本[M].太原：北岳文艺出版社，2009.09.

[350] 沈从文著.沈从文全集 27 集外文存 修订本[M].太原：北岳文艺出版社，2009.09.

[351] 沈从文著.沈从文全集 23 书信 修订本[M].太原：北岳文艺出版社，

2009.09.

[352] 《作家文摘》编.家国往事[M].北京：现代出版社，2014.05.

[353] 沈从文著.沈从文全集21书信 修订本[M].太原：北岳文艺出版社，2009.09.

[354] 沈从文著；张兆和主编.沈从文全集 附卷 资料·检索[M].太原：北岳文艺出版社，2003.05.

[355] 王俊义主编.炎黄文化研究第3辑[M].郑州：大象出版社，2006.02.

[356] 《城市接管亲历记》编委会编.城市接管亲历记[M].北京：中国文史出版社，1999.09.

[357] 中共汾阳县委党史研究室编.中共汾阳历史大事记述 1919夏—1949.9[M].北京：中共党史出版社，1995.03.

[358] 《山西文史资料》编辑部.山西文史资料全编第6卷第61—72辑[M].1999.03.

[359] 中国人民政治协商会议全国委员会文史和学习委员会编.文史资料选辑 合订本 第三十二卷总第93-95辑[M].2011.

[360] 张明远著.我的回忆[M].北京：中共党史出版社，2004.04.

[361] 山西社会科学院历史研究所编.山西革命回忆录 第3辑[M].太原：山西人民出版社，1985.10.

[362] 韩寿萱致校长函[J].北京大学日刊.1931.06.29.（第2版）.

[363] 山西社科院庞伟民.关于蔡振德的有关情况一文.未刊稿

[364] 张晓春，龚建星编.名士风流[M].上海：上海社会科学院出版社，1995.01.

[365] 章清编.学术与社会 近代中国"社会重心"的转移与读书人新的角色[M].上海：上海人民出版社，2012.08.

[366] 夏征农，陈至立主编.大辞海 民族卷[M].上海：上海辞书出版社，2012.12.

[367] 葛兆光."正晌午时说话，谁也没有家"[J].读书，2014（3）.

[368] 顾钧著.美国第一批留学生在北京[M].郑州：大象出版社，2015.04.

[369] 李孝迁著.域外汉学与中国现代史学[M].上海：上海古籍出版社，2014.05.

[370] 徐书墨著.华文学院研究[M].北京：人民出版社，2012.07.

[371] 徐复观著；胡晓明，王守雪编.中国人的生命精神 徐复观自述[M].上海：华东师范大学出版社，2004.02.

[372] 杨宇光主编.联合国辞典[M].哈尔滨：黑龙江人民出版社，1998.01.

[373] 卢莉编撰.恩恩怨怨嘴仗趣[M].北京：中国广播电视出版社，2013.02.

[374] 周运.胡适与朱利安·赫胥黎[J].南方都市报， 2011-12-18（GB30南方阅读在读）.

[375] 林清芬编.抗战时期我国留学教育史料 第5册 各省考选留学生[M].国史馆，1998.

[376] 全国政协文史和学习委员会编.回忆西安事变[M].北京：中国文史出版社，2015.01.

[377] 中共渭南市委党史研究室.十七路军军史资料（2）[M].2008.

[378] 贾自新编撰.杨虎城年谱[M].北京：中国文史出版社，2013.11.

[379] 中国人民政治协商会议陕西省蒲城县委员会文史资料研究委员会.蒲城文史资料 第4辑[M].1989.11.

[380] 陕西榆林韩氏高家堡支脉家谱[M].2011.08.

[381] 彭靖.《明代名人传》续写中美史学家合作佳话[N].中华读书报，2015-11-04（14版）.

[382] 中共云龙县委员会，云龙县人民政府编.董泽 云南近代教育 交通 航空 金融先驱[M].昆明：云南民族出版社，2006.06.

[383] 民国时期文献保护中心，中国社会科学院近代史研究所编；韩永进，王建朗主编；陈力，金以林副主编.民国文献类编 社会卷 51[M].北京：国家图书馆出版社，2015.08.

[384] 中国人民政治协商会议全国委员会文史和学习委员会编.文史资料选辑 合订本 第四十九卷 总第143—145辑[M].2011.

[385] 徐庆来编著.徐永煐纪年[M].北京：中央文献出版社，2011.08.

[386] 韩寿萱同仁来函[J].仁社通讯录，1940（渝字第18号）.

[387] 雷颐著.逃向苍天 极端年代里小人物的命运沉浮[M].杭州：浙江大学出版社，2013.01.

[388] 李维东，冯春萍主编.国学常识一点通 插图版[M].北京：中国纺织出版社，2012.06.

[389] 欧阳哲生，宋广波编.胡适研究论丛[M].哈尔滨：黑龙江教育出版社，2009.06.

[390] 胡适，杨联陞著；胡适纪念馆编.论学谈诗二十年 胡适杨联陞往来书札[M].合肥：安徽教育出版社，2001.08.

[391] 北京协和医院编著.协和医魂—曾宪九[M].北京：生活·读书·新知三联书店，2014.09.

[392] 吴原元.新中国成立前夕在美中国史家归国原因探析[J].东方论坛，2014(2).

[393] 王学珍，郭建荣.北京大学史料 第4卷 1946—1948[M].北京：北京大学出版社，2000.12.

[394] 胡建民编.日历上的百科知识366天[M].北京：中国少年儿童出版社，1982.

[395] 朱乔森编.朱自清全集 第12卷 外编[M].南京：江苏教育出版社，1998.02.

[396] 郑志峰."独立时论"群体研究[J].华东师范大学学报(哲学社会科学版), 2008(3).

[397] 贺金林著.1945—1949年间学界阵营分合研究[M].湘潭:湘潭大学出版社, 2014.11.

[398] 《中国大百科全书》总编委会编.中国大百科全书 9[M].北京:中国大百科 全书出版社,2009.03.

[399] 林建刚.英文与隐语背后的心境[N].经济观察报,2013.09.02(第55版:文化).

[400] 九三学社北京市分社编.九三学社北京市分社简报 1955 第1号[M].1955.02.

[401] 褚钰泉主编.悦读 MOOK,第9卷[M].南昌:二十一世纪出版社,2008.10.

[402] 岳南著.南渡北归 离别[M].长沙:湖南文艺出版社,2015.08.

[403] 胡适著.胡适日记选编 离开大陆这些年[M].北京:新世界出版社,2013.08.

[404] 李琴编.季羡林的世纪人生[M].北京:东方出版社,2009.03.

[405] 王效挺,黄文一主编.战斗的足迹 北大地下党有关史料选编[M].北京:北京 大学出版社,2001.07.

[406] 北京市地方志编纂委员会编著.北京志 文物卷.博物馆志[M].北京:北京出 版社,2006.05.

[407] 国家文物局编.国家文物局暨直属单位组织机构沿革及领导人名录[M].北 京:文物出版社,2002.12.

[408] 王莲芬,王锡荣主编.郑振铎纪念集[M].上海:上海社会科学院出版社, 2008.09.

[409] 《北大讲座》编委会编.北大讲座精华集(历史)[M].北京:北京大学出版 社,2014.08.

[410] 南京博物院编.宋伯胤文集 博物馆卷[M].北京:文物出版社,2009.12.

[411] 北京大学考古文博学院编.记忆 北大考古口述史1[M].北京:北京大学出版 社,2012.04.

[412] 王思明,周尧著.中国近代昆虫学史 1840-1949[M].西安:陕西科学技术出 版社,1995.12.

[413] 中华民国十二年十月廿七日《申报》[N].

[414] 丁大华.文物守护神——杨文和[J].文史精华,2007(12).

[415] 马衡.马衡日记 一九四九年前后的故宫[M].北京:紫禁城出版社,2006.03.

[416] 陈静主编.上上之役 北平和平解放的实现[M].北京:中央文献出版社, 2009.01.

[417] 胡惠强等编著.百年风云收眼底 中国革命博物馆[M].北京:中国大百科全书

出版社，1998.08.

[418] 宁可.我在北大的读书生活[J].博览群书，2008（4）.

[419] 周其湘.饱经沧桑沙滩大院[N].北京晚报，2013.11.16（第18版：人文印记）.

[420] 杨春立.那院·那人·那事[J].中国收藏，2013（9）.

[421] 宋伯胤著.博物馆人丛语 宋伯胤博物馆学论著选[M].西安：陕西人民出版社，2002.09.

[422] 武绍文著.樵子文存 集雪樵遗墨[M].北京：陕内资图批字（2014）EY7号.

[423] 武汉地方志编纂委员会主编.武汉市志 对外经济贸易志[M].武汉：武汉大学出版社，1996.11.

[424] 天津织染同业会开会记[N].大公报（天津版），1924-07-29.

[425] 政协陕西省委员会文史和学习委员会编.陕西抗战史料选编[M].西安：三秦出版社，2015.08.

[426] 人民美术出版社.中国历代经典碑帖 近现代部分 王雪樵卷[M].北京：人民美术出版社，2015.01.

[427] 刘广生编选.中国古代邮亭诗钞[M].北京：北京邮电学院出版社，1991.09.

[428] 郭冠英著.榆林百年医粹[M].北京：中国中医药出版社，2014.01.

[429] 中国人民政治协商会议榆林市委员会文史资料委员会编.榆林文史资料 第14辑[M].1994.08.

[430] （明）顾炎武著；张京华校释.日知录校释 下[M].长沙：岳麓书社，2011.10.

[431] 谢有顺.成为小说家[M].太原：北岳文艺出版社，2018.01.

[432] 彭明生主编.倭戮略 侵华日军制造的大屠杀事件罪行辑录[M].广州：中山大学出版社，2015.08.

[433] 陕西省委党史研究室编.抗日战争时期中国人口伤亡和财产损失调研丛书 陕西省抗日战争时期人口伤亡和财产损失[M].北京：中共党史出版社，2015.08.

[434] 王雪樵书；武绍文编.王雪樵墨迹选[M].西安：陕西人民美术出版社，1989.07.

[435] 汪运渠.逆风塞上 注魂墨中——民国书家王雪樵[J].艺术品鉴，2013(2).

[436] 汪运渠.逆风塞上 注魂墨中：民国书家王雪樵[J].艺术品，2014(9).

[437] 汪运渠.观雪樵先生遗墨[OL].http://blog.sina.com.cn/s/blog_5cfc8fcd010159on.html，最后访问日期2017/7/28.

[438] 贾峡斌等选注.剑门蜀道诗选[M].成都：巴蜀书社，1989.07.

[439] 《清诗观止》编委会编.中华传统文化观止丛书 清诗观止[M].上海：学林出

版社，2015.08.

[440] 程庸祺. 亚东图书馆历史追踪[M]. 合肥：安徽教育出版社，2016.03.

[441] 林超民主编. 西南古籍研究[M]. 昆明：云南大学出版社，2015.09.

[442] 李蓉，张延忠主编. 中国共产党第一至第六次全国代表大会代表名录 增订本[M]. 北京：中共党史出版社，2014.06.

[443] 凤凰出版社编. 中国地方志集成 辽宁府县志辑 4 民国辽阳县志（三） 光绪辽阳乡土志[M]. 南京：凤凰出版社，2006.05.

[444] 中国社会科学院历史研究所《中国历史年表》课题组编撰. 中国历史年表 修订珍藏本[M]. 北京：中华书局，2017.02.

[445] 刘雪生，陈虎编著. 中外历史年表 修订珍藏本[M]. 北京：中华书局，2017.05.

[446] 周锡瑞（Joseph W·Esherick）著；史金金，孟繁之，朱琳菲译. 叶 百年动荡中的一个中国家庭[M]. 太原：山西人民出版社，2014.07.

[447] 孔祥吉著.戊戌维新运动新探[M].长沙：湖南人民出版社，1988.08.

[448] 中国科学技术协会主编. 中国中西医结合学科史[M]. 北京：中国科学技术出版社，2010.04.

[449] 国国际友人研究会编. 中国之友卡尔逊[M]. 沈阳：辽宁人民出版社，1996.10.

[450]《南中周刊》中华民国十六年五月十六日出版第二十四期[J].

[451] 陈明章. 私立大夏大学[M]. 南京：南京出版社，1982.02.

[452] 《大公报》（上海版）中华民国三十六年十二月十二日星期五第二张第八版[N].

[453] 中国人民政治协商会议榆林市委员会文史资料委员会编. 榆林文史资料 第14辑[M]. 1994.08.

[454]《新中华报》一九三八年九月二十四第三版[N].

[455] 陕西省委党史研究室编. 抗日战争时期中国人口伤亡和财产损失调研丛书 陕西省抗日战争时期人口伤亡和财产损失[M]. 北京：中共党史出版社， 2015.08.

[456] 强旭华. 深情回眸 沧桑岁月 一个垮世纪经济学家的传奇故事[M]. 中国国际（香港）传媒出版集团， 2006.07.

[457] 慧定戒主编. 崔敬伯纪念文集[M]. 2005.10.

后　记

从诗人到文化矿工

余乃苦行僧，随缘众有情。

缀成百衲衣，风雨夜传灯。

　　　　　　——自题

　　曾经我发誓要做一名流浪诗人，觉得这是栖息于大地的一种非常浪漫的方式。长久以来，我认定，写作就是在死神的账单上写自传。我漠不关心身处的时代，也不留心过往与将来，一味从自己的心灵深处汲取诗意和思想。

　　职事文史工作以来，这一切慢慢有所改变，我开始具有了历史文献意识，同时也发现神木诸多史料面临着湮灭危机。强烈的责任心与使命感使我意识到，如果我们这一代人还不钩沉稽古及时抢救，那么大量的人物故实将散失于茫茫史海，渐渐变得无人知晓。另外，越来越多新资料表明，即便我们地方志书中一星半点的记载，也存在不少谬误。

资料之于文史写作的重要性自不待言。若没有新发现，则文史资料实在不必重撰。所幸在搜集整理资料这方面，我吉林大学法学院的同学、德国科隆大学法学博士王立栋与诗人刘伟雍，为我的劳作提供了极为便利的帮助，我得以检索查阅近千种文献资料。

过去很多人以为神木没有文化，其实毫无道理。如果说神木还缺少点什么，那么一定不会是文化。神木从来就不缺少文化，缺少的只是对文化的重视与开发。对于那些散落在浩渺史海中的有关神木的人文故实，我们缺少的仅仅是将其挖掘与传承的文化矿工以及能够将之展现传播的媒介机构。

从诗人到文化矿工之转身，于我或是一种宿命的安排。母亲怀我时，总梦到捡别人发现不了的银圆。我目前从事的，何尝不是一般人视而不见，以为毫无价值的。在我看来，那些零碎的资料片段却极为珍贵。譬如，考古发掘，凭借诸多陶瓷碎片，终能复原一个完整的器具、时代，甚至是世界。

2016年冬，《延安文学》杂志社社长魏建国先生来神木，知我正在搜集文史资料，笑言："文史资料写多了，对文学就会变得冷淡。"我当初不以为然，现在体会渐深。文学创作带给作者的只是"创作"的喜悦，文史资料写作却具有"发现"与"创作"的双重快乐。

正是在这种双倍快感的支撑下，我厕身陋室，忍受着极度的贫困与难耐的寂寞，依靠零散的资料，秉持"追踪蹑迹，不敢稍加穿凿"的态度，主要撰写了1620—1978年之间神木较有影响的十位乡贤（王致云除外；蔡雪村一文，遵编辑意思，已删）之事迹。对这些人物不断深入的了解，一种历史的亲近感便油然而生。三百多年来，许多重要的历史事件，神木人都有参与。遗憾的是，故乡、故人、故事、故纸，很少得到有效的推介。

设想一下，如果神木的老师在课堂上讲康熙，能谈一谈他对郝伟的评价，那么授课效果也许会更好；讲林则徐，不妨介绍一下他和秦状元的往来，那么学生可能会倾耳细听；讲曹锟贿选，大可说一说我们神木人裴宜丞与有力焉，那么他们肯定会十分惊诧；讲胡适，顺便聊一下韩寿萱写给他的信，以及二人的师生情谊，那及大家必定印象深刻，生发一种文化上的自豪感。

但愿拙著能在神木的文化教育方面发挥些许作用，并且能够匡正现存地方志书流布的错误。本书在写作过程中，得到诸多领导师友的关照，在此一并致谢。脱稿后又承蒙若干谬赞，致使笔者不禁飘飘然，无形中增加许多无知无畏的自信，谅大方之家应笑我于无佛处称尊也。最后，我要解释一下书名。唐诗人王维，写过一首不太为人注意的诗——《新秦郡松树歌》。诗言：

青青山上松，
数里不见今更逢。
不见君，
心相忆，
此心向君，君应识。
为君颜色高且闲，
亭亭迥出浮云间。

当初的新秦郡，正是现在的神木市。青松历来有高洁不朽的象征形象，用以比喻神木的这些乡贤人物，可谓恰到好处。愿他们"亭亭迥出"的精神永远流传在神木大地，愿他们端谨方正的品格能时刻给予我们崇高向上的激励！

2017年8月3日午，赵雄

图书在版编目（CIP）数据

青青山上松：神木重要人物辑略：1620—1978 /
赵雄著. — 北京：中国文史出版社，2018.10
ISBN 978-7-5205-0887-2

Ⅰ.①青… Ⅱ.①赵… Ⅲ.①历史人物—列传—神木
Ⅳ.①K820.8.3

中国版本图书馆CIP数据核字（2018）第270558号

青青山上松：神木重要人物辑略（1620—1978）

出版发行	中国文史出版社
作　　者	赵　雄
责任编辑	李晓薇
特邀编辑	王立栋　张鹏飞　曹　斌　焦问之　张李东
选题策划	陕西新秦郡文化传媒有限公司
图片提供	刘忠雄　高继军　赵怀仁　武绍文　孙致远　王振刚　王乐平
	高生效　贺超逸　宋　铫　乔振民　武丕承　高亮宇　张鹏飞
	邱迦元　武广韬　韩一民　高　军　刘伟雍　武　琛　杨　虎
	张文辉　吴玉华　郭庆丰
印　　刷	西安雁展印务有限公司
开　　本	787 mm × 1092 mm 1/16
印　　张	25
字　　数	420千字
版　　次	2018年12月第1版　2018年12月第1次印刷
书　　号	ISBN 978-7-5205-0887-2
定　　价	128.00元